ポピュリズムの現代

―比較政治学的考察―

土倉　莞爾　著

関西大学出版部

【本書は関西大学研究成果出版補助金規程による刊行】

クール・オブ・エコノミックス（LSE）で開催された大きな学術会議に提出された諸論文がもとになっている。そこで分かったのは，多くの参加者が，ひとつの定義に合意できないということだった。考えざるをえないのは，当時も，まさに現在のように，あらゆる種類の政治的不安が「ポピュリズム」について語る際に表明されていることである。つまり，ポピュリズムという言葉が，一見すると共通性のない多くの政治現象に用いられているのである。ミュラーは言う。今日，われわれもまた，ひとつの定義に合意することは出来ないように思えることを考えると，次のように尋ねたくなるかもしれない。そこにそんなものはあるのだろうか？（ミュラー 2017，12）と。

　フランスの歴史政治学者ピエール・ロザンヴァロンが言うように，21世紀の初頭になって，デモクラシーにとって大切なことは，第1の基本的な取り組みとして，カウンター・デモクラシーという世界を組織化することである。その目的は2重になっている。まず，破壊し低下させて行く方式のポピュリズムによって，カウンター・デモクラシーが破損されて行く危険を払いのけることである。次に大事なことは，今日著しく欠陥を表し，さらには形骸化して来た本物の政治の意義を再興し，発展させることである（ロザンヴァロン 2017，295。土倉 2018a，48-9）。ロザンヴァロンの言う「カウンター」は対抗という意味ではない。「補助」とか「補完」である。したがって，カウンター・デモクラシーが「対抗」するのはポピュリズムである。実質化した本物の「政治」はポピュリズムと正反対のものでなければならない。

　朝日新聞社主催の「朝日地球会議 2018」に招かれたフランスの政治学者パスカル・ペリノーは，次のように発言している（『朝日新聞』2018 年 9 月 26 日）。すなわち，フランスでは，政党や組合など「中間団体」と呼ばれて草の根社会と政治制度の仲介をして来た組織が危機にある。ある世論調査では，回答者の 92% が「いかなる政党も信頼しない」と答えた。そうした市民と政治の間の空白にポピュリストたちが進出している（土倉

まえがき

　本書は，著者がここ数年来書き溜めた論文と書評を1冊の著書と□
行するものであるが，この著書の題名どおり，現代のポピュリズム□
のテーマとなっている。

　ポピュリズムの現れ方は，各国，各時代によってさまざまである□
クラシーにとって重要なのは，それらの出現，攻勢に怯むことなく，□
一つを解きほぐして対応して行くことではないだろうか。そのため□
まず，ポピュリズムについて，ある程度の思考の整理をしておく必□
る。

　著者は次のように考えている。オランダ出身のアメリカの政治□
ス・ミュデとチリのディエゴ・ボルタレス大学の政治学准教授のク□
ル・ロビラ・カルトワッセルにならって言えば，ポピュリズムは，□
紀に流行している政治学用語である。この用語は，ラテンアメリカ□
系大統領や，ヨーロッパの既成の主要政党に挑む極右政党を評する□
われるほか，アメリカ合衆国では，左翼と右翼の両方の大統領候補□
るのに用いられた。しかしながら，大勢のジャーナリストや読者□
に惹きつける一方で，この用語は広汎に使用されているため，混□
満を引き起こしてもいる（ミュデ，カルトワッセル 2018，7。Kaltwass□
2017，6）。

　ドイツ生まれのアメリカの政治学者ヤン・ヴェルナー・ミュラ□
書『ポピュリズムとは何か』の第1章は次のような言葉で始まる。□
ち，「世界に妖怪が徘徊している。ポピュリズムという妖怪が」と□
葉である。この1969年に刊行されたポピュリズムに関する論文集□
で，ルーマニア生まれのイギリス人政治学者ギタ・イオネスクとチ□
のイギリスの歴史学者アーネスト・ゲルナーはそのように書いた□
は，「ポピュリズムを定義する」という目的で，1967年に，ロント□

まえがき

2018b, 36-7）。

　政治学者水島治郎によれば，2014 年 5 月の EU 議会選挙は，ヨーロッパレベルでポピュリズム政党が政治の表舞台に躍り出たという意味で「画期的」だったと言う。イギリスでは UKIP，フランスでは FN といったポピュリズム政党が反 EU を掲げて第 1 党に躍進した。21 世紀のヨーロッパはあたかも「ポピュリズムの時代」を迎えたかのようである（水島 2014a, 126。土倉 2019）。

　日本のポピュリズムは，日本の政治文化の問題でもある。日本の「文脈」（水島）の問題と言ってもよい。日本のポピュリストとしてよく言われるのは，橋下徹であるが，橋下について，2012 年に，ジャーナリズムは次のように観察していた。「どこと組むのか，組む理由がどんなものなら，国民多数の支持を得られるのか。来るべき次期衆院選での国政進出というゲームでストライクを取るために，橋下は周到に準備を進めている」（読売新聞大阪本社社会部 2012, 290）。この見立ては外れた，と現時点では言えると思われるが，私の言いたいことはそのことではない。ずっと橋下の発言と行動を見ていると，彼が肝胆相照らすのは，現政権の安倍首相ではないかと観察するからである。あまり賛同は得られないかもしれないが，安倍政権にもポピュリズムがある。水島の表現を借りれば，「自民党では傍流とされる「タカ派」岸信介の流れを汲む小泉・安倍は，ときに右翼ポピュリストに近い主張・スタイルをとることで有権者からの強い支持を獲得し，自民党のあり方に大きな変化をもたらした」（水島 2016c, 274 ）となるが，著者は安倍にはそれ以上の体質的なものがあると考えている。日本の政治文化においてはポピュリズムとはそのようなものだと著者は理解している。

　以上のような著者の考えを述べさせていただいた上で，本書の題名を『ポピュリズムの現代』とした。はじめ，『現代のポピュリズム』としようかと思ったこともあったのだが，そうすると「ポピュリズム」を正面から本格的に，全体として述べなければならなくなるので，それは避けた。以

iii

下，略述するように，本書は，ポピュリズムの「ケース・スタディ」であり，言ってしまえば「地域研究」である。ただし，あくまでその試論にすぎない。

本書は次のように構成されている。第1章では，2012年フランス大統領選挙・総選挙，第2章では，2014年フランス統一地方選挙とEU議会選挙を分析の主題としたが，影の主役はマリーヌ・ルペンであることは断るまでもないであろう。

第3章は，フランスの政治学者パスカル・ペリノー論であるが，彼の中心的業績はFN論である。また，第4章は「福祉排外主義」の観点から現在のフランスのポピュリズムの戦略を射程に入れて考察したものである。

第5章はBrexitについて考察したものであるが，イギリスのポピュリスト政党UKIPのことを中心にしながら論じられている。

第6章は日本政治の文脈で大阪維新の会を叙述したものである。第7章も同じ日本政治の文脈で一時話題になった「18歳選挙権」について考えてみたものであり，ポピュリズムの問題と少し距離があるが，やはりポピュリズムには言及せずにはいられなかった。

さらに，補論として，水島治郎著『反転する福祉国家：オランダモデルの光と影』の「書評」を収録した。水島教授は日本におけるポピュリズム研究の第1人者（水島2016c）であり，福祉国家の「反転」には大いにポピュリズムが関係すると「書評」したものだからである。

本書は，率直に言って，あくまでも著者の「勉強ノート」のようなものであり，隆盛を極めるポピュリズム研究の発展に少しは寄与できるなどと考えることすら恥ずかしいのであるが，一人の愚かな者の思考の開示と思っていただければ幸いである。

末尾ながら，本書は2018年度関西大学研究成果出版補助金規程による刊行である。記して，関西大学に，満腔の謝意を表したい。

目次

まえがき……………………………………………………………………… i

第1章　社会党の政権奪還
　　　　　―2012 年フランス大統領選挙・総選挙の考察― …………… 1

はじめに

1　左翼の復活

2　社会党プライマリ選挙

3　大統領選挙・選挙過程

4　「ノーマルな投票」

5　総選挙

6　オランド政権の失速

7　マリーヌ・ルペンの躍進

むすび

第2章　2014 年フランス統一地方選挙と
　　　　　EU 議会選挙における FN の躍進 ………………………………45

はじめに

1　2014 年 3 月，フランスの統一地方選挙

2　2014 年 5 月，EU 議会選挙

3　FN の躍進

4　これまで 40 年間の FN の選挙と政治

むすび

第3章　パスカル・ペリノーのフランス FN（国民戦線）論 ……………83

　はじめに

　1　始原

　2　展開

　3　発展

　4　展望：むすびにかえて

第4章　福祉国家とポピュリズム―フランスからの視角― …………127

　はじめに

　1　福祉国家とサブカルチュア構造

　2　福祉排外主義とポピュリズム

　3　福祉国家の基本問題

　むすび

第5章　Brexit について考える……………………………………………173

　はじめに

　1　イギリスと EU

　2　キャメロン政権と EU

　3　UKIP の躍進

　4　ユーロと EU

　むすび

第6章　「大阪都構想」問題の政治学的考察 ……………………………221

　はじめに

　1　序論

　2　「大阪ダブル選挙」

　3　ポピュリズムの言説について

　4　「大阪ダブル選挙」後の大阪維新の会

目次

5 「大阪都構想」とは何か

6 2015 年 5 月 17 日大阪市民住民投票

むすび：その後の大阪維新の会

第 7 章 18 歳選挙権について考える …………………………………… 287

はじめに

1 前提

2 若者の政治参加

3 投票率の低下について

4 政治的社会化と政治参加

5 政治不信とカウンター・デモクラシー

むすび

補論 書評：水島治郎著

『反転する福祉国家：オランダモデルの光と影』

（岩波書店，2012 年） ………………………………………… 333

はじめに

1 本書の概要

2 評価と残された問題についてなど若干のコメント

むすび

あとがき……………………………………………………………………… 357

参考文献……………………………………………………………………… 361

索引………………………………………………………………………… 379

vii

第1章

社会党の政権奪還
―2012年フランス大統領選挙・総選挙の考察―

はじめに

2012年4，5月に行われたフランス大統領選挙は，社会党のフランソワ・オランド François Hollande が現職の「国民運動連合 Union pour un Mouvement Populaire = UMP」のニコラ・サルコジ Nicolas Sarkozy 大統領を圧倒した[1]。フランソワ・ミッテラン François Mitterrand 以来18年振りに社会党の大統領が誕生した。続く6月の総選挙でも社会党は280議席（48.5％）で，緑の党などと連立政権を組み，ジャン・マルク・エロー Jean-Marc Ayrault 政権が発足した。

前任者サルコジ大統領は型破りな政治スタイルの実践者だった。またスキャンダルも多かった。不人気な統治スタイルに対する拒否感に加え，2008年のリーマン・ショックによる不況以降，現職不利の中で再選が不可能なことは予想できた。

オランドは，緑の党 Les Verts エヴァ・ジョリ Eva Joly や，左翼戦線 Front de Gauche ジャン・リュック・メランション Jean-Luc Mélenchon 支持者の票を期待できた。反対に，サルコジは，国民戦線 Front National = FN マリーヌ・ルペン Marine Le Pen の政権与党批判によって，基礎票以外の票を失った。グローバル化と EU ガバナンスに対する強い不信感を持つ層が，ルペンの支持者層でもある点も重要である。

フランスの政治学者パスカル・ペリノーは，大統領選挙前に刊行された著書『マリアンヌの選択』の中で次のように述べた。2012年4月22日と5月6日，フランス国民は共和国次期大統領を選出することになっている。今度の選挙は，選挙期間中に強い関心を引き起こし，2回の投票とも

1

大きな動員（高い投票率）があり，フランスが新たな出発の途上にあって，その回帰は政治の恩恵であると言われた，2007 年大統領選挙の 5 年後になる。この回帰の問題に答えるためには，2012 年の大統領選挙に託された期待，クリーヴィッジ cleavage（亀裂），政治的境界線を明るみに出すことである。フランス国民 Marianne の選択は何についてなされるのか？　政治においてはいつものことであるが，それは，古くからの紛争と新たな対立の産物である。古いものと新しいものが絡み合って交差しているのが日常の政治の現実である。事実，情念，罵倒，対立，立場といった泡の背後に，深部において，選挙民の態度，選択，将来の行動を構造化する方向を示し，その傾向を明確にすることが重要である。選挙民の間で共有されている今日の大きな政治的境界線は何であろうか？　政治の領域において，何がフランス国民を対立させ，何が結集させているのだろうか？大統領選挙の 2 回の投票はどのような状況で行われるのか？　個人，イメージ，気質を超えて，投票が行われる時，選挙民が選択をなすテーマ，情動，論理，役割は何であろうか？ (Perrineau 2012, 9-10)。

　イギリスのフランス政治学者アリステア・コールは次のように言う。フランスの大統領選挙はフランス政治の中心を占める芯となる決定的な選挙である。2012 年の大統領選挙は第 5 共和制の 9 度目の直接選挙であり，これまでの選挙といくつかの同じような特徴を持つが，同時にこの選挙特有の独特な特色を持つものである。2012 年のこの選挙を議論する観点としては鍵となる 3 つの分析レベルを明らかにする必要がある。それらは制度，政党，状況である (Cole 2013, 17)。

　まず，制度のレベルであるが，それは大統領制の変容と選挙制度に関わる。選挙における大統領制のルールは，戦略的な選挙戦をめぐる構造的な拘束となっている。次に，政党のレベルも第 2 に重要なレベルである。諸政党は戦略的な行動に参加して選挙民に手がかり cues を供与する。第 3 のレベルに来るのは状況のレベルである。選挙は前政権の実績と選挙運動の文脈の中で戦われる。制度のレベルでは，2012 年の選挙は第 5 共和制

のほとんどの選挙の政治闘争を構造づけていた2極制という制度的なルールの重さを確認できる。政党のレベルでは，2極制の考えが想定するものよりはるかに流動的である。今回の選挙でわかったことは，FN の側面攻撃という形で，不調和な多党制が再現したことである。状況のレベルでは，サルコジ政権における広く行き渡った危機と信用の失墜に高度にかかわってくる（Cole 2013, 17）。

　コールはまた 2012 年フランス大統領選挙を次のようにも要約した。すなわち，2012 年の選挙は反サルコジの国民投票であると多数の人たちによって考えられたとしても，社会党の大統領候補者はこの解釈に反論しようとはしなかった。オランドの立候補は，「ノーマルな」候補者であり，潜在的な potential 大統領として，大胆不敵なサルコジの相補関係 counterpart となるように慎重に考慮されて採用されたスタイルを採るところに，戦略的な立ち位置があった。真面目な政治家としてのオランドの登場は，ひそかな自分自身の自信と 2 つの重要な事件の幸運な結合につながっていた。すなわち，2011 年 5 月，世論調査でトップだった国際通貨基金 IMF 専務理事だったドミニク・ストロスカーン Dominique Strauss-Kahn の失脚と，2011 年 10 月の社会党の「候補者予備選挙 primaire ＝プライマリ」の成功である。これら 2 つの事件はオランドに社会党の指名を付与したし，民衆的正統性を授けた。プライマリにおけるオランドの勝利は必然的に大統領選挙第 1 回投票にも連続した。選挙地理学的には，第 1 回投票の結果は，フランス本国での社会党の優位を強化した。すなわち，パリ（初めてである），マルセイユを含むほとんどすべての大都市でオランドがリードした。オランドは，社会党の伝統的な地盤である北部，西部，南西部，中央部だけでなく，これまで優勢でなかった東部にも進出した。オランドは 56 の県でトップに立った。そのうち 35 の県は前回サルコジが勝利した県である。社会学的には，オランドは，1993 年から 2007 年まで社会党を見捨てていた労働者階級の選挙民をゆっくりと再征服しつつある（Cole 2013, 27-9）。

フランスの政治学者ジェラール・ルガル Gerard Le Gall は，やや観点を異にして，今回の選挙から次のような 3 つの帰結を指摘する。まず，第 1 に，1980 年代からの棄権率の上昇[2] の継続の確認である。特に前回の大統領選挙以降，最近の 5 年間はその傾向が強い印象がある。すなわち，2008 年の市町村議会選挙，2009 年の EU 議会選挙，2010 年の地域圏議会選挙，最後に 2011 年の県議会選挙に見られた傾向は，フランスの政治システムの中心と言われる大統領選挙において頂点に達した。第 2 に，1970 年代半ばから始まった長期的な危機の鋭い新たな局面という帰結である。すなわち，2007 年前半期からアメリカに由来する財政危機は，2008 年 9 月に絶頂に達して世界に蔓延するが，ヨーロッパの将来，ユーロ，諸国家の公的債務について切実な不安を引き起こした。経済的にも，社会的にも組織的にも，政治的にもずっしりとした重い結果を伴うこの危機は，反資本主義的，エコロジー的，国家主義的，保護主義的決別をはかるさまざまな過激主義的諸勢力が，「4 月 22 日」を起点に伸るか反るかの勢いで力をつけてきた。第 3 のポイントは，大統領選挙第 2 回投票の結果である。次のような仮説は検証できるだろうか。すなわち，2007 年から 2012 年の中間選挙のすべてが「制裁の投票 vote de sanction」であったが，それに関連して今度の選択はどうか，ということである。中間選挙のすべてが政権側に対して警告を示し，議会では右翼の弱体を示していた。「民主運動 Mouvement Démocrate ＝ MoDem」と極左は間断なく弱化し，FN は復活し，社会党は安定していた（Le Gall 2012, 18-9）。

1 左翼の復活

長い空白状態のあと，2012 年，左翼は目を見張る復活を遂げた。オランドの大統領選挙における勝利は，左翼にとって，1988 年のミッテランの勝利以来のことで，第 5 共和制下では 2 人目となる左翼の大統領の誕生を意味する[3]。オランドの成功は，社会党が国民議会で過半数をとった時にさらに強化された。国民議会での社会党の勝利は 2002 年，多元的左翼

第1章　社会党の政権奪還

［表1］2012年大統領選挙第1回・第2回投票結果

〈第1回投票結果〉

	人数	登録者数（%）	投票者数（%）
登 録 者 数	46,028,542		
棄　　　権	9,444,143	20.52	
投 票 者 数	36,584,399	79.48	
白紙・無効	701,190	1.52	1.92
有効投票数	35,883,209	77.96	98.08

候補者（政党）	得票数	有効投票（%）
E. ジョリ（緑の党）	828,345	2.31
マリーヌ・ルペン（FN）	6,421,426	17.90
N. サルコジ（UMP）	9,753,629	27.18
F. オランド（社会党）	10,272,705	28.63
J-L. メランション（左翼戦線）	3,984,822	11.10
P. プトゥ（NPA）	411,160	1.15
N. アルトー（LA）	202,548	0.56
J. シュミナド（連帯と進歩）	89,545	0.25
F. バイル（Modem）	3,275,122	9.13
N. デュポン・エニアン（共和国よ立て）	643,907	1.79

〈第2回投票結果〉
投票者数：37,016,309
有効投票数：34,861,353（75.69%）
白紙・無効票：2,146,956（4.66%）
オランド
　得票数：18,000,668（51.64%）
サルコジ
　得票数：16,860,685（48.36%）

出典：フランス内務省（www.interieur.gouv.fr/）

のリオネル・ジョスパン Lionel Jospin 内閣が政権を追われて以来10年後のことだった。右翼がしばしば勝利するフランスという国において，フラ

ンス政治の研究者をして，2012年の大統領選挙と総選挙は，左翼の勝利
の規模がもっとも目立った興味深い選挙であると感嘆させた。サルコジが
絶頂からどのようにして急速に転落したのかを考察し，フランスの新し
い方向を象徴化している選挙結果を検証することが必要である（Kuhn and
Murray 2013，1）。

　と同時に，フランスでは，この十数年，ペリノーによれば，帰属の危機
が増大してやまない。危機的状況は，右翼と左翼のクリーヴィッジの真只
中に起きている。すなわち，「右翼でも左翼でもない ni droite ni gauche」
主張が，とくに若年層に広がり続けている[4]。極めて2極化した選挙のあ
りかたへの疑問の表明でもある投票の棄権率が上昇することが当たり前
になっている。古くなった政党システムはあらゆる部分でぐらつき，い
ろいろな新しい勢力が政治的表明の方途を追求している。すなわち，中
道の本命 hypercentre のフランソワ・バイル François Bayrou は「中道
多数派 majorité central」を探求し，また別のところで，環境派は，彼ら
の将来が左翼と混同されることに少しも納得していない。「狩猟，釣り，
自然，伝統派 Chasse，Pêche，Nature，Traditions ＝ 狩猟派 CPNT」も
彼らの行く末が右翼への積み込みであると確信してはいない。FN が問う
国家的不安は，政治や社会の他のクリーヴィッジに比べ，一番大事な国
家のクリーヴィッジを印象付けようとするものである。2極システムの芯
の部分においても分離的な勢力が形成されつつある。2007年，大統領に
就任するや否や，すべての右翼の頭領であるサルコジは「左翼への開放
ouverture à gauche」を実行した。2007年の大統領選挙でサルコジの対
立候補であった社会党のセゴレーヌ・ロワイヤル Marie Ségolène Royal
も，強い国家のアイデンティティーの美徳を賞讃し，三色旗のもとへの結
集を説き，国歌を称え，社会秩序を主張することによって，右翼の領域
の人たちを取り込もうとした。2011年1月，FN の党首に就任したばかり
のマリーヌ・ルペンは，「第3共和制の黒い軽騎兵たち」，「40年代のレジ
スタンスの人たち」の重要人物，そしてジャン・ジョレス Jean Jaurès を

6

自分の言説に盛り込んだ。メランションはどうかと言えば，彼は「左派左翼 gauche de la gauche」の 2012 年大統領選挙の立候補者であるが，2011 年 6 月 29 日，パリの地下鉄ジョレス駅近くのスターリングラード殉死記念広場 place des martyrs de la bataille de Stalingrad で，6500 人の聴衆を前に，立候補宣言を行ったが，レトリックといい，声調といい，非常にド・ゴール的な演説であることで際立っていた。結局，フランス国民がこれまで慣れ親しんできた政治的境界線は変化し，蒸発し，再構成されたと言えるだろう。この再構成をどのように読めばよいのか？どのようにして「不易の昨日 l'éternel hier」から「新たな明日」が作り出されて行くのだろうか？この 2 つの問いに答えることは，2012 年の選挙の結果が作り出す政治的地平，すなわち傾斜と断裂の境界線を明らかにするであろう（Perrineau 2012，10-11；do.2011a，32-3）。

　これまでのフランスの政党政治は，フランスの政治学者モーリス・デュヴェルジェの言う「2 極のカドリーユ quadrille bipolaire」（共産党，社会党，フランス民主連合 UDF，共和国連合 RPR という 4 大勢力が，左翼対右翼という 2 極の連合に結集するありかた）に基本形があるとされてきたが，流動化が進んで来ている。左翼対右翼というクリーヴィッジの妥当性に対する不信の動機はさまざまである。何よりもフランスの政治システムに作用していた 2 極の勢力という強制は緩和されてきた。1970 年代末期あるいは 1980 年代初頭以来，比例代表制的選挙方式が多数の選挙（EC＝EU 議会選挙，地域圏議会選挙，市町村議会選挙）の全体もしくは一部にとりいれられた。この投票方式の導入は，2 極の連合のほうへ押し進めるのではなく，少しずつではあるが，政治システムの「比例代表化」のほうへ駆り立てて行ったのである。2 極のシステムの外側にある小勢力（FN，緑の党，狩猟派）は幸いにも議会に進出し，左翼・右翼の複占の拘束を和らげることに貢献する。フランスの政治学者ジャン・リュック・パロディ Jean-Luc Parodi の隠喩を使用すれば，第 5 共和制の初期（1958-78 年）を強く規制していた「選挙のアコーデオン l'accordéon électoral」が

開かれ，政治システムに「ゲーム」を導入した。このようにして，われわれは「2極のカドリーユ」という政治システムからはっきりと分裂している，フランスの政治学者オリヴィエ・デュアメルが好んで使う「耳障りな6重唱 sextuor cacophonique」（FN，UMP，MoDem，緑の党，社会党，共産党）に移行してきていることを見ることができる。そこでは，古典的な2極制は，FN や環境派や中道派によって，異議を唱えられている。すべての新入勢力は，左翼と右翼という 200 年前からの闘争の妥当性に対して，それぞれのやり方によって，問題にしているのである（吉田 2013，1；Perrineau 2012，20-1）。

　20世紀後半4半世紀の間，フランスは 12 年間のコアビタシオン cohabitation（保革共存）の体制に支配されていた。すなわち，ミッテラン - シラクの 1986-88 年，ミッテラン - バラデュールの 1993-95 年，シラク - ジョスパンの 1997-2002 年である。この持続的で定期的なコアビタシオンはイデオロギー的な2極制を弱めた。左翼と右翼は，融合することなく，共存して統治してきた。以前は左翼と右翼の異質性が性格づけられていたが，いまや同程度の異質性は見られなくなったのである（Perrineau 2012，23）。

　『ラクロワ　La Croix』紙と視聴覚高等評議会 CSA 研究所の共同調査（2011 年 5 月）によれば，質問された人たちの 50％が「今日のフランスにおいて，政治家たちは，実際のところ，人々の生活をよくするために効果的に行動しているとは思えない」と考えている。民衆層の大半がこのような考えを持っており，この階層の選挙民は極右や極左のほうへ投票するようになっている（Perrineau 2012，25）。

2　社会党プライマリ選挙

　プライマリという制度はアメリカの大統領選挙の象徴である。それは，党内で党員たちが選挙人になって，党を代表する候補者を投票によって選ぼうとするものである。歴史的には，プライマリは党機関の民主化の試み

として登場したことを理解する必要がある。その出現は 20 世紀の初頭であった（de Chantal 2001, 752）。

オランドが大統領選挙で勝利しただけでなく，その前に社会党の大統領選挙候補者に選出されたのもプライマリがあったからである。それまで立候補することもないと思われ，下馬評も決して高くなかったオランドは，このプライマリを圧倒的優位な形で終始運んだ。フランス社会党とオランドに限って言えば，プライマリが党組織の解放とリーダーへの資源集中の過程であることによって，候補者が党組織を従属させることができるようになったといえる（吉田 2012a, 1）。と同時に，フランス社会党の場合，プライマリの実施は，民主化といった規範的価値の実践ではなく，むしろリーダーシップ争いとそこから生じる機能不全の収束，それを梃子とした左翼陣営の活性化・近代化のために提案された経緯があった（吉田 2012a, 4）。

2011 年の社会党プライマリは，それが初めての経験ではなかった。1995 年の大統領選挙において社会党の候補者にジョスパンが選ばれた有名な事件は，フランスの政治学者ベルナール・マナンの言う「世論民主主義 démocratie du public」（Manin 1995, 279-303）における政党の役割について考えさせる兆候であったが，注意を引くことはなかった。ずいぶん前に，フランスの政治学者ゲラール・グリュンベールが強調したように「候補者の選出過程において世論調査とメディアが政党にとって代わった」（Grunberg 1995, 78；Dolez et Laurent 2007, 134；土倉 2011, 184）ことはフランス社会党のプライマリ成立の事情と背景を説明する。

社会党にとって，本格的なプライマリは 2006 年が初めてであった。2006 年の時の選出方法は，大統領選挙と同じ 2 回投票制である。これはクローズド・プライマリだったが，同時に「20 ユーロ党員」制度が導入され，候補者になって行くロワイヤル人気もあって，社会党は党員数の大幅増をみた（吉田 2012 a, 7-8）。しかしながら，ロワイヤルはプライマリに勝利を収めようとしても，党の序列も低く，派閥政治に関与できなかった

から，国民的人気を背景に，映像メディアを通じて影響力を拡大してゆく方策しかなかった。ここでは社会党のサブカルチャーに属さない新世代の新規党員層がロワイヤルの指名獲得の大きな資源となったが，逆にこのような動員手段が党と党員／支持者との間に新たな関係性をもたらした。ロワイヤルの党内のヘゲモニーは弱く，派閥と党内のアクティビズム（積極行動主義）によって担保されていた社会党の強靱性を失わせることになった（吉田 2008, 8-9）。

　さて，2011 年のプライマリであるが，途中経過の中にストロスカーンの失脚があるが，それは後述することにして，2011 年 5 月下旬（立候補届出締め切りは 7 月 13 日）の段階で，誰が大統領にふさわしいかという世論調査の支持率は，マルチヌ・オブリ Martine Aubry 52%，オランド56%，ロワイヤル 32% であった。とくにオランドはストロスカーン事件以降，ストロスカーン派幹部の支持を得ると同時に，オブリの左派路線を嫌う一般支持者の支持を集めた（吉田 2012 a, 10）。

　4 回目の大統領選挙敗北を何としてでも避けたかった社会党にとって，プライマリは大成功ともいえる結果を残した。プライマリ投票日の 2011年 10 月 9 日には予想を大きく上回る 277 万人の選挙民が投票所に赴き，予想通りオランドが得票率 39.2% で首位に立ち，これにオブリ 30.4%，アルノ・モントブール Arnaud Montebourg 17.2%，ロワイヤル 6.9% らが続いた。決選投票の 10 月 16 日には 286 万人の選挙民が投票した。これは全国選挙人登録をした人口の 6.5% にのぼった。プライマリがメディアと選挙民から大きな関心と参加を実現した証左である（吉田 2012 a, 11-2）。

　フランスの政治学者ジェローム・ジャフレ Jérôme Jaffré によれば，2012 年のフランス大統領選挙を目指して，社会党は候補者の選考の性質を変えるような新しい試みに取り組んだと言う。すなわち，これまでの選挙民は，大統領選挙で党派の異なった候補者の中から選択していたのだが，自分たちの党派からの候補者の選出についていかなる関与の権利もなかった。もちろん，2006 年には，社会党はプライマリを実施していて，

10

第1章　社会党の政権奪還

[表2] 2011年10月9日・16日社会党プライマリ選挙結果

	第1回投票		第2回投票	
	票数	%	票数	%
投票数	2,665,013		2,860,157	
有効投票	2,650,019		2,841,167	
オランド	1,038,207	39.2	1,607,268	56.6
オブリ	806,189	30.4	1,233,899	43.4
モントブール	455,609	17.2		
ロワイヤル	184,096	6.9		
ヴァルス	149,103	5.6		
ベーレ	17,005	0.6		

出典：Jaffré 2013a, 136.

党員だけでなく，事前に登録し，20€ を支払いさえすれば党支持者にも参加が可能であった。だが，2011 年には，「左翼と共和国の価値」を持つすべての選挙民に，1€ という象徴的な最低限の額を支払うだけでプライマリに参加できるようにした。プライマリに立候補するためには，志願者は，党の国会議員，または地域圏議会議員，県議会議員の5%の推薦を得なければならない。左翼の他の党から社会党のプライマリに立候補できるようになされたが，急進党左派の党首ジャン・ミシェル・ベーレ Jean-Michel Baylet だけが立候補を受け入れた（Jaffré 2013a, 134-5）。

　渡邊啓貴は，プライマリの後，以下のようにコメントした。社会党の今後の問題のひとつは大統領選挙に向けて，政策の力点をどこに置くのかという点である。大統領選挙までには紆余曲折が予想されるが，5月末にまとめた党の綱領では「雇用，教育，購買力，安全」を4つの柱として掲げ，青年層の30万人雇用創出，60歳定年制の条件付き復活などを強調する。財政赤字拡大の責任をサルコジ政権に負わせようとする戦略である。その中でオランドには，党内勢力結集のために，左派への配慮が求められた。予想以上に健闘したモントブールは，一部の銀行の再国有化，富裕税

11

増税，財政緊縮強化を主張し，左派色の強い政治的立場を主張した。彼の支持票がある意味で候補者選出のキャスティングボートを握る結果となった。オブリ支持者を含めて左派への配慮は不可欠である。加えて，原発論争も争点のひとつになることが十分予測され，環境派への配慮にも神経を使わねばならない。オブリとエヴァ・ジョリ（ヨーロッパ・エコロジー・緑の党候補者）との関係は極めて緊密であると伝えられていた。大統領選挙第2回投票のための準備には環境派との提携は重要課題である。エヴァ・ジョリは「脱原発を認めない政党との協力はない」と釘を刺しており，オランドも予備選挙の最中，「2025年までに原発による電力を現行の75％から50％まで引き下げる」と約束した。大統領選挙を戦う上で，オランドの現実主義路線は，保守派候補との違いを強調する戦略の妨げともなりえた。左派色をいかにして出していくのか。社会党中道派の悩みである（渡邊「サルコジ再選に立ちはだかる社会党候補・オランド」，『フォーサイト電子版』2011年11月21日号）。プライマリを終えたオランドは，バランスを取る政治家として，社会党全体の視野に立って左翼左派の路線を包含しようとしていたことがうかがえる。

　フランスの政治学者アンヌ・ミュクセルによれば，大統領選挙はフランス人がかなり愛好する投票である。2012年大統領選挙第1回投票から好調な選挙動員は，2007年以来サルコジの大統領任期5年間にあったあらゆる中間選挙における棄権率の増加の悪循環を切断した。10人中8人（81.5％）が2012年大統領選挙第1回投票で投票した。それはたしかに2007年の大統領選挙第1回投票の投票率より2.2％低い。しかし，それは，最低の投票率であった2002年の大統領選挙第1回投票の投票率71.6％よりはるかに高いのである。ただし，今回の高い投票率は，1965年，1974年の84.7％，84.2％に達していないことも事実である。これまで8回あったフランス大統領選挙第1回投票の投票率の平均は，80.3％であるから今回は平均値よりやや高い。今回の第2回投票では，棄権率は1.5％減少したが，2007年の第2回投票に比べると投票率は約2％低い。とく

に，1974年大統領選挙第2回投票の投票率87.3％に比べるとはるかに低い。左翼のミッテランの勝利という大統領選挙の1981年と1988年の第2回投票は，それぞれ86.8％と85％というように，かなり高い投票率となっている（Muxel 2013b, 71-2；Perrineau 2013a, 18；do.2013b, 12）。

2011年秋より，「市民のプライマリ primaires citoyennes」は左翼の選挙民の重要な選挙動員，もっと広くいえば，フランス人多数の関心を引き起こした。フランス人の3分の2以上（2012年1月71％，4月67％，IFOP）が大統領選挙戦に興味を示した。政権与党の右翼と同じく左翼の選挙民も選挙の呼び掛けに応えようとした。左翼の選挙民は変化を希望し，それを実現しようとした。右翼の選挙民は，反対に，フランスにとって前向きと判断される政治を現大統領とともに行うために，現大統領の退去を嫌い，止めようとした。しかしながら，第1回投票では，不満や抗議を持つ人たちも選挙に参加した。すなわち，彼らは，もっと急進的な選択を求めて左翼戦線の候補者や，さらに，もっと多数の他の人たちはFNの候補者に投票したのである（Muxel 2013b, 72；Perrineau 2013b, 12-3）。

選挙とは，結果的に，市民と政府とのいささか予見可能な出会いの場である。選挙参加は複雑な方程式であり，そこでは，社会学的，政治的，制度的な複数の要因が構造的と同時に状況的に一線となって参入されてくるのである（Muxel 2013c, 207）。

3　大統領選挙・選挙過程

大統領選挙は，2012年4月22日（第1回投票）と5月6日（第2回投票）に行われた。続いて6月10日と17日に総選挙が2回にわたって行われた。選挙民が，6月17日の最後の投票をする頃は疲労感にさいなまれていると言っても不思議ではない。とくに，選挙戦は実際には2012年よりはるかに以前から始まっていることを考慮すれば，とくにその感を強くする。2007年大統領選挙で不運な候補者となったロワイヤルと長い間連れ添ったことのあったオランドが，社会党のプライマリに立候補宣言をし

たのは，2010年早々だった。他方，サルコジの再選は彼の5年間の任期中ほとんど全期間にわたって彼の脳裏を離れたことがなかった。サルコジの大統領就任から最初の1年の間に，彼の人気の格付けは低落し，その後完全に回復することはなかった。たしかに，経済危機が彼の選挙民への立場を改善してゆくことを妨げたかもしれないが，なぜ現職の大統領が自身の再選を確保できなかったかは，経済危機だけでは十分な説明にはならないだろう（Kuhn and Murray 2013, 2）。

　世論のサルコジ政権に対する支持動向を見れば，政権発足から半年後の2008年12月から2009年1月にかけて急速に悪化し，以後一貫して不支持率が支持率を上回った。川嶋周一によれば，サルコジが大統領選挙で当選する原動力となった支持層は主として3つあった。第1は，何よりカトリックであり，2007年にはカトリックにおける支持率は7割を超えていた。しかし，メディアを騒がせた前妻との離婚と女優カルラ・ブルーニとの再婚を機に評価を落として行った。第2の支持層は農民・小規模商工業・職人層だった。このような非雇用の自営業者層の支持も7割を上回るものだった。第3の，そして鍵となる支持層が給与生活者（サラリエ）・労働者層だった。とくに伝統的にゴーリスト Gaulliste（ド・ゴール派）支持が少ない労働者層からでも，サルコジは2007年大統領選挙で過半数を上回る支持を取り付けた。しかし，大統領選挙から2年後には，労働者，サラリエの両層において，不支持率が支持率を逆転することになった（川嶋 2013, 17）。

　2012年大統領選挙第1回投票は10人の候補者によって戦われた。4人の候補者は得票率が2％に届かなかった。残り6人の候補者は，オランド，サルコジ，マリーヌ・ルペン，メランション，バイル，エヴァ・ジョリだった。メランションは以前社会党の国会議員だった。彼は極左のほうに傾き，共産党とカリスマ的な極左の政党「革命的共産主義同盟 Ligue Communiste Révolutionnaire ＝ LCR」の代表として2002年と2007年の大統領選挙で，4.25％，4.08％を獲得したカリスマ的指導者オリヴィエ・

14

第1章　社会党の政権奪還

ブザンスノ Olivier Besancenot の不在を埋めることに成功した。左翼戦線という傘のもとで，メランションには二重の目標があった。まず，第1の強敵，マリーヌ・ルペンを打倒すること，次に，オランドの政策を左の方へ動かすように強制することだった。メディアの領域では彼のキャンペーンは成功したかに見えたが，大体においてメランションの目論見は両方の目標とも失敗したと言えよう（Kuhn and Murray 2013, 5）。

　中道の候補者であるバイルは2007年大統領選挙の強力な実績を再現することを願っていた。2007年には彼は18.6％の得票を獲得して大統領選挙の「第3の男」となった。しかしながら，2012年大統領選挙第1回投票の得票率は2007年の半分がやっとであった。彼の影響力低下は著しかった。2012年大統領選挙第1回投票でバイルの得票が第5位であったことは，彼が第2回投票で誰を支持するかの重要性を減少させた。彼が第2回投票で，ぎりぎりになって最終的にオランドを支持したことは，彼にとって非常な犠牲を払ったことになった。UMPは総選挙でバイルに対する刺客候補を立てることでこれに応えた。社会党はバイルとの連帯の証として，社会党の候補者に総選挙第2回投票で立候補を断念するように指示しなかった。結果として，バイルは国民議会の議席を失うことになった。同じように期待が裏切られた結果は緑の党のエヴァ・ジョリにも見られる。彼女は総選挙第1回投票で2.3％の得票しか獲得できなかった（Kuhn and Murray 2013, 5-6）。

　2012年4月22日の第1回投票ではどの候補者も過半数に届かなかったが，オランドが得票数でトップに立った。有効投票数の28.6％の得票率は，前大統領サルコジの得票率を1.5ポイント上回ったが，これは，1981年の大統領選挙第1回投票でミッテランが対立候補ジスカール・デスタンをほぼ3ポイント上回った達成には及ばなかった（Jaffré 2013a, 141）。同じように，第1回投票のこの結果は左翼が少数派であることをはっきりと示している。すなわち，43.8％という左翼全体の第1回投票得票率は，左翼が大統領選挙で勝利した過去2回の得票率，すなわち，1981年

15

46.8％，1988 年 45.3％と比べると，下回っている（Jaffré 2013a, 142）。

　大統領選挙第 1 回投票がエキサイティングでドラマチックであるのに比べ，第 2 回投票はどちらかと言えば地味なものだった。鍵となる出来事は，決選投票に進出したオランドとサルコジの 2012 年 5 月 2 日に行われたテレビ討論であった。サルコジは攻撃的なスタンスをとった。これに対してオランドは彼への強打を注意深くかわしながら，時として反撃のパンチを放った。サルコジはオランドの経験のなさをけなし，自分の知識をひけらかすことが出来た。しかし，大統領在職の 5 年間は，彼の実績に対する国民の高度な不平によって，勝利した戦略であったとは言いがたいものがあった。オランドはあらかじめ用意してあった注目すべき，少なくとも 15 回は討論の中で繰り返した言葉，「共和国の大統領として，わたしは」で討論を締めくくった。この討論では，はっきりとした勝者はいなかった。ただ，その後，バイルの熱の入らない支持を得ることが出来た。バイルはオランドに投票すると言ったが，彼の支持者も同じようにせよと指示したわけではなかった（支持者の多数はオランドを支持しなかった）。もっとも，サルコジはオランドにリードされていた差を縮めたことにおいて成功したと言えるかもしれない。オランドはかつて世論調査において 10 ポイント以上リードしていた。最終的には 2 ポイント以下になっていた。実際，サルコジが上昇軌道に乗っていたことからあと 2 週間の時間的余裕があれば，逆転に成功したかもしれない。第 2 回投票の総投票数は第 1 回投票よりも上昇していたのである（Kuhn and Murray 2013, 9-10）。言い換えれば，オランドは第 2 回投票で有効投票の 51.6％を得たが，先人のそれに近いスコアは，1974 年のジスカール・デスタンの 51.75％である（Jaffré 2013a, 147）。これは当時ジスカールの薄氷の勝利と言われた数字である。オランドが第 2 回投票で何とか勝利したのは，左翼の選挙民の大多数を結集できたことと，中道派と極右の票のボーナスがあったからである。具体的に言えば，社会党候補の勝利は，第 1 回投票で左翼の他の候補者に投票された 450 万票を回収することに成功したお蔭である。そしてま

た，バイル票の 100 万票の移動と，さらにマリーヌ・ルペン票の 100 万票の移動という上積みも加えられる。これをサルコジ側から見ると，彼にはルペン票の 350 万票とバイル票の 150 万票が加わっている（Jaffré 2013a, 148）

[表3] 大統領選挙第 2 回投票におけるオランド，サルコジの得票の第 1 回投票の出自

第 1 回投票	オランド票 （第 2 回投票）		サルコジ票 （第 2 回投票）		棄権・白票・無効 （第 2 回投票）	
	票数 （千・単位）	％	票数 （千・単位）	％	票数 （千・単位）	％
極左	435	2.4	43	0.3	135	1.2
メランション	3,505	19.5	239	1.4	239	2.1
オランド	9,963	55.3	102	0.6	204	1.8
ジョリ	596	3.3	66	0.4	165	1.5
バイル	1,048	5.8	1,441	8.6	786	7.1
サルコジ	-		9,655	57.3	98	0.9
デュポン・エニアン	154	0.9	341	2.0	148	1.3
M・ルペン	1,027	5.7	3,660	21.7	1,734	15.6
シュミナド	23	0.1	11	0.1	55	0.5
棄権・白票・無効	1,252	7.0	1,305	7.7	7,588	68.0
合　　計	18,003	100	16,863	100	11,152	100

出典：Jaffré 2013a, 148.

4 「ノーマルな投票」

　国末憲人によれば，FN は 1990 年代以降，攻撃対象を従来の「移民」から「エリート」に移すようになっていた。その結果，FN は移民排斥志向の強いフランス南部や東部だけでなく，労働者層が多く所得格差への不満が強いフランス北部へも支持層を拡大することが出来たのである。2002年大統領選挙で FN の候補ジャン・マリ・ルペン Jean-Marie Le Pen が決

選投票に進出した理由のひとつも，エリートを標的とした選挙戦略の成功に求められる。サルコジの「民衆への回帰」戦略はこの手法を借りてきていたと言える。だが，サルコジは結局落選した。FN 支持層は，サルコジが期待していたほど彼への支持に流れなかったと考えられる（国末 2013，2）。

　オランドはサルコジにとって意外な敵だった。しかし，2011 年 10 月に公認候補に選ばれたオランドは，以後，各種世論調査の支持率でほぼ一貫してサルコジを上回り，優位の立場を最後まで明け渡さなかった。オランドは「ノーマル」を広める戦略をとった。現職のサルコジを「異例の大統領」と位置づけ，「ノーマルな大統領」への回帰を促した[5]。実際，豪奢趣味や私生活の顕示に代表される，サルコジの政治スタイルに対する批判は根強くあった。こうした態度は任期半ば以降次第に薄まったものの，サルコジに付随する「傲慢」「金満」というイメージはその後も消えなかった（国末 2013，2）。

　サルコジの敗因のひとつには，社会党の大統領候補になる可能性のあったストロスカーンの失脚がある。そこで，まず，この事件をかいつまんで記しておきたい。AFP・BB ニュースによれば，2011 年 5 月 15 日，ニューヨーク市警は国際通貨基金 IMF のストロスカーン専務理事を性的暴行と強姦未遂などの容疑で逮捕した。同市警の発表によると，逮捕は同専務理事がニューヨークで滞在していたホテルの女性従業員からの告訴を受けて行われた。市警当局によるとストロスカーンは，同日朝にマンハッタンにあるホテル「ソフィテル・ニューヨーク」で女性従業員に対する性的暴行と強姦未遂などの容疑で拘置され，この女性従業員による告訴に基づき，警察が事情聴取していた。ストロスカーンの IMF 専務理事任期は 2012 年 9 月までだが，フランス政界では，満期を待たずに辞任し，サルコジ大統領に対する社会党候補として 2012 年大統領選挙に出馬するのではないかとの憶測が流れていた。一方，ストロスカーンの性的な行動にまつわる問題が持ち上がったのは今回が初めてではない。2008 年には IMF のエコノ

ミストであるハンガリー人女性との性的関係が発覚。IMF では調査の結果，ストロスカーンが女性に圧力をかけた関係ではなかったと結論し，ストロスカーンの行為が不適切である点を指摘するにとどまっていた。
(http://www.afpbb.com/article/disaster-accidents-crime/crime/2799897/7216921)

　ニューズウィークパリ支局長クリストファー・ディッキーは『ニューズウィーク日本版』2012 年 5 月 2/9 日合併号に次のように書いた。苦戦必至のサルコジは心のどこかで，相手がストロスカーンだったら良かったのにと思っているに違いない（26 頁）。サルコジ側近の人物によれば，ストロスカーンなら叩けばいくらでも埃が出るので「戦いやすい」と，サルコジ自身もみていたらしい（26-7 頁）。ストロスカーンの裁判記録の詳細は，微に入り細に入り繰り返し報道された。こうした情報のリークはサルコジにプラスに働くどころか，かえってサルコジの人間的な評価を落としただけだった（27 頁）。何とも度し難い堕落と政治的陰謀の渦。ノーマルな大統領になると約束したオランドが最有力になるのも当然である（28 頁）。

　ジェローム・ジャフレによれば，ずいぶん前から，サルコジ大統領の敗北は十分ありそうなことになっていた。第 1 に，とくにこの経済危機の時期に，コアビタシオンもなしに，彼の欠陥の多い実績に対して，新たな信任を彼に与えることは慣例的にありえないことである。第 2 に，サルコジの不人気は 5 年間の大統領在職期間中の重要な与件だった。大統領選挙前夜の頃はとくに評判が悪かった。第 3 に，サルコジという UMP の大統領候補者は，決選投票の第 2 回投票に勝ち進んだとしても，第 1 回投票で退けられた 8 人の候補者の誰からも第 2 回投票で支持されなかったという，政治的孤立を被っていた。マリーヌ・ルペンは白票か棄権を選挙民に呼びかけた[6]。他方，バイルは，第 2 回投票直前 2 日前，ぎりぎりのところで，オランドを支持すると表明した（Jaffré 2013, 209）。

　考えてみれば，サルコジという人物は，フランス政治の中で目立った人格の持ち主だった。彼の遠慮なく喜んで不人気な決定を実行するダイナミズムとエネルギーこそが，2007 年に初めて大統領に選ばれる時以前

から，彼がすでに不穏な人物であることを示していたのであった。たしかに，2007 年大統領選挙の特徴のひとつは，「サルコジ以外は誰でも tout sauf Sarkozy」選ぼうというキャンペーンが増加したことだった。彼の型にはまらない政治家としての履歴が—彼はフランス国立行政学院 École nationale d'administration = ENA の出身ではない—洗練性のなさと大統領としての資質のなさを露呈させてしまった (Kuhn and Murray 2013, 3)。

サルコジの肌には，大統領任期 5 年間を通して積み重なった「誤った行動」がべったりと付いており，フランス国民が本当の国父の資質に「ふさわしくなる positiver」と認めることはできなかった (Perrineau 2013b, 11)。

これにひきかえ，オランドは社会党の第 1 書記として，強力な指導者ではなく，コンセンサスを求めるだけの政党マネージャーにすぎないという評判を得ていた。とくに，2005 年 EU 憲法条約批准国民投票のキャンペーンにおいて，オランドの「賛成」投票の指示は，選挙民の多数だけでなく幾人かの社会党指導者の拒絶にあったのだが，これは彼の指導者としての信用を大きく傷つけた。ところが「異常な大統領 hyperprésident」への世論の否認は，「ノーマルな男 Mr Normal」—フランス国民が気に障るサルコジの派手な桁外れの行動ではない，安定した手腕—という勝利者像をオランドに授けた。オランドは，私生活はできるだけ控え目にして，いっそう穏やかに信頼されるようにふるまった。結局，オランドへの支持の大半は，オランドを積極的に支持するというよりサルコジへの拒否であったと解釈できるのである (Kuhn and Murray 2013, 3-4)。オランドは，プライマリを経過するなかで，たしかに大統領という役職に適正であるかどうかは容易に納得させることはないとしても，良い人物であるというイメージを与えるという恩恵に浴した (Perrineau 2013b, 11)。

すべては最初から筋書き通りであった，とペリノーは言う。オランドは，「ノーマルな候補者」以上に，「ノーマルな選挙」で「ノーマルな投票」であることを望んだのだろうか？「ノーマルな投票」という概念

20

は，1966年，アメリカの政治学者フィリップ・コンバースによってアメリカ人の投票を説明するために考え出されたものである。彼によれば，アメリカ人には5，60年にわたって，強力で安定的な政治的同一化 identifications politiques が根付いているというのである（Perrineau 2013a, 16；do.2013b, 13；Converse 1966, 25）。

コンバースによれば，「ノーマルな投票」という概念は，アメリカ人のいくつかの下位グループ，あるいはアメリカ人全体に予想されるものであるが，アメリカの選挙の歴史を通して記録されている投票の流れを考察する時に，ますます必要な部分になりつつある。当時の調査によれば，さまざまな異なった状況において，「ノーマルな投票」は選挙変化の意味を算定する際，決定的となる基本線を提供すると考えられている（Converse 1966, 33c）。

5　総選挙

2000年の選挙カレンダーの制度的改正により，フランスの総選挙は大統領選挙の直後に行われることとなった。この改正の目的は大統領が議会多数派を掌握できるようにすることである。このようにして，大統領と首相が異なる政党に属しているという「コアビタシオン」による行き詰まり状態に終止符を打つことにしたのであった。ただ，この選挙カレンダーの副次的効果として，総選挙という争いの視界と重要度を減少させることによって，結局総選挙は第二義的な選挙になってしまうという見方もできる。しかしながら，総選挙の意義は完全に消失したのではない。議会はフランスにおいて今でも象徴的な重要性を持ち続けている。そして2つの重要な発展が2012年の総選挙ではあった。第1に，11人の外国籍の議員が当選した。これは代表制の伝統的な地理的概念への挑戦であった。第2に，「パリテ parité」（男女同数）に向かってフランスは大きく前進した。すなわち女性議員数が50％増加したのである（Kuhn and Murray 2013, 2）。

大統領選挙という高度なドラマの後に，選挙疲れ[7]の見える人々から，

21

同じ利益を持続させるべく，総選挙（国民議会選挙）が戦われた。2012年総選挙第2回投票の投票率は，2012年の大統領選挙第2回投票の投票率が85％であったのに比べ，たったの56％だった（Cole 2013, 31）。左翼は，オランドの勝利で上昇傾向にあったのだが，新大統領を支えるために議会多数派を確保することに失敗するリスクはほとんどなかった。鍵となる問題は，社会党が単独で絶対多数（過半数）の議席をとれるか，それとも，「ヨーロッパ・エコロジー・緑の党 Europe Écologie - Les Verts ＝ EÉLV」や「左翼急進党 Parti Radical de Gauche ＝ PRG」のような連合にパートナーの支援を要請するかどうかにあった。EÉLV も PRG もオランド大統領政権第1次内閣の閣僚ポストをすでに持っていた。すなわち，PRG のクリスティアンヌ・トービラ Christiane Taubira が女性閣僚の中では最高位の司法大臣，EÉLV のセシル・デュフロ Cécile Duflot が住宅・地域大臣になっていた。第1次内閣は，オランドの忠臣であるジャン・マルク・エローが首相であった。彼はこれまで大臣の経験がなかった。オランドが首相にオブリではなくエローを選んだことによって，結局オブリは他の大臣ポストのどれにもつかないことになった。新内閣にオブリが欠落したにも関わらず，女性大臣数は男性大臣数と同数になった。オランドは「パリテ」の内閣を構成するという選挙期間中の公約を守ったことになる（Kuhn and Murray 2013, 10；Murray 2013, 209）。

　国末憲人によれば，2012年5月16日，エローを首班として社会党内閣が発足した。そこで何より驚きだったのは，34人の閣僚を男女同数とし，完全な「パリテ」を確立したことだった。この試みにはオランド政権の政治的精神の出自が凝縮されている。かつての左翼政権の首相だったジョスパンの影響である。オランドがその最初の組閣であえて男女同数としたのは，パリテを活性化させる意思を内外に示そうとしたためと言える。ジョスパン内閣の最初の5年間，一貫して社会党の党首を務めたのがオランドである。したがって，パリテの復権と促進は，ジョスパン内閣の方向性をオランド政権が継承する意思の象徴として捉えることができる。オランド

第 1 章　社会党の政権奪還

は，また，大統領就任後の 2012 年 7 月，政治システムの整理と政治参加
形態の改革を目指す「政界刷新倫理委員会」を発足させ，座長にジョスパ
ンを任命した。2012 年 11 月，ジョスパンはオランドに対して「総選挙の
比例代表制導入」「大統領の不逮捕特権の廃止」などの改革案を答申した
（国末 2013，9-11）。

　ただし，「パリテ」に話を戻せば，内閣の閣僚数が男女同数であること
は，必ずしも権力が平等であることを意味しない。つまり多くの大切な大
臣ポストは男性が占めている。すなわち，重要な役割を与えられている
のは次のような社会党の重鎮たちである。元首相のローラン・ファビウ
ス Laurent Fabius は外務大臣，オランドの選挙運動の広報責任者だった
マニュエル・ヴァルス Manuel Valls は内務大臣，選挙運動委員長ピエー
ル・モスコビッシ Pierre Moscovici は財務大臣だった（Kuhn and Murray
2013，10）。

　とはいえ，基本的には，『*The Asahi Shinbun Globe*』（2013 年 8 月 18
日号）で，男女パリテ監視委員会元事務局長クレール・ベルナール Claire
Bernard が言うように，パリテの大きな意味は，これまで政治と無縁だっ
た層の出身者が政治にかかわるようになったことである。政治経験のな
かった人々こそが，政界の古い体質を変えることができるからである。

　さて，サルコジの大統領選挙における敗北と，その後の政界からの引
退は UMP 内に党のリーダーシップの空白状態を作り出した。ちょうど，
2002 年，ジョスパンが大統領選挙第 1 回投票で敗退し，第 2 回投票に進
めなくなって，引退した時の社会党がそうであった。フランソワ・フィ
ヨン François Fillon とジャン・フランソワ・コペ Jean-François Copé は
2 人とも次の UMP の総裁になることを熱望していた。しかし大統領選
挙と総選挙の期間中は，分裂した主導権争いはできるだけ避けられてい
た。UMP は公然たるコアビタシオンの反対者だった。そして 2002 年に
選挙カレンダーが変更になった状態を支持していた。しかしながら，今や
UMP は予想しなかったあやふやな状態に置かれている。2002 年に社会党

23

が総選挙に敗北して以来，野党時代の 10 年間が社会党に地方の支持基盤を再建する機会をもたらした。そして今や社会党は市町村，県，地域圏の政治において全国にまたがり支配的になっている。社会党はまた 2011 年に元老院 sénat においても右翼の伝統的な地盤を覆して過半数を獲得した。大統領選挙に勝利し，総選挙でも安定した議席を手にした社会党に比べ，UMP は「われわれは社会党にすべての権力を持たせることはできない」とアピールするしかないように後退した（Kuhn and Murray 2013, 11）。

　UMP は FN から向けられた脅迫にどのようにうまく対処するかという難問にも直面した。たしかに，FN は総選挙では，小選挙区 2 回投票制のせいで，好成績を残したとは言えないが，FN が UMP にとって真の妨害者となる潜在的な可能性をもっていることは事実である。マリーヌ・ルペンが大統領選挙で高得票率をあげたいくつかの選挙区では，総選挙において，FN が第 2 回投票に進出する資格を得る，あるいは UMP の候補を蹴落とすという本当の脅威があったのである。これは，広い意味で右翼陣営全体における票の分断につながり，左翼の候補の当選につながったのである。UMP でははっきりとしたリーダーシップが確立されていなかったので，このような FN からの脅迫にどのように対応するかという戦略はなかった。いくつかの場合では，UMP の候補者は FN 側に対して，公然たる予備交渉を行った。すなわち，一方では FN の候補者を支持し，他方では FN 選挙民の票を獲得するために，絶望的な呼びかけとして，両党間の共有する価値を強調したりした。後者の例は，サルコジ政権下での家族問題担当閣外大臣を務めたナディーヌ・モラノ Nadine Morano がそうである（Kuhn and Murray 2013, 11）。

　国末によれば，2012 年の総選挙では，UMP の中で，第 2 回投票において，社会党よりも極右への親近感を公然と示す候補が相次いだ。今後，UMP 右派と FN とがなんらかの形で連携する事態となれば，フランス政治の対立軸はより明確になる。すなわち，オランド政権に代表される

24

のが，エリート，インテリ，ヨーロッパ統合，グローバル化受容派であり，右翼・極右に代表されるのが民衆，庶民，国家重視，反グローバル化となるからである（国末 2013，12）。同様なことを畑山敏夫も指摘している。2012 年の大統領選挙と国民議会選挙での FN の得票から，FN と

[表 4] 2012 年総選挙第 2 回投票結果

政　党	得票数	得票率	議席数
左翼戦線（FG）	249,498	1.08	10
社会党（SOC）	9,420,889	40.91	258
急進党左派（RDG）	538,331	2.34	11
左翼諸派（DVG）	709,395	3.08	21
緑の党（VEC）	829,036	3.60	16
地域主義党（REG）	135,312	0.59	2
仏中道（CEN）	113,196	0.49	2
中道連合（ALLI）	123,132	0.53	2
急進党（PRV）	311,199	1.35	6
新中道（NCE）	568,319	2.47	11
国民運動連合（UMP）	8,740,628	37.95	185
右翼諸派（DVD）	417,940	1.81	14
国民戦線（FN）	842,695	3.66	2
極右諸派（EXD）	29,738	0.13	1

出典：フランス内務省（www.interieur.gouv.fr/）

[表 5] 総選挙第 2 回投票における投票率 1973-2012 年（%）

1973	81.89	1993	67.56
1978	84.66	1997	71.52
1981	74.46	2002	60.32
1986	比例代表選挙	2007	59.98
1988	69.89	2012	55.40

出典：Kuhn and Murray 2013，14

の協力なしには右翼の政権奪還は困難であり，FN との非協力という原則が問い直される可能性がある。旧与党 UMP のなかではすでに FN に秋波を送る動きも表面化しており，一部右翼と FN の連携の可能性も浮上している。2010 年に UMP の国民議会 40 名によって「人民右翼　La droite populaire」というグループも結成されている（畑山 2013b，110）。

　総選挙第 2 回投票の最終的な結果から何を考えるか？社会党は結局他のどの政党とも協力しなくてもよい，議会過半数の議席を獲得した。UMP は壊滅的な敗北を被った。例えば，環境・持続可能開発・運輸住宅大臣だったナタリー・コシュースコ・モリゼ　Nathalie Kosciusko-Morizet のような，幾人かの大臣たちは逆風下にもかかわらず議席を保持した。しかし，多数の大臣はそうではなかった。内務・移民大臣だったクロード・ゲアン Claude Guéant，新しく出来た国外選挙区の UMP 振り替え候補になった商業・手工業閣外大臣フレデリック・ルフェーブル Frédéric Lefebvre は落選した。高名な候補の落選者を UMP が独占していたわけではない。著名な落選者を挙げれば，バイル，マリーヌ・ルペン，ロワイヤル，そしてかつてのミッテラン大統領社会党政権期の文化大臣だったジャック・ラング Jack Lang が落選した（Kuhn and Murray 2013，13）。

6　オランド政権の失速

　大統領選挙第 1 回投票の多様な候補者に対する選挙民の投票行動は，従来のパターンを維持していると言えるだろう。女性票は男性票より多くオランドとサルコジに投じられた。他方，男性票の割合が多いのは，メランションとマリーヌ・ルペンであった。これは女性のほうが政治的主流のほうに投票しやすい傾向を反映している。ただし，FN の 2012 年の得票にはいわゆる男女差は狭まってきていることも指摘せねばならない。サルコジは高年層からの支持では優位に立っている。にもかかわらず，オランドは，18 歳から 24 歳の若年層からの得票において，5 年前のロワイヤルが得票したものより少なかった。オランドとサルコジは中間層から多数得票

第1章　社会党の政権奪還

した。オランドは自由業からの得票が多いのに比べ，サルコジは企業経営者が多い。他方，マリーヌ・ルペンとメランションは不満な労働者層や低中間層から多数の票を集めた。マリーヌ・ルペンは広範囲な社会層，職業階級から票を獲得したが，高教育層，自由業層は例外であった。メランションも標的にしていた社会層・経済階級の票は，マリーヌ・ルペンのほうがより多く獲得に成功した。このことが彼女の勝利を説明する。実に，マリーヌ・ルペンの大統領選挙第1回投票での17.9％という得票率は，これまでの大統領選挙におけるFNの得票率でもっとも高いものであった（Kuhn and Murray 2013, 9）。

　フランスの選挙地理学者ミシェル・ビュシらによれば，2012年大統領選挙の選挙地図は以前の選挙地図との連続性が多く見られるという。たしかに，マリーヌ・ルペンとメランションの得票は彼らの党の以前のスコアを上回ったかもしれないし，メディアによって政治的均衡の大きな変容が起きたと伝えられたが，選挙地理構造的には新しいものからは遠い。すなわち，2012年のマリーヌ・ルペンの得票を，県ごとに計算して，2007年の大統領選挙の父親ジャン・マリ・ルペンと比較すると相関値は0.95である。つまり，従来のFNの候補者の色調と比較できる地理的決裂は見られないだけでなく，FNの影響力の領域にはっきりとした空間的拡大は見られないのである。左翼戦線の2012年大統領選挙第1回投票の得票は，2007年大統領選挙第1回投票の共産党の候補者マリー‐ジョルジュ・ブュッフェ Marie-George Buffet の得票を明らかに上回っていたが，選挙地理学的には何ら変動をもたらしてはいない。メランションとブュッフェの票の相関値は0.74である。そのような共通点は，オランドの第1回投票と2007年のロワイヤルの第1回投票におけるそれぞれの空間的分布の間にも見られる。相関値は0.92である。その値はサルコジの2007年と2012年の大統領選挙第1回投票の相関値とまったく同じである。候補者の交代は政党の地理的基盤にとっては欄外のことでしかない（Bussi, Fourquet et Colange 2012, 942）。

27

総選挙における2つの論点も指摘しておきたい。まず，第1に，2012年選挙は議会選挙において増大する棄権が長期的傾向として続いているということである。すなわち，2012年総選挙第2回投票の投票率は55.4％であった。表5「総選挙第2回投票における投票率1973-2012年」が示すように，2002年の選挙カレンダーの方向転換によって作り出された「第2義的 second-order 選挙」効果と選挙民の疲労が明確に投票率の低下傾向の悪化に寄与しているか示している。第2に，2012年の総選挙は，国民議会に新たに6人の民族マイノリティの議員を誕生させた。これで，民族マイノリティ議員は合計1人から7人になった。7人全員が左翼に属する。ということは，ジェンダーの平等と並んで人種の多様性においても左翼が先行していることになる。しかしながら，より多様な議会に向けた象徴的な第一歩は歓迎されなければならないが，フランスの多民族かつ性差異の少ない社会に比べれば，国民議会は硬直した立場を維持していると言えよう (Kuhn and Murray 2013, 13-4)。

　サルコジは，大統領在任期間中，ヨーロッパの指導者としての役割に非常な精力を注いだ。2008年，フランスがEU議長国だった時であるが，チェチェン Chechen 危機に際しては解決に向けて交渉の指導的役割を果たした。その時以来，ドイツの首相アンゲラ・メルケル Angela Merkel と「メルコジ Merkozy」とあだ名が付くほど親密な2人組を形成する。ユーロ圏の危機を解決するために2人が結束した努力はフランスにとってヨーロッパという舞台で卓越した中心的な役割を保証し，積極的なサルコジというイメージを可能にした。このようなユーロ圏とそれがフランス国内の経済に持つ意味が大統領選挙の争点のひとつとなった。しかしながら，ヨーロッパ統合に関係する問題は国内の問題の下に隠されてしまうことも相変わらずのことである (Kuhn and Murray 2013, 6-7)。付言すれば，「最現代の状況をみるにつけても，ヨーロッパ統合と主権国家システムの関係は決着済みとは言いがた」い (遠藤 2013, 20) 状況の中で，「70年ものあいだ不倶戴天の敵として戦った独仏という2つの有力国家が，次

の70年間敵対関係をやめ協力を持続させただけでなく，その2国間の協力・統合を土台にしないと，いずれの国も国際・世界戦略が成立しないところまで来ている」(遠藤2013, 24) 関係を踏まえるならば，サルコジの対独接近は正しかったと言えるのだが，大統領選挙では受け入れられるところではなかったかもしれない。しかしながら，『ニューズウィーク日本版』2013年5月21日号のポール・エイムズの記事によれば，緊縮財政政策嫌いのせいで，オランドはメルケル首相とも疎遠になっている。ちょうど，両大国の経済力の差が開きつつあるのと軌を一にしているという。フランスの景気後退と政治的停滞に出口は見えず，ユーロの展望も暗くなる一方だと報じている。

　驚くべきことではないのだが，大統領選挙期間中の中心問題のひとつは経済問題だった。イデオロギーのような長期的なファクターはまだある程度の影響と言いうるが，失業というような短期的な変数はサルコジの敗北の鍵となる決定要因だった。この観点から言うと，サルコジは，2008年から始まった経済危機以来現出した現職指導者の失職の一番最近の例である。サルコジとオランドでは経済危機からいかにして抜け出すかをめぐって見解が分かれた。サルコジのモデルは，他の右翼の諸政党と同じように，公共支出を削減し，財政赤字を縮小するために緊縮政策をとることだった。それに対してオランドの経済政策は経済成長を促進するために経済を刺激するところにあった (Kuhn and Murray 2013, 6)。

　『日本経済新聞』2012年5月7日の朝刊によれば，オランドは財政規律だけを重視する傾向に疑問を呈し，財政規律を強化するEUの新条約見直しや欧州中央銀行（ECB）の役割変更を提唱，成長や雇用を重んじるよう訴えた。2012年5月6日夜には「財政緊縮だけが選択肢ではない。欧州の成長・雇用を促進する」と述べた。アフガニスタンの仏軍駐留を2012年内に撤退するとも公約しており，ヨーロッパや世界との関係が注目される。内政では，高止まりする失業率改善や生活向上に重きを置き，ガソリンなど燃料価格の3か月間凍結や教育分野で6万人を雇用するなど

の政策を主張。こうした政策が国民の支持を得た半面，財政出動色が強い公約が少なくなかった。

　オランドの大統領選挙の勝利から1年後の『日本経済新聞』2013年5月6日の朝刊によれば，17年ぶりの社会党出身の大統領としてEUの成長戦略取りまとめを主導するなど新風を巻き起こしたが，足元は好転しない経済情勢や閣僚不祥事といった国内問題に頭を悩ましている。同性婚など社会政策では成果を出したものの，財政難や失業といった厳しい現実は依然残っている。就任時は53%だった大統領の支持率は2013年4月時点で26%に低下した。2012年5月の大統領選挙でオランドが掲げた公約は，経済分野では「反緊縮財政」「大企業高所得者への増税」など左翼色の強い政策だった。就任直後の大統領はEUの成長戦略の合意を主導した。緊縮財政一辺倒だった各国に経済成長の重要性を説き，意識改革に成功した。だがその後は政権運営の壁にぶち当たった。

7　マリーヌ・ルペンの躍進

　ペリノーによれば，2012年フランス大統領選挙第1回投票で，マリーヌ・ルペンは6,421,426票を獲得した。それは，彼女の父親が集めた票に150万票上積みしている。すなわち，10年以上も前，彼女の父親は，FNの老いたリーダーとして，2002年大統領選挙の「衝撃」と言われる票を大統領選挙第1回投票で集め，第2回投票に進出したのであった。党の創設者の娘がFNの党首になった[8]ことも伴って，これこそ重要な選挙のダイナミズムである。事実，ほとんど40年間，FNの長だったジャン・マリ・ルペンは，2011年1月のトゥール党大会 Congrès de Tours で彼の娘と交代した。2007年の大統領選挙の第1回投票で父親によって達成された平凡な水準—3,834,530票，有効投票得票率10.4%−に比べ，彼の娘の上昇—2,586,896票増，有効投票得票率7.5%増—は印象的だった。2007年大統領選挙におけるサルコジの勝利の後，FNは血の気の失せるような敗北（2007年6月の国民議会選挙で有効投票得票率4.3%，2009年6

月の EU 議会選挙で有効投票得票率 6％）を被った後，その残骸から蘇っ
た FN の勢力復帰の論理を理解する必要がある。マリーヌ・ルペンの成功
が，2002 年の彼女の父親の成功と同じ性質のものかどうか，検証するた
めに，まず，サルコジ大統領任期の最近の 5 年間（2007-12 年），次にシラ
ク大統領再選からの長期的な 10 年間（2002-12 年）について調べなければ
ならないだろう（Perrineau 2013c, 227）。

　2007 年大統領選挙第 1 回投票でのジャン・マリ・ルペンはたったの
10.4％の得票率であり，FN が 1980 年代に最初の成功を達成して以来，
大統領選挙における最悪の結果を出すことしかできなかった（Perrineau
2013c, 228）。

　2007 年の大統領選挙第 1 回投票後の IFOP の調査結果によれば，FN
選挙民の 38％がサルコジに投票し，ルペンに投票したのは 53％だった。
2007 年大統領選挙の教訓のひとつはこのことである。FN は 20 年以上に
わたって恒常的に根を張って来た。FN は，「共和国運動　Mouvement
National Républicain ＝ MNR」による分裂の障害を乗り越えて，2002 年
の大統領選挙では第 2 回投票に出場資格を得るという快挙を成し遂げた。
その後 FN の選挙民は強く動員されて来た。2004 年の地域圏議会選挙が
そうであり，2005 年の EU 憲法条約国民投票がそうである。その国民投
票では，FN は「反対」票の重要な城塞を形成した。しかし，2007 年の大
統領選挙では，突然の強烈な暴落に見舞われた（Fourquet 2008, 213）。

　ペリノーも 2008 年刊行の編著（Perrineau 2008）で指摘したことを振り
返りつつ次のように述べる。過去と決別し，サルコジに安定した勝利へ
の道を開いた 2007 年の大統領選挙の基本的な本質のひとつは，ルペン票
の驚くべき衰退だった。ルペン票は，2002 年の 4,804,713 票から 2007 年
には 3,834,530 票に落ち込んだ。2007 年選挙では選挙人名簿登録者数が
3,278,145 人，投票者数が 7,758,509 人と驚異的に増加したにもかかわら
ず，である。2007 年の選挙は，ルペンがジョスパンを凌ぎ，第 2 回投票
に勝ち進んだ 2002 年選挙の「衝撃」からはるかに遠いところまで来てし

31

まった。ヨーロッパの極右はすでにこのような下降を経験したことがある。しかし，例えばオーストリア自由党 Freiheitliche Partei Österreichs ＝ FPÖ のように，時を経て，やがて勢力を取り戻している (Perrineau 2011b, 171)。

　ジャン・マリ・ルペンがこの苦境から抜け出せそうになったのが 2010 年の地域圏議会選挙であった。FN のリストは 11.4％だった。しかし，FN が選挙の成功を伴って本格的に復活して来るためは，2011 年 1 月のトゥール大会で，父と彼の娘との間での素晴らしい権力移譲を待たなければならない。FN 党首になるや否や，2011 年 3 月の郡議会選挙で，マリーヌ・ルペンは，党をより高い位置に引き上げた。すなわち，全国平均で有効投票の 15.1％，FN が立候補を出した郡総計では 19.2％の得票率に達した。2011 年 5 月 16 日，FN の政治局から大統領選挙立候補を認証されてから，2012 年 4 月 22 日に向けて，マリーヌ・ルペンの大統領選挙支持率は 14 ～ 19％の間を変動し，最終的に，第 1 回投票結果の得票率は 17.9％だった (Perrineau 2013c, 228)。

　このような FN の巻き返しはいろいろな養分を摂取している。2012 年の大統領選挙でマリーヌ・ルペン候補を支持した選挙民はさまざまな政治的地平を出所とする。驚くべきことに，マリーヌ・ルペンは全体の郡選挙ではそれほど伸びなかったが，彼女の FN が強力に伸長した郡では，左翼の躍進は，ほとんど見られなかった。左翼の勝利は，FN が進出したところでは，FN との競合を隠すことができなかったのである (Perrineau 2013c, 229-30)。

　とはいえ，2012 年大統領選挙第 1 回投票においてマリーヌ・ルペンが獲得した 6,421,426 票のうち 17％が，第 2 回投票で左翼のオランドに流れた。すなわち，オランドの勝利に決定的だったのは，この 100 万票以上の票であることを表している。この「左翼ルペン主義 lepéno-gauchisme」こそが，マリーヌ・ルペンが体現している能力の中に深く根付いているものであり，それは左翼 - 右翼の断絶を超えて「グローバル化の負け組

32

perdants de la mondialisation」のように自分たちのことを思っている人民階層によるひとつの抗議なのである。この負け組の感情は伝統的な政治の境界を無視するものである (Perrineau 2013c, 232-3)。

「グローバル化の負け組」について付言すれば，ペリノーは，1995 年の大統領選挙以降，「左翼ルペン主義」の論理に注目し，ジャン・マリ・ルペンの選挙における躍進と 2002 年の第 2 回投票への進出は，「左翼ルペン主義」によるものだと考えたと述べている (Perrineau 2013c, 233)。ペリノーによれば，1995 年の大統領選挙における「左翼ルペン主義」の急増 poussée は，大部分は，社会党が浸食された地域であると言う。この地域では 1988 年から 95 年までのミッテラン第 2 期大統領政権のもとで，社会党左派が浸食され，FN がもっとも急増した地域であった (Perrineau 1995, 254)。

このようにして，2007 年から 2012 年にかけての FN の再生は，FN の歴史的な創設者が党首として上手に獲得した固定客である FN 選挙民[9]の活動再開と，2008 年経済・財政危機によって深刻な影響を被った人民層の不満を政治的に利用する FN の新しい大統領選挙候補者の能力によるものであった (Perrineau 2013c, 233-4)。

この 10 年の間に FN 選挙民は女性層で 2 ポイント，18 歳から 24 歳の層で 5 ポイント，25-34 歳で 8 ポイント，労働者層で 9 ポイント，失業者層で 6 ポイント，無宗教層で 6 ポイント，都市在住中間層で 6 ポイント増加している。この動きは，FN の影響力が，とくに若年層，人民階層，失業者，文化層 milieux culturels に広がったことを示している。これらの層は長い間極右から遠ざけられていた人たちだった (Perrineau 2013c, 236)。マリーヌ・ルペンは，2012 年の大統領選挙に立候補者を立てなかった狩猟派 CPNT に本来なら投票するような，フランスの地理学者クリストフ・ギユが彼の著書 (Guilluy 2010) で述べている地方の都会から離れた比較的に社会から「不可視 invisibilité」の陰になっているフランス人を惹きつけている (Perrineau 2013c, 236)。また，彼女は，FN の顧客であり劣

悪な状態にある人民層のとくに男性層（Perrineau 1997）を選挙的に利する能力[10]も維持している。また，若者の世界に起きている社会的文化的破断 fracture を政治的に利用するマリーヌ・ルペンの能力は印象的なものがある（Perrineau 2013c, 239）。結局，右翼に対しても左翼に対しても，信頼することができないことと，政党に親近感を持たないか，周辺の小政党に選好を持つか，あるいは EU に敵意を持つということが，FN 票に向ける強い圧力をつける要因となっている（Perrineau 2013c, 241）。

　ところで，右翼（UMP）と FN の協調の可能性であるが，選挙民の大部分は，UMP と FN の連合の展望に対しては反対している。2012 年 5 月 18 日から 6 月 2 日にかけて，フランス政治学院政治研究センター Centre de recherches politiques de Sciences Po. ＝ CEVIPOF で実施された調査によれば，質問された人たちの 68％が「UMP と FN が 2012 年 6 月の総選挙について協定する」ことを支持しなかった。68％のマリーヌ・ルペンの支持者のみがこの協定を支持した。オランドの支持者たちは 91％がこの協定に反対した。サルコジの支持者は 54％だった。もちろん，UMP 選挙民のある部分は FN との連合の展望に魅力を感じている。例えば，2012 年 9 月 27 日から 10 月 1 日にかけて Opinion Way 研究所によって実施された調査によれば，「UMP が将来の選挙で FN と協力する」ことに 30％の支持者が支持した。ただし，ジャン・ルイ・ボルロー Jean-Louis Borloo の「独立民主連盟 Union des démocrates et indépendants ＝ UDI」との協力には 73％，バイルの MoDem との協力には 50％の UMP 支持者が賛成している（Perrineau 2013c, 246）。

　さて，マリーヌ・ルペンの選挙的成功は明日なき成功であろうか？FN は何の役に立つのか？と，ペリノーは問いかける。ペリノーによれば，1981 年，フランスの政治学者ジョルジュ・ラボーは，彼の素晴らしい著書の中で，もうひとつの反システム政党について，「フランス共産党は何の役に立つのか？」という問題を提起した。彼の回答は，フランス共産党は，政治的交代機能を確保するには力がないが，民主主義という儀

34

式 rituel の中に組み入れられて不満に思っている人たちの代弁者という護民官機能を果たすことによって，地方に定着し，社会党との闘争的な協力によって存在価値を高めている，というものである（Perrineau 2013c, 246-7；Lavau 1981）。

　この流儀から考えると，地方的つながり relais に欠け[11]，連合の戦略のない FN は「システム」の中に足を入れることに成功していない，とペリノーは言う。すなわち，護民官機能を果たそうとしても，FN は，1970年代末のフランス共産党が持っていた手段も「装置 multiplicateurs」も持ち合わせていない。言い換えれば，フランス共産党には，「労働総同盟 Confédération générale du travail ＝ CGT」，「道徳主義と科学」の結合の周りに強く構造化されたイデオロギー，大義のために全身全霊尽くす装置としての人民部隊，真の「大理石の人たち hommes marbre」があったのである。FN は周囲の情勢に政治的コントロールができる手段を明らかに持ち合わせていない。とするならば，フランス共産党が 30 年後に被った不可避的な没落のプロセスを考えることをしなくてよいのだろうか？ ともあれ，マリーヌ・ルペンの党は，政治的選挙的デモクラシーに登録しているが，「魂を失う」ことを恐れるあまり，連合はしないし，「尊敬に値する respectabilisation」戦略にまで行こうとしない。この党は，われわれの社会に浸透している反世界主義と反イスラム主義の熱情によって導かれた，後退のナショナリズムが再発見されている空間を支配するにとどまっている。それは 5 人に 1 人のフランス人を選挙において引きつけるかもしれない。しかし，政権の門を開くところまでは，いつまでも正統化されないままでいる（Perrineau 2013c, 247）。

　ペリノーは，大統領選挙前に刊行された著書の中で次のように述べている。左翼・右翼という 2 つの大きな政治勢力 deux grandes familles の異質性を超えて，1980 年代の半ばより，左翼・右翼空間の右側に，FN という真の第 3 勢力と言うべき勢力が誕生した（Perrineau 2012, 57）。

　2007 年大統領選挙・総選挙での低迷から脱して，2012 年大統領選挙に

よって，FN はフランス政治の中央の位置に戻ってきた。マリーヌ・ルペンは，2012 年 4 月 22 日の大統領選挙第 1 回投票において 17.9％の得票率で，第 3 位の位置に着け，彼女の党の復活をはっきりと確認させた。経済危機，失業の増加，強まる政治的不満という文脈で，FN は「忘れられた人たち oubliés」の代弁者となった。FN は，今や新たに多数派となった左翼と，あいつぐ選挙の敗北によって途方に暮れている UMP の両方に対立する主要な勢力になっている。2008 年の県議会選挙，2009 年の EU 議会選挙での低調の後，2010 年から 2011 年の中間選挙は，FN にとって人気回復を達成する選挙になっていた。経済的，社会的，国際的環境 climat 悪化の下で増大する大統領と首相の不人気に対して，FN は，まず，2010 年 3 月の地域圏議会選挙で，11.4％の得票率，118 人の地域圏議会議員を獲得した。2011 年春の県議会選挙は，マリーヌ・ルペンにとって党首としての最初の力を試される選挙だったが，15.1％の得票率で，UMP の次につけた（Ivaldi 2012, 101）。

　吉田徹によれば，2007 年大統領選挙でのサルコジの勝利は，右にウイングを伸ばしたことによって極右 FN 票を吸収することが出来たからであった。しかし，サルコジにとって，極右層を選挙勝利のためのマージンとする戦略は，マリーヌ・ルペンが 2011 年 1 月に党員投票で FN 党首に選ばれたことで行き詰まることになった。マリーヌ・ルペンは，それまで反ユダヤ主義やヴィシー政府支持，植民地主義といった戦前文化を引きずっていた父親の政治路線から決別し，移民規制に加えて，反グローバリズム，経済ナショナリズム，さらにフランスの国是である「ライシテ laïcité（政教分離）」の厳格化など，政策の主軸をより現代的なテーマに移していった。これが，経済不況と生活苦にあえぐ勤労層の高い支持を集め，FN がもはや極右政党としてではなく，他のヨーロッパ諸国と同様に，イスラム文化と多文化主義を攻撃する「ポピュリズム政党」へと脱皮する大きなきっかけを作った（吉田 2012b, 31）。

　畑山敏夫によれば，マリーヌ・ルペンは家庭や私生活を大事にしながら

政治活動に勤しむ「普通の」政治家像を人々に与えようとしている。その
ような彼女のイメージとマスコミへの頻繁な登場もあって，父親ルペンの
時代の過激で怖いといった FN イメージは確実に変化していった。マリー
ヌ・ルペンの FN は脱極右化によって選挙民の支持を拡大し，政権参加も
射程に入れようとしている（畑山 2013b，109）。ポピュリズム化の延長線上
に政権参加を実現するというマリーヌ・ルペンの戦略が成功するかどうか
は FN の将来を決する重要な岐路となるだろう（畑山 2013a，50）。

　フランスの政治学者ノンナ・マイエルによれば，マリーヌ・ルペンの支
持者は，イデオロギー的に，社会的に，彼女の父親の支持層と非常によく
似ていると言う。父親の支持層と唯一の違いは女性の支持者が増えたこ
とである。とくに，サービス業・プロレタリアートに多い。もし，伝統
的な「極右ジェンダー・ギャップ」の衰退が確実になるなら，FN の選挙
における影響力は拡大するだろう（Mayer 2013，160）。「極右ジェンダー・
ギャップ」が解消されれば，その波及効果が現れるかもしれない。

　私見によれば，FN が政権参加をするとしたらポピュリズムから脱出す
るときである。政権参加の意欲を持ちながらできない勢力としても，FN
は十分「第3極」の地位にある。FN の真髄はポピュリズム政党で，政権
参加は困難であると思われる。タギエフによりながら，吉田徹も述べるよ
うに，ポピュリズムの核心は，既存の権力の在り処を非難して，その価
値体系を丸ごとひっくり返そうとする「否定の政治」にある（吉田 2011，
68；Taguieff 2002）。ただし，マリーヌ・ルペンの政党は，政権参加に舵を
切るかもしれない。父親の時代の FN ではない[12]。

むすび

　ここで，アリステア・コールの所論を参考にしながら，2012年フラン
ス大統領選挙・総選挙の概括を試みてみたい。

　まず，短期・中期的レベルであるが，今回の選挙には，経済危機という
背景があり，不安な公共政策というムードに彩られた。オランドはこの状

況で短期的には大統領選挙という戦いに勝利したが，この結果は左翼にとって多難なものとなっている（Cole 2013, 30）。

　ジェローム・ジャフレは，『ル・モンド』（2013 年 6 月 5 日）に載せた論説「5 月 6 日投票の意味するもの：国民議会選挙に向けて，大統領選挙の結果からどんな教訓を引き出すか？　左翼は勝利した，しかしそれは賛同の票ではない」という見出しの付いた論説の中で次のように言う。3 つのポイントが指摘できる。第 1 に，大統領は危機によって刻印されている。すなわち，5 月 6 日の投票の時点で，オランドが大統領選挙に勝利したら，国家の状況は改善されるだろうと考えるフランス人は 4 分の 1（26%）しかいなかった。そして，サルコジが再選されたら，国家の状況は改善されるだろうと考えるフランス人は 25% で，これはほぼオランドと同じ数値である。第 2 に，この選挙は現職を拒絶する投票の表れなので，オランドに賛同 adhésion する投票なのではないということである。第 3 に，5 月 6 日にフランス人は左翼の大統領を選ぶとしても，多数のフランス人のそれに込める観念は，右翼的である。

　不確定で偶然の勝利であるから，オランドは彼が政権の基盤としている各政党や制度の人たちの支持を必要とするようになるだろう。2012 年の一連のフランス大統領選挙・総選挙は，ある意味で，制度的に，「決定的な」大統領選挙から生じる 2 極化効果を引き出した教科書の例として機能したと言えよう。そして，「決定的な」大統領選挙は，時をおって，注目に値する効果を持つことになる，ひとつの制度的ゲームの規則によって支えられていた。制度の長という有難味と，決定的な争いとしての大統領選挙に勝利してもたらされたその地位は，2012 年 6 月の総選挙によって確認された。すなわち，社会党の首相ジャン・マルク・エローの言葉によれば大統領に「密着した」選択を行おうとする社会党とその連合勢力は，577 議席のうち 315 議席という圧倒的な多数の勝利をもたらし，オランドの行動を支持した（Cole 2013, 30-1）。

　『2012 年の選挙的決定』という編著書を編んだペリノーによれば，オラ

38

第 1 章　社会党の政権奪還

ンドが選挙戦の間ずっと維持してきた社会的テーマは，選挙の時に，前大統領サルコジに対して決定的な優位さを与えた（Perrineau 2013b, 11）。と同時に，第2回投票でオランドとサルコジを分けた1,139,983票は，第1回投票のマリーヌ・ルペンとバイルの票の，どちらもひとしく些少ではあったが，一部分が流れて来たからである。第2回投票で「決定的」であったこの2つの部分票は，第1回投票と第2回投票の間に，サルコジに有利なように働かなかったというだけでなく，2012年5月6日に，サルコジが最後まで進めようとした「右傾 droitière」戦略の限界を明らかにしたのであった（Perrineau 2013b, 15-6）。

　以上，コールの所論をジャフレとペリノーの説と対置しながら紹介したが，コールが基本的には制度論者であると思わせるのは，彼の論文を次のように締め括るからである。コールによれば，制度的変数と政党的変数は両立するとしても対抗することもある。この証拠は，大統領選挙では，多様な候補と政党がさまざまなゲームを見せるために，どちらかと言えばはっきりとしない。大統領選挙の後に続く議会選挙ではっきりとする。国民議会選挙における小選挙区と2回投票制は，実に厳しいものがある。この選挙制度は，優位な政党の議席を増大し，小政党の議席を，もし彼らが社会党か UMP のどちらかと連合の合意が得られなかった時，ますます周辺化させてしまう。したがって，国民議会選挙の結果は，社会党とその親密な連合政党か，UMP とその親密な連合政党が多数になるか，どちらかである。この内在する政党選択と政治的代表の間の貧困な合わせ具合[13]は，フランスの場合を離れても，広い範囲の危機対応にとってよい兆候とは言えない（Cole 2013, 31）。コールは第3極には言及しないようである。その点，ペリノーとは違うのではなかろうか。

　最後に，いささか補足的に，であるが，FN の脱極右化をどのように考えるか，フランスを離れて考察してみたい。すなわち，「社会に広がる閉塞感と既成政党の不人気と現象に直面している日本にとっても，そのような危険性は無縁ではないだろう」と畑山は言う（畑山 2013b, 113-4）。ここ

39

では，その問題を「第3極の出現」の問題として，日本だけでなく，イタリア，イギリスの問題にも広げて考察してみたい。

2013年2月24‐25日にイタリアで行われた総選挙の真の勝者はペッペ・グリッロと5つ星運動に他ならなかった，と村上信一郎は言う。村上によれば，得票率を見る限り下院での第1党は，僅差とはいえ民主党（25.4％）ではなく5つ星運動（25.5％）であり，なかんずく上院では中道左派連合であれ中道右派連合であれ，5つ星運動（54議席）の合意なしに多数派を形成するのは不可能となってしまったからである（村上2013，241）。

2013年5月5日『朝日新聞』朝刊によれば，イギリスで5月2日投票された地方議会選挙で，EUからの脱退を主張する独立党UKIPが，労働，保守の2大政党に迫る得票3位に躍進した。2008年のリーマン危機とそれに続く債務危機で，ヨーロッパ各国では反EU（反ユーロ），反移民を掲げるポピュリズム政党が台頭しているが，ユーロ不参加のイギリスにも影響が及んだ。得票率でもUKIPは23％で，労働党の29％，保守党の25％に次ぐ3位。自民党の14％を引き離した。

注目したいのは，5つ星運動の25.5％，UKIPの23％という得票率である。それに比べれば，マリーヌ・ルペンが大統領選挙第1回投票で得た得票率17.9％はまだ少ないほうと言えるかもしれない。ただ，いずれにせよ，2大政党制，2極政党システム，2大勢力という枠組みは揺らぎ始めているという兆候が見られていることは重要だと思われる。

注
1）サルコジは投票が締め切られた直後の，2012年5月6日午後8時すぎに，パリ市内で敗北宣言し「オランド氏が大統領だ。私は多くの国民を説得できなかった」と敗戦の弁を述べた。再選を目指した現職大統領の敗北は1981年のジスカール・デスタン元大統領以来31年ぶりになる。「私は今後，選挙民の一人として生きる」とも表明し「残りの人生は，35年の政治生活とはまったく違うものになるだろう」と，政界引退の意向をほのめかす発言もあった（『日本経済新聞』2012年5月7日朝刊）。

40

第 1 章　社会党の政権奪還

2 ）棄権率の上昇は，人々が伝統社会や組織に身を置きたがらなくなり，また不規則雇用に従事する労働者が大幅に増加したこと，しかも社会党のネオリベラル路線への傾斜とともに，本来声を上げるべき社会的弱者が社会党を代弁者として認めなくなったことに起因する（押村 2012, 157），という観察も可能である。

3 ）2012 年 5 月 6 日，フランス次期大統領に社会党のオランド候補が選ばれた。同夜の支持者の集会で，オランドは「私は希望を再び与えることが出来たことを誇りに思います。変化は今始まります。……私はすべての人の大統領です」と力強く語り，「結集・団結」を繰り返し，過去との「決別」を強調したサルコジ大統領との違いを訴えた（渡邊啓貴「フランス新政権『ミッテラン流』は通用するか」（『フォーカス〈電子版〉』2012年 5 月 10 日号）。

4 ）2010 年 9 月 17 日の『フランス・ソワール』に掲載された IFOP の調査によれば，18 歳から 24 歳までの年齢層の選挙民は「右翼でも左翼でもない」選択をしている（Perrineau 2012, 19）。

5 ）2011 年 1 月 12 日の『リベラシオン』紙のインタヴューでオランドはこう述べた。「2007 年，われわれは例外的な transgression 候補者をもっていた。2012 年，われわれはノーマルな候補者を必要とする。それは，平凡な候補者ということではない。まじめで，安定していて，まとめる rassembleur 候補者ということである（Perrineau 2013a, 15）。

6 ）5 月 1 日メーデーの日，大統領選挙第 2 回目投票を 5 日後に控えたパリでオペラ座を背景に設営された壇上で，「私は日曜日（大統領選挙第 2 回投票）には白票を投じ，6 月（下院選挙）にはマリーン・ブルー（マリーン・ブルーは党旗の色で彼女の名前と掛詞になっている）を投じます」とマリーヌは断言し，第 2 回投票ではそれぞれの考えで自由に投票するように支持者に促した（渡邊啓貴「決戦まで 3 日　フランス大統領選，最後の戦い」『フォーカス〈電子版〉』2012 年 5 月 4 日号）。

7 ）吉田徹も「今回の選挙の特徴のひとつは，実質的な選挙戦が長期にわたって展開され，有権者の『選挙疲れ』が見られたことである」と指摘している（吉田 2012b, 29）。

8 ）2008 年以来，ジャン・マリ・ルペンは，2012 年の大統領選挙に自分が立候補することは「よほどの例外的状況」が必要であると述べてきた。継承は，このようにして開かれたかたちで，2007 年からパ・ド・カレ Pas-de-Calais 県に選挙において進出している副党首であり，娘であるマリーヌ・ルペンが後継を表明することが出来た。マリーヌ・ルペンはグローバル化の危機のなかで起きている経済的社会的困難性に対処する民衆の党として強化させるために FN のイメージを変えることに着手すること

41

なる。彼女は第2次世界大戦とその惨状についての言及は避け，共和主義的な言説（国家，ライシテ，祖国愛 patriotisme）に言及しながら，自己の論説の文化的で非エスニックな概念（イスラム化，バイリンガルの否定）を強調した。このような変化とは独立して，彼女は，しかしながらナショナル・ポピュリストの古典的な原動力は護持した。すなわち，彼女の父親が言明し，タギエフ（Taguieff, 2002）が述べるようなポピュリズムである。すなわち，「大」に対して「小」の名のもとに抗議すると同時に，破壊されるか汚染される危機のある民族国家のアイデンティティーを民衆に訴えるようなポピュリズムである（Perrineau 2011a, 30-1）。

9) ペリノーは，1997年の彼の著書の中で，「FN はフランスの政治システムの基本的な要素となった」（Perrineau 1997, 10）と記している。

10) この男性的性格 masculinité はすべてのヨーロッパの極右の選挙民に見出される。これが原動力となって極右政党は伸張した（Perrineau 1997, 107）。

11) 古賀光生は，カス・ミュデ Cas Mudde によりながら，従来の右翼ポピュリスト政党の研究は「需要側の論理」を明らかにするものが中心であり，供給側については相対的に蓄積が乏しいことと，各政党の内部への関心が乏しかった（古賀 2013, 386；Mudde 2007, 207・302）と指摘する。総じて党組織への関心が低かった（古賀 2013, 403）ことは重要な論点である。

12) ここで，ポピュリズムとは何かを再考するべきかもしれない。吉田徹は，アーネスト・ゲルナーとギータ・イオネスクの研究（Ionescu Ghiţa and Ernest Gellner<ed.> 1969）を一瞥したうえで，ポピュリズムの6つの共通項を指摘する。

それらは，i）ポピュリズムがイデオロギーであると同時に，政治運動の形態をとるものであること。ii）ポピュリズムは地理的，歴史的条件を超えて，繰り返し生起する現象であること。iii）人々の心理ポピュリズムの大きな原動力になっていること。iv）「独特のネガティヴィズム」をもつこと。v）「人民概念」，すなわち，ポピュリズムはしばしば従属的な立場に置かれた貧しい「人民」の意識を鼓舞する運動である。vi）過渡的な性格，すなわち，自らよりも強力なイデオロギーや政治現象に吸収されるというポピュリズムの過渡的な性格（吉田 2011, 69-71）。以上であるが，ここでは過渡的な性格が重要である。つまり，運動体としてのポピュリズムは，最終的にはナショナリズムや社会主義，農本主義といった，より上位の政治体制やイデオロギーに回収されていく（吉田 2011, 71）性格に注目しなければならない。

第1章 社会党の政権奪還

13) 政党選択と政治的代表の間の貧困な合わせ具合だけではない。選挙民と
政治的代表の間の貧困な合わせ具合も重要な問題である。選挙に立候補
する者の社会的プロフィールと，選挙民の中間階級，いな人民階層の社
会的プロフィールは同じではない。2012 年のフランス大統領選挙の第
1 回投票の立候補が予想される人たちは「人民」の列から出て来たとは
到底言えない。サルコジは言うに及ばず，マリーヌ・ルペンは富裕な家
族の出であり，社会党のオブリ，オランド，ロワイヤルは，みな国立行
政学院卒業生 énarque である。どこに第 5 共和制の古典的な権力構造へ
の回帰でなくして，変化があるのだろうか（Perrineau et Luc Rouban
2011, 172）。オランドの著書に『運命を変えよう』（Hollande 2012）とい
う著書があって，表題に「変化」を掲げているのは何とも皮肉である。
さらに付言すれば，FN の指導者たちに対して内部から反エリートの言説
が出ているという。ということは FN も「エスタブリッシュメント」の党
に向かっている（Crepon 2012, 298）という問題が出てくるかもしれな
い。

43

第2章

2014年フランス統一地方選挙と
EU議会選挙におけるFNの躍進

はじめに

2014年3月23日、フランスで統一地方選挙の第1回投票が行われた。イギリスで発行されている日刊新聞『フィナンシャル・タイムズ』は、その第1回投票の翌々日、2014年3月25日、次のように報道する。すなわち、フランスのFNの地方選挙における驚くべき成功は、このマリーヌ・ルペン Marine Le Pen という女性党首に率いられた極右政党が、左翼と右翼の主要政党に対して本当の genuine 挑戦をするのだろうかという問題を提起した（*FINANCIAL TIMES*, 25 March 2014）。マニュエル・バルス Manuel Valls[1] 内相は、開票の結果、「民衆運動連合 Union pour un Mouvement Populaire = UMP」を中心とする右翼勢力が46.54%、オランド大統領の社会党を軸とする左翼勢力は37.74%を獲得したと発表した。経済低迷が続く中、オランド政権に対する逆風が明白になった。FNの得票率は4.65%。2008年の前回の選挙では1%未満だったが、支持を大きく拡大した。内務省の発表によると、FNは戦後一貫して左翼の基盤だった北部エナンボーモン Hénin-Beaumont で50%以上を獲得し、市長就任を確実にした。南部アビニョン Avignon やペルピニャン Perpignan などで首位に立った（『読売新聞』、2014年3月25日）。FNは歴史的快挙を成し遂げた。そして、229の市町村で、第2回投票に進むことになった。エナンボーモンはマリーヌ・ルペンによって、この数年間、FNの潜在的な拠点地として育成されてきた都市である。この地で、FNの幹事長であるスティーブ・ブリオワ Steeve Briois が過半数の得票で勝利した。また、マリーヌ・ルペンのパートナーであるルイ・アリオ Louis Aliot も

45

ペルピニャンで首位に立ったが，もし，次の第2回投票で勝てば，1990年代にトゥーロン Toulon を支配して以来の，FN にとり，最大の都市を支配することになる（*FINANCIAL TIMES*, 25 March 2014. *Le Monde*, 25 mars 2014）。

　2014年4月1日の『読売新聞』朝刊によれば，フランスの統一地方選で与党・社会党が大敗し，オランド大統領が5月の欧州（EU）議会選挙を前に，首相交代で政権刷新を図るとの観測が強まっている，と報道されている。すなわち，選挙結果は，オランド政権が就任から約2年間で，経済再生の処方箋を示さなかったことへの失望の表れであった。オランド大統領は失業克服を公約していたが，失業率は10％超に高止まりしたままだった。世論調査では，79％が内閣改造を支持していた。各メディアは，バルス内相を新首相の有力候補に挙げていた。バルスは，社会保障の財源確保のため，付加価値税の増税を主張してきた党内右派である。オランド大統領は，2014年1月，競争力強化のため，「企業の社会保障負担を300億ユーロ削減する」と宣言し，企業・富裕層増税を軸とする社会党左派寄りの方針を修正していた。今回の選挙ではまた「反ユーロ」を掲げる極右政党の FN が社会党の基盤・労働者層に食い込み，11都市で市長・市区長を誕生させた。選挙の投票率は64％で，市町村レベルの統一地方選では戦後最低だった（『読売新聞』，2014年4月1日）。

　以上，2014年3月23日，30日に行われたフランスの統一地方選挙についてごく概括的に述べてきたが，ここに，すでに本稿の主題が現れていると言うことができる。すなわち，オランド大統領が劣勢にまわった統一地方選挙はどのように行われたのか，次にめぐってくる，これまた重要な選挙である EU 議会選挙は，フランスではどのように戦われたのか，そして最後に，これら2つの選挙の両方で目覚ましい躍進を遂げたマリーヌ・ルペンの FN はこれまでの FN とどのように違って来たのか，さしあたり，その3つの主題を解明してゆきたいというのが本稿の課題である。

1 2014年3月，フランスの統一地方選挙

　フランスの政権与党である社会党は，2014年3月30日の地方選挙第2回投票の結果，致命的な後退をした。これによってオランド大統領はいっそう苦境に立たされることになった。オランドは，フランス経済を活性化させ，失業率の上昇を反転させるために，企業家寄りの政策を指向する試みを急ぐことを誓約していた。しかし，2回投票制の市町村選挙である今回の統一地方選挙は，結果として，極右のFNの急激な増大によって印象づけられた。そのことは，オランドの指導力に対する支持に翳りが見えてきたことを意味する（*The Wall Street Journal*, 31 March 2014）。

　2014年3月30日，日曜日の投票は，差し迫った予期せぬ結果をもたらした。すなわち内閣改造である。閣僚のひとりが，それは月曜日早々に行われるだろうと言明した。たしかに，社会党はパリ（の市長）を掌握した。すなわち，アンヌ・イダルゴ Anne Hidalgo[2] は，フランスの首都の最初の女性市長となった。しかしながら，予測調査の段階で，社会党は多数の都市で市長の座を奪われる結果が出ていた。すなわち，トゥールーズ Toulouse，ランス Reims，ポー Pau，トゥール Tours，サン・テティエンヌ Saint-Eticnnc は右翼が市長の座を奪ったのである（*The Wall Street Journal*, 31 March 2014）。

　FNは少なくとも8都市で勝利した。とりわけ，前述のように，フランス北部の都市，エナンボーモンでは，FNは，2014年3月23日の第1回投票で過半数を獲得し，勝利した（*The Wall Street Journal*, 31 March 2014）。

　オランドには，自分のやるべきことを強化する努力として，社会党の幾人かの重鎮を入閣させることへの期待が高まった。その中には，彼の以前のパートナーであり，彼の4人の子供の母親でもあるセゴレーヌ・ロワイヤルも含まれていた。ロワイヤルは，ポワトウ・シャラント Poitou-Charentes 地域圏議会議長でもあったが，日曜の夜のテレビで，入閣に前向きであることを示唆した。しかし，統一地方選挙の結果は，「非常に重

大な警告であり，深刻に受けとめなければならない」と述べた（*The Wall Street Journal*, 31 March 2014）。

　新首相の有力候補と評判が高いバルス内相について言えば，2012年5月のフランス大統領選挙に向けた社会党内の予備選挙において，オランドに敗れた経緯があり，緊縮予算の強力な支持者であった。バルセロナ生まれの彼は閣僚の中での人気度は抜群のものを持っていた（*The Wall Street Journal*, 31 March 2014）。

　しかしながら，昨年度のフランスの財政赤字が4％を超過したために，フランスは，EU委員会に，4月中旬までに，財政赤字削減計画の詳細な報告をしなければならないことになっていた。フランス政府は500億ユーロの財政削減を行うと言明していた。だが，どこを削減するかをまだ言わなければならなかった。それに加えて，フランスの社会党は政府の財政計画を団結して支持しているとはとても言えなかった。多数の社会党議員は，政府は，企業の税負担を軽減することよりも，家計支出の購買力を高めることに焦点を合わせるべきであると主張した。オランドも迷ったが企業寄りの政策に方向変換し始めた（*The Wall Street Journal*, 31 March 2014）。

　フランスの代表的な新聞『ル・モンド』は，統一地方選挙第2回投票結果を踏まえて「進行方向を守り，恐れることなく実行せよ」という社説を載せた。

　それによれば，3月23日の統一地方選挙第1回投票の開票結果は，大統領とその陣営に対して選挙民の否認が辛辣になされた。第2回投票の翌日，選挙民の否認はもっと仮借のないものだった。その敗北は実際壊滅的なものであった。それは前例のないものであり，おそらく，ここ半世紀，ほとんど起こらなかったことだった（*Le Monde*, 1 avril 2014）。

　事実，第2回投票においても，左翼の，とくに社会党の選挙民は再動員されなかった。左翼は151の市町村を失った。それらの市町村は左翼の堅固な城塞であり，これまで市町村社会主義の強固な場所を形成していたと

第2章　2014年フランス統一地方選挙とEU議会選挙におけるFNの躍進

[表1]　2014年市町村議会選挙結果：10,000人以上の市町村長（グアドループ，マルチニク，ギアナは除く）

極左	0
左翼戦線・共産党	56
社会党	210
EELV	6
左派急進党	7
左翼諸派	70
左翼合計	349
UMP	320
UDI-MoDem	115
右翼諸派	137
右翼合計	572
FN	8
極右	3
極右合計	11
諸派	6

2014年の市町村長

左翼 349　右翼 572

極右

2008年の市町村長

左翼 509　右翼 433

出典：*Le Monde*, 1 arvil 2014.

ころであった（*Le Monde*, 1 avril 2014）。

　右翼は，逆に，彼らが希望していた以上の勝利を記録した。UMPの指導者ジャン・フランソワ・コペ Jean-François Copé は，UMPと中道右翼のその同盟者たちが均衡を取り戻したと評価した。右翼の達成は十分であった。その，地方における大成功は，UMP創設以来の最高のものであり，いつも危機にさらされている指導部の問題や，少しも計画性のない党の政策は問題とされなかった。反対に，この成功は，右翼がここ2年間沈んでいた不振から脱却を図ることを助けるものとなりそうだった（*Le Monde*, 1 avril 2014）。

　FNについて言えば，この党は地方への移住 implantation の確証を得た。すなわち約12の市町村の首長を獲得した。また，多数の市町村議員を誕生させた。これらは来るべき選挙に貴重な資産となるに違いない（*Le Monde*, 1 avril 2014）。

49

当然のことながら，オランドは，はっきりした計画と明瞭な表現にかける損なわれた委任の厳しいつけを払うことになる。それらは以下のようなものである。ⅰ）オランドの政治攻勢の弱さ（大統領府，政府，社会党に対して），ⅱ）中間層の不機嫌，ⅲ）遅めに策定される経済的針路の正当性を国民に納得させる説得力の欠如，である（*Le Monde*, 1 avril 2014）。

2 2014 年 5 月，EU 議会選挙

フランスで，2014 年 5 月 25 日，投票が行われた EU 議会選挙で，極右政党 FN が EU 議会選挙のフランスへの配分議席 74 議席のうち 24 議席を獲得し，最大勢力となった。与党の社会党は，前回の 2009 年 EU 議会選挙より 1 議席減の 13 議席で，20 議席の UMP に次ぐ 3 位に沈んだ。経済が好転しない中，二大政党への社会的不満の受け皿になっているとみられる。FN のマリーヌ・ルペン党首は，5 月 25 日夜，「国民はフランス人のための政治を求めている」と勝利宣言して，オランド大統領に国民議会の解散を要求する声明を出すとともに，「普通選挙の洗礼を受けていない EU 委員会に従う必要はない」と反 EU の姿勢をアピールした。フランス内務省が発表した結果によると，FN は国政レベルでは同党最高となる得票率 25％を獲得して，前回 2009 年選挙の 6.3％から急伸した。UMP は前回トップの 27.8％から 21％に，社会党は 16.5％から 14％に落ち込んだ。社会党のバルス首相は選挙結果を受けて，「経済と行政機構の改革への加速が必要だ」と語って，危機感を示した。フランスのメディアは選挙結果を受けて，「二大政党制から三党制への転換」と指摘している。シアンスポ Sciences Po（フランス政治学院）のノンナ・マイエル Nonna Mayer 名誉教授は「ルペンは民主主義と西洋の擁護者としての新しい党のイメージを作った。アラブの春以来の北アフリカを中心としたイスラム原理主義の台頭を利用し，民主主義の敵としてイスラム教，移民を位置づける戦術を取って支持を獲得している」と分析している（『毎日新聞』，2014 年 5 月 27日）。

第 2 章　2014 年フランス統一地方選挙と EU 議会選挙における FN の躍進

　ノンナ・マイエルの分析についてコメントすれば，たしかに，フランス
の選挙政治において FN が急成長したことは看過できない現象であるが，
それは，FN が「民主主義と西洋の擁護者としての新しい党のイメージを
作った」ことが主要因ではないことを留意しておくことも重要だと思われ
る。

　「各国に共通するのは EU 懐疑派の台頭だ。フランスも同じだ」と，オ
ランド大統領は選挙結果判明から 2 日後，2014 年 5 月 27 日，ブリュッセ
ルでの EU 首脳会議後の記者会見で力説した。EU 議会選挙で国内最高の
得票率 25％を獲得した FN の勝因を「反 EU」に求め，EU の緊縮財政も
批判した。だが，フランスの国内では，FN の躍進は EU に対する不満よ
りも，既存の二大政党への失望の結果とする受けとめ方が大勢である。
投票前日の世論調査では，FN に投票すると答えた人の約 7 割が投票動機
として「大統領，現政権批判の意思表示」と回答した。EU 議会選挙の
結果は，低支持率に苦しむオランド政権に追い打ちをかけたのは明白で
あった。最大野党の UMP も 2009 年の前回の 28％から 21％へと得票率を
落とした。FN のマリーヌ・ルペン党首は，社会党や UMP への国民の失
望を見越し，「彼らかわれわれか」と訴えたのが奏功した。フランスの新
聞『ロピニオン』紙は「二大政党に有利な小選挙区制を中心とした国民議
会選挙や地方議会選挙では反映されにくかった FN への支持の高さが，比
例代表制の EU 議会選挙で明白になった」と分析した。マリーヌ・ルペン
は，2014 年 5 月 28 日，ブリュッセルで記者会見を開き，EU 議会での「反
EU」会派結成に自信を見せた（『毎日新聞』，2014 年 5 月 30 日）。

　ここで，フランスから離れて，EU の観点から EU 議会選挙を眺めてみ
たい。2014 年 5 月 25 日に開票された EU 議会選挙（定数 751）では，フ
ランスやイギリスで反 EU 勢力が伸長したものの，議会運営には影響が
ない。5 月 27 日の EU 首脳会議でも，EU 委員会の委員長を誰にするか
に議論が集中して，極右や反 EU 派の伸長は無視されているのが実情で
あった。選挙結果を見ると，保守のヨーロッパ人民民主党が 212 議席で

51

第1党を維持して，中道左翼のヨーロッパ社会・進歩同盟が186議席を獲得した。この大連立で過半数を大きく上回り，議会運営は安定する見通しとなった。中道のヨーロッパ自由民主同盟（議席数70），環境政党の緑の党・ヨーロッパ自由連盟（議席数55）は，得票率で0.5〜2ポイント程度減らしたが，「大連立」には建設的な協力を表明した。少数の政党グループとしては，イギリスの保守党などが参加するヨーロッパ人民民主党の分派であるヨーロッパ保守改革連盟（議席数46）が得票率では1.3ポイント程度であった。急進的左翼と環境派のヨーロッパ統一左派（議席数45）が得票率で1.4ポイント。UKIPなどが参加するEU懐疑派の保守系，ヨーロッパ自由民主グループ（議席数38）が得票率で1ポイント程度。フランスのFN（議席数24）は無所属（議席数38）に分類されるが，得票率は約3%で影響力は限定的である（『毎日新聞』，2014年5月30日：*Le Monde*, 27 mai 2014）。

　渡邊啓貴によれば，ポピュリズムはなかなか安定した勢力とはなりにくいと言う。すなわち，実際に，予想に反して伸び悩んだ極右ポピュリズム勢力もあった。ひとつは，ヘルト・ウィルデルス Geert Wilders 率いるオランダの「自由党 Partij Voor de Vrijheid = PVV」である。オランダでは，EU議会選挙で，中道左翼が第1党となり，PVVは第3党となった。意外だったのは，イタリアの結果だった。反ユーロを掲げて勝利を予想された「5つ星運動 MoVimento 5 Stelle」は22%にとどまり[3]，与党「民主党 Partito Democratico = PD」に大敗した。次に，協力体制の構築について言えば，EU議会選挙で，諸国において，極右，ポピュリズムの躍進にもかかわらず，ひとつの会派としてどれだけの影響力が行使できるのか，未知数である。第3に，ドイツでは，2013年4月に設立された右翼政党「ドイツのための選択肢 Alternative für Deutschland = AfD」がドイツのユーロ圏離脱を掲げるEU懐疑政党であるが，EU議会選挙では国内のEU統合への追い風の中でドイツのEU離脱を主張することができず，トーンを下げ，EU委員会の権限の制限を主張するにとどまった（渡

第 2 章　2014 年フランス統一地方選挙と EU 議会選挙における FN の躍進

邊 2014, 76)。

『ル・モンド』は，2014 年 5 月の EU 議会選挙の投票結果を踏まえて「オランド大統領の混沌」という社説を載せた。

それによれば，非常に高い棄権率を引き合いに出して文句をつけるとか，うっぷんを晴らすような投票結果の重要性を限定しようとしても，無駄である。FN はフランスにおける EU 議会選挙の最大の勝利者だった。2012 年大統領選挙におけるマリーヌ・ルペンの前例のない得票数，2014 年 3 月の市町村選挙における FN の快挙を経て，FN は第 3 の勢力になることに成功した。5 月 25 日のフランスにおける EU 議会選挙における有効投票の 4 分の 1 以上の得票数で，FN はフランスの主要政党のトップに立った。そして野党第 1 党だった UMP をはっきりと凌駕した。極右のこの政党は，今まで以上に，この数年来フランスを侵食する三重の危機を自らに有利なように利用することが出来たのである。ⅰ) 6 年間にわたるほとんどゼロ成長の経済と容赦なく高騰する失業率によって表される経済的社会的危機。ⅱ) ヨーロッパ (EU) の危機。多数の国民が国家的不安に陥ってしまっている状態に対して，安らぎのある加護者となり，有望な地平線を提供することを終えてしまっているヨーロッパ (EU)。ⅲ) 政治的危機。すなわち，フランス人の不安に応えることのできない，民主主義の

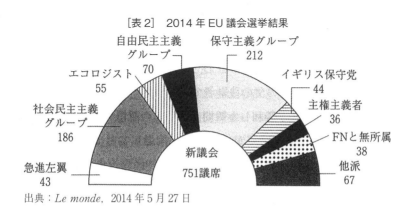

[表2]　2014 年 EU 議会選挙結果

出典：*Le monde*, 2014 年 5 月 27 日

53

病理，伝統的な諸政党への不信，政府の無力が放置されたままの状態で，結局，2002 年 4 月 1 日の政治的地震よりももっと深く大きい地震を引き起こしてしまった政治的危機である（*Le Monde*，27 mai 2014）。

3　FN の躍進

　2014 年 3 月 25 日の『フィナンシャル・タイムズ』は次のように述べた。2014 年 3 月 23 日のフランス地方選挙の開票まで，FN は，共産党が 750 の市町村で首長を持っていたのに比べて，一人の首長も持っていなかった。市町村議会選挙の FN の得票率は 4.65％どまりであった。したがって，イギリスのアストン Aston 大学のフランス政治が専門で FN の研究者であるジェームズ・シールズ James Shields 教授に言わせれば，「疲弊した共産党といえども市町村や地域圏ではまだまだ力を持っていた」。しかしながら，マリーヌ・ルペンの戦略は，彼女の父親と違って「下から築き上げて行く」ものだった。2014 年の市町村議会選挙は，マリーヌ・ルペンにとって将来の大統領選挙のためにも，地方の基盤を確立するための重要なステップであった。彼女の目的は，右翼のチャンピオンになるために，内部抗争でごたごたしている UMP に挑戦することである。彼女は，2017 年の大統領選挙第 1 回投票で UMP を打倒して，第 2 次世界大戦後フランスでもっとも不人気な大統領であるオランドと対決することを目指す（*FINANCIAL TIMES*，25 March 2014）。

　また，同日のフィナンシャル・タイムズの社説「マリーヌ・ルペンの危険な上昇：フランスの主要政党は FN の上昇を止めるように行動しなければならない」は次のように述べている。12 年前，つまり 2002 年に，フランスの極右政党 FN の党首であるジャン・マリ・ルペンは，フランス大統領選挙第 1 回投票で第 2 位となり，第 2 回決選投票に進出することによってフランスの既成の政治指導者たちを驚かせた。先週末，すなわち 2014 年 3 月 23 日，ジャン・マリ・ルペンの娘であり，FN 党首の父の後継者であるマリーヌ・ルペンは，フランスの市町村議会第 1 回投票で勝利した

54

瞬間，12 年前の記憶を蘇らせたのであった。世論調査では，オランド大統領が依然として後退していたのに比べ，マリーヌ・ルペンは主役に躍り出ていた。反 EU，反移民政策を強く掲げることによって，FN はフランス北部の工業都市（エナンボーモン）の首長を手に入れた。この国のこの地方においては前例のないことだった。FN は他の 6 市町村でも接戦である。驚異を誇張すべきではない。FN が激しく戦ったのは 37,000 の市町村のうちただの 600 でしかない。FN が全国的な勢力になるにはまだ遠い道のりがある。しかし，FN が 5 月の EU 議会選挙で首位になる可能性はある。このことは，かねてからのマリーヌ・ルペンの主張であるフランスにおける左翼と右翼の複占 duopoly を打破するという考えをさらに強固にすることができる。マリーヌ・ルペンの継続する上昇はフランスやヨーロッパにとって根本的には困惑が増すばかりである。たしかに，彼女は父親が FN を指導していた頃の露骨なイメージの大半を解毒してきた。だが，党はまだ表面下で人種主義的で反移民的兆候を持っている。その経済政策はユーロを断念し，保護主義的な障壁を造ろうとするものであるが，非現実的で信頼できるものではない。とはいえ，長期にわたる社会党と UMP という二大政党の脆弱さは，マリーヌ・ルペンが優勢になって行くようなあらゆる機会を与えている。フランスの二大政党は，もし彼らが，FN の路線とマリーヌ・ルペンを阻もうとするならば，二大政党の逆境を逆転してゆかなければならない。まず，オランドには直面する課題がある。大統領の政策はあまりにも遅れ気味であるので，彼は彼の政府をしっかり掌握していることをはっきりと示さなければならない。2014 年 3 月初旬，オランドは，経済政策において，豹変とも言える政策の方向転換を行った。すなわち，社会主義的高課税，高財政支出政策からの離脱である。彼は，経営者側に社会的課税 300 億ユーロの削減，他方フランスの巨大な公共債支出の削減を言明したのである。しかし，このような政策を説得するにあたって，政府の行う社会的パートナーとの対話は，苦しいまでにゆっくりとしか進んでいない（*FINANCIAL TIMES*, 25 March 2014）。

UMP はどうかと言えば，よろよろ歩きの状態である。たしかに，UMP
は，2014 年 3 月 23 日の市町村議会選挙において，若干良い成績を残し
た。しかし，2012 年の大統領選挙におけるニコラ・サルコジの敗北以
来，党の主導権と政策方向をめぐって内部抗争が激しく，党はばらばらな
状態にある。UMP はこの絶え間ない内部抗争の戦争状態を停止する必要
がある。マリーヌ・ルペンの勝利の影響は，フランスを超えて，良好で
ある。すなわち，その勝利は，来る 2014 年 5 月の EU 議会選挙において
ヨーロッパの極右政党が達成しようとしている，真の躍進の早々とした先
触れとなったのである。FN が，市町村議会選挙において，好成績を収め
た主な理由のひとつは，棄権率が高かったことである。このことは，ヨー
ロッパ中の選挙民へのひとつの警告となすべきである。もし，極右政党
が成功しないようにしたいならば，EU 議会選挙において投票権を積極的
に行使しなければならないことになる。とはいえ，この市町村議会選挙の
一番大きな影響はフランスに向けてのものである。マリーヌ・ルペンは，
彼女の目標が，父を見習って 2017 年の大統領選挙の信頼できる候補者に
なることであることを隠そうとはしない。大勢の人たちがこのような事態
を嫌悪する一方で，3 年先にはマリーヌ・ルペンの強力なパフォーマンス
がありそうなことも考えられるところである。フランスの主要な政党の政
治家たちは，彼らがそれを出来るうちにこの腐敗を止めなければならない
(*FINANCIAL TIMES*, 25 March 2014)。

　『ル・モンド』の社説も簡単に紹介しておきたい。2014 年 3 月 23 日の
第 1 回投票の結果を 3 つの言葉に要約すれば，それは「拒否，挑戦，否
認 déni, défi, et désaveu」である。拒否とは低投票率のことである。挑戦
とは，FN が躍進して，いくつかの市町村で，左翼もしくは右翼に対して
代替者になり得るという深刻な危機が現実的になってきた。FN を地方に
移植するというマリーヌ・ルペンの意欲と方法的な準備によって，この移
植は開始された。今や，FN は，社会党と「共和主義的 républicaine」右
翼と並んで第 3 の大勢力であることを鼻にかけることができるようになっ

た。FN は，マリーヌ・ルペンが 2012 年の大統領選挙で獲得した票を確認し，しばしば拡大することが出来ただけでなく，いくつかの無視できないような市町村で，トップに立つことが出来たのである。否認とは，一般的には左翼に対して，とくに社会党に対してである。オランドはフランス国民に彼は国民のメッセージを理解したということを示さなければならない。それは，一言で言えば，変化である（*Le Monde*, 25 mars 2014）。

　フランスの優れた FN の研究者であるパスカル・ペリノーは，2014 年 2 月，『戦線のフランス』（Perrineau 2014）を刊行した。ペリノーはこう書き始める。「危機は差し迫っている。2013 年の国民議会補欠選挙において，FN は，さまざまに異なった地域において，『大政党』の段階に進み，第 1 回投票から第 2 回投票にかけて，ほとんど『勝利』の寸前近くまで，印象的な躍動を示した」（Perrineau 2014, 9）。

　ペリノーによれば，経済，財政危機の猛威は，他のヨーロッパ近隣諸国と同じように，フランスにも襲いかかり，ナショナリズムやポピュリズムへの回帰の空間を開いた（Perrineau 2014, 12）。しかしながら，「ナショナル・ポピュリズム」[4]の定着には，アイデンティティーの危機という他のファクターが優先する。

　フランスは，1980 年代に，ヨーロッパ諸国の中で最初に重要な現在のナショナル・ポピュリストの党を創り出した国の一つである。今日では，その党派は熱狂的に支持される党となり，勢力を増し，政権党になるような大政党を妨害する政党となり，初期の騒がしいだけの党から脱皮している。2014 年から 2015 年は，フランスにおいて選挙の多い年となる。すなわち，2014 年 3 月の市町村議会選挙，2014 年 5 月の EU 議会選挙，2015 年の地域圏議会選挙と県議会選挙である。これらの選挙は，FN にとって，2017 年の大統領選挙という大事な決着のつく時期を前にして，FN が体制 système に入り込む多くの機会となる。その時こそ，マリーヌ・ルペンが，社会党，UMP，FN の 3 者の争いに，再び勝負のカードを切る時だと期待されている（Perrineau 2014, 12-3）。

57

4 これまで40年間のFNの選挙と政治

ペリノーによれば，第2次世界大戦終了から30年間，いかなる事件も，罪の多い，排外的で，不寛容で，外国人嫌いな，人種主義の極右の恥辱を晴らすことが出来なかった。すなわち，第4共和制下の非植民地化，制度的不安定，制度的衰弱から，第5共和制下の1968年5月の学生革命，ド・ゴールの死去，これらはいずれも極右に対して政治的空間を与える効果をもたらさなかった。それらは次のような選挙結果をもたらしただけだった。1962年総選挙：0.8％，1967年総選挙：0.6％，1968年総選挙：0.1％，1973年総選挙：0.5％である。それゆえ，1972年10月5日，ばらばらな人材を集めたジャン・マリ・ルペンの発起による極右の政党は無名anonymatなものだった。その無名は，それからも10年続き，その後，FNがフランス政治の基本的な要素となる，出現，躍進が始まるわけである（Perrineau 2014, 17）。

1972-82年の最初の10年間は，1970年代のオイル・ショックに結びついた経済危機，1981年の左翼政権の達成というFNにとっての好環境が形成されたにもかかわらず，周辺の勢力にとどまっていた。FNの代表ジャン・マリ・ルペンは，1974年の大統領選挙に立候補した時，大統領選挙第1回投票で，ほんのわずかな票しか獲得できなかった。すなわち，19万票で，有効投票の0.7％にすぎなかった。1978年3月の総選挙では，156人が立候補したが，有効投票の得票率は，0.3％だった。分岐点になるのは1980年代であるが，FNは当初消滅しそうだった。FNの党員は数百人にすぎなかった。1981年4月，大統領選挙立候補に必要な500人の推薦人を集めることができなかった。悔しまぎれに彼は「ジャンヌ・ダルクに投票しよう」と叫んだ。1981年6月の総選挙では，74人の立候補者を立てたが，有効投票の0.2％しか獲得できなかった（Perrineau 2014, 18）。

極右は，最初の10年間は，内部の闘争や不満の多さから免れることはできなかった。FNの無力と無名は，1962年のエヴィアン協定を廃止させるという後衛的な，最大限見積もっても停滞的な要求を実行する力を弱め

た (Perrineau 2014, 18-9)。しかしながら，やがて快挙 percée が始まる。1981 年にミッテランが大統領に当選し，左翼が政権についてから 1 年も経たないうちに，1982 年の（小郡を選挙区とする）県議会選挙 élections cantonales は，FN の不満と幻滅が初めて結晶化したものだった。この県議会選挙は右翼が勝利した選挙だったが，この選挙で，最初に，あちこちで，FN の候補者が有効投票の 10％近くになったり，超えたりすることに成功した。すなわち，ノール Nord 県グランド・ジント Grande-Synthe では 13.3％，ウール・エ・ロワール Eure-et-Loir 県のドルー・ウエスト Dreux-Ouest では 12.6％，イゼール Isère 県のポント・ドゥ・シェリュイ Pont-de-Cheruy では 10.3％，ドルー・エスト Dreux-Est では 9.6％を獲得した。ジャン・ピエール・スティルボア，マリー・フランス・スティルボア Jean-Pierre Stirbois et Marie-France Stirbois 夫妻は，1977 年，FN に入党して後，ドルーに本拠地を置くことに成功した。ドルーは，パリ地域から離れたところに新産業が到来し，人口統計的にも人口移動的にも動揺の激しい辺境の都市だった。FN の他の候補者が成功したダンケルク郊外や，リヨンから東方の辺境地も同じで，これらの都市は，民衆的な都市で，人口や移民の増大という挑戦を受けていた。これらの地域での FN の成功は，この党が社会問題や政治的排外の問題に対して拠り所となる能力があることをアピールした。少し後に，すなわち，1983 年 3 月の市町村議会選挙の時に同じシナリオが展開されることになる。パリ 20 区の FN のリストの第 1 位にあげられていたジャン・マリ・ルペンは，有効投票の 11.3％を占めた。移民，治安，失業のテーマは，外国人の割合が強い民衆的な区域にまるでこだまのように響き合った。同じような型の成功がさらに続いて数か月間見られた。とくに注目しなければならないのは，1983 年 9 月，ドルーの補欠選挙で，ジャン・ピエール・スティルボア率いるリストが 16.7％を獲得し，第 2 回投票で右翼と融合して勝利したことである。1984 年 2 月 14 日には，ジャン・マリ・ルペンが有名な「時と真実 L'Heure de Vérité」という生放送テレビ番組に初めて出演したこともあっ

59

た。この流れは党勢を勢いづかせ，1986 年の比例代表制が採用された総選挙において，FN は有効投票の 9.8％を獲得し，国民議会において 35 議席を獲得した。また，同年の地域圏議会選挙においても，9.6％を獲得し，地域圏議会に合計 135 人の議員を送り込む結果となった（Perrineau 2014, 19-22）。

　1986 年の FN の成功の翌年からの 12 年間は根付き enracinement の期間である。FN の選挙における影響力は強まり続ける。1988 年大統領選挙で 14.4％，1995 年大統領選挙で 15％，1988 年国民議会選挙で 9.8％，1993 年国民議会選挙で 12.4％，1997 年国民議会選挙で 15％，1992 年の地域圏議会選挙で 13.7％，1998 年の地域圏議会選挙で 15％であった。ヨーロッパ議会選挙だけが規則的成長のシェーマに当てはまらない。すなわち，1989 年 EC 議会選挙では 11.7％だったが，1994 年は 10.5％だった[5]。このような FN の増強は，右翼勢力に多大な緊張を常にもたらした。とくに地域圏議会においてそうだった。というのは，地域圏議会議員選挙の比例代表制のロジックが FN を真の「蝶番政党 parti-charnière」に押し上げたのである。1986 年と 1998 年には，いくつかの地域圏で激しい論争が戦わされたが，地域圏議会の FN 議員の貢献は右翼の勝利を確実にした。ただし，FN の内部においては，FN の力の上昇が，相対立した野心や戦略的ビジョンを生み出すことになった。1980 年代の古典的右翼の出身であるところのブルーノ・メグレ Bruno Mégret は，選挙の成功によって課題となってくるのは，党の合理化計画でなければならないとした。しかし，ルペンによって，1999 年の EU 議会選挙の FN のリストから外されたメグレは，1998 年 12 月，FN の異端派を集めてルペンとの闘争に入った。1 か月後，メグレは新しい運動体「共和国運動 Mouvement national républicain ＝ MNR」を設立した。党の分裂は FN にとって高くつくことになる[6]。選挙結果はすぐに出た（Perrineau 2014, 22-3）。

　FN にとって 1999 年から 2001 年は分裂 éclatement の期間であった。
　劇的な党の分裂と MNR という新党の誕生で FN は青ざめてしまった。

60

第 2 章　2014 年フランス統一地方選挙と EU 議会選挙における FN の躍進

議員の大半は，彼らは主として地域圏議員であるが，異端派のメグレに
従った。各県の党の地方書記局にあたる部署で働く熱心で生き生きした者
たちの 60％が同じような行動をとった。党の中枢（中央委員会や政治局）
においても争いは燃え上がった。政治局の 34 人中 14 人がメグレに従っ
た。同様に中央委員会の 120 人中 52 人がメグレに従ったのである。この
報いが現れるのに時を置かなかった。1999 年 6 月の EU 議会選挙におい
て，ルペンに率いられる FN は有効投票の 5.7％，対抗するメグレに率い
られる MNR は 3.3％を得票した。この 2 つの合計は，10％弱で，日頃の
FN が EU 議会選挙において得票している 10％にやや届かないという FN
の平生の水準に達していた。しかしながら，分裂したことによって，これ
らのリストは，選挙の影響力を大きく失うことになった。もっとも FN は
MNR に比べ何とか窮地を脱した。メグレ派の異議申し立ては FN の組織
的装置に根本的に手を付けることが出来たけれども，選挙民にとっては，
その信頼性はかなり控えめなものでしかなかった（Perrineau 2014, 23-4）。

　2000 年から 2001 年において FN の影響力は落ちてくる。2001 年 3 月の
市町村議会と県議会選挙において，FN は重要な数少ない地方的基盤を失
うことになる。この 15 年間において初めて FN の党首の人気度のレベル
が 10％を下まわることになった。すなわち，1999 年，2000 年，2001 年に
おいて，9％のフランス国民が将来ルペンが大統領になるにふさわしいと
考えただけだったという調査結果が出ている。ということは，FN が少し
ずつフランスの政治的光景から退いていっているかのようであった。とは
いえ，異議を唱えられたルペンではあるが，彼は少しずつ「古い館 vieille
maison」をとり戻しつつあるように見えた。そして，左翼と右翼の長い
コアビタシオン（1997-2002 年）によって，蓄積されてきた選挙民の欲求
不満をまとめる能力を取り返しつつあるようであった（Perrineau 2014, 24-
5）。

　2002 年から 2005 年は，FN にとって復活 résurrection の期間であっ
た。2002 年の大統領選挙第 1 回投票の結果，4 度目の大統領選挙立候補

61

者であるルペンは，有効投票の16.9％を集めることによって，0.7％の差で社会党の候補者であるリオネル・ジョスパン Lionel Jospin を破り，第2回投票に進む資格を得た。それは落雷の一撃の効果があった。今までのフランスの選挙史の中で，極右から立候補してこのようなレベルまで達した者はいない。しかも，FN は 2 つの敵対する勢力に分裂して衰弱していたかのように見えていただけに，その達成に対する驚きは大きかった (Perrineau 2014, 25)[7]。

　一度ならず，格差を作り出している政治的社会的な多数多次元な問題に対して，メガホンになることが出来たのは，当時73歳であった古顔のリーダーの能力の賜物であった。政党システムの破綻，極めて分散した政治的与件（2002 年大統領選挙第 1 回投票において 16 人の候補者，その候補者の中で 5 人が左翼の候補者，ただし，いわゆる「多元 plurielle」左翼を主張したのはジョスパンである），5 年間のコアビタシオンに結びついた制度的磨滅状態，20 年来の重苦しい社会的様相（経済的不安定，中小犯罪に直面する社会の激高，移民）などを有利に作用させて，ルペンは驚異を作り出すのに成功した。彼の高得票率の背後にあるのは既成の政治家への一貫した拒否があった。政治的社会的不安の全体は，大統領選挙における FN 選挙民の大量の復帰となった。2002 年大統領選挙第 2 回投票において，ルペンの17.8％という得票は，従来の FN 票にささやかながらの上積みであり，それはまた，抗議票の呼びかけであり，既成権力保持者に対する信頼の欠如の表明であった。この「すべてを拒絶する投票　vote de tous les refus」は 1990 年代末の党の分裂に付きまとった得票率の低下を完全に消し去ることを可能にした。FN は分裂前の選挙における存在感を急速にとり戻した。すなわち，2002 年総選挙では 12.5％，2004 年地域圏議会選挙では 14.7％，2004 年 EU 議会選挙では 9.8％であった。2005 年5 月 29 日の EU 憲法条約の国民投票では，回復した FN 選挙民が EU 憲法条約拒絶の勝利に多大な貢献をした[8]。ルペンは自信を持って政治の将来を予想することが出来た。というのは，シラク主義は終焉を迎えつつあ

62

り，左翼は 2002 年の衝撃から回復することが出来ないままになっている
からである。したがって，フランス国民は FN が発する国民的自閉のサイ
レンに耳を傾けたわけである。しかしながら，そのことは内務大臣ニコ
ラ・サルコジの抑えがたい上昇欲を見過ごしていたことになる。すなわ
ち，サルコジは，2007 年の大統領選挙を射程に入れて，いくぶん好戦的
で，FN に近い選挙民たちにぞくぞくと直接的に「コンプレックスを解消
した décomplexée」右翼の方針を語ったのである（Perrineau 2014, 25-7）。

　サルコジの登場にともなって，フランスの右翼は，FN の上昇に反対
し，治安と反移民の問題で FN に対抗することの出来るリーダーを 20 年
以上も探して見つけたように思われた。シラクの後継者として，サルコジ
は，2002 年の大統領選挙第 1 回投票においてルペンに投票した，多数の
選挙民を引き寄せる野心を隠さなかった。ルペンは 20 年間の大統領選挙
の経験において初めて選挙民の大々的な侵食を知ることになる。2007 年
4 月 22 日，大統領選挙第 1 回投票において，ルペンは有効投票のただの
10.4％の投票率でしかなく，第 4 位に甘んじる結果になった。年老いた党
首は擦り切れていた。彼はサルコジを恐るべき対抗馬と考えた。彼が一生
懸命やってきた抗議は台無しになったように思われた。2007 年 6 月の総
選挙において，FN は一掃された。すなわち，4.3％の得票率で，ルペンは
1980 年代からの選挙の成功からもっとも悲惨な記録に甘んじなければな
らなかった（Perrineau 2014, 28）。

　しかし，この限られた追いたては長くは続かなかった。サルコジの権
力の暴利と 2008 年秋の経済的財政的危機は，ゆっくりとしたものである
が，FN に一定の選挙結果の好転を再開させた。すなわち，2009 年の EU
議会選挙の 6.3％の得票率，2011 年の地域圏議会選挙の 11.4％の得票率が
そうである。そして，新しい指導者が以前のような投票結果を取り戻し，
さらに党を刷新する時が訪れる。2010 年 4 月，ルペンは，近く開かれる
FN の党大会で党首選挙に立候補しないと表明するだけでなく，2012 年の
大統領選挙にも立候補しないことを宣言した。FN 党内選挙運動が，2010

年9月1日から12月15日の間行われ，ルペンの後継をめぐって，マリーヌ・ルペンとブルーノ・ゴルニッシュ Bruno Gollnisch の間で争われた。マリーヌ・ルペンは彼女の父親の支持によって，総党員投票数の67.6%の得票率で大差で勝利した。2011年1月15-16日のFN党全国大会で，ジャン・マリ・ルペンは党首の地位を彼の娘に譲り，彼は名誉党首となった。この党内のプライマリ選挙が行われたことは十分満足な結果となり，1998-1999年に高くついた代償の党内対立を避けることが出来た。42歳の一人の女性が82歳の一人の男性の後継者となるという世代的な更新を起点として，FNのイメージは変わり始めた（Perrineau 2014, 29）[9]。

　父と娘の間で成功裡に行われた権力移譲と，党内予備選挙によってマリーヌ主義路線をとったことは，FN新指導部に対する好意的な世論を生み出してゆく。2010年12月から2011年5月まで，世論調査機関 Sofres によれば，FNの支持率は14%から29%へと15ポイントも上昇した。2011年5月16日，ナンテール Nanterre で開催された執行部会議で，大統領候補をマリーヌ・ルペンにすることが満場一致で承認された。2011年5月，TNS Sofres の調査によれば，大統領選挙でだれに投票するかという世論調査で，マリーヌ・ルペンが20%，サルコジが24%，オランドが28%だった（Perrineau 2014, 29-30）。

　2012年4月22日，フランス大統領選挙第1回投票で，マリーヌ・ルペンは，有効投票の17.9%，6,421,426票を集めた。これは，10年前，すなわち2002年フランス大統領選挙第1回投票で，彼女の父親ジャン・マリ・ルペンが，いわゆる「選挙地震 séisme électoral」で獲得した得票数を約150万票上回るものであった。2007年のフランス大統領選挙第1回投票で，やはり彼女の父親が獲得した，3,834,530票，有効投票の10.4%という平凡なスコアと比較するといっそう躍進が鮮明なものとなる。このことは，マリーヌ・ルペンが党首に就任したことに伴う選挙的躍動がいかに大きなものであるかを意味する。とはいえ，FNの選挙民が多数復帰してきた基礎に横たわる論理をよく理解するためには，その内容を慎重に検

討する必要がある。2007年のフランス大統領選挙第1回投票で，ジャン・マリ・ルペンは10.4％しか獲得できず，1980年代から始まるFNのフランス大統領選挙第1回投票の得票率の中で最悪の得票率に終わった。2007年はFNの初期の勢いを消失した時期となった（Perrineau 2014, 30）。

　すなわち，2007年に至るまで，この20年以上にわたって，FNは根を張り続けてきた。MNRとの分裂も乗り越え，2002年の大統領選挙では決選投票まで勝ち進み，2004年の地域圏議会選挙，2005年EU憲法条約批准国民投票において，大量の選挙民の動員に成功してきた。とくに2005年の国民投票では，「否決」における重要な拠点をFNが構築した。急で激しいFN票の崩壊はどうして起きたのであろうか（Fourquet 2008, 213）？

　畑山敏夫によれば，FN票の崩壊の主因はFNを取り巻く環境の変化に求められるべきであると言う。すなわち，フランスが直面している社会経済的行き詰まりという構造的要因が背景にある。そのような状況を前にして変化を求める選挙民の期待が大統領選挙の帰趨を大きく左右した。そのような文脈の中で，政治と経済社会領域での選挙民の不安と不満がもたらした「変化」への願望を体現することに成功したのは，UMPの候補者サルコジであった。ジャン・マリ・ルペンは，穏健化戦略によって右翼支持層への浸透を期待したが，逆に，サルコジとの区別化が困難になってしまった。その結果，FN支持層の穏健な部分が，社会文化的テーマに対して権威主義的で排外主義的な姿勢をとり，経済的領域ではネオ・リベラリズムの主張を掲げるサルコジによって回収されてしまった。権威主義的で排外主義的な姿勢によって右翼の支持層を奪うというこれまでのパターンが崩れて，FNは初めて支持層の右翼政党への逆流現象を経験することになった（畑山 2008, 88）。

　ジャン・マリ・ルペンは，フランス大統領選挙第1回投票において，有効投票の14.4％（1988年），15％（1995年），16.9％（2002年）を獲得していた。2007年に記録された低落はFN票が強い浸食を受ける時期の始

まりかに見えた。人は FN の選挙的辺境化に言及した。しかし、その辺境化はごく短期のものでしかなかった。回復は、2007 年から 2012 年にかけて、1980 年代から 1990 年代の FN の稜堡のすべての地域において、徐々になされていった。2007 年にサルコジに加担した FN の選挙民の再征服は重要であった。「シアンスポ政治研究センター Centre de recherches politiques de Sciences Po = Cevipof」の 2007 年大統領選挙後の調査によれば、2007 年フランス大統領選挙第 1 回投票において、サルコジに投票した者の 16%が、2012 年フランス大統領選挙第 1 回投票において、マリーヌ・ルペンを選んだ。投票数にすれば 1,700,000 票であり、これは大統領選挙第 1 回投票でマリーヌ・ルペンに投票した者の 4 分の 1 にあたる。マリーヌ・ルペンは、「グローバル化によって敗者となった人たち perdants de la mondialisation」を自分の担当部分と計算することが出来ただけでなく、サルコジが当選した選挙の数か月後には、大統領の権力執行への信頼は無くなってきていた。購買力、「しっかり働き、しっかり稼ぐ」可能性、経済成長に向けた自由化、あるいは失業の減少といった、大統領の公約について言えば、少しも成果が出ないままになっていた。2007 年にサルコジのもとに結集した選挙民は、サルコジが大臣のポストを左翼の政治家にも与えるように政権を開放することは、右翼よりも左翼に好意的なサインを送っているように思えたし、もっと言えば、大統領の権威の行使のスタイルに弛緩があるように思ったのであった（Perrineau 2014, 31-2）。

　このようにして、主として UMP を中心とする古典的な右翼は、2007 年から 2012 年の間に選挙民の支持を失ってゆくのであるが、古典的な右翼が票を失えば失うほど、FN 支持の選挙民が増大してゆく構図になる。だが、同じように、左翼の伸張が控え目であればあるほど、FN の躍動が大きかった構図もあるということが重要である。左翼は、2007 年から 2012 年の間、やはり回復の時期であるが、FN との選挙競争に苦しむことになる。FN の躍動の影響から免れているように見える選挙民は、おそら

くフランソワ・バイルの中道右翼の選挙民であろう。バイルが2007年から2012年までに失った彼の地盤では，マリーヌ・ルペンの票はほとんど伸びなかったのである（Perrineau 2014, 33-4）。

　2012年の大統領選挙と総選挙における左翼の勝利は，FNが左翼に対立しもっとも執拗な競争者であることを忘れさせはしなかった。この競争は極右と右翼の間で行われるものよりも，往々にして，もっと活発である。FNと左翼が相克するような主な地域は労働者層が多い地域圏に著しい。この地域はマリーヌ・ルペンが選挙基盤を強固にしているところである。以前は左翼の選挙民であった者，あるいは社会層的には左翼勢力に惹きつけられる者，そういう人たちに対して，今や「人民層のもっともふさわしい擁護者」としてFNの魅力がとって代わっているのである。マリーヌ・ルペンの支持層の社会学的輪郭は2012年のフランス大統領選挙第2回投票において大きな意味を持つ。サルコジは，第1回投票でマリーヌ・ルペンに投票した人たちの57％しか第2回投票で獲得できなかった。これでは社会党の候補者を打倒するには不十分であった。サルコジは，第2回投票で，マリーヌ・ルペンに第1回投票で投票した者のうち，ブルジョア層や独立自営業者層の多数から，彼に投票させたかもしれないが，人民階層（従業員，労働者）の半数しか得票できなかった。人民階層の第2回投票での投票行動は，4分の1が棄権に避難し，残りの4分の1はオランドに投票した。そしてそのオランドに回った部分が彼の第2回投票での勝利を決定づけたのである。この「左翼ルペン主義 gaucho-lepénisme」は，左翼と右翼の断絶を超えて「グローバル化によって敗者となった人たち」である人民階層の抗議をFNに取り込んでゆく，マリーヌ・ルペンの能力を深く規定している（Perrineau 2014, 34-6）[10]。

　2002年から2012年の間にFN選挙民は重要な再編成を行うことになる。FN大統領選挙候補者の，2002年フランス大統領選挙と2012年のそれを比べてみると，2002年の父親に比べて，マリーヌ・ルペンは1,650,209票多いだけで，有効投票の割合では0.7％しか増加していない。しかし，

得票数，得票率の近似性は，得票構造の大きな相違を隠しているのである。2002年のFNに比べて，マリーヌ・ルペンのFNが躍進している地域を調べてみると，2つの特徴がある。ひとつは労働者層や人民層が多い地域である。オート・マルヌ Haute-Marne 県，ムーズ Meuse 県，ヴォージュ Vosges 県，パ・ド・カレー Pas-de-Calais 県，マイエンヌ Mayenne 県，サルト Sarthe 県，ヴァンデ Vendée 県，アンドル Indre 県がこれにあたる。もうひとつは，抗議する農村あるいは「田園都市 rurbaine」地域であって，オーヴェルニュ Auvergne，リムーザン Limousin，ポワトゥー・シャラント Poitou-Charentes のそれぞれの地域圏がそれにあたる。2002年から2012年にかけて，ヴィエンヌ Vienne 県，コレーズ Corrèze 県，クルーズ Creuse 県，オート・ヴィエンヌ Haute-Vienne 県において，マリーヌ・ルペンは4％得票率を伸ばした。これまで，それらの地域は，FNの候補者にとって「宣教の地 terres de mission」であると考えられていたので，FNの影響力が全国化した運動になってきていることを示している。同様に，西部フランスのいくつかの県は，FNにとって長い間御しがたい県であったが，2012年フランス大統領選挙第1回投票時には，FNが選挙的に強い地域となって来ている。具体的に言えば，ロット・エ・ガロンヌ Lot-et-Garonne 県：21.4％，オルヌ Orne 県：20％，サルト県：19.2％，ロワール・エ・シェール Loir-et-Cher 県：20.9％，アンドル県：19.5％である。マリーヌ・ルペンは，田舎，あるいは都市周辺で，社会の中で打ち沈み，社会的に「視えない invisibilité」状態にある人々を惹きつけることに成功している。また，2012年大統領選挙に候補を立てなかったので，投票対象不在になった政党「狩猟，釣り，自然，伝統 Chasse, Pêche, Nature, Traditions = CPNT」の選挙民，支持者をも引き寄せることが出来た。すなわち，語り，形作るためには全国的に選挙民を寄せ集めることが必要だからである（Perrineau 2014, 37-9）。

　10年間の間に，FN支持の選挙民は，女性で2％，18-24歳で5％，

25-34 歳で 8%，労働者で 9%，失業者で 6%，無宗教者で 5%，中流都市住民で 5%増加した。FN の再編成もしくは移行は，FN の影響力を，若年層，人民階層，失業者，これまで極右から遠かった文化層に広げていった。反対に，FN の変容に抵抗するいくつかのカテゴリーがあった。それらは，老年層（マリーヌ・ルペンは，65 歳以上の人たちから 13%しか支持されていない），高級管理職・自由職業層（7%），日曜ごとに教会に行くカトリック教徒（7%）であるが，これらの人たちは左翼というより，古典的右翼に近い人たちである。マリーヌ・ルペンはある種の伝統にかかわる世界の選挙民を，部分的にせよ開発することに成功したと言える。マリーヌ・ルペンは，人民階層のとくに攻撃的な男性的な病根とも言える層を選挙的に開発していった。[11] たしかにマリーヌ・ルペンは女性で，ジェンダーに敏感であるが，多くの一般女性たちは彼女に投票することをためらっているのである（Perrineau 2014, 39-41）。

いつものことであるが，大統領選挙で良い結果を残した数週間後に，FN はかなりの下落を経験することになる。すなわち，2012 年 6 月の総選挙において，FN は，棄権，あるいは他党の候補者への投票による分散で，およそ 300 万票を失った。2012 年 4 月のフランス大統領選挙第 1 回投票から 2012 年 6 月のフランス総選挙の間に，FN は有効投票の得票率を 4.3%下げた。総選挙はいつも FN と UMP の真の対決の劇場となる。FN の大統領選挙と総選挙の間の低落が重要であればあるほど，右翼の抵抗と回復は大きくなる。このようにして，大統領選挙で FN に投票した選挙民のおよそ 20%が総選挙の時には UMP の候補者に投票したと言明したのである（Perrineau 2014, 42-3）。

したがって，選挙協力という取引を FN が受け入れるかどうかが今日では大きな問題になってくる。マリーヌ・ルペンによって推進されている新しい政治路線はこの問題を流動的にしてきた。FN の上昇する力，「脱悪魔化」の試み，UMP の一部の過激化は，政権右翼と極右の境界をかなり相互浸透的なものに変えて来たことがあるからである（Perrineau 2014,

46)。

　FN とは何か，ペリノーは 2 つのルペン主義という形でまとめる。すなわち，1980 年代のジャン・マリ・ルペンの選挙的成功は，大部分は，1981 年の大統領選挙で敗北した右翼選挙民の中にあった政治的抗議の傾向と，移民の増加と増大する不安感とに直面した都市に集中しているフランス人が持つ問いかけを拠りどころにしていた。2010 年代になって，これまで，ル・アーヴル－ペルピニャン（Le Havre－Perpignan）を結ぶフランス東部地域に制限されていた最初のルペン主義は，ほとんどフランス全土に強化され拡大していった。これが第 2 のルペン主義である。上昇する選挙的躍動の 30 年後，FN は本格的に全国的な政党になり続けている（Perrineau 2014, 47）。

　ここでは，2010 年代に FN がとくに躍動した地域を選挙社会地理学的に挙げておきたい。以前は共産党の地盤だった工業地域（パ・ド・カレー Pas-de-Calais，エーヌ Aisne，ソンム Somme），世俗的 laïque でフランス革命当時は革命派 patriote であった右翼の牙城である地域（シャンパーニュ・アルデンヌ Champagne-Ardenne，ロレーヌ Lorraine），カトリック右翼の強い伝統に印されたフランス内側西部地域（オルヌ，サルト），古くから脱宗教化し左翼であったフランス中央部地域（アンドル，シェール Cher，リムーザン，アリエー Allier）が FN 候補者の例外的な躍動を繰り広げた地域である（Perrineau 2014, 48）。

　FN の発展について考えてみると，それぞれ統合されるべき 3 つの困難 défis がある。ⅰ）基本的に右翼で，ブルジョアかプチ・ブルジョアである第 1 のルペン主義と，右翼の世界から解放され，より人民的になっている第 2 のルペン主義の間の困難，ⅱ）フランス東部の産業構造転換の痛切な影響を受けた古いルペン主義と，高齢者層で，都市や工業の基準から免れたフランスを典型とするフランス西部のルペン主義との間にある困難，ⅲ）「街のルペン主義 lepénisme des villes」と「田舎のルペン主義 lepénisme des champs」の間の困難，である。これらの困難を克服する

70

第2章　2014年フランス統一地方選挙とEU議会選挙におけるFNの躍進

ために，FNは党の再生プロセスに入らなければならない。すなわち，このプロセスの中で，1980年代の成功以来よく知られた古くからの党の傾向と，2010年代の真の新しさを構成している傾向のどちらかを選ぶ決定をしなければならない。FNの選挙民はたしかに変わった。だが，この変化はフランス社会の変動の始まりと理解されるだけですむことではない。この変化は，理念，綱領を具体化している，党，党員に影響を与える変化である。それは，また，社会の変動を理解し受容する様式にも影響を与えるのである（Perrineau 2014, 51-2）。

むすび

EU議会は，2014年7月15日，フランスのストラスブールでの本会議で採決を行い，EU委員会の次期委員長として，ジャン・クロード・ユンケル Jean-Claude Juncker・元ルクセンブルク首相[12] を承認した。任期は5年で，当時のバローゾ委員長の後任として，2014年11月に正式に就任した。

2014年秋に予定されている最大野党UMPの党首選に立候補するかどうか注目されていたニコラ・サルコジは，2014年7月2日のテレビ・インタビューで「（身柄拘束は）私を侮辱する意図があった」と献金疑惑にからむ捜査に影響を及ぼした疑いなどを否定した（『朝日新聞』，2014年7月4日）。

フランスの元老院選挙が2014年9月28日投開票され，社会党を中心とする左翼勢力は過半数を失った。厳しい政権運営を強いられるオランド政権に，国民議会（下院）との「ねじれ」は新たな重荷となる。社会党は128議席から112議席に後退した。左翼勢力は，「ヨーロッパ・エコロジー・緑の党 Europe Écologie - Les Verts ＝ EÉLV」などと合わせても156議席にとどまった。かわって，最大野党のUMPを中心とする右翼勢力は190議席を確保した。一方，反移民，反EUなどで国民の不満を吸収するFNが2議席を得た。FNにとって，元老院での議席獲得は初めて

で，マリーヌ・ルペン党首は「愛国主義者の躍動を印象づけた歴史的な選挙だ」とのコメントを出した。フランスでは，立法の優先権は国民議会にあるものの，元老院は法案の修正などを求める権限を持つ。社会党を中心とする左翼は国民議会で過半数を握っているが，右寄りとされるバルス内閣で EÉLV が連立を離脱している。内閣の信任投票では社会党からも造反（棄権）が出る事態になっている（『朝日新聞』，2014 年 9 月 30 日）。

　『フィナンシャル・タイムズ』は，この元老院選挙について次のように論評した。すなわち，フランスの極右の FN は元老院の議席をその国で初めて獲得したが，それはちょうどオランドの社会党政権が元老院選挙で新たな後退を被ったことと時を同じくする。中道右翼の野党の UMP とその同盟者たちは，右翼が元老院ではっきりとした多数派となったと勝利宣言をした。そのことは，右翼が，オランドが経済改革を押し進めようとしても立法化を遅らせることができるから，オランド政権に対して消耗戦を行う手段を得たことを意味する。元老院の第 1 党の多数党として UMP は元老院を支配することが出来ることになるが，それは公的な位置としては，大統領に次いで第 2 位の序列になっている。右翼への変動 swing は確実となった。というのは，元老院選挙の趨勢を決定的にしたのは地方議員たちだからである。UMP は 2014 年 3 月の市町村議会選挙で社会党に対して完璧な勝利を収めた。その是認が元老院という本拠地の資格を UMP に与えたのである。オランドはまったく逆の立場に回ることになった。というのは，オランドの 2012 年の大統領選挙における勝利は，左翼が，2011 年 9 月の元老院選挙において，1958 年以来初めて，元老院の多数派となったということで予測されていたことだったからである（*FINANCIAL TIMES*, 29 September 2014）。

　フランスの『ル・モンド』は，この元老院選挙の結果を「逆転は明らかである」と論評した。すなわち，左翼は元老院の前議席は 177 であったが，9 月 28 日（日曜日）の投票の結果，156 議席を維持しただけだった。逆に，右翼は全体（UMP，「民主・独立連合 Union des démocrates et

第 2 章　2014 年フランス統一地方選挙と EU 議会選挙における FN の躍進

［表 3］　2014 年 9 月 28 日フランス元老院選挙結果

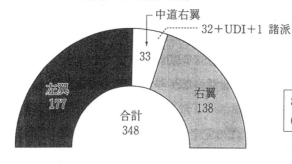

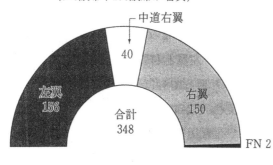

indépendants ＝ UDI」[13]，その他右翼諸派）は 171 議席から 190 議席となった。他方，FN は 2 議席を勝ち取った。元老院のこの一新によって，左翼と右翼の力関係は，以前の，2011 年 9 月の左翼の「歴史的」勝利 ——と言ってもほんの短期間でしかなかったが—— の元老院を支配した情景といささか同類のものである（*Le Monde*, 27 mai 2014）。

さて，FN の将来について考えてみたい。2013 年 9 月，IFOP の世論調査で 34％のフランス人がマリーヌ・ルペンに親近感を覚えると答えた。サルコジには 38％，オランドには 13％，ジャン・リュック・メランションは 21％だった。2013 年 2 月，Sofres の調査によれば，質問されたフラ

73

ンス人の 47％が「FN はフランスの民主主義にとって危険ではない」と答えた。FN がこのような高い支持を得たことは 1984 年初めての調査以来なかった。しかも UMP 支持者の半分以上（51％）が FN と UMP の協力の可能性を考えていると答えた（Perrineau 2014, 176）。

　ペリノーは FN の将来について 4 つの仮説を提起する。すなわち，第 1 の仮説は，継続，ともかく現状維持である。第 2 の仮説は，左翼の権力に対して人民層の幻滅を鼓舞し，『怒りの葡萄　raisins de la colère』の状態になることである。つまり，左翼の裂け目を突破口にすることである。第 3 の仮説は，右翼の根本的な再編成である。FN は UMP のリーダー，活動家，選挙民の混乱に乗じて，右翼の信頼できる中心的な代替政党になることである。第 4 の仮説は，過去にもすでに描かれたシナリオであるが，経済と社会の危機は政治的与件を全体的に激変させ，人民層の要求に基づき，政治的権威主義（独裁）に向かって栓を抜くことである（Perrineau 2014, 177）。この仮説について，若干検討してみよう。

　まず，FN の現状維持について。数十年来，FN は，権力に就くことを目的として他党と協力するようなことには成功しないような，少数派のブロックに閉じこもる役割を引き受けていた。1980 年代の選挙の場面に登場して以来，30 年間にわたって，FN は 9-18％の間の得票率を揺れ動いていた。この期間，FN は最高で右翼の 33％を代表していた。2002 年と 2012 年の大統領選挙第 1 回投票の時が最高であった。最低は 2007 年の大統領選挙の 17％であった。この無視できない影響力はいろいろなやり方で体制を揺さぶることを可能にした。しかしながら，1986 年以来ずっと，FN は決して「王の製作者 faiseur de roi」ではなかった。逆に言えば，右翼はその勝利において FN に借りがあるわけではなかった。2012 年は，逆に，左翼がその勝利を FN に負っていることになる。2012 年のフランス大統領選挙の第 1 回投票で，右翼と中道派（centre）は 56％の得票率を達成したが，左翼は 43.7％しか獲得できなかった。もし，サルコジの陣営にバイルとマリーヌ・ルペンの票が集合すれば，前大統領サルコジは再

選されたであろう。しかし，そのようなことはなかった。反対に，オランドは，第2回投票で，バイルとマリーヌ・ルペンの票の移動があったからこそ，勝利したのであった。そのことは，FN がシステムの埒外にいたことを表している。そのような現状維持は，FN が今後選挙の躍動性を続けることを不可能にするだけでなく，FN に反対する世論の壁が存続することを意味する。2012 年 6 月以降にフランス本土で行われた 5 つの国民議会補欠選挙は，左翼が 10 ポイント以上得票率を喪失し，右翼が 7 ％を増加させた。FN はおよそ 4 ポイント得票率を上げている。FN はこのようにして，熱情の選挙によって「大政党」の中に入ってゆくことを見据えている。しかしながら，FN という器は大政党の域に達するにはまだ十分ではない。それはちょうど 1960 年代のフランス共産党のようである。共産党のもつ過激政党的な，民主主義にとって危険であるような，政府の文化に組み込み不可能な，そして，15 年間（1946-1962 年）も孤立を続けたところは，共産党がフランス政治のなかで大きな位置を占めたとしても，政権を担当することはできなかったかのようである（Perrineau 2014, 179-80）。

　共産党と同じように，FN も長い間拒絶の対象だった。そして，FN が民主主義体制に完全に組み込まれてゆく能力があるか，というと疑わしい。1985 年から 2012 年の間，FN は「フランスの民主主義にとって危険である」ことはフランス人の大多数（50-75 ％）が認識してきたところである。しかし，その防御壁はいくぶんひびが入ってきた。2013 年 1 月，フランスの世論調査は初めて緩和したスコアを示した。マリーヌ・ルペンの FN が「危険な政党である」とする者が 47 ％であるのに対して，まったく同じ割合の 47 ％の者がそれと反対の考えを示したのである。同じ調査で，マリーヌ・ルペンは「極右のナショナリストであり，外国人嫌い xénophobe」であるとする者が 43 ％であるのに比べ，44 ％の者がマリーヌ・ルペンは「伝統的な価値に結びついた愛国主義者 patriote である」と答えた。原初において悪魔を思わせた FN は，以後，政治的統合の路線を

とることになる。このような条件のもとでは現状維持のシナリオはほとんどありえないことになる（Perrineau 2014, 182）。

　次に，左翼の裂け目について考えてみたい。2012 年フランス大統領選挙では，2007 年からのサルコジ大統領への不信感は人民階層の一部分が左翼に戻ることを可能にした。しかし，それは長く続かなかった。束の間もなく，新しい大統領政権は，不人気と早々の失望 désamour に直面した。左翼に対する人民階層の失望を，自分に有利なように支持を取り付ける FN の能力は，決して目新しいものではない。1995 年フランス大統領選挙において，人民階層に属し，左翼支持で固定していた選挙民たちは，社会的経済的危機のこの際，左翼と右翼の間に多数の選択肢がある中で，まだよく知られていない第 3 の道として FN を求めて行ったことをわれわれの経験ずみである。もっともこれらの選挙民たちは，当初からルペン主義を指導する者の人間性に引き込まれたわけではない（Perrineau 2014, 182-4）。と同時に，多数の「左翼ルペン主義」の人たちが，1995 年フランス大統領選挙において，第 1 回投票ではルペンに投票しても，第 2 回投票では，2 週間前の第 1 回投票で見捨てた陣営にただちに戻っている（Perrineau 1997, 260）点も考慮しなければならない。

　左翼と，FN の一定の選挙民は，同じ方向の投票をすることがある。とくに EU の問題での国民投票ではそうである。とりわけ，2005 年の EU 憲法条約批准国民投票では，同じ属性の「社会的ナショナリスト　social-nationaliste」として一時統一的に行動した。2008 年の経済的財政危機とその社会的結果は，異なった政治的地平にいながら同じ怒りを持つ選挙民として連帯するようになってくる。2012 年フランス大統領選挙第 1 回投票で，労働者階層の中で，マリーヌ・ルペンは労働者階層選挙民の 27％の得票率でトップにたった。ちなみに，オランドは 24％，サルコジは 21％，ジャン・リュック・メランションは 12％だった（Perrineau 2014, 188）。

　総括的に言えば，FN は何らかの形で UMP に合流してゆくように思わ

76

れる。それは，FN のヘゲモニーが最初は貫徹されるように見えるかもしれないが，合流の暁には，FN のオリジナリティ，すなわち FN のポピュリズムは色褪せたものになって行くのではないだろうか？

畑山敏夫によれば，FN が無視できない政治的存在として力を回復したことは，保守勢力の政権奪還にとって重大な障害となっていることである。2012 年の大統領選挙と国民議会選挙での FN の得票から，FN との協力なしには保守の政権奪還は困難であり，FN との非協力という原則性が問い直される可能性があると言う（畑山 2013b，110）。畑山に続けて言えば，FN は，2014 年，地方選挙においても，EU 議会選挙においても快進撃を続けている。したがって，2012 年の選挙は FN が，フランスの政治システムの中でのひとつの衝撃のテストを提供するだろうし，ヨーロッパの極右の中で文化的，政治的卓越性を提供するだろう（Ignazi 2012，55）という予想は完全に的を射ていたと言えるだろう。ただし，マリーヌ・ルペンが EU 議会内に極右の統一会派を形成するのに失敗したように，フランスの FN が EU 極右グループのなかで卓越性を保持しているのか，留保をしておきたい。

ところで，EU と FN という問題は興味ある問題であるが，『朝日新聞』論説委員国末憲人は FN の指導者のひとりであり，EU 議会きっての日本通であるブルーノ・ゴルニッシュにブリュッセルで会見している。ゴルニッシュは「もし，EU が素晴らしいのでしたら，同じものをアジアで作ったらどうでしょうか」と日本の国会議員に語ったという（国末 2014，276）。問題は 2 つある。ひとつは，アジアでは出来ないからといって，ヨーロッパで出来ることはある。そのことが EU の瑕疵にはならない。もうひとつは，EU 議会議員として彼が考えていることと，彼ら FN 議員を選んだ選挙民は同じことを考えているのだろうか？　という問題がある。EU という問題に FN がどのように対応してゆくのか興味が持たれるところである。

最後に，補論的に，フランスの風刺週刊紙『シャルリ・エブド』の建

77

物が襲撃された事件をとりあげておきたい。2015年1月8日の『フィナンシャル・タイムズ』の社説は「マリーヌ・ルペンが率いる反移民主義のFNが追い風を受けるかもしれない」と論じた（『日本経済新聞』，2015年1月9日）。また，週刊紙『シャルリ・エブド』の襲撃事件が起きるとルペン党首は水を得た魚のように動き始めた。フランスでは2017年に大統領選挙が控える。増える移民に不安を持つ保守層や，現状への不満を外国人たちにぶつける低所得者の票が目当てなのは明らかだ，と報道されている（『日本経済新聞』，2015年1月11日）。私見では，ことはそれほど簡単ではない。襲撃事件がそのまま極右勢力の増大というほど現代社会の構造は脆弱ではないような気がする。予断をせず，冷静に見守りたい。

注

1）マニュエル・カルロス・バルスは，1962年，バルセロナに生まれた。1997-2002年までジョスパン首相の広報アドバイザー。2012年，オランド政権発足と同時に内相に就任した。2014年3月の統一地方選挙後，エローの首相辞任に伴い，3月31日，首相に任命された。バルスは経済政策では中道派に属する。党内左派に対抗し，「週35時間労働制」の見直しによる雇用の柔軟化を主張してきた。また，年金支給開始年齢の60歳への引き下げに反対してきたことでも著名である。内相時代は，不法移民の取り締まりを強化し，閣僚の中で国民の支持率はもっとも高かった（『読売新聞』夕刊，2014年4月1日）。

2）アンヌ・イダルゴは1960年のスペイン生まれ。リヨン第3大学などで法律を学んだ。セルフサービス式の貸自転車の導入など公共交通の整備で車社会や公害と向き合ったドラノエ市長に仕え，仕事ぶりは手堅いと評される（『朝日新聞』，2014年3月20日）。

3）2013年3月8日付『フィナンシャル・タイムズ』は「イタリアの新党『5つ星運動』は責任ある行動を」という社説で，「2013年2月の総選挙での予想外の躍進を受け，イタリアの選挙民は五つ星運動に何らかの答えを期待している。同党がどう対応するかにより，建設的な批判なのか，無意味な抗議なのか，違いがはっきりするだろう」（http://www.nikkei.com/article/DGXNASGV08002_Y3A300C1000000/）と主張していた。ということは，EU議会選挙で伸びなかったのは，すでに勢いが落ちてきているのかもしれない。

第 2 章　2014 年フランス統一地方選挙と EU 議会選挙における FN の躍進

4）FN の運動を「ナショナル・ポピュリズム」と最初に定義したのは，フランスの社会学者ピエール・アンドレ・タギエフである。タギエフによれば，FN の運動は，イデオロギー的に，歴史的民族的な用語で，国家のアイデンティティーを擁護することを中心に据える運動である。機能的には，ポピュリストの運動のやり方で，運動の指導者は，民衆に対して，正常で，明快で，高潔で，分別あると推測させるような訴えを何度も繰り返す。ここで，民衆とは，純粋な民族国家に属するという意味でエスノス ethnos であり，同時に，低い階級の人たちは堕落していないと呼びかけるという意味でのデモス dēmos なのである。ルペン主義のポピュリズムは，それゆえに，「大 gros」に対して「小 petits」という名目で抗議的であり，民族国家のアイデンティティーが破壊され，汚染される危機にあると訴える意味で，自己確認的 identitaire である（Taguieff 2002, 135；Perrineau 2014, 18）。ジャン・マリ・ルペンのパーソナリティ，リーダーシップ，そしてスタイルが FN が成功してきたことを証明する（Taggart 2000, 78）が，ルペンこそポピュリストの代表的な人物だと考えられる。だが，ポピュリズムの何たるかを問うこれまでの研究の多くにおいては，その概念を分析的に直接取り扱うというよりも，実際にどのような政治現象に適用されてきたかのほうが，ポピュリズムという「出口なき迷宮」の入り口のひとつになっている（山本 2012, 268）ことが重要であろう。まことに，ポピュリズムという用語は広く用いられるけれども，定義されると狭くなる（Taggart 2000, 10）のも事実だからである。

5）1997 年という時期の「FN の選挙民はどこにいるのか」という考察でペリノーは興味深い考察をしている。それによれば，まず，フランスの「都市化」は 1970 年代に始まったが，「フランス風都市化」は政治的には逆の効果をもたらしたという。すなわち，フランスでは，都市化があまりにも急激に進んだので，イギリス，ドイツ，北欧諸国に比べてあまりにも田舎風である。フランスは政治サイドから見れば，貧困な質の都市化に苦しんでいる。当時の FN は「フランス風都市化」の失敗の政治的表現になっていた。次に，フランスでは，1970 年代以降，中小レベルの犯罪が増加していた。このことが世論調査によると，治安の問題が大きな要求になってくる。そして，この治安の対象は大都市の区や街に多いという強迫観念が広がり，移民の問題とつながってきた。アングロサクソン系の社会学者は「文明化されていない社会 uncivil society」と呼ぶ。この病根が FN 選挙民の肥やしになっている。第 3 に，フランスは外国からの移民が強度に集中している国である。FN が高い支持を得るのは，移民が住んでいる地域の近隣である。FN 票は外国人移住者の多い地域よりも少

し離れた地域が多いということになっていた（Perrineau 2000, 262-4）。

6）FN と MNR というように 2 つの組織への分裂は，FN 幹部や議員たちに態度の決定を迫った。組織は二分され，多くの幹部や議員はメグレの新党へと移っていった。1998 年に当選した FN の地域圏議会議員 273 名のうち 110 名が，ルペンに反旗を翻して MNR に参加している。半数に及ばないとはいえ，FN にとって政治活動の面でも政治資金の面でも貴重なリソースである地域圏議会議員の喪失は大きな痛手であった（畑山 2007, 135-6）。

7）2002 年 4 月 21 日の結果には，政治家，識者，選挙民すべてを仰天させた（Perrineau 2003, 199）。

8）EU 憲法条約否決の後，体制の立て直しより，政治システムの分解が進む（Perrineau 2005b, 244）と心配されるほど否決は衝撃的だった。

9）ペリノーは，2010 年から始まる FN の再復活を「FN の選挙的ルネサンス」と呼ぶ。すなわち，2010 年 3 月 14 日の地域圏議会選挙において FN は，有効投票の 9.2％を獲得した。周辺化に向かっていた FN は「政治的実在 l'existence politique」に復帰した 2010 年から勢いを取り戻す。2011 年 3 月 20 日と 27 日の郡議会選挙 élections cantonales において，FN は，有効投票全体の 15.1％を獲得した。立候補した郡総計においては 19.2％だった。これまで地方選挙に弱かった FN がここまで伸びたことは驚きを持って迎えられた。これは 27 日の第 2 回投票でも確認できることで，第 2 回投票に進出した FN の候補者は平均 10％票を上積みした。FN は大きく蘇った（Perrineau 2011a, 25-6）。

10）1995 年フランス大統領選挙第 2 回投票で，「左翼ルペン主義者」はリオネル・ジョスパンに投票した（Perrineau 1995, 260）。

11）FN が選挙に出現した当初から，FN は女性よりも男性に多くの支持を得てきた。FN の支持率は男性で 11-19％，女性では 7-13％の間を揺れ動いてきた。FN が男性の世界に深く根付いていることは，FN の言説の男性優位へのノスタルジーな還元を超えて，攻撃的な男性らしさを用いるやり方に表れており，西欧世界の男性と女性の役割再分配に関する重要な運動にとって，悪く受けとられたり，かき乱すものとして，30 年前から混乱要因となっている（Perrineau 1997, 105）。

12）ジャン・クロード・ユンケルはルクセンブルク中部のルダンジュで 1954 年に生まれた。フランスのストラスブール大学で法学を学び，弁護士資格を持つ。若くから注目され，1984 年にルクセンブルク議会に初当選した。労働相や財務相を経て，1995 年，40 歳で首相に就任した。昨年まで 19 年近く，EU 諸国の中でも最も長期間首相を務めた（『朝日新聞』，2014 年 7 月 16 日）。ところで，ユンケルにはひとつの難問がある。『フィナン

80

シャル・タイムズ』（2014年7月9日）によれば，彼が19年近く首相を務めた間に，ルクセンブルクはEU域内最大の租税回避地として台頭した。自国での課税を回避したいと考える個人，企業の資金をルクセンブルクは大量に呼び入れてきたのである。1980年代までルクセンブルクには金融業界はほとんど存在しなかったが，それ以降急成長し，現在3兆€のビジネスになっている。EUは課税資産を保有する外国人に関する情報を加盟国間で交換できるようにする租税改革法の採択をめざした。それによって各国政府の脱税取締り能力が高まるはずだった。だが，ルクセンブルクはユンケルが首相だった期間，一貫してこの重要な税制改革に反対した（『日本経済新聞』，2014年7月10日）。

EU議会は，2014年11月27日，ユンケルが率いるEU委員会に対する不信任決議案を反対多数で否決した。この決議案は，反EU連合を掲げる「英国独立党United Kingdom Independence Party = UKIP」のナイジェル・ファラージNigel Paul Farage党首やフランスFNのルペン党首らが提出していた。ユンケル委員長がルクセンブルク首相時代に租税回避に関与していたことを問題視していた（『日本経済新聞』，2014年11月28日）。

EUは，2014年12月18〜19日，ドナルド・フランチシェク・トゥスクDonald Franciszek Tusk大統領，ユンケルEU委員長の新体制発足後，初めての首脳会議を開く。だが，独仏など主要国の足並みはそろわず，景気低迷の打開に向けてユンケルが提案する経済対策は，力不足が否めない。ユンケルEU委員長は「ヨーロッパの課題は待ったなしだ」と訴えるが，EU統合を引っ張るべき主要国の足並みの乱れが目立つ（『日本経済新聞』，2014年12月16日）。

ヨーロッパ経済の長期低迷懸念が強まっているにもかかわらず，EUは2014年12月18日の首脳会議で財政規律やギリシャの難問は素通りした。ギリシャ危機の再発懸念が急浮上しているが，現段階では見守るしかないのが実情だ。首脳会議は19日までの予定だったが，18日夕から深夜までの議論で閉幕した。今回の首脳会議では，ユンケル欧州委員長が提案した総額3150億ユーロ（約46兆円）の投資計画の早期実施で合意した。加盟国政府は新たな資金拠出を求められないこともあり，加盟国から了解を取り付けるのも容易だった。EU予算と政策金融機関から210億ユーロを拠出し，その15倍もの投資資金を呼び込む計画で，実効性には不透明感も出ている（『日本経済新聞』デジタル版2014年12月19日）。

13）UDIは，2012年9月に，ジャン・ルイ・ボルローJean-Louis Borlooによって結党された議員中心の中道右翼の政党である。イデオロギーとしては，中道主義，ヨーロッパ統合主義，社会的自由主義，キリスト教民

主主義とされている。国民議会に577議席中30議席，元老院に348議席中44議席，EU議会にフランス議席配分の74議席中2議席を保持している。UDIは，さまざまな保守中道の党派の連合体である。2014年11月13日からこの党はジャン・クリストフ・ルガルド Jean-Christophe Lagarde によって率いられることになった。2013年からフランソワ・バイル François Bayrou の「民主運動 Mouvement Démocrate = MoDem」と提携を進めている（http://fr.wikipedia.org/wiki/Union_des_d％C3％A9mocrates_et_ind％C3％A9pendants）。

第 3 章

パスカル・ペリノーの
フランス FN（国民戦線）論

はじめに

　パスカル・ペリノーは，フランス政治，投票行動，とりわけフランスの極右政党である FN の研究において第一人者のフランスの政治学者であるが，彼の FN 研究はフランス現代政治史研究の貴重な財産となっている。彼の FN に関する著作は多数あるが，代表的なものとして，共編著『FN の解明』(1989)，『ルペン症候群― FN 選挙民のレントゲン写真』(1997)，『戦線のフランス』(2014) と並ぶが，2014 年の書は，これも多数 FN に言及している『マリアンヌの選択』(2012) とともに，2013 年，フランス政治研究センター CEVIPOF 所長を退任した彼の研究の集大成と言えるものである。と同時に，彼の FN 研究は，その概念，理論，思考方法において変化が見られること，が重要である。それは，研究対象である FN が，大きな変貌を遂げたことを如実に反映している。換言すると，ペリノー理論の変遷は FN の歴史と重なり合っている。このような観点から，ペリノーの FN 研究の発展をたどりつつ，ペリノー理論を体系的に把握することを目指すことを目的としたい。それは，同時に，フランスの選挙政治の動態，とくに最近における FN の急成長の解明に益することになると確信している。

1　始原

　パスカル・ペリノーの FN 論を考察する前に，彼が FN 研究に本格的に取り組む前の，彼がグルノーブル大学教授時代に著した，2 篇の論考を一瞥することも有益であろう。『1986 年春：左翼の奇妙な敗北』という論文

集の中で，ペリノーは「イデオロギーの漸進的な変化」(Perrineau 1986)
という論文を書いている。今日のペリノーのスタイルがよく出ている好論
文である。1981 年ミッテラン社会党政権が誕生した。しかし，やがて政
権は社会主義的なものから転回してゆく。1986 年総選挙は比例代表制の
選挙で戦われたが，いずれにせよ左翼は敗れた。ペリノーは言う。「すべ
ての問題を社会党政権が解決するという幻想は終わった。市民社会と政治
代表の間にある信頼関係の危機は増大している」(Perrineau 1986, 42)。右
翼が 1986 年 3 月 16 日に勝利したことは言うまでもない。しかし，それ
は，1970 年代末の政治光景を 1981 年から 1986 年の間に一変させた「自
由主義イデオロギーという鼹」のゆっくりとした効果なのではない。す
なわち，1986 年はどの政治勢力も社会に対してイデオロギー的な主導権
を発揮することは出来なかった。この文脈で 1986 年の右翼の勝利はイデ
オロギー的なものではなくて，政治的で壊れやすいものである (Perrineau
1986, 49)。事実，ミッテランは 1988 年再選されたのだった。

　ところで，『1986 年春：左翼の奇妙な敗北』という論文集の中で FN の
章を担当しているのは，ペリノーより 1 歳年長のフランスの政治学者ジェ
ローム・ジャフレである。少しだけ紹介しておきたい。ジャフレによれ
ば，FN が，1984 年の EC 議会選挙で 11％，1985 年県議会選挙で 8.8％，
1986 年の総選挙で 9.8％の得票率を得て，総選挙では共産党を凌駕し，
35 議席とし，議会の一勢力になったことは，もはや FN は「束の間の輝
き feu de paille」とは言えなくなったということになる。この 2 年の間に
FN はフランス政治の主要な勢力の一つとなった。選挙結果の分析と最近
の調査によって，ルペンの票は，その選挙民の独自性，ルペン票の意味の
変容，フランスの政治システムにおける位置を高く評価することを可能
にしている (Jaffré 1986, 211)。ジャフレは FN と共産党の間に，フランス
の政治システムにおける機能代替 substitution fonctionnelle があったと言
う。というのは，共産党の選挙民は左翼連合に強く結びついているわけで
あるから，社会党政権下で，共産党の選良たちは，指導者の思惑は別とし

84

て，2，30 年前そうだったような拒否する勢力ではなくなってきたからである。これに対して，FN は，これからも古典的右翼と結びついて行かないだろう。ルペンの運動は政治システムにおけるひとつの反対勢力である。このようにして，FN への投票が，政治システムにおける非統合の表現と絶望の示威として，共産党への投票の付け直し relève になっているのは，1980 年代の驚きのひとつである（Jaffré 1986, 229）。

1986 年は地域圏議会直接選挙が始まった年でもあった。ペリノーは，その翌年，『地域圏：投票の洗礼』（Perrineau 1987）という論文集を編纂，刊行する。ただし，彼は序文しか書いていない。しかしながら，地域圏議会選挙は，フランスの選挙政治において，以後，重要なファクターになって行くのであり，また若きペリノーの才智が散りばめられた序文になっているので，紹介するのも決して無駄ではないだろう。

1986 年 3 月 16 日，3700 万人以上のフランスの選挙民が，本国 22 地域圏，海外 4 地域圏の合計 1840 人の議員を選ぶために，初めて実施された地域圏議会選挙で投票した。県 département より 115 年後に，市町村 commune より 102 年後に，地域圏 région が民主主義の中に入ったことになる（Perrineau 1987, 11）。

とはいえ，第 1 回目の地域圏議会選挙は投票日が国政選挙である総選挙と同じ日に設定されたのは何という逆説であろうか！ 最初の地域圏議会選挙は 2 流の選挙でしかありえないことになる。「地域圏議会選挙という新しい政治空間の創設はすぐには出来ない。地域圏議会選挙の正統性に関する疑念はすぐには消えないし，その本当の特別な役割が自在に発揮されるのは時間がかかることである」とアラン・ランスロ Alain Lancelot も述べた（Perrineau 1987, 19）。

ごくフランス的な伝統から言えば，国家は地域に対して優先権を持っている。国家の問題は地域の問題を押しつぶす。地域圏の選挙は 2 番目のものであり，2 次的なものである。数年前から，フランスではジャン・リュク・パロディ Jean-Luc Parodi をはじめとして，政治学者は市町村や県と

いう地方の選挙政治システムの中で「中間選挙」の機能に注目を向けるようになった。これに 1986 年 3 月 16 日に行われた地域圏議会選挙も加えて，政治学者たちは第 2 次選挙 élections secondaires の論理を解明してゆくであろう（Perrineau 1987, 22）。

　1986 年の総選挙・地域圏選挙同日選挙の後，選挙民は 1992 年に本当に最初の地域圏選挙を迎えることになる（Perrineau 1987, 23）。

　さて，共編著『FN の解明』（1989）は，ペリノーの本格的な FN 研究の出発点と言えるものである。1988 年，ミッテランの再選の翌年刊行された。この書は，1992 年フランスの「マーストリヒト条約」批准国民投票を経て，1995 年，シラクが大統領選挙に当選した年に，改訂増補版が出ている。評判の書だったことがうかがわれる。

　ここでは，初版本に寄せられたルネ・レモンの序文を少しだけ紹介しておきたい。レモンによれば，フランスの政治的光景ということで今まで慣れていた人たちにとって，FN という突然の出現と急速な成長ほど，政治的事実を合理的に説明しようとする者を戸惑わせることは他にないであろう。すべては驚きに関わる。つまり，すべての識者たちが，フランスはあらゆる過激主義から癒されて来ており，このような過激主義の傾向は決定的に消滅したと結論していたのに，ほぼ 20 年間の消滅後の突然の登場であること，とくに異常とも思われない普通の選挙においての急速に普及したこと，そして，大統領選挙にも期待もしなかったスコアで登場するほどの支持があったことがそうである（Rémond 1989, 11）。レモンは，FN の成功はかつてのプジャーディズムのそれに近いと言う。つまり，近代化のある種の傾向に対する抗議である，と。プジャード運動，1968 年の事件，エコロジー，FN は，これまでの政治とイデオロギーの秩序のなかでの社会的変化の結果であるが，FN の圧力は，右翼は再編から距離を置くことにとどまってはならないと表明しているかのようである（Rémond 1989, 14）。

　『ルペン症候群―FN 選挙民のレントゲン写真』（1997）は，国民議会選

86

挙で社会党の勝利によるジョスパン内閣成立の年に刊行された。内容は3部構成になっており，第1部「選挙的定着の歴史」，第2部「FN選挙民のプロフィール」，第3部「FN選挙民の現状，多様性，将来」と題されている。

ここでは，邦語で公刊されたペリノーの講演「新たな選挙力学の研究」に拠りながら，この時期のペリノー理論の相貌を紹介してみたい。ちなみに，この邦語文献の訳者中山洋平によれば，「パスカル・ペリノー氏は，フランス政治学本流の選挙行動分析の分野において第一人者として活躍されており，国政選挙の度に共同研究を組織され分析結果を上梓されるのと並行して，80年代半ば以降急速に勢力を拡大した極右・国民戦線FNの支持基盤の分析に精力を傾注され，最近の著書『ルペン症候群—FN選挙民のレントゲン写真』でも高い評価を得られた。本講演もこの著書の一部に基づいている」となっている。

「FNの言説はまさしく極右のそれである」（ペリノー1999，730．Perrineau 2000，253）とペリノーは開口一番そう述べる。ペリノーによれば，フランスの歴史学者ミッシェル・ヴィノックは，極右の政治定式は4つの要素の結合によって出来上がっていると定義している。すなわち，社会が衰退に陥っていると診断すること，そうした諸現象を悪魔的因果関係によって説明すること（「スケープゴート」の論理），古き秩序と均衡を復旧したいという願い，国民の「健全」な部分の表現であるリーダーに対する非常に大きな信任である。ここで「健全な国民」とは，唯一「エスタブリッシュメント」のみを周縁へと排除することを意味しており，「エスタブリッシュメント établissement」はFNの用語法の中では非常に重要な言葉となっている（ペリノー1999，730．Perrineau 2000，253-4．土倉2011，94）。

ここで，ペリノーが「国民戦線論」（Perrineau 1993）を寄稿しているミッシェル・ヴィノック編『フランス極右の歴史』における編者の結論からFNに関する部分を紹介，補足しておきたい。ヴィノックによれば，1980年代当初から極右翼の再生・進展が見られる。都市のアノミー，増大する

失業, 社会的, 心理的不安, 前例のない学校教育の爆発的拡大への国家教育政策の不適応, 人々の囲い込みに適した団体（政党, 組合, 教会）の漸進的な衰退といったさまざまなファクターが, デマゴーグたちが彼らの財産とするような社会不安を醸成することに貢献してきたことが背景にある（Winock 1993, 301）。

　FN に相対する時, われわれは明らかにフランスの極右の伝統に属する政治定式を前にしている。このフランス極右の伝統のほかに, 他の思想潮流も入っており, その中にはファシズムも含まれる。しかし, FN には, ファシズム型の革命的ナショナリストだけでなく, モーラス主義的王党派, 原理派ないし伝統派カトリック, 新異教主義や, RPR や UDF にいてもおかしくないようなナショナリストもいる。なぜ, これほど雑多なフランス極右の伝統を統合した FN という政治定式が再活性化し, 1980 年, 90 年代に選挙での持続的な成功を収めるに至ったのであろうか（ペリノー 1999, 731-2. Perrineau 2000, 254）。

　この問いに答えるために, ペリノーは FN の選挙民 électeurs に注目する。その前に 2 つの前提がある。第 1 の前提は FN 現象の規模の大きさである。第 5 共和制下の極右の得票を見れば, 1980 年代初めまでの, 第 5 共和制下のほとんどの時期において, FN にせよ他の党にせよ, 極右の勢力はゼロに近かった。ルペンが 1974 年の大統領選挙に出馬した時に取ったのは, 0.7％, 1981 年大統領選挙では FN とその亜流を合わせて 0.3％だった。その後, 事態は一変し, FN は 10％圏内に入り, 1990 年代には 15~16％の間を揺れるレベルに定着している。1998 年 3 月の地域圏議会選挙でも有効投票の 15％に達した（ペリノー 1999, 732-4. Perrineau 2000, 254-5）。

　第 2 の前提は FN の例外性である。アンドレ・シーグフリードは『第 3 共和制下のフランス西部の政治地図』（Siegfried 1913）で, 左翼政党, 右翼政党について分析した後で, 「人民投票型政党」と呼ぶものに一章を割き, フランス人には「束の間の輝き」の論理に従う爆発型の政治的気質が

88

第3章　パスカル・ペリノーのフランス FN（国民戦線）論

あると述べている。すなわち，左と右という対立の図式が，時折，極めて
ナショナリスト的な側面を持つ人民投票型政党の登場と急成長によって攪
乱されることがあるとした。しかし，こうした政党の伸長は一時的なもの
にとどまり攪乱するだけで終わる。この解釈枠組みは長年にわたって的確
なものであった。フランス社会のどんな問題も，例えば，1968 年の「5 月
革命」，1981 年左翼の政権奪取も極右の勢力復活をもたらさなかった。し
たがって，1984 年に始まる時期というのは，極右の勢力伸長が今や長年
存続し，かつ極めて高い水準を維持しているという点で，フランス極右の
選挙史上，本当に徹底的に新しい事態であった。時系列的な例外性のみな
らず，空間的に，ヨーロッパ規模で見ても，FN は例外的事態であった。
これほどの高い水準の勢力をこれほど長い間定着させた極右勢力は他にな
かった（ペリノー 1999, 735-6. Perrineau 2000, 256-7. 土倉 2011, 95）。

　以上の前提を踏まえたうえで，ペリノーは FN の選挙民に関して次のよ
うに述べる。まず，FN に投票する選挙民とは誰か，についてであるが，
極右の選挙民について，右翼のもっとも端に位置しており，右翼の持つ特
性をすべて極端に押し進めたものを持っていると考える観察者はとても多
かったし，今でも多い。しかし，この論法は間違っているとペリノーは言
う。フランス右翼の選挙民は，何十年もの間，女性，高齢，どちらかと言
えばブルジョワで，実践カトリックが多いという特徴を持っていた。今日
の FN の選挙民はこうした特徴のどれをも，まったく持っておらず，むし
ろ正反対である。FN の選挙民は全フランス選挙民の中でもっとも男性が
多く，群を抜いている。これは 1984 年以来一貫して変わらない。H.-G.
ベッツは『西欧における急進右翼ポピュリズム』（Betz 1994）という著作
のなかで，ヨーロッパの他のすべての極右政党についても同じことを言っ
ている。FN 選挙民の年齢であるが，FN の選挙民はヴィシー体制を懐か
しむ高齢者ではない。FN は持続的に若年層においてこそベストスコアの
得票をマークしている。FN 選挙民の社会階層については変容が見られ
る。1984-85 年には，ブルジョワ選挙民の比重が大きかった。この時期の

89

極右票は，何よりも古典右翼の支持層が急進化し，ミッテラン左翼政権を非正統的とみなし，これに強く抗議する手段として FN への投票を利用した。1995 年以降の状態はこれとは異なっている。パリの北西と元の「赤いベルト」こそが，FN の牙城となった。FN は少しずつ民衆階層に接近している。1995 年大統領選挙では FN は労働者層で第 1 党の地位へ押し上げられた。極右は，選挙上では，産業社会からポスト産業社会への移行に他の層よりも苦しんでいる階層の，民衆的絶望とでも呼ぶべきものに接続することに成功した。このプロレタリア化は，地理的には，ノール＝パ・ド・カレ，ピカルディ，リヨン東部，ロワール県，ロレーヌなど，古くからの労働者的伝統を持っていた地域，すなわち古い産業社会がポスト産業社会への移行に極めて苦しんでいる地方全体での FN の選挙上の強力なダイナミズムとなって現れている。ブルジョワの支持層のかなりの部分を失うことになろうとも構わないから，この産業社会の絶望に依拠していくという形で，1990 年代の FN は再出発を果たしたのである。最後に，「永遠のカトリックのフランス」の票がフランスの超保守主義の真の基盤になっているのか，という問題がある。選挙の面から見れば，1984-85 年には，これはかなり妥当しえたことを認めなければならないが，今日ではまったく妥当しない。何年も前から，FN への投票とまったく縁がないのは，毎日ミサに行くか，これに近い実践カトリックの選挙民である。逆に，非実践カトリックや無宗教の人たちはこれまで何十年も左翼文化の中心的ターゲットだったが，今や文字どおり FN が爆発的に浸透している最中である（ペリノー 1999, 737-40. Perrineau 2000, 258-60. 土倉 2011, 95-6）。

　ここで，ベッツ『西欧における急進右翼ポピュリズム』の仏訳版に寄せたペリノーの序文を紹介しておきたい。ペリノー理論とベッツ理論の類似と相違が分かると思われるからである。ペリノーは言う。「ベッツが書いているように，外国人に対する敵対意識と，保護主義は，今日では，われわれの社会の経済的，文化的，政治的開放によって惹き起こされる不安と恐怖に応える諸価値の混合を形成している」。価値の共同体としてのヨー

ロッパは，「閉ざされた社会」の聖歌隊が合唱する独特な価値のシステム
に対抗するために何が出来るのか？その決定的な問題に対する回答は，
ヨーロッパ共同体の構築の将来に関わることになる（Betz 2004, 10）。ペリ
ノーは続ける。フランスに関する限り，2002年4月21日の衝撃（大統領
選挙第1回投票のこと—土倉）という事実は重要である。すなわち，再度の
失業率の高騰と経済成長の停滞を伴った経済危機，選良たちの世界に対す
る一般化した不信の確認と，首相，閣僚，大統領すらも著しく下落した人
気度を伴った政治危機は，ポピュリストの抗議が花咲く土壌を絶えず肥沃
にしていたことの証左となっているからである（Betz 2004, 11）。

　次に，FNの選挙民はどのように地理的に分布しているのか。1997年総
選挙でFNが勝った地域を地図にしてみると，驚くべきフランスが現れ
る。そこにはまったく政治的同質性がない。「左翼のフランス」でも「右
翼のフランス」でもない。FN票の地図は，19世紀末のブーランジェ運動
の票の選挙地図とも，1956年のプジャード運動のそれとも，1960年代始
めの「フランスのアルジェリア」のそれとも連続性がない。FNは極右の
政治的伝統の相続者ではない。それでは，FN支持のフランスはどんなフ
ランスなのか？　1984年のEC議会選挙でFNが最初の躍進をして以来，
FNの選挙地盤はルアーブルとペルピニアンを縦につなぐ線の東側の地域
であり，このFNの選挙地盤である地域には3つの特徴がある。第1に，
大都市の人口集中地区である。1997年にFNが市長選挙で勝利を収めた
マルセイユ郊外のニュータウン，ヴィトロール市は，この深刻な都市危機
とその政治的反響を理解する上で格好の例である。第2の特徴は中程度の
犯罪行為の増加地区である。多くの大都市部の市町村，街区ではこの治安
悪化のテーマは文字どおり強迫観念になっている。第3の特徴は，外国人
人口の大量集中地区である。外国移民や，外国系フランス人の住民は4分
の3がルアーブル-ペルピニアン線の東側に住んでいる。しかも，今日で
は，外国系人口のほぼ半分（46%）がアフリカ系であり，ヨーロッパ系は
40%に過ぎない。FNが極めて大きな伸びを見せるには，移民や外国人が

近所にいる必要があるが，必ずしもすぐ近所である必要はない。しかも，記録破りの勝利を収めるのは，多くの場合，こうした移民や外国人の集中地区の周縁にあたる地区においてである。ペリノーはこれを光輪（ハロー）効果と呼ぶ（ペリノー 1999，741-6. Perrineau 2000，261-4. 土倉 2011，97-8）。

　ここで，ムスリムの都市郊外の集住について補足しておきたい。谷川稔によれば，1980年代以降，本国から家族をフランス本国に呼び寄せていたムスリムたちは，おのずと家賃の安い都市郊外に集住せざるを得ず，彼らの根強い家族主義・集団主義も手伝って独特の共同体居住区を形成する。政府の低家賃集合住宅政策もこの集住化を助長した。イギリス，オランダ，デンマークなど移民に同化を求めない「多文化主義」国家でよくあるように，フランスでもゲットーのような移民集住地区が形成された。失業・貧困・多子・劣悪な移住環境に加えて若者の非行・暴動などが頻発する「移民の郊外問題」が大都市近郷に噴出した。これに，公道での集団祈祷，食肉のハラール処理の異臭，眼しか露出しない漆黒のブルカやニカブ姿など，西欧社会にはあまり見られない習俗が可視化され，一般市民にムスリムへの偏見を植え付けた（谷川 2015，264）。

　FN選挙民の投票の動機は何か。アイデンティティー後退の過程の果てにナショナルなアイデンティティーが最後の拠り所となる。もちろん，ナショナル・アイデンティティーのエスニシティ化を伴う。失業とその副作用もFNの勝利に大きな役割を果たした。これまでFNはこのテーマについてほとんど何も言って来なかったが，1990年代以降は，失業について綿密な考察を加えている。FNはウルトラ・リベラルの段階を終えた。アメリカの政治学者ハーバート・キッチェルト Herbert Kitschelt は極右の政治定式の成功は，文化・政治的権威主義と経済的ウルトラ・リベラリズムの結合によると考えている（Kitschelt 1995）。ペリノーによれば，キッチェルトは1980年代半ばまでは正しかったが，今やもうこの説明図式は妥当しない。今日のFNはSMIC（全産業共通スライド制最低賃金）の維持と増額などのあらゆる措置を掲げている。興味深いのは，極右は今や，

第 3 章　パスカル・ペリノーのフランス FN（国民戦線）論

福祉国家を放棄すべきでなく，国民のみにこれを限定すべきだと考えている。北欧の学者はこれを「福祉国家排外主義」と呼ぶ。FN 選挙民の場合，失業の次に来る動機は，移民と治安の悪化である。FN によるマグレブ系移民の悪魔化は，信じがたいほどの政治的有効性を示した。ルペンの治安の悪化の主張に同意するフランス人の数は増加する一方である。最後の動機は政治腐敗との戦いである。政治階級のモラル低下がもっとも進んだヴァール県では「腐敗政治家」のイメージが現れた。1998 年の地域圏議会選挙で FN が最大のダイナミズムを示したのはこの地域である（ペリノー 1999，746-50．Perrineau 2000，264-8．土倉 2011，98-9）。

　左右の対立軸を超えて，今，どの国の社会にも開かれた社会と閉ざされた社会の間の対立が確立されつつある。この対立軸をなす 2 つの極のうち，開かれた社会の極は，政治的，文化的，政治的開放によってすべてを得ると考える一連の経済的，社会的，文化的ミリュー（階層）すべてからなり，閉ざされた社会の極は，この開放，経済的，文化的，政治的グローバル化によって，結局，フランスはすべてを失うと考える。すでに，1992 年のマーストリヒト条約に関する国民投票の際に，この現象が現れた。賛成と反対の対立は，左右の対立軸ではまったく捉えられなかった。ヨーロッパをめぐる対立軸は，左と右を完全に解体し，開かれた社会と閉ざされた社会のそれぞれの支持者を，正面から対立させたのである。少なくともフランスでは，FN が今日根付きつつあるのは，この基幹的対立軸に基づいてである（ペリノー 1999，751-2．Perrineau 2000，268-9．土倉 2011，99）。

2　展開

　2002 年の大統領選挙と総選挙を扱ったのが「ルペンの大統領選挙の驚愕とその後の総選挙」（Perrineau 2003）という論文である。この論文でペリノーは次のように述べた。2002 年 4 月 21 日の第 1 回投票の結果は，ルペンが 4,804,713 票で，リオネル・ジョスパンに 194,600 票の差をつけ，第 2 回投票に進出する資格を得た。FN のルペンの票に，1998 年に FN か

93

ら分裂して極右の競争者になった MNR のメグレの票を加えるならば，フランスの極右の票は5,471,739票になり，従来の記録を上回ることになるが，とくに1995年の大統領選挙第1回投票での4,656,107票の記録を大きく上回ることになっている（Perrineau 2003，199．土倉 2011，69）。

　大統領選挙の「異常」の後に，総選挙の「平常」に戻る。総選挙の平常はFNの得票率が11.1％という慎ましさに読みとれる。極右全体でも12.4％に戻る。過去15年間の総選挙における極右の得票率の記録を見ると，2002年の達成はひと続きの凡庸なものに過ぎない（Perrineau 2003，220．土倉 2011，70）。

　総選挙においては，とくに大統領選挙直後に行われた総選挙（1988年，2002年）においては，各地方のFNの候補者は，彼らの首領であるルペンが大統領選挙で見せた選挙的魅力と同じ力量を持ち合わせていない。2002年6月の総選挙では，1998年の組織の分裂と地方への根付きの不十分さという欠陥の被害を受けることになる。1997年総選挙では，極右の得票率は15％だったのに，今回の総選挙では12.4％にしか達しなかった（Perrineau 2003，221．土倉 2011，70）。

　2005年5月29日，フランス国民は国民投票でEU憲法条約を反対54.7％で否決した。オランダも，6月1日，61.7％で否決した。急遽公刊された著書で，ペリノーは「フランスの否決は驚くべきことであり，フランス人は，ヨーロッパの問題とEU憲法条約に対して，基本的に，遠い関係しか持っていなかったことが明らかになった」（Perrineau 2005a，15）と述べた。それでは，フランス国民のEU憲法条約否決の意味は何か。1992年のマーストリヒト条約批准の時は，経済・通貨が問題で，政治的なものは副次的であったが，今回の国民投票ではすぐれて政治的で，制度的であった（Perrineau 2005b，238．渡邊 2006，146）。政治は経済より基本的で，理念，文化に関連すると考えたい。EUという大きなプロジェクトに対して，フランス国民がどのように反応したかがここに出たのではないだろうか（土倉 2011，82）。

第3章 パスカル・ペリノーのフランス FN（国民戦線）論

2004年10月14日，ペリノーは関西大学で講演した際，ポピュリズム
に引っ張られる「閉鎖のナショナリズム」について次のように講演したこ
とがある。すなわち，ヨーロッパの多くの国で，古典的な左翼／右翼とい
うクリーヴィッジ clivage とはあまり関係のないクリーヴィッジが現れて
来た。それは，1992年，マーストリヒト条約の承認に関する国民投票時
のフランスで現れ，選挙民をほぼ拮抗する2つの勢力に分断した。この亀
裂は，一方で，グローバリゼーションやヨーロッパ建設，複合文化的な社
会に適合した人々，他方で，国境に鍵をかけ，多少とも「閉ざされた社会
société fermées」のモデルを推奨することで，このような変化から免れる
だろうと信じる人々を対立させることになった。極右は，「閉鎖のナショ
ナリズム nationalisme de fermeture」という長い伝統をもってすれば，
われわれ現代の社会・文化における本質的な不安感を利用するのに，自分
たちが他の党派よりも極めて有利な位置に立てることをよく分かっていた
のである（Perrineau 2005d, 42. ペリノー 2006, 14. 土倉 2011, 91）。

ペリノーは続けて言う。宗教をめぐる明晰な政治史の中で，マルセ
ル・ゴーシェ Marcel Gauchet は「世界の脱幻想化 désenchantement du
monde」が，いかに宗教のみならず，より包括的に，変転する集団のあ
るべき姿と，結局，政治イデオロギーを説明する代表制すべてに及ぶもの
であったかを示した。変転を知ると同時に制御することを要求する代表制
のこのような崩壊で，政治目標は失われ，政治代表の由々しき危機が訪れ
た。政治紛争が意味を失い，ときに左翼も右翼も要するに同じようなこと
を言っているような印象をあたえ，主要な政党がほぼ制度化した同意に基
づいて権力の残骸を分け合っているような政治システムにおいては，この
ような不安は絶頂に達しているように思われる。市民が「社会は変化する
けれど，権力の配分システムやエリートたちはそのままだ」と言う時，こ
れに抗議し，立場を露にするポピュリストたちだけが真の反対者となる。
フランスでは，「コンセンサス・デモクラシー consensus de démocratie」
の堕落した形である「コアビタシオン cohabitation」という現象があった

が，これは同様の効果を生みだし，2002 年の大統領選挙第 2 回投票で，
「システム」や「エスタブリッシュメント」に徹底的に対立する者の先駆
けとしてジャン・マリ・ルペンのような人物を押し出すことになってし
まった（Perrineau 2005d, 42-3. ペリノー 2006, 15-6）。

　フランス国民の EU 憲法条約批准国民投票否決は歴史的な大事件であっ
たが，この構造を分析したのが，「2005 年 5 月 29 日のフランスの国民投
票：ヨーロッパ投票の抑えがたい国民化」（Perrineau 2005b）という論文で
ある。この論文でペリノーは次のように述べた。社会・経済面を見ると，
失業率は 2005 年 3 月になって上昇し，この 5 年間で初めて，労働者人口
の 10％を突破した。フランス人の不安が結晶するのがこの失業率である。
2005 年 4 月 5 日の調査機関 SOFRES の質問を受けた 75％の人たちが，失
業と雇用の問題は個人にとって一番重要な関心事であると答えた。失業
に対する政府の無策はフランス人の目には頂点に達した。2005 年 5 月の
SOFRES/Le Figaro の調査では，90％の人たちが，政府の行動は「効果
がない」と考えていることを示した。この経済と社会の不安は，この 4 年
間がとくにそうであるが，フランス社会を貫通する深いペシミズムの感情
となっている（Perrineau 2005b, 土倉 2011, 130-1）。

　2005 年 EU 憲法条約国民投票否決は，衝撃が大きかったのであろうか，
ペリノーに次のような観察をもたらした。すなわち，ペリノーによれば，
ヨーロッパをめぐるクリーヴィッジは，国内の右翼と左翼の関係をひど
く悪化させ，国家の病理を永続させて行くのであろうか？過去には，混
乱ははかないものであり，左翼と右翼の 2 極化はすぐに正当性を取り戻
した。マーストリヒト条約をめぐる 1992 年の国民投票の後には，左翼と
右翼の対決は，1993 年の総選挙，1995 年の大統領選挙において，復活し
た。とはいえ，ヨーロッパをめぐる混乱は重要だった。1994 年末，ジャッ
ク・ドロールは，1992 年の国民投票の結果を確固とする多数派が国内の
選挙でも勝利できるようなフランスの政治制度について考察した。その結
果，ドロールは，制度の硬直性を確認して，政治的競争から離脱した。し

かし，1995年におけるジャック・シラクのキャンペーンは「社会の断層 fracture sociale」という主題で特徴づけられた。これは明らかに1992年の国民投票におけるクリーヴィッジに関する社会学的文献から直接導き出された主題である（Perrineau 2005b, 244. 土倉 2011, 137）。

『日本経済新聞』（2011年1月17日）によれば，2011年1月16日，FNは，フランス中部トゥール Tours で開催中の党大会で党首選挙を実施し，ジャン・マリ・ルペン党首の引退と3女のマリーヌ・ルペン副党首の新党首就任を決めた。マリーヌは2012年の大統領選挙に出馬すると見られている，と報じている。

とはいえ，すでにフランスの日刊紙『フィガロ』（2010年12月18-9日）において，ペリノーは「マリーヌ・ルペンは FN が選挙において辺境化するのを防ぎ，表舞台に引き戻した。しかし，フランスの第2の勢力になるにはまだ遠い。われわれは2002年の情勢にいるのではない。マリーヌ・ルペンが世論調査で人気度が高いとしても，それは投票の意図調査ではないし，いわんや大統領選挙第1回投票の結果はもっと低いであろうと述べていた（土倉 2011, 225）。

オランドが大統領になる年に，大統領選挙前に刊行されたのが『マリアンヌの選択』という著書（Perrineau 2012）である。この書において，ペリノーは次のように述べた。2007年以降，左翼と右翼の2極化というシステムの真っただ中に，遠心的な諸勢力がかろうじて作られて来る。サルコジ大統領は，右翼すべての領袖として，「左翼への開放」を実践して行く。大統領選挙でサルコジと争った社会党のセゴレーヌ・ロワイヤルは，三色旗，国歌，正しい秩序を唱え，右翼の陣営に斬り込んで行く。FN の党首に2011年初頭に選ばれたばかりのマリーヌ・ルペンは，第3共和制の教師，1940年代のレジスタンス，ジャン・ジョレスを称賛した（Perrineau 2012, 11）。このようにして，2極化というシステムは次第に溶け始めていたということが出来るのである。

左翼と右翼の2極化の持続に対する増大する不信感という「ばね」は数

多く存在する。何よりもまず，フランスの政治システムにのしかかっていた強い2極的な拘束は緩んできている。1970年代末から始まって1980年代初頭にかけて，比例代表的代表制が多数の選挙に，全面的にあるいは一部分，導入された。EU議会選挙，地域圏選挙，市町村議会選挙がそうである。この投票様式の導入によって政治システムは2極的連合には向かないで，政治システムの「比例代表制化」をもたらすことになる。2極的システムの外側にいる小勢力（FN，「緑の党 Verts」，「狩猟・釣り・自然・伝統派 Chasse, Pêche, Nature, Traditions =CPNT」）が幸運にも機会を得て議席を獲得し，左翼・右翼の2極的拘束を解き放ちつつある。ジャン・リュク・パロディ Jean-Luc Parodi の隠喩を借用すれば，第5共和制の初期（1958-78）には強く閉じられていた「選挙のアコーデオン l'accordéon électoral」が開かれ，政治システムに作用し始めた（Perrineau 2012, 20-1）。このようにして，FN はフランス政治の主要な役割を果たすようになっていったというわけである。

3　発展

　パスカル・ペリノーは，2014年2月，『戦線のフランス』（Perrineau 2014）を刊行した。

　政治勢力は社会を横断するクリーヴィッジのなかに根付いてゆく。抗争が明らかになれば，政治勢力は彼らの政治システムの中での機能の条件，とくに政党の質，選挙民の数，選挙民の愛着するものを決定する（Perrineau 2014, 105）。今日では，FN を突き動かすダイナミックにおいて決定的な役割を果たすのは次の5つの亀裂 fracture である。第1は経済である。グローバリゼーションに強く影響されて危機にあるヨーロッパにおいて，経済のグローバル化の犠牲であると考える人たちと経済システムをよりよくするために経済のグローバル化を価値あるものにしようとする人たちの対立がある。第2は社会的選択である。フランスの社会を国際的に開放するような運動に盛りあげることを約束し追求する立場と，いっそう国粋的

98

nationales で保護主義的な方向に回帰する立場との対立である。第3は，1960年代末以来のフランス社会に起きた規範と価値の自由化の過程に由来するものである。すなわち，文化的自由主義はもっと遠くまで行かねばならないと考える者と，今は直ちに立ち止まる時であり，伝統的な指向に戻るべきだと考える者との対立である。第4は，地理的なものであり，そこにおける動揺に根を持っている。人口の流動と経済活動の再編成は，都市周辺化 périurbanité とネオ田舎化 néoruralité を進展させ，そのことは地域の分断の原因となって行く。この分断は，中央集権化された都市と，かなり格下げされた周辺地域を，相対立させることになる。最後に，第5は政治空間に関わる。すなわち，その政治空間は，政治に対する不信感が上昇してゆくばかりとなっている。そこで，亀裂は，「統治の文化 culture de gouvernement」に従おうとする政党と，「反システムの文化」を発展させ，政治の拒絶を一般化し普及させる運動を政治的突破口にしようとする政党の間に起こる（Perrineau 2014, 106-7）。

　第1の経済について言えば，世界経済の重心の移動は BRIC（ブラジル Brésil，ロシア Russie，インド Inde，中国 Chine）という抜きん出た国々の突然の出現は，ここ10年来，ヨーロッパ，とくにフランスの経済的地位の低下を引き起こしている。フランスの2008年の経済・財政危機の結果は重苦しいものがある。貧困化の割合は上昇し，不平等は深刻になった。経済のグローバル化によって，敗者と勝者の恒常的な格差が作り出された。フランス社会の中に新たな不均衡が姿を現し，それは拡大されていった。この近代化の犠牲となった人たちのことに重なり合う，マリーヌ・ルペンを支持する選挙民の79%の人たちは，グローバル化はフランスにとって危険である，というのは，グローバル化は彼らの企業と社会のモデルを危うくするからである，と考えているのである（Perrineau 2014, 107-8）。

　ポーランド出身のイギリスの社会学者ジグムント・バウマン Zygmunt Bauman は，人間の条件の諸要素について現在進行している多面的な変容

は，「時間／空間の圧縮」という語に要約できると言う。彼によれば，われわれはみな，好むと好まざるとにかかわらず，意図するとせざるとにかかわらず，絶えず動いている。たとえ，肉体的には置かれている場所にとどまるにせよ，私たちは動いている。動けないでいることは，絶えず変化する世界にあっては現実的な選択肢ではない。しかし，この新しい条件のもたらす影響は根本的に不平等である。ある人々は真に完全にグローバルである。だが，ある人々は彼らの「地域」に固定されている。それは，「グローバルな人々」が方向性を決め，人生のゲームの規則を組み立てる世界においては，不愉快で耐えがたい状況である（バウマン 2010，3。Bauman1998，2。Perrineau 2014，109）。

スイスの政治学者ハンスペーター・クリージ Hanspeter Kriesi によれば，企業家と高級給与所得者は，国際的な競争下の中の開かれた部分に，コスモポリタンの市民としてだけでなく，グローバル化の勝者となって集まっている。反対に，グローバル化の敗者である伝統的に保護された部門の企業家と給与所得者は，ナショナルな共同体にアイデンティティーを求める市民として集まっている。矛盾する言い方になるが，国境というものを低くしたり，緩やかにしたりしようとすれば，逆に国境が顕著になることになる。国境を弱めるとか，見直そうとすればするほど，その政治的重要性は増大する。もっと絞って言えば，国境を脱構築することは政治の俗化や民族化につながることになる（Perrineau 2014，111。Kriesi［et al.］2008，8-9）。

マリーヌ・ルペンは，極めてすぐれたやり方で「近代化の敗者たち」から平均以上の支持を得ることに成功している。彼女は「敗者たち」から25％の得票率を獲得している。他方，「勝者たち」からは7％しか獲得できていない。FN が獲得する抗議票の多さの対抗者は投票「棄権者」である。すなわち，2012 年 5 月の大統領選挙において，「敗者たち」の32％は投票を棄権することを選んだ。他方，「勝者たち」の棄権は 13％だった。「敗者たち」は近代化の経済，社会，文化のあらゆる局面と社会の開放を

100

拒絶する。「敗者たち」の57%（「勝者たち」の31%）が「フランスには移民があまりにも多い」と考えている。「グローバル化は，フランスの企業と社会モデルを脅かすから，危険である」と「敗者たち」の74%が考え，「勝者たち」の46%がそう考える。このような評価は強い保護主義とヨーロッパに関する深い懐疑主義に道を開く。「敗者たち」の64%と「勝者たち」の49%が「保護主義」を積極的に擁護する。そして「敗者たち」のわずか32%（「勝者たち」の64%）が「EUに加盟することがフランスにとって良いことだ」と考えるのである（Perrineau 2014, 113）。

　2013年9月14日から15日にかけてマルセイユで行われたFNの夏季大学で，マリーヌ・ルペンは次のような言葉で経済戦略について話した。「私が望むのは，フランスが荒々しいグローバル化に対してその地位にふさわしく振る舞うということである。フランスの決め手に価するものを作りだし，フランスの利益を守るために，フランスの力を取り戻すことである。われわれの国境に保護主義を配置するのは大きな戦いである。保護主義なしの再工業化を進めてはならない。私は引き下がらない。もちろん，EUの官僚たちの自由主義的な厳命に服することはありえないことである。経済的愛国主義はEUを気に入らない。われわれはEUなしで過ごすであろう」（Perrineau 2014, 113-4）。

　FNの選挙民は2つの「脅威」から保護されることを願っている。ひとつは，グローバル化，EU，そして移民が引き起こす経済，政治，文化の「脅威」である。その「脅威」はフランスの特殊性を溶かしてしまう。もうひとつは，規範や集団的規律に対して増大する自由化の「脅威」である。その「脅威」はわれわれが共に生きて行こうとするわれわれの能力を損なうのである（Perrineau 2014, 114）。ここで，FNは主権主義者たちの反EU論をポピュリズム的扇動に活用し，大量の選挙民を動員することに成功しているという畑山敏夫の言説について考えてみたい。主権主義者のお株をまるでFNが奪ったかのようであるが，主権主義はもともと曖昧なものであり，現れかたはさまざまなかたちをとると思われる。ユーロ

とEUから離脱すればフランスがとり戻せるかのように，ナショナリズムの誘惑はますます多くの人々を捉えている（畑山 2015b，28）とするのは，FNの急成長の要因を単純化したきらいがあると思われる。

　第2の社会的選択について，以下考察しよう。社会が引き起こす開放と国際化は市民を少しずつ2極化して行く。すなわち，この過程を有利と見る人たちと支障を来すと見る人たちとの分化である。「開かれた社会」の党派の人たちと「閉ざされた社会」の党派の人たちとを分化する構造は国民の孤立化した分断へ向かうことになる。第2次世界大戦直後，オーストリア出身のイギリスの哲学者カール・ポパー Karl Popper は民主主義について感動的な擁護を行う。彼は，そこで，基本的な敵は，右翼であれ左翼であれ，全体主義であると言った。彼にとって，民主主義と全体主義の間の葛藤は，部族的，閉鎖的，不易の社会から，人間の批判能力を解放する，開放的で，近代的で，理性によってコントロールされた社会への移行に伴うショックを反映したものであった。20世紀のすべての全体主義は，有機的で，閉鎖的で，「申し分ない parfaites」古い社会の特徴であるのと想定される調和と均衡のノスタルジーのうえに作動していると考えられたのである。今日では，「開かれた社会」と「閉ざされた社会」の二元対立は，政治より経済の別の意味を持つことになった。右翼の（FNの「諸国家と諸政党のヨーロッパ」）と左翼の（共産党の「民主的で連帯的な社会ヨーロッパ」）は，観念的アプローチであるが，「閉ざされた社会」の新しいタイプの概念的なマトリックスに役立つものであり，全体主義的な危険と切り離すことは出来ないように見える（Perrineau 2014，115）。

　FNの選挙民は，しばしば，開放とか国際化に関して敵意を表明する。フランスではグローバル化をよしとすることに深いためらいが支配しているだけに，FN選挙民はいっそうそれに安住している。このようにして，「貧しい国々の発展に貢献するか」という問いに対して45％のヨーロッパ人が前向きに答える（デンマーク64％，スウェーデン62％，オランダ54％）が，反対に3分の1程度しか賛同しない国が，ギリシア34％，ス

ペイン 37％，フランス 34％である。また，大部分のヨーロッパ人（60％）が「グローバル化は社会的不平等を増加させる」ということに同意するが，ギリシア（81％）とフランス（76％）は高いスコアを出している。フランス人やギリシア人は，グローバル化を，「剥奪」，「悪化」のプロセスと考え，大企業に役立つだけで庶民の利益には関係のないものと見做す見解が多数を占めていることが調査結果から推測される。2012 年 5-6 月の決定的な大統領選挙と総選挙の期間中に行われた世論調査で，60％のフランス人が「フランスのような国にとって，グローバル化はむしろ危険である。というのは，それはフランスの企業と社会のモデルを危機に晒すからである」という考えに賛同した。39％のフランス人のみが「グローバル化はむしろチャンスである。というのは，それはフランスにとって外国の市場の門戸を開かせ，近代化の圧力をかけることになる」に賛同する。グローバル化の肯定的な評価は，高い社会階層，高学歴，高生活水準の人たちの間でのみであり，大統領選挙でサルコジを支持した人たちである。反対に，人民階層，公務員層，若者，宗教から離れている人たちに加え，左翼と極右の人たちは，危機をもたらすのはグローバル化という概念であると考えているのである（Perrineau 2014, 116-7）。

　2010 年 12 月に実施された調査によれば，質問されたフランス人の 62％がフランスは「世界の経済競争」において「悪い位置」にあると考えていた。他方，オーストラリア人は 16％，オランダ人は 17％，ドイツ人は 18％，ブラジル人は 21％，中国人は 28％だった。フランス人に近い数字となると，イギリス人が 44％，アメリカ人が 50％，ポーランド人が 51％，イタリア人が 55％だった。フランスのペシミズムは「往年の力」へのノスタルジーである。まさにそのことがマリーヌ・ルペンの言説に読み取れる。「フランス人は大きな国家を有する偉大な国民である。フランスは小国ではない。フランスは，ジスカール・デスタンが冷ややかに avec dédain 言ったように，世界人口の中で数パーセントでしかない国民ではない。フランス語は，われわれの国語は，5 つの大陸に伝播してい

て，英語とのみその力を共有できる特典に恵まれている。フランス語圏は，アジア，アメリカ，ヨーロッパ，そしてアメリカで振動している。フランスは3つの海洋に囲まれて存在している。われわれは，正当にも，われわれが今あるところの誇り，数世紀にわたって人類を感動させた永遠のフランス，そしてわれわれはその相続人なのである」（2011 年 1 月 16 日，トゥール大会での演説）(Perrineau 2014, 119)。

　マリーヌ・ルペンの言説には，その背景にフランス人のペシミズムがある。ペリノーによれば，地理的にはヨーロッパの中心に位置していながら，フランスはもはやヨーロッパ統合の原動力ではない。ヨーロッパ統合の原動力はフランスから離れている (Perrineau 2011d, 80)。フランスの政治学者クリスティアン・ルケンヌ Christion Lequesne は，彼の著書『新しいヨーロッパの中のフランス』(Lequesne 2008, ルケンヌ 2012) で，フランスの政治エリートとその社会は，拡大された EU の中でフランスの役割は何であるか考えることが非常に困難となっていて，グローバル化の中で積極的に立ち振る舞うことも難しくなっていると述べている。圧倒的に大多数のフランス人は，国際的な経済競争の中でフランスは極度に悪い位置を占めていると考えている。この困難性は，実際のところ，経済的不況にその根を持っている。すなわち，貿易収支は 1990 年代末からずっと赤字になっている。失業率も，とくに若年層において，高騰している。国内総生産は伸び悩み，公債は国内総生産のほぼ85％に達している (Perrineau 2011d, 80)。

　フランス人のペシミズムについて，さきに述べたように，ペリノーは，EU に関することについて，ルケンヌの言説を援用しているが，私見では，ルケンヌの言説は，ペリノーの考えていることと少し違うような気がする。簡単に言えば，フランス人は，最初からヨーロッパに関するスタンスにおいて独特なものがある。そこで，少しだけ，ルケンヌ言説を検討してみたい。ルケンヌによれば，フランスの政治階級において，これまでヨーロッパ連邦主義が主要な思潮になったことはない。1980 年代か

ら，政治・行政エリートに属するますます多くの人々が「ヨーロッパの力Europe puissance」という用語を使うようになるが，それは連邦主義的計画への賛意を表したものではまったくない。「ヨーロッパの力」という言葉は，フランスの国益を移譲することなく，むしろ最大化することを可能とするようなヨーロッパを建設することを表現するために使われる決まり文句である。フランスの政治・行政の世界では，「親ヨーロッパ」を自認する人でも，全般的にフランスの国益に代わる新たなるヨーロッパ利益といった考え方に賛同する人はほとんどいない。にもかかわらず，キリスト教民主主義系のリベラル保守（非ゴーリスト），中道左翼の一部（社会カトリック主義の後継者）の人たちが，第4共和制期以来，連邦制的ヨーロッパのモデルを支持して来た。ゴーリスムに圧迫されつつも，こうした思潮は2度にわたってその活力を回復している。最初は，1970年代に，ジスカール・デスタンが大統領に選出された時。次いで，1980年代に，ドロールが，まず経済大臣として，次いでEC委員会委員長として，その政治的役割を確立した時である。保守の側の連邦主義者としてはジャン・ルイ・ブルランジュ Jean-Louis Bourlanges が重要である。逆説的に聞こえるかもしれないが，連邦主義者の思潮は，最初からヨーロッパ統合の推進であったにもかかわらず，1989年以後の中東欧諸国への拡大に関する議論においては積極的な役割を果たして来なかった。ブルランジェは中欧へのEUの拡大に対しては警戒的な態度を示した。2003年のEU議会において，ブルランジェは，中東欧諸国とキプロスとマルタの10か国加盟に同意を与える投票への賛成を拒否した。ルケンヌは，どうしてこんなペシミズムにとらわれるのか？と問う。こうしたペシミズムは，EUの東方への拡大が確定しても，フランスは，中東欧諸国を望まず，小ヨーロッパにノスタルジーを持ち続ける国の一員であるという昔ながらのイメージを強化することにしかならないと，ルケンヌは述べる（ルケンヌ 2012，84-7。Lequesne 2008，74-7）。

ルケンヌ言説は，2005年のEU憲法条約国民投票否決の解釈も，ペリ

ノー言説と微妙に違って来る。ルケンヌは，2005年の否決は，グローバル化の恐れというよりは，経済を組織する方式としての市場経済に対する不信感が広がっていたことにあると言う。2005年10月，世論調査機関『グローブスキャン』が，「自由企業と市場経済からなるシステムは未来にとって最良のものであるか？」と，世界の20か国で質問したところ，質問に対する肯定的な回答は以下のようであった。アメリカ（71％），イギリス（67％），ドイツ（65％），ポーランド（65％），しかし，フランスではわずかに36％だった。これは20か国で最低の数字であった。[1]（ルケンヌ 2012，115-6。Lequesne 2008，103-4）。

　2005年5月の国民投票では，経済的社会的不安がとくに左翼の支持者から表明され，彼らの61％は「ノン」に投票した。古典的右翼の支持者の60％は「ウィ」に投票した。興味深いのは，社会党支持者の55％の「ノン」である。2004年12月，党内の投票では，党員の58.6％はEU憲法条約に賛成であったし，社会党幹部の人たちの大部分も支持を明らかにしていたのである。その点が，1992年9月のマーストリヒト条約批准の国民投票との根本的な違いである。その時には，社会党支持者で「ノン」の投票をしたのは22％に過ぎなかった（ルケンヌ 2012，116。Lequesne 2008，105-6）。

　FNの選挙民は，政治的なものであれ，経済的なものであれ，国際的な組織の権力や規制に，これまでずっと，過大な不信を表明して来た。2012年12月，マリーヌ・ルペンを支持する者の82％がEUに対して信頼しないことを表明した（フランス人全体では66％だった）。FN選挙民の86％が，G20のような大きな国際会議に反対した（フランス人全体では78％）だった（Perrineau 2014，119-21）。

　フランスは長期にわたってヨーロッパ的な国の先頭に立っていた。1970年代ではずっと，『ユーロバロメーター』の調査に対して，フランス人の52-68％が「フランスがヨーロッパ共同体に属することは善いことだ」と答えていた。フランス人の眼には，ドロールEC委員長就任（1985年）

第 3 章　パスカル・ペリノーのフランス FN（国民戦線）論

と「ヨーロッパ統一議定書」はヨーロッパに現実と望ましい未来を再度あたえる出来事だった。1990 年代始めまでヨーロッパの晴れ間は続いたのであった。1992 年，マーストリヒト条約批准国民投票は，「柔らかなコンセンサス consensus mou」であったヨーロッパ問題を，政治化し，切り離すことになった。「柔らかなコンセンサス」とは，言い換えれば「容認のコンセンサス consensus permissif」であり，この用語はアメリカのヨーロッパ研究者がヨーロッパ統合について使用したものだった（Perrineau 2014, 123）。

　これについて少し検討してみたい。ペリノーが引照するアメリカの政治学者レオン・N. リンドベルグとスチュアート・A. シェインゴールドは，もっとも鋭敏で頑固なヨーロッパ懐疑論者であるアメリカの政治学者スタンレー・ホフマンに次のように反論してゆく。すなわち，ホフマンにとっては，ヨーロッパ共同体制度の弱体化は，第 2 次世界大戦後における西ヨーロッパ諸国の再建の当然の結果である。つまり，ホフマンは，機能的統合論者と違って，ヨーロッパ共同体は統合の論理と多様性の論理の競争であるとしている。第 2 次世界大戦直後はひとつの「短命のコンセンサス ephemeral consensus」すなわち「体力のないコンセンサス consensus of the impotent」にすぎなかったからである（Lindberg and Scheingold 1970, 261）。

　ここで，少し脱線するが，スタンレー・ホフマンの言い分を少しだけ聞いてみたい。ホフマンによれば，機能的統合モデルは，諸政府がまだ受け入れる用意ができていないところの，その場しのぎの連合体の代用品であるというその起源に重要な特徴を持っている。第 1 に，ヨーロッパ共同体機能的統合モデルは基本的に行政モデルである。それは指導者が政策を進めるために官僚的な専門家に依存せざるを得なくなっている。第 2 に，このモデルは，基本的な政治的決定は，形式的には政府間の調整によってなされることになっているとしても，実際には役人によって用意され，遂行されることを想定している。ということは，経験的な混乱の多い政治家た

107

ちが短期間の交渉の過程で実行する政策は長期的な政策の遂行より有利であることになる。そのように述べて，結局，ホフマンは「ヨーロッパの実験」のバランスシートは，諸国家の復興というもっともよくわかる観点であった (Hoffmann 1966, 886-9)。彼はこうも述べている。「もし，われわれがヨーロッパ共同市場制度をヨーロッパにとっての初期政治システムとして見た時，われわれは，その権威は限られており，その構造は弱く，その民衆的基礎は制限されており，ヨーロッパ共同市場制度は民衆から遠く離れている」(Hoffmann 1966, 885)。ただし，ホフマンの見解は 1960 年代の EEC の時代のものであり，EU の現在からは遠い昔のものへの批判であることは念頭に置かなければならない。

　もう少し，リンドベルグとシェインゴールドの見解を紹介しておきたい。彼らによれば，責任ある政治指導者の中で，ド・ゴールだけが，EC 委員会のことを「テクノクラートな言葉の機械」だと誇張した。しかしながら，誰も，事実として，EC がテクノクラート的であることは否定しないであろう。さらに言えば，EC の支持者の間でさえ，テクノクラート的バイアスは大事な関心事であった。というのは，テクノクラシーは，責任ある統治とまったく両立すると信じるに足りる理由があったからである。では，EC がテクノクラート的であるということは何を意味するのか？一般的に言えば，テクノクラシーは計画の概念，とくに経済計画と結び合わされているからである。計画者あるいはテクノクラートの目標は，一番進んだテクノロジーが可能な限り全面的に開発される状況を作り出すことにあるからである (Lindberg and Scheingold 1970, 266)。

　ペリノーに戻りたい。ペリノーはヨーロッパ懐疑主義者ではない。しかし，だからと言って，機能的統合論者による「容認のコンセンサス」を選ぶこともしない。1990 年代始めまでヨーロッパの晴れ間は続いたが，マーストリヒト条約以降，機能的統合論では間に合わなくなってきた。それは EU のサイズが大きくなり過ぎたこと，各国の財政の明暗が大きくなり過ぎた，格差が広まったこと，難民の問題も EU 内部に不統一のファクター

第3章 パスカル・ペリノーのフランス FN（国民戦線）論

が増える要因になったと思われる。ただ，さればと言って，ペリノーはホフマンのようなヨーロッパ懐疑論者に変貌して行くわけではないのである。

「容認のコンセンサス」の漸進的衰退 érosion は，マーストリヒト条約締結の頃から兆候として現れて来た。1995 年以降，EU に肯定的な 50％のバーをもはや越えることは例外的となった。EU の拡大と EU 憲法条約（TCE）をめぐる論争は，2003-2005 年の間，活発に交わされた。そして，FN 選挙民が全面的に参与した拒絶の投票に結実した。2005 年 6 月の国民投票に際して，FN 支持の選挙民の 96％が「反対」に投票したと表明した。それに対して，共産党支持の選挙民の 95％，社会党支持の選挙民の 59％，緑の党 Verts の支持者の 64％が「反対」投票したと言明した。量的には FN の貢献が否決には決定的だった。否決の勝利は，1992 年のマーストリヒト条約の時には，ぎりぎりのところで避けられていた。とはいえ，ヨーロッパのために「脱国家 dénationalisation」をいくらか受け入れる用意のある選挙民と，それを拒絶する選挙民の間の断層はすでに出来ていた。この断層が 2005 年の国民投票の運動期間中にとりわけ機能する。「ヨーロッパの将来は社会的でなければならない」。この言い分はフランス政治の日常においてよく聞かれることであり，良かれ悪しかれ，政治的経済的ヨーロッパの建設を拒否するやり方として用いられている（Perrineau 2014, 123-5)。

2005 年の EU 憲法条約批准国民投票においては，この運動期間中，一時たりとも，強力で確かな指導者が見つからなかった。それは 1992 年のマーストリヒト条約批准国民投票の時とは正反対であった。1992 年のスポークスマンはフランソワ・ミッテラン以外の誰でもなかった。もちろん，2005 年，ジャック・シラクは，期間中，何度も運動に参加，発言した。しかし，彼は選挙民の心に訴えることは出来なかった。世論は漠然とシラクが確固としたヨーロッパの人ではないことを感じていた。つまり，彼の政治的経歴として，1970 年代末における EC へのポルトガルとスペ

109

インの加盟への反対，1989年の単一通貨同盟への加盟反対の足跡がある
からである。結局，論争は二項対立となり，戯画化された。すなわち，
「社会的」ヨーロッパか，「自由」ヨーロッパか。前者は，「無国籍のヨー
ロッパ自由主義」に敵対するために，「社会的」ヨーロッパとは国粋的熱
情や愛国主義の歪曲したものとなる。「ポーランドの配管工」や「ルーマ
ニアの電気工」が「無国籍のヨーロッパ自由主義」を象徴するものとし
て多用された。このようにして，国民投票否決の指導者たちは，左翼に
しろ，右翼にしろ，うんざりするほど，否決の大合唱をした（Perrineau
2014, 125）。

　フランスの社会学者アラン・トレーヌは，1995年の冬，フランスが大
規模のストライキによって麻痺状態になったこの社会運動をとらえて，20
世紀の末から21世紀の新しい社会運動であるとした。それは真の代替す
る経済的社会的要求のない「政治的大拒否」と呼んだ（Touraine, 1996）。

　ペリノーはこれに言及し，2002年4月21日の大統領選挙第1回投票も
「政治的大拒否」であるとして，2005年の国民投票もある程度この複製だ
とする。すなわち，「否定的政治化 politisation négative」という広い意味
での運動という枠において，フランスの選挙民は，極端に闘争的で抗議的
に，投票所に足を運ぶ。マリーヌ・ルペンの愛好する言葉を使えば，「体
制 système」と渡り合うことに関わるのである。ヨーロッパに対する拒絶
の強い圧力はこの抗議の姿勢が顕著な土壌の中に根を持っている。1992
年がそうであるように，拒絶の圧力と極左と共産党の移植の間にある相互
関係は，まったく同じことが FN 支持者と拒絶の間にもあるのである。数
十年にわたって続くヨーロッパへの拒絶の構造は，選挙における対立の背
後に作用しているクリーヴィッジの問題を提起する。その選挙の対立は，
左翼と右翼という古典的なクリーヴィッジの公式にほとんど従わない。た
しかに，2005年に現れた拒絶は，1992年に現れた拒絶に比べると左翼に
拠っていて，賛成は右翼に拠っている。しかし，深部において構造は存続
している（Perrineau 2014, 128-9）。

第 3 章　パスカル・ペリノーのフランス FN（国民戦線）論

　ヨーロッパについてのクリーヴィッジは，フランスにおける左翼と右翼
の戦い jeu を根本的に攪乱した。それはいくつかの組織を分裂させ，FN
が，日々大きくなりつつあるヨーロッパ懐疑主義とヨーロッパ嫌悪症の前
衛になることを可能にした。2005 年 5 月 29 日の国民投票の翌日，FN は，
「現実の国　pays réel」と「法の国　pays légal」の乖離を批判して，次
のような宣言を記したポスターをパリ中に張りめぐらした。「人々は言っ
た。大統領は辞任すべきである」(Perrineau 2014, 131)。

　EU 憲法条約の拒絶から 9 年経っても政治的ヨーロッパの状況は向上し
ていない。フランスの世論は，EU の効力に対して伝統的に用心深い国々
（ギリシャ，ポーランド，フィンランド），あるいはもっと強い危機に襲わ
れている国々（ポルトガル，イタリア）の世論に仲間入りして，ヨーロッ
パ懐疑主義やヨーロッパ嫌悪症に苛まれている (Perrineau 2014, 131)。

　国粋的で保護主義的な立場の人たちは，EU のことを「人民なきヨー
ロッパ Europe sans les peuples」と糾弾する。すなわち，それはエリー
ト主導であり，「人民に反するヨーロッパ Europe contre les peuples」で
あり，政策決定における「民主主義の赤字」が EU 委員会やヨーロッパ中
央銀行のテクノクラートに利用されていると批判するのである (Perrineau
2014, 133. 畑山 2015a, 121)。

　ここで，FN を少し後ろ向きに捉えて，マリーヌが党首になって流動的
になったとはいえ，父親から続いている FN の体質のような問題に触れて
みたい。ペリノーによれば，FN は一つの家族経営の企業だという。すな
わち，「国民の戦線」という名称にもかかわらず，FN は家族的連続性に
よって特徴づけられて来た。2011 年，この党の創設者ジャン・マリ・ル
ペンを承継したのは，末の娘であったが，これは家族の領域と党の問題の
紛糾を残したままになっていると言えるであろう。そもそも党の創設時
から，ジャン・マリは党のことを中小企業のモデルで考えていた。すな
わち，妻，娘，娘婿，そして孫たちは党に親密に組織されていた。ジャ
ン・マリの現在の妻であるジャニー・ルペン Jany Le Pen は，FN に連携

111

している慈善団体であるフランス友愛協会の名誉総裁である。1999年，彼女は，夫からEU議会選挙におけるFNの筆頭リストになるよう提案された。このことが，当時FNのナンバー2のブルーノ・メグレ Bruno Mégret の怒りを買い，後のメグレの離党の伏線になったのである。ジャン・マリの3人の娘は党でかつて働いたか，働いている。長姉であるマリー・カロリーヌ Marie-Caloline は若くして党活動に入り，1985年総選挙に立候補した。その後，党の専従となりビデオ・サービスの部局を担当していた。1999年，彼女の夫のフィリップ・オリヴィエ Philippe Olivier がメグレ派であったために，彼らはメグレ派の離党に加わることとなった。3女のマリーヌは，18歳でFNに入党し，24歳で選挙に立候補し，30歳で党の法律部門の担当者となり，2011年に党首となった（Perrineau 2014，61）。このようにルペン家とFNは深く濃く繋がっているわけであるが，このことのプラス・マイナスが今後大きく作用するのではないか，とペリノーは考えているのではないだろうか。

4　展望：むすびにかえて

　現代フランス選挙政治の右翼の裂け目について続いて問題にしてみたい。ペリノーによれば，「右翼の根本的な再編成」に関する，右翼の裂け目について言うならば，右翼は，長い間，どうにかこうにかFNを防いで（contenir）来た。すなわち，1980年代から2000年初頭までシラク主義が，次に2007年から2012年まで，サルコジ主義が，それぞれのやり方でFNを防いだ。しかし，サルコジの2012年の大統領選挙での敗北後は，大きな曖昧さが右翼に漂うことになる（Perrineau2014，196）。

　FNに対する右翼の「対応の様式」については，右翼のかなりの選挙民の間で進化して来ている。FNと右翼の融合である「共和戦線 front républicain」の戦略に続いて，「左翼でもなく，FNでもなく」〈ni-ni〉という戦略が続き，さらには「もっとも不寛容な者に対抗して投票せよ」という戦略まであるが，すべては全右翼への統合に門戸を開くものであっ

第3章　パスカル・ペリノーのフランス FN（国民戦線）論

た。しかしながら，FN に対する態度で，古典的右翼の間で分裂が起きるのは，ド・ゴール将軍にもっとも荒々しく楯突いた党派に対するド・ゴール派継承者の一部から来るものであった。もうひとつは，UMP と FN の，経済，ヨーロッパ，外交の問題をめぐって綱領的な収斂の可能性が弱いことも，問題を難しくしている（Perrineau 2014，202-3）。

　FN が「政治的権威主義（独裁）に向かって栓を抜く」シナリオであるが，ペリノーによれば，フランスの一部の人たちが陥っている厳しい危機的状況は，右翼の過激化の空間を開くかもしれない。つまり，過激化は，「FN という観念」の社会への浸透により，選挙結果に転化してゆくだろう。危機は，FN にとって，もし状況がさらに悪化するならば，FN が政治的不安定の勢力になる機会を作り出すことになる。そのような過激化は遠いことではないかもしれない。すなわち，政権に就いている大政党が，左翼であれ，右翼であれ，根本的に脆弱となり，開かれた世界経済の中でもうやってゆけないというような政治空間に対して，人々が根本的な不信感を発達させた時がそうである（Perrineau 2014，214）。人々が根本的な不信感を政治空間に対して持った時，政治家と政党はどのように応対するのか。ペリノーが若きグルノーブル大学教授時代に書いた FN 論が想起される。彼によれば，フランスと自分たちの生活がますます悪化していると考える者の割合は FN が一番多い（72％）。この悲観主義は，政治的攻撃性と，移民や軽犯罪者をスケープゴートに仕立てる告発に結びついて「権威主義的パーソナリティ」が発現するところとなる。この権威主義的パーソナリティは潜在的ファシストの新しい形態である。すなわち，型にはまった精神，権威主義的服従，権威主義的自己主張，盲信と情動性，力とタフネス，権力への執着とその持続，破壊性と人間性への中傷，抑圧の移譲などが権威主義的パーソナリティの要素である（Perrineau 1985，31．Adorno 1950，228．）。ペリノーがこのシナリオの可能性についてどこまで考えているのか，よくはわからない。

　ペリノーは『戦線のフランス』を次のように結論する。すなわち，FN

113

は結成されてから42年になる。この，すでに長期間とも言える存在の間に，よく知られていることであるが，FNは次のような変遷をたどる。無名と辺境（1972-1982），出現と発展（1983-1998），分裂と不安定（1999-2009），再生と全国的定着（2010-2014）。FNは，今後，来たる数年のうちに，さらに発展し，政治システムが激動するこの時点において，この政党の定着をまだ確認できるであろうか？（Perrineau 2014, 215）。現在のFNの根付きはたしかに他の政治勢力に比べると弱い。左翼は統治の困難さに引きずりこまれている。他方，左翼は人民階層に希望と信頼を持ち続けている。というのは左翼のほうが他の党派より，よりよく彼らを代表していると考えているからである。FNは人民階層の幻滅を，左翼が作り出す期待の捌け口になることによって，自分の餌とした。右翼は，基本的には，内部抗争によって，あるいは小さなそれぞれ大きく異なる諸派閥に分断されていたが，針路，指導者，戦略のない集団であるというイメージを提供していた。FNは右翼の深刻なトラブルに甘い誘いを送っていた（Perrineau 2014, 215）。

　FNはもはや無視できない政治勢力となった。いくぶん荒廃したフランスの政治光景の中で，党首，綱領，団結において，ひとつの優れた戦う政党である印象を与える。この3つの要素は今日の多数の政党においていささか欠けているきらいがあるからである。たしかに，FNには，戦略（右翼の他党派と連合するかどうか）において調整しなければならない問題が残っている。また政党組織としてもまだ小さく，十分プロフェッショナルな政党とは言えない。しかしながら，FNはその弱さを秘めることが出来る。とりわけフランス社会が抱えている諸困難に対して綱領的にも政治的にも強力なバネを保持しているからである。すべての社会病理のメガホンであるというこの役割は，力ずくでも，次のプランとして，政権担当能力の弱さを超えようとしている（Perrineau 2014, 216）。

　第2次世界大戦終了の直後，フランス共産党は全選挙民の4分の1の支持を受け，経済的にも社会的にもより平等な分け前を要求する人たちを代

114

表する党となった。フランスは，1950年代から60年代において，脱植民地の問題と議会制度の磨滅の諸問題を解決しようとしていた。ド・ゴール主義がそのひとつの回答だった。政治と経済の近代化を成し遂げた後，フランスはそのしきたりmœursを変えようとした。ジスカール路線とフランス社会党路線は相次いで政権を担当し，「文化自由主義libéralisme culturel」の統治を行った（Perrineau 2014, 216）。

1970年代と80年代の境目に，最初の経済的社会的危機が現れた時，左翼政権も右翼政権も，それぞれの多数の政治的信用を用いて，その危機を食い止めるために競い合った。FNは，この危機の年代に生誕したのだが，この経済的社会的危機，もっと広く言えばフランスの病理の政治的体現としてあることを志願した事実をもとに勢力を伸ばそうとした。逆説的なことであるが，政権に就いたことがないことがFNの強みになり，「代替 alternative」として登場することが出来たのである。高い失業率，生活必需品購買力の低下，不平等の深化，貧困の増大が今日の現実である。事実においても精神においてもフランスは悪化して来ている。将来の予測，「危機の出口」の見通し，来るべき世代の展望はかなり悲観的なものである。フランスが悪化する時，FNは好転する。危機が全面的になった時，危機はフランスの歴史学者レオン・ポリアコフLéon Poliakovの「悪魔の因果性」という古い論理のメカニズム[2] を目覚めさせる。それは集団とその指導者を悪魔化し，悪いのは「そいつら les autres」だとする。危機が経済的であれ，社会的であれ，政治的であれ，文化的であれ，危機は「諸悪の責任者」への告発を助長し，「スケープゴート」を追求する。FNは，「悪魔」や敵を非難し，人民の制裁に引き渡すことにかけて，他の政治勢力よりは，はるかに抜きん出ている。FNが「悪魔」や敵とする対象は，多国家，ヨーロッパ，グローバル化，自由貿易主義，ヨーロッパ統合主義，イスラム主義，共同体主義，「UMPS（UMP・社会党連合）」だけでなく，「特権階級 Caste」，エリート，ユーロクラット，「上流階級 hyperclasse」，カリフ califats，「エスタブリッシュメント」，移民，テク

115

ノクラット…まだまだ続く（Perrineau 2014, 217-8）。

　政治闘争は常にエネルギーを動員するために「敵」を必要とした。第2次世界大戦終了後から数10年の間，一方には，共産主義，「赤 rouges」，「平等主義者 partageux」，全体主義があり，他方には，資本主義，ブルジョアジー，「大資本」，アメリカ帝国主義があって，相対立していた。この対立というこけおどし épouvantails は，1980年代さなかまで振り回されていた。続いて，左翼の長い政権の占拠，左翼の統治の文化への改宗，ベルリンの壁の崩壊と共産主義の終焉は，「敵」の姿が政治の光景から消え去ったような新しい時代の開始となる。

　1992年，アメリカの政治学者フランシス・フクヤマは「歴史の終り」を予告した。すなわち，歴史を駆動させる力としてのイデオロギーは消滅し，穏やかな自由民主主義の観念の勝利が達成されるであろう，と考えたのである（Perrineau 2014, 218. Fukuyama 1992）。

　フクヤマによれば，最近の驚くべき事件の最たるものは，1980年代末に世界各地で起こった共産主義の全面的かつ予期せぬ崩壊現象だった。しかし，これはたしかに印象的な出来事ではあるが，第2次世界大戦以降形成されてきたいっそう大きな歴史発展のパターンのほんの一部にすぎない。あらゆる類いの権威主義的な独裁政治は，それが右翼のものであれ，左翼のものであれ，崩壊の一途をたどってきているのである。ドイツやロシアでの強大な全体主義国家の誕生が，20世紀前半の政治にとって画期的な出来事だったとすれば，ここ2, 30年の歴史は，そのような国家が本質的に持つ途方もない弱さを暴露した。そして，この予期せぬ大きな弱点から分かることは，今世紀が教えてくれた歴史に対する悲観主義的な教訓を，われわれは一から考え直すべきだ，と言うことなのである（Fukuyama1992, 12）。

　フクヤマの著書は20世紀の終わりにあたって書かれた。しかし，ペリノーは21世紀に立っている。ペリノーの書く FN は「歴史の終わり」を越えて行っていると言ってよいのではないだろうか。同じく，現在の時点

で，野田昌吾は，次のように述べた。「ベルリンの壁が崩れ，冷戦が終結して25年が経つ。西側の現状を丸ごと肯定するかのような響きすら感じさせる『歴史の終わり』というフランシス・フクヤマの理解を共有するかどうかはともかく…」。野田も「歴史の終わり」を必ずしも意味するものではなかった，と言っている（野田2015，95）。

　フクヤマの考える「歴史の終わり」は，ペリノーの言うように，その緊張緩和 détente は長くは続かなかった。FN のようなポピュリストで国粋的な政治勢力が，すべての憎まれ役を引き受けた新しい「悪魔」として発現して来ていた。その勢力は，1960年代から1970年代にかけてのもはや疲れ果てている嫌われ者の代替わりとなった。歴史はまだ終わらなかった。20世紀と21世紀の転換点で勝ち誇ったグローバル化は，イデオロギーとしての国家に，第2の青春を取り戻させた。フランスでは，社会主義，共産主義，自由主義は，ナショナリズムに席を譲ったかのように見える。あらゆるイデオロギーがそうであるように，ナショナリズムは，これまでの伝承と，刻下の挑戦に対する当面の対応の合作の結果なのである。サミュエル・ハンチントンが述べるように，そのイデオロギーは，一連の告発を伴って，非合理性と伝統的なアイデンティティーの再構築に再帰して行く（Perrineau 2014, 218-9）。

　ハンチントンによれば，フクヤマは，共産主義の没落から，自由主義のグローバルな勝利の達成と，世界の問題における力としてのイデオロギーの消失という結果に飛躍しているが，それは間違っていると言う。すなわち，第1に，復活，再生は可能である。ある世代から観念やイデオロギーが消えてゆくこともあれば，次またはその次の世代に新たなかたちで蘇ることもある。第2に，自由民主主義の一般的な受容は，自由主義内部での抗争を排除するものではない。イデオロギーの歴史は分裂の歴史である。第3に，ひとつのイデオロギーの勝利は，新しいイデオロギーの誕生を排除するものではない。第4に，自由民主主義は本当に勝利したのだろうか？フクヤマ自身，第3世界では，勝利し終えてはいないことを認めてい

るではないか。ソ連や中国で，どの程度，自由民主主義が受け入れられたというのであろうか？（Huntington 1989, 8-9）。

　したがって，歴史の終焉論 endism は，歴史の予告性と現時点の永続性を誇張したものであり，人間性の脆さと不合理性を無視するものであるということになる。歴史の幸運な終焉が来ると希望することは人間的であるが，そのようなことが起きると期待することは非現実的であり，その上に立って計画することに対して，起きてくることは悲惨なものである，とハンチントンは結論する（Huntington 1989, 10）。

　ハンチントンは，1996年に出版した著書（Huntington 1996）でも，フクヤマは，未来の世界は，理念をめぐる興奮に満ちた闘争ではなく，世俗的な経済，あるいは技術的な問題の解決に捧げられることになるだろう，そして，世の中はかなり退屈な場所になるだろうと，やや悲しげに締め括っている，と述べている（Huntington1996, 31. ハンチントン 1998, 36）。[3]

　ペリノーは言う。世界は急速に変化している。経済的均衡は再構成され，政治権力は転位を起こし，近代性が加速されてゆくことによって，結局は，伝統の恩恵と過去のノスタルジーへ回帰する。これらの中で，大理石に永遠に書き込まれた国民 nation という安定したものがある。この文脈において，国民以後の近代性のすべての要素が，国民という観念そのものへの危機として提示される。しかし，国民はこれからどうなるのか？昨日の国民は今日の国民とどのように関連するのだろうか？政治的な国民は，基本的な現象としては，最近の2世紀の間でしか支配的なものでしかなかった。「国民形成」にはさまざまな方法が存在する。ある人たちは国民の政治的構築が最適であるとする。

　すなわち，それは，権利と義務の総体として定義される構成的性質をもった共同のプロジェクトに参画した人たちによる，フランスの社会学者ドミニク・シュナペールのいう「市民の共同体 communauté citoyens」（Schnapper 1994）である。他の人たちは，ひとつの言語，ひとつの歴史，あるいは共有される生活様式によって定義される国民の文化的な側面を強

調する。さらに別な人たちは国民の民族的な側面という考えを導入する。すなわち，国民とは，同じ民族的起源を共有する人たちの集まりであると考えるのである（Perrineau 2014, 219）。

　ここで，シュナペールのいう「市民の共同体」について検討しておきたい。シュナペールは，著書『市民の共同体』において次のように言う。「私が本書の中で明らかにしたこととは，近代の国民社会の理念型の本質的な特徴が，市民権というものによって，成員の具体的な出自 enracinements や特殊な信仰，そして社会的不平等などを超越することにより，ひとつの抽象的政治社会を作り出すという企てにあるということだった」。すなわち，諸個人は（言葉のもっとも広義の意味で）歴史的な，あるいは民族・宗教的な出自がどうであれ，また社会的な特徴がどうであれ，等しく市民となる。民主主義の国民は，その正統性の根拠を，この抽象的政治社会に，すなわち，市民的，法的，政治的に自由で平等な市民から形成される「市民の共同体」に置く。民主主義の国民は，政治的正統性の原理であり，社会的紐帯の源泉でもある。政治による超越という理念が理解させてくれるのは，自らをもっとも「市民的」であると宣言している社会においてすら，民族的な特殊性や特殊主義が維持され，また新たに生み出されさえするということである。市民による社会を特徴づけるものとは，社会が市民的原理によって，実際の社会の民族的な現実を超越するという原理を定めることであり，その正統性の根拠を創造的なユートピアに置くことである（シュナペール 2015, 2-3）[4]。

　ペリノーによれば，フランスでは，国民という観念は，根深く定着した，極めて忠実に維持されている市民権 citoyenneté によって，超越した政治社会を造成するという意思に基づいている。これが共和主義モデルの念願で，2 世紀この間絶えず再確認されてきたことだった。だが，グローバル化，ヨーロッパ統合，社会の文化的多様化は，一部の人たちが，傷つけられたアイデンティティーを回復するために，フランス国民に，民族文化，閉鎖的国民，撤退に戻ることに道をつけるように要求すること

になる。そうした「国粋的国民 nation des nationalistes」の要求すること
は，政治的共同体の収縮に向かう運動でしかない。FN が今日餌食にして
いるわれわれの痛手 blessure とは，フランスの哲学者アラン・フィンケ
ルクロートの言う「不幸なアイデンティティー identité malheureuse」[5]
(Finkielkraut, 2013) なのである (Perrineau 2014, 219-20)。

　文化的多様性とグローバル化の衝撃の下で，フランスは，相違者との単
なる共存を超えて，共生を自問し，探し合おうとしている。共通のアイデ
ンティティーの上に築き，グローバル化した交流のネットワークの中で，
将来を構想するという問題に確信ある回答が見出せないまま，フランス
は，神話的な mythifié 過去のほうへ戻ろうとする誘惑に駆られることに
なる。FN は，この未決 en souffrance のフランスに，敵対すると思われ
る勢力をすべて切り離すことによって，この神話的な過去を復活させよう
としている。マリーヌ・ルペンは，演説の中で，神話的な過去というアイ
デンティティーをふんだんに利用することによって，国民を再建し，新し
い偉大な共同体を形成すると言う。「われわれは国民を信じている。狂っ
ている，と私は言いたいのだが，その狂っているシステムにいる人たちに
は，忘れられ，誤解され，見えないのであるが，国民 nation はあなた方
のためにそこにあるのだ。国民はあなた方を見捨てない。それは大きな家
族である。その武装した権力，すなわち国家はあなた方を見捨てたりはし
ない。そうだ，われわれは国民を信じる。だから国境があるのだ。われわ
れはわれわれを保護する国境を信じる。国境は，国民と世界の他の者たち
との間にある正常な境界であり，経済，財政，移住，衛生，環境のフィル
ターとなっている。国民とは羅針盤である。それなしには，方向も戦略も
決まらない」（マリーヌ・ルペンの演説，FN 夏季大学：於ラ・ボール La
Baule, 2012 年 9 月）(Perrineau 2014, 219-21)。

　「今日では，国民という古くからの概念はすり減っているように見える」
とペリノーは言う。すなわち，共産主義者が支持し，それをもって和解し
ようとした国民。モーリス・トレーズ Maurice Thorez の言う「われわれ

120

の父祖の三色旗とわれわれの希望の象徴である赤旗」の和解による国民。
次に，社会主義者たちが望んだ，人権を経済・社会権に拡大することに
よって得られる国民。最後に，ド・ゴール主義者とそのエピゴーネンた
ちが，「歴史の偶然性」（戦争，復興，非植民地化，近代化）に絶えず適
応させながら，その固有の特質によって未来に向かう能力を示すことに
よって，称揚してきた国民。サルコジ主義者の「物語話術 storytelling」，
あるいは，オランドの低い声で発せられる演説には少しも「国民のロマン
roman national」がない。国境のない，あるいは多文化主義のフランスへ
の満足げな賛辞は，「国外 hors sol」の政治建設に接近する。結局，ヨー
ロッパの中のフランスという計画は，それを聴き取れるほど発信する者が
足りていないので，あいまいなままになっている。開かれた，流動的な世
界に立ち位置を占めるように計画する力に欠けているフランスは，FN と
FN が動かす拒否とノスタルジーの一団 cohorte のほうに向かってゆくの
だろうか（Perrineau 2014, 221-2）。

　この箇所が，ペリノーが，2013 年 11 月に記した『戦線のフランス』の
結語である。この結語をどう考えるかが，本稿の結論となるだろう。思う
に，政治学者の言説は，観測なのか，分析なのか，構想なのか，願望なの
か，警告なのか，よくわからないところが多々ある。ペリノーの危機感は
どの程度のものであろうか？　換言すれば，ペリノーにならって言えば，
4 つのシナリオが考えられる。 i ）FN の中道右翼化， ii ）中道右翼を征
服して FN が勝利すること， iii ）FN の衰退， iv ）中道右翼，FN の共倒
れによる中道左翼の復権。私見では， i ）から iv ）の順に考えられる。そ
れをもって結びとしたい。

注

1 ）『グローブスキャン』のこの世論調査の質問について言えば，調査を開始
　　　した頃は，大半のアメリカ人は口をそろえて，「当たり前じゃないか。な
　　　んでわざわざそんなことを聞く」。実際，2002 年の調査ではアメリカ人の
　　　80％が，資本主義と自由市場は世界に繁栄をもたらすのに最も望ましい

経済システムだと答えた。この割合は調査対象国の中で，最も高い数値
だった。しかし，それから 10 年の間に何が起こったのか。収入格差は広
がり続け，大企業やウォール街を舞台としたスキャンダルが繰り返され，
失業率は 10％を超え，米経済は大恐慌以来で最も暗い時代に迷い込んで
しまった。当然の結果として，自由市場を支持する声は小さくなった。
2011 年 4 月 6 日に発表された『グローブスキャン』の最新の調査結果に
よれば，自由市場は地球の未来にとって最も望ましい経済システムだと
考えるアメリカ人は 59％だった。この割合は今や新興国を下回る。中国
では 67％，ブラジルも同じく 67％である。68％のドイツが，今も世界で
一番，資本主義に満足している国ということになる。59％というアメリ
カの数字は 2009 年から 15 ポイントの下落となるが，とくに貧困層と女
性の間で大幅な落ち込みが見られた。『グローブスキャン』は次のように
解説する。
「年収 2 万ドル以下のアメリカ人は，この 1 年で自由市場への支持を著し
く失った。2009 年の 76％から 2010 年には 44％に下落した。女性も同様
に，2009 年の 73％から 2010 年は 52％となり，自由市場に対し否定的に
なっている」。一方，インドでの支持率はアメリカと同じ 59％。フランス
は約 30％に落ち込んでいる（ミュシャ 2011）。

2）ナチス政権のもと，ユダヤ人の出生証書は自動的に死刑宣告と等価になっ
た。ヒトラーは，その政治家としての行程の最初期において，すでにユ
ダヤ人に人間としての資格を拒んでいた。彼の考えは以下のように示さ
れる。二種の人間，すなわち神から生まれた人間と悪魔から生まれた人
間が正面から向き合っている。ユダヤ人，それは人間の反対物，つまり
反＝人間である（ポリアコフ 2007，87）。

3）FN の成長に関係すると思われるフランス人の「イスラムの脅威」につい
て，ハンチントンは次のように述べる。すなわち，イスラムにおける反
西欧主義の広がりは，とくにイスラム過激派が引き起こしている「イス
ラムの脅威」に対する西欧の不安の増大と軌を一にしている。イスラム
は核拡散やテロリズムの根源と見られ，またヨーロッパでは歓迎されざ
る移住者の発生源でもある。これらの不安は大衆も指導者もともに感じ
ている。例えば，1991 年の春，フランスの一般市民の 51％が，フランス
に対する主要な脅威は南方からもたらされると答え，東側からもたらさ
れるという回答は 8％だった。フランスの一般市民がもっとも恐れている
4 つの国は，すべてイスラム国家で，52％がイラク，35％がイラン，26％
がリビア，22％がアルジェリアをあげていた（Huntington 1996，325.
ハンチントン 1998，215）。

4）シュナペールは別の著書で次のように述べている。市民権は一種の創造

的ユートピアである。それは民族を，もしくは民族的‐宗教的情念を乗り越えようと努力する。それは利害が対立するさまざまな社会集団間の対立を，法によって解決しようとする。しかしながら，それは不可避的に言語と歴史の共同体という概念に訴えかけざるをえない。それは純粋な合理性ではありえない。人々が情念との対立を維持し続ける一方で，それは法と自由・平等の理念に基づく政治組織の合理性を保とうと努力する（シュナペール 2012，311）。

5）ペリノーやシュナペールのデモクラシーの解釈と，私見では，フィンケルクロートのそれは違うように思われる。彼によれば，現代のデモクラシーは，ともに生きる vivre-ensemble ことに危機があるとしても，現代のデモクラシーは去ることはないと言う。というのは，デモクラシーは政治制度だけではないからである。デモクラシーは運動であり，力学であり，国境の消滅や差異の平等化であるからである（Finkielkraut 2013，214）。彼は別のところでこう言っている。人間をその規定条件から切り離すことを拒否し，人間の存在の真実とその行動の鍵を，国語，人種，歴史的伝統といった無意識裡に人を統御する諸力のうちに求めるダーフィト・フリードリヒ・シュトラウス David Friedrich Strauss やテオドール・モムゼン Theodor Ernst Mommsen のようなドイツの高名な歴史家たちは，アルザス人がドイツ語を話し，ドイツ文化圏に属していることを確認する。そこから彼らは占領の合法性を演繹した。しかし，フランスの思想家アーネスト・ルナン Ernest Renan はこう考えた。「人間があれこれの国語やあれこれの人種に囲い込まれたあれこれの文化のあらかじめの加盟者である以前に，理性をもった道徳的な存在であるという原則を手放さないようにしようではないか」。国民の文化と人間の文化との区別を語ることで，ルナンが暗に引き合いに出しているのはゲーテであり，彼がドイツ・ナショナリズムの打ち立てる世界観に対置しているのは，ゲーテの精神なのである（フィンケルクロート 1988，46-7）。

追記[*]

ペリノーは，2017 年フランス大統領選挙の第 1 回投票におけるマリーヌ・ルペンについて次のように書いている。すなわち，2017 年 4 月 23 日夜に判明した結果によれば，彼女は，7,678,491 票（有効投票の 21.3%，有権者登録の 16.14%）を獲得した。これまでの FN の大統領選挙立候補者は，これだけの得票を獲得したことはなかった。この得票結果は，彼女に対して，2002 年に，父のジャン・マリ・ルペンが第 2 回投票に進出し

て以来の2度目の快挙を可能にした。しかし，彼女の父が進出した時は，驚愕をもって迎えられたのであり，僅差の勝利であった（第1回投票第3位のリオネル・ジョスパンとの差は20万票以下だった）。今回のマリーヌは，第3位のフランソワ・フィヨンに46万票の差を付けた。それでも，第2回投票（決選投票）において，マリーヌは，エマニュエル・マクロンにほとんど100万票差の後れをとった。いくぶん期待外れだったと言える票である。というのは，選挙前の数か月間，世論調査によれば，投票意図において，FNの候補者マリーヌはトップに立っており，22％から29％のスコアで他をリードしていた（Perrineau 2017b，249）。

　ペリノーはマリーヌの強力なダイナミズムをしっかりと認めている。とはいえ，次のようにも述べるところが微妙である。すなわち，とくに強調しなければならないのは，とペリノーは続ける。党の歴史の中で，FNの大統領選挙候補者の得票率が，オランド大統領執政期5年間の中間選挙のいかなる選挙の党の得票率を下回ったということは，まれなことである。つまり，FNの得票率は，2014年EU議会選挙の24.86％，2015年の県議会と地域圏議会選挙の25.24％，27.73％であった（Perrineau 2017b，250）。

　FNは，これまで，大統領選挙の候補者の得票率が，他の選挙の得票率を上回っていた。今回のような例は初めてと言えるかもしれない。ここに注目するところはペリノーの慧眼といってよいだろう。

　ペリノーはこう述べる。すなわち，マリーヌは，かつて，2012年の大統領選挙第1回投票で，2010年の地域圏議会選挙でFNが記録した得票率に6.48ポイント上積みした。父のルペンも1998年の地域圏議会選挙でFNが達成した得票率を1.92％向上させていた。結局，マリーヌが2017年大統領選挙第1回投票で獲得した有効投票得票率21.3％は，2015年12月の地域圏議会選挙のFNリストが獲得した得票率を6.43％磨滅させていることになる。言い換えれば，大統領選挙前年（2016年）のいくつかの中間選挙で記録された力強さは，2017年の大統領選挙では弱まった反響しか聴き取れなかったのである（Perrineau 2017b，250-1）。

124

第3章　パスカル・ペリノーのフランス FN（国民戦線）論

　大統領選挙の選挙戦が始まった頃は，状況は FN にきわめて有利であり，FN が数年来公共の場で主張してきた問題が迎えられる環境があった。ヨーロッパにおける移民問題の危機は，2015 年以来とくに激しくなり，本格的になっていた。第 1 に，2016 年 6 月 23 日のイギリスの EU 離脱をめぐる国民投票における離脱派の勝利は，反 EU という異議申し立てが多数であることを示していた。第 2 に，イスラム主義者のテロリズムは手のつけられない行為として継続していた。2016 年 7 月 14 日のニースの襲撃，7 月 26 日のサン・テティエンヌ・デュ・ルヴレの司祭殺害事件がそうであった。大統領選挙期間中も続いた。すなわち，2017 年 2 月 3 日，パリ空港襲撃テロ，3 月 18 日オルリー空港襲撃テロ，4 月 20 日シャンゼリゼ通りの警察攻撃などがそうである。最後に，第 3 に，2016 年 11 月 8 日，アメリカ合衆国におけるトランプ大統領の選出は，ポピュリスト候補の能力が，世界で最も偉大なデモクラシーの心臓部である国のアメリカの大統領選挙の勝利をもぎ取ったことを意味した。マリーヌにとって，これらの現実の諸事件は，2012 年以来，すべての中間選挙が FN にとって高成長であったと同じように，非常に有利な推進力への道を開いていたと言えよう (Perrineau 2017b, 252-3)。

　ペリノーは，2017 年の大統領選挙の総括のひとつとして，「埋没する護民官マリーヌ」という意味をこめて，次のように言う。すなわち，2017 年の大統領選挙は，マリーヌにとって，指導者 decideurs や上流中間層の間に彼女の影響力を確立する以上に，社会的抗議の階層の人たちを開発する機会にはならなかったことを挙げる。マリーヌの「社会の表面 surface sociale」の欠如は，大統領選挙立候補者である彼女を「護民官の tribunitienne」役目から遠ざけ，「統治能力 gouvernementalité」の不足を亢進させた。この不足は，第 2 回投票の前，行われたエマニュエル・マクロン候補とのテレビ討論対決で露呈された (Perrineau 2017b, 266)。

　結局，ペリノーに言わせれば，今回の大統領選挙は，マリーヌにとって，支持者を惹きつけることを可能にしたが，同時に，比較的狭まった投

125

票という限界も見せつけた選挙であり，国家あるいは多数派という使命
の獲得に成功するための「ばね ressorts」を展開させることには成功しな
かった。敗北の翌日，党機関で，FN に分裂の兆しが表れた。2017 年 9 月
21 日，FN のナンバー 2 であるフロリアン・フィリポの辞任は，マリーヌ
が彼女の使命とする再征服と革新の仕事が単純に旨くいかないであろうこ
とを示した（Perrineau 2017b，266）。

　このように，ペリノーの立場は，FN の制覇には，一般のポピュリズム
の隆盛の立場と異なり，FN 伸長の現実をあくまで評価しつつも，基本的
には懐疑的であるように見える。言い換えれば批判的なのではないだろう
か。

注
＊）本「追記」は著者近刊別稿（土倉 2019）の叙述と重複するところがある。

126

第4章

福祉国家とポピュリズム
―フランスからの視角―

はじめに

ポピュリズムの時代である（畑山 2013b, 95）。西ヨーロッパの政党政治において，ポピュリスト政党の席捲は著しい。1990 年代以降，ポピュリスト政党は「民衆階層」を確固とした支持基盤として持つようになった。そして，ポピュリスト政党は新たな政党配置と選挙民再編成の中核となった。のみならず，福祉排外主義（Welfare Chauvinism）を掲げるポピュリスト政党は，保護主義と権威主義の極を共産党などの極左政党の一部と共に形成し，新たな「政治」,「社会」,「文化」の亀裂が登場することになる。

本稿のキーワードは，ポピュリズム，福祉排外主義である。ポピュリズムとは，既存の政党等によっては自分たちの意思や利益が顧みられないと感じる人々の不満を土台としつつ，特定の階級や階層に捉われない普遍的立場（人民など）を標榜して展開される政治運動（市野川 2012）と，さしあたり定義する。次に，福祉排外主義とは，政府による社会保障政策を重視しつつも，その対象を「自国民」に限定することで，福祉水準の維持と負担増の回避を両立しようとする政策である（古賀光生）と，ひとまず定義しておこう。

そのうえで，もう少し説明したい。オランダ政治の研究家である政治学者の水島治郎は，現代のヨーロッパで伸長しているポピュリズムの特徴は何であろうかと問い，次のように述べている。第 1 に，マスメディアを駆使して，無党派層に広く訴える手法である。ポピュリズム政党は，党組織が弱い半面，政党や団体に属さず，既成政治に違和感を持つ人々を広く

127

ターゲットとするところから，テレビをはじめとするメディア露出を重視する。第2は，「デモクラシー」に対する姿勢である。ヨーロッパのポピュリズム政党の古株であるフランスのFNをはじめとする諸政党は，いずれも極右に起源を持ち，当初は反民主的，反体制的傾向を持ち，反ユダヤ主義的な主張も見受けられた。しかし，1980年代以降に「転回」を遂げ，既成政党批判の見地から，むしろ国民投票や住民投票といった「直接民主主義」を主張する方向を強めて行く。第3は，政策面における「福祉排外主義」の主張である（水島2016b，69-70）。これこそが本稿のコアになるモチーフなので，もう少し検討したい。その前に，水島がポピュリズムの第2の特徴にあげている，ポピュリズムの「直接民主主義」の主張をもって，ポピュリズムこそがデモクラシーの「真の担い手」であると言えるかどうかは，疑問があることをお断りしておきたい。[1]

　さて，水島によれば，「福祉排外主義」とはアメリカの比較政治学者ハーバート・キッチェルトが提示し，現在では広く受け入れられた概念であるが，福祉・社会保障の充実は維持しつつ，移民を福祉の濫用者として位置づけ，福祉の対象を自国民に限定するとともに，福祉国家にとって負担となる移民の排除を訴える主張である（水島2016b，70）。移民排除と福祉国家，ここにポピュリズムがどうかかわるのか，主にはフランスを例にして，以下において考察を進めたい。

1　福祉国家とサブカルチュア構造

　フランス政治の研究家である政治学者中山洋平によれば，西ヨーロッパにおいて，有力な新急進右翼政党の得票率は，2000年軒並み15％，さらには20％を超え，その規模の故に，イデオロギー的に近い右翼政党だけでなく，労働者など民衆階層の票を競い合う関係にある左翼の既成政党の戦略にも大きな影響を与えている。今や新急進右翼政党は多くの西ヨーロッパ諸国に根付いたと言ってもいいのではないか（中山2016，26），と言う[2]。これらの新急進右翼政党は，例えばキリスト教民主主義のような，

西ヨーロッパ政党政治を構成する必須の要素になったのではないか。こうした問いかけは，西ヨーロッパ比較政治学者を「クリーヴィッジ」という概念へと誘わずにはおかない（中山 2016, 27）。中山は「新急進右翼政党」と呼ぶが，本稿では，以下，右翼ポピュリスト政党あるいは極右政党と同義であると考え，そう呼ぶことにする。すなわち，右翼ポピュリスト政党，あるいは極右政党がクリーヴィッジの主役になったのである。ただし，私見では，ポピュリスト政党そのものは，基本的には，過渡的な政党であると考えている[3]。したがって，定着という概念には馴染まないから，クリーヴィッジの主役という思考には疑問があることを問題点として提起しておきたい。

　周知のように，1960 年代に，ノルウェー出身の政治学者スタイン・ロッカン Stein Rokkan は，当時の西ヨーロッパ諸国の政党制を構成する主要政党の政党編成 party constellations が国毎に異なることを各々の社会で歴史的に形成されて来たクリーヴィッジ構造によって説明した。[4] 70 年代の北欧の進歩党の例が示すように，「凍結」はロッカンの存命中にすでに融けはじめていた。もっとも早く「脱凍結」の始まったオランダでは，60 年代に早くもキリスト教民主主義政党や労働党などの既成政党が新党に票を奪われ始めた。のみならず，ロッカンの時代には階級や宗教などの亀裂で区切られた社会集団が既成政党と一対一の関係で繋がれていたのに対して，「脱凍結」によってこうした「政党・有権者編成」が崩れ出し，浮動票が増えて選挙毎の変容 volatility が高まっていく。有権者は宗教や階級などの自らの社会的属性，つまりかつて政党制を構造付けた古いクリーヴィッジに従って投票しなくなった（中山 2016, 27-8）。

　ここで，ピーター・メアにしたがって，ロッカンのいう「凍結」テーゼについて考えてみたい。アメリカの社会学者シーモア・リプセット Seymour Lipset とロッカンは「1960 年代の政党システムは，若干の重要な例外を除いて，1920 年代のクリーヴィッジ構造を反映している」ことを説明した。さらに，彼らはその当時の選挙を競争していた政党の選択肢

が，それに多くの場合政党組織自身が「その国の選挙民の多数派よりも古かった」ことを付け加えた。要するに，ヨーロッパ政治のどこにも，新しいものは，当時は，ほとんど皆無であった（メーア 1996, 229）。

　政党選択は，その国の選挙民の多数派より，もはや古くないことが論議されている。ロッカン・テーゼは挑戦を受けている。すなわち，古い秩序が 1960 年代後半から変化して来ているし，ニュー・ポリティクスが今では存在している。ロッカンが間違っているわけではない。むしろ，彼の分析が諸事件に追い越されただけに過ぎない。「凍結」仮説についてのこの現代的な修正，または拒絶さえも正当化づけるために，よく引照される事実には，主な 3 つの根拠がある。第 1 に，ある選挙から次の選挙までの投票での純然たる移動，つまりまとまった選挙変容傾向があるという事実である。第 2 に，新しい政党の結集と成功の事実があり，そのことは，大衆政治が「古い」政党，あるいはその国の選挙民より古い政党に単純にもう支配されないことを示唆している。第 3 に，より一般的に，利益媒介が新しく出現するという事実のみならず，組織的，代表的機能と市民を政策決定につなぐ装置としての政党の機能が没落したという事実がある（メーア 1996, 230）。

　しかしながら，もちろん 1992 年の言説であることに注意しなければならないが，メアは，ロッカンが 1960 年代後半に主張したほとんどのことが依然として有効であると主張する。すなわち，上記 3 つの変化のパターンは，それぞれ，脱編成（政党の衰退），再編成（新しい政党の出現），または両方（選挙の不安定の集積）から生じているにせよ，ほとんど選挙変化の多様性に由来している。しかし，この選挙変化のイメージはほとんど神話であるとメアは言う。メアによれば，経験的な事実は，ヨーロッパの選挙民が安定し続けていることを示唆していると言う。メアは，リプセットとロッカンが凍結，熟成，安定に関して，1960 年代後半に主張したことが，1992 年の時点でも有効であるとする（メーア 1996, 231）。

　メアは次のように述べる。要するに，1980 年代におけるヨーロッパの

130

第 4 章　福祉国家とポピュリズム

選挙民は，ロッカンが凍結仮説に言及した時期と同様に安定し，予測どおりであることが立証される。古い諸政党は，現在では，過去 30 年前よりも，新しく拡大した選挙民からかなり多くの票数を獲得している。それゆえ，選挙変化の普及した神話にもかかわらず，現在もなお明らかになっていることは，選挙の安定の連続と持続である（メーア 1996，237）。

　メアは選挙民と政党の持続的な関係の潜在能力を主張する。すなわち，メアによれば，ほぼあり得る実際に一般化できる説明は，農村地域から都市地域へ，つまり農業からサービス，工業への人口の大部分の移動がみられる巨大な社会変化や膨大な構造的移動にもかかわらず，大多数の投票者は，伝統的な投票選好を維持したままであるということである。階級構造は変化したかもしれないが，政治的境界は存続しているのである。実際，クリーヴィッジ構造を社会階層システムにとっての単なる別の用語と見なす見解は，凍結した政党システムや凍結したクリーヴィッジ構造が存在するのは基本的には凍結社会のみであることを意味している。これは明らかに支持できないとメアは言う（メーア 1996，240）。

　メアによれば，政党は，競争する環境を少なくとも部分的に形成する能力のある独立したアクターでもある。政党への支持の社会的基礎が社会構造の変化に沿って変化し，政党や政府の政策や優先事項も，新しい社会問題，対立，関わり合いによって変化する。政党は，その支持動員のアピールや方法に，順次，順応し，修正するのである。政党が首尾よくそうすることは，存続することによって明らかに証明されている（メーア 1996，241）。

　メアは結論として次のように言っていると思われる。率直に言って，ポピュリズムの隆盛，ポピュリスト政党の躍進はあまり考えていなかったのではないか？それはそれで貴重な観察ではないかと思われる。メアによれば，政党は重要であり続けている。政党は存続している。ロッカンがその凍結テーゼを精巧化する前から十分に活動していた古い諸政党は今日でも活動しており，新しい諸政党や新しい諸社会運動からの挑戦にもかかわら

131

ず，大部分の古い諸政党は強力で支配的な位置を保っている。それらは実質的な選挙による浸食を被っていない。現在の選挙のバランスは30年前から実質的に異なっていないし，一般的に過去より現在の選挙民は流動的ではない（メーア 1996, 242）。[5]

　しかし，中山の言うように，各国の政党の支持基盤の分析が進むにつれて，支持基盤が限りなく流動化し雑多になって行く既成政党と異なり，90年代の変貌以後のポピュリスト政党は明確な輪郭を持った有権者集団を支持の核にしていることが分かって来た。それは，学歴・所得・社会的地位が低い，いわば「民衆階層」であり，中でも恒常的に失業の脅威に晒されている若年男性が典型として浮かび上がる。この階層は，90年代に進行した労働市場の柔軟化や社会保障給付の削減や厳格化など，グローバル化に対応するための国民経済の構造改革によってもっとも大きな打撃を受けたため「近代化の敗者」とも呼ばれる（中山 2016, 28-9）。[6]

　ここで，フランスの「裏切られた鉄の街　大統領に怒り」と題されたルポルタージュを紹介しよう。極右 FN が「民衆的絶望」の地に根付いた例になるからである。フランス北東部の「鉄の街」アイヤンジュ Hayange。雪を模したイルミネーションが街を飾ったクリスマスや年越しにも，浮き立つ空気は乏しかった。影を落としているのは，鉄鋼世界最大手アルセロール・ミッタル ArcelorMittal の高炉である。2011年に火を消したまま，街を見下ろすようにそびえている。市は，下請けも含めて影響は2千人に及んだとみる。地元の女性は「レストランは店を閉じ，医者も減った。街は息絶えつつある」という。2基の高炉が休止したのは右翼サルコジ政権の時だった。政府は会社側と交渉したが，有効な手は打てないままになった。2012年の大統領選挙で左翼社会党のオランド候補は，労組の幹部とともにトラックにのぼり，「工場の買い手を見つけさせる」とぶち上げた。政権を奪うと，一時的な国有化もちらつかせたが，高炉に火は戻らなかった。ここに，極右政党 FN が根を張って来る。2014年の地方選挙で市政を握り，その後の選挙でも，ほぼ一貫して首位を維持してい

る。既存政党への失望が深いからである。FN は，2017 年 1 月，アイヤン
ジュに党の事務所を開いた。同月下旬，60 人ほどが集まった。「勝つぞ。
不可能なことなんてない」。そう確認したという（『朝日新聞』，2017 年 1 月
2 日，2 月 5 日）。[7]

　20 世紀末以降，グローバル化に伴う大きな構造改革と社会変動の結果，
西ヨーロッパ各国共通の政党制の「再編成」が起きたのではないかと考
え，ポピュリスト政党を新たな政党配置と選挙民再編成の中核に位置付け
る比較政治学者が登場している。ロッカン理論を継受し，その延長線上に
グローバル化を第 4 の「決定的転機」と位置付けるスイス人政治学者のハ
ンスペーター・クリージ Hanspeter Kriesi らは「再編成」の結果，各国
には新たな亀裂構造が成立したと説く。ナショナルな価値を奉じ，秩序と
規律を重んじる権威主義的な勢力に，コスモポリタンで社会的な多元性と
寛容を重んじるリバタリアン的な勢力が対抗する新たな「文化」の亀裂が
登場し，その影響を受けて伝統的な経済争点も，国民経済の開放か閉鎖か
というグローバル化への対応を巡る対立へと変質したという。福祉排外主
義を掲げるポピュリスト政党は，共産党などの極左政党の一部と共に，保
護主義と権威主義の極を形成し，コスモポリタンで開放経済を志向する大
企業・経営者団体やこれと結び付いた右翼の主要政党に対峙する図式にな
る（中山 2016，29）。

　西ヨーロッパ諸国において，1970 年代まで続く政党制が形成された 19
世紀末から 20 世紀初頭の時期は，民主化の時代であったと同時に，激し
い動員と高度の組織化が行われた大衆政治到来の時代でもあった。ドイ
ツ，オランダなど多くの国で，社会主義勢力と，キリスト教の各宗派勢力
が普選要求などを軸に大衆を動員し，強固な党組織を形成していった。加
えて，19 世紀末の「大不況」期には，労働者，農民，経営者などの職能
利益をベースにした職能団体の組織化が進んだ。ほとんどの国では，こう
した職能団体は，世界観を共有できる政党と密接な提携関係に入り，両者
はいわば車の両輪として互いに支え強化し合いながら，極めて密度の高い

大衆組織のネットワークを作り上げた（中山 2016, 30）。

　19世紀末以降の西ヨーロッパ諸国では，有権者の大多数が特定の政党とその系列のサブカルチュア構造によって組織されることになった。ロッカンが描き出した，明快で安定的な政党 - 有権者編成は，こうした大衆組織と政党の間の結合関係に支えられていた。したがって，1920年代までに成立した政党制が，戦後概ね70年代前後まで「凍結」された現象も，サブカルチュア構造の大衆組織の作用によって大部分が説明できる。有権者を政党に結び付けていた絆のうち，社会観やイデオロギーは，政治・社会的な変化に脆い一方，系列の職能団体に束ねられた経済的利害は，いったん組織化され政治システムの中に組み込まれると，強靭な適応力や復元力を発揮する。70年代以降，各国で既成政党が大きく得票を減らし，政党間の票の移動が急激に増え始めるのは，戦後の激変に耐えてきたサブカルチュア構造がついに崩れ出し，これに伴って既成政党の党員数が急速に減少し始めるのと完全に軌を一にしている（中山 2016, 30-1）。

　20世紀前半におけるサブカルチュア構造形成・強化の度合いが国毎の社会保障制度のあり方によって左右されたのは，ドイツやイギリスだけではない。というのも，19世紀末以降，西ヨーロッパ諸国で福祉国家の建設が始まった際，ドイツやイギリスの例と同じように，市民社会が下から自発的に構築した救貧制度や共済組合などを国家の設定した社会保障の枠組みに何らかの形で取り込み，規制，統制を加える代わりに一定の補助を与えるスキームを作ることで福祉国家の基礎を築いた例が多いからである（中山 2016, 34-5）。

　福祉国家の与えた影響は，サブカルチュア構造の興亡を説明する他の多くの要因と並ぶ，いわば補助線の一つに過ぎない。しかし，これまでの福祉国家の政治学的分析では，階級間の力関係や，政党・官僚制，職能団体などの合従連衡や綱引き，政策理念の影響などといった政治のあり方が福祉国家の形状とその変化を規定するという一方向の因果関係ばかりが注目されがちだった。これに対して近年は，いったん導入された社会保障制度

134

第 4 章　福祉国家とポピュリズム

がひとたび作動し始めると，今度は逆にこうした諸アクターの組織や行動
を規定し，政治の構造を変える，という逆方向の因果関係，すなわち，福
祉国家の「フィードバック」効果に注目する研究が盛んになっている。社
会保障制度やその改革のフィードバック効果に着目する視点は，20 世紀
の大衆組織政党のサブカルチュア構造の盛衰のみならず，今日のポピュリ
スト政党の急伸の背景と今後如何という問題を考察する上でも役立つこと
が期待される（中山 2016，36-7）。

2　福祉排外主義とポピュリズム

　ポピュリスト政党の側から見た場合，福祉排外主義は複数の動員戦略の
一つに過ぎないが，他にない戦略的な利点を持つ。福祉排外主義は，社会
保障の負担と受益に関するある種の公正さやグローバル化の下の経済効率
や競争力を根拠とするが故に，人種主義のレッテルを避け，移民排斥へ
の世論多数派の抵抗感を小さくする効果を持つ可能性がある（中山 2016，
38）。

　例えば，オランダのコラムニストであり，フォルタイン党の創設者で
あったピム・フォルタイン Pim Fortuyn は先鋭なイスラム批判で知られ
たが，2002 年総選挙の選挙運動においてはこれを控え，代わりに移民の
流入によって医療を含む公共サービスの質が低下しているという主張を前
面に押し出した（中山 2016，38：水島 2012，119）。

　水島治郎によれば，2002 年にフォルタイン党が支持を拡大できた理由
は何かと問い，次のように述べた。第 1 は，紫連合政権下で，既成政党
への信認の大幅な低下が生じていたことである。紫連合という新たな政
党連合の成立は，皮肉にも既成政党そのものへの不信を募らせる結果と
なった。フォルタインは既成政党の政治家を「ハーグの寡頭支配階級」と
呼んでひとまとめに批判し，有権者の支持を集めることに成功した（水島
2012，106-9）。第 2 は，第 2 次コック政権（1998-2002 年）が成立した頃か
ら，公共セクターの質の低下が指摘されるようになり，その責任が政府に

135

直接向けられたことである（水島 2012, 109）。第3は，移民・難民問題である。経済状況の好転にもかかわらず，都市の犯罪はほとんど減少していない。オランダ人の多くが治安の悪化を身近に感じる中で，移民と犯罪の増加を結びつける議論が増えて行く。そして，住民の安全を守ることが出来ない政府への批判が高まるなか，2001年のアメリカ同時多発テロ以降，モスクやイスラム学校への脅迫といった形で，反移民感情が表出することになったからである（水島 2012, 110-1）。

そうであれば，福祉排外主義の潜在力が高いほど，その国のポピュリスト政党は移民の経済的コストや社会保障をめぐる不公正を前面に出すことで，より広い選挙民層を獲得したり，議会や選挙での協力を拒絶していた既成政党を翻意させたりすることが期待できる（中山 2016, 38）。

フィードバック効果の分析に際しては，デンマーク出身の社会・政治学者エスピン・アンデルセン（Esping-Andersen 1985）のレジーム論などのように既成の類型を天下り式に流用する安易な姿勢は避けるべきである。福祉排外主義の潜在力は，ⅰ）移民が自国民とは別のグループとして認識されるほど，ⅱ）グループとしての移民の受給が不当なものとみなされるほど，高まると定式化できる。ⅰ）を「他者性」と呼ぶことにする。ⅱ）の「不当なもの」という表現は，フィードバック効果など現代福祉国家分析の鍵概念の一つである「受給妥当性 deservingness」に由来しており，失業手当や扶助の受給者が真にその受給に価するか否かという世論の受けとめを指している（中山 2016, 39）。

デンマークでは，1990年代後半以後，西ヨーロッパ諸国の中でも福祉排外主義の潜在力がもっとも高くなったと考えられる。これを利用したデンマーク国民党は福祉排外主義を前面に掲げて，幅広い世論に浸透した結果，禁忌の壁は早期に打破され，中道右派の左翼党など既成政党にも福祉排外主義など移民排斥政策が波及した。その結果，国民党は2001年に正式に政権入りした。オランダでは，2002年のフォルタイン党は，底となった失業率を背景に，イスラムの反近代性を唱える先鋭な排斥論に福祉排外

第4章　福祉国家とポピュリズム

主義を織り交ぜることで，幅広い世論に浸透し，政権入りを実現した（中山 2016, 43）。

　しかしながら，フォルタイン党は，政権入りを果たした後は，内部分裂もあり，霧散解消して行くことを銘記する必要がある。水島によれば，フォルタイン党が 2002 年の総選挙で第 2 党に躍進して以降，さまざまな右翼ポピュリスト政党や政治運動が政治の表舞台に現れ，移民を声高に批判しつつ，旧来の政治エリートを否定して，「国民の声」の代弁者の座を争って来た。しかし，中でも，10 年以上にわたって下院で議席を確保し，2010 年には閣外協力ながら政権の一翼を担った自由党 Partij voor de Vrijheid = PVV ほど，長期にわたってメディアの注目を集め，政治的影響力を持続的に発揮して来た右翼ポピュリスト政党はない（水島 2016a, 135）。したがって，中山の言うフォルタイン党オランダモデルは有効であったのはほんの短期間であったということができよう。

　オランダでは，2017 年 3 月 15 日，総選挙が投開票される。選挙を前にして PVV が首位の勢いを保っていると報道されている。以下，そのルポルタージュの一部を紹介しておきたい。国際的な港湾都市ロッテルダムの近郊，人口 7 万人の町スパイケニッセ Spijkenisse で，支持者約 200 人の前で，PVV の党首ヘルト・ウィルデルス Geert Wilders は「自分たちの手に国を取り戻す時が来た」と訴えた。PVV が選挙運動のスタート地点にここを選んだのには理由がある。前々回，2010 年の総選挙で 27％，前回 2012 年は 20％の票を得るなど，支持が高いためである。スパイケニッセはロッテルダムのベッドタウンである。世論調査機関の 2017 年 2 月 12 日の調査によると，PVV は下院選挙で第 1 党となり，150 議席中 30 議席を得ると予測されている（『朝日新聞』，2017 年 2 月 19 日）。一方，『日本経済新聞』は次のように伝えている。すなわち，「われわれのオランダを取り戻そう」。国民にこう呼びかけるウイルデルスは，EU 離脱，イスラム教の聖典コーランや礼拝所の廃止などを公約にしている。世界から批判を浴びたトランプアメリカ大統領によるイスラム圏の入国制限令には

137

「よくやった。私も同じことをする」と応じた。[8] ただ，下院選挙は30近い政党が参加する比例代表制で，政権の獲得には連立相手が必要である。主な政党はPVVとの連立を拒んでおり，ポピュリスト政権の誕生は現状では難しい。それでも，ウィルデルスのPVVが議席を大きく伸ばせば，その盟友であるフランスのFN党首のマリーヌ・ルペンにフランス大統領選挙で追い風が吹きそうである（『日本経済新聞』，2017年3月12日）。2016年3月13日，最大与党である自由民主人民党（VVD）のマルク・ルッテMark Rutte首相とウイルデルスが一騎打ちする討論会がロッテルダムで開かれた。総選挙前の両党首の直接対決は初めてであった。トルコの憲法改正をめぐる国民投票の在外投票のキャンペーンのためにトルコ閣僚がオランダ入りするのを政府が阻止したことについて，ルッテ首相は「私は正しいことをした」と主張したのに対して，ウイルデルスは「トルコ大使と職員を国外退去処分にするべきだ」とさらなる強硬策を主張した。EUについて，ウイルデルスは「主権を取り戻すために離脱する」と主張したのに対し，ルッテは「雇用を支えるEUからの離脱は大混乱を招く」と反論した（『朝日新聞』夕刊，2017年3月14日）。

　少し長くなるが，オランダの今回（2017年）の総選挙の結果をまとめておこう。オランダの金融経済学者シルベスター・アイフィンガーSylvester Eijffingerは「オランダ総選挙が欧州にもたらした『転機』」と題して，2017年3月27日，次のようにコメントした。すなわち，先週実施されたオランダ総選挙の結果は，ポピュリズムに打撃を与えた。反EUや移民排斥を唱える極右のPVVの議席獲得が予想を大幅に下回ったことは，ヨーロッパ各国で，本年，総選挙が相次いで予定されている中で，幸先の良いスタートとなった。自由民主人民党のルッテ首相が留任する公算が大きいオランダの新政権は，税制の長期的な見直しを含めた重要な構造改革を進め続ける可能性が高い。こうした改革の最善の手法は，複雑な税控除の廃止や所得税率の均等化を通じて税制を透明かつ効率的にする一方で，長期的な経済成長の基盤を築くことにある。同国の財政が大幅な黒字

第4章　福祉国家とポピュリズム

である点からすれば，新政権はインフラ投資を増額できるだろう。すでに
ヨーロッパ最先端のレベルに達しているデジタル化もさらに加速し，生産
性はさらに向上するだろう。新政権はまた，EUとユーロに対して批判的
ながら建設的な姿勢を取り，難民問題などの解決に向けてEUを後押しす
ると予想される。仮にそうだとすれば，マリーヌ・ルペン党首率いるフラ
ンスのFNや「ドイツのための選択肢」（AfD）といった極右政党が今年
の総選挙で躍進する公算は薄まっていると言えよう。オランダ新政権が果
たす役割も重要である。ヨーロッパの域内で信頼感を回復させるには，ド
イツやオランダのような黒字国が欧州投資銀行の支援の下でインフラ投資
を増やすことに合意する必要がある。一方で，フランスやイタリアのよう
な赤字国は，労働と製品の市場で構造改革を進め，経済成長の可能性を
高めねばならない（『東洋経済オンライン』2017年3月23日：http://toyokeizai.
net/articles/-/164262）。

　水島は，今回のオランダの総選挙は，ルッテが率いるVVDが第1党を
維持したが，既成政党が「反移民」に傾いて自由党から票を奪ったという
面もある。既成政党のポピュリズム化はヨーロッパで続くであろうと，
2017年3月17日の新聞紙上の談話で述べた。まったく同感であるが，そ
の背景として次のようにメンションしていることが，本稿にとってはさら
に重要である。すなわち，水島によれば，ヨーロッパでは，所得格差を示
すジニ係数が小さい国，つまり所得の再分配が出来ている国で「右翼ポ
ピュリズム」が台頭している。オランダもその一つである。移民や難民も
再分配の対象として手厚い社会保障を受けているとみなされ，右翼ポピュ
リストの攻撃対象になりやすいためだからである（『朝日新聞』，2017年3月
17日）。所得格差が大きいからこそポピュリズムが起きるというのではな
く，所得格差が小さくても，あるいは小さいからこそ，ポピュリズムの温
床になるというのがオランダの例かもしれない。

　水島によれば，2017年3月15日の投票日には，オランダ各地の投票所
に有権者が列をなして並び，各国のメディアがそれを世界に報道した。

139

最終的な投票率は81.9%に達した。注目のPVVは前回選挙時（2012年）の15議席を上回る20議席を獲得して第2党になったものの，第1党のVVD（33議席）に大きく水をあけられ，政権獲得は夢に終わった。連立与党の労働党の大敗は衝撃的だった。前回の38議席の大半を失い，9議席に落ち込む歴史的な大敗を喫した。キリスト教民主アピールは，前回より6議席増の19議席を獲得したが，水島の印象では，キリスト教民主主義と社会民主主義という，イデオロギーと系列組織に安定的に支えられていた労働党とキリスト教民主アピールという両勢力が主役を占めた20世紀型の政治が終わりを告げつつあると言う（水島2017, 211-2）。

　さて，本稿のメインであるフランスであるが，フランスの福祉排外主義の潜在力は極めて低い部類に入ることになろうと中山は言う。すなわち，1990年代の路線転換以降，FNはかつて左翼を支持していた民衆階層の支持を集めて躍進したものの，その間も先代党首のジャン・マリ・ルペン（父）は第2次世界大戦後を通じて掲げて来た露骨な人種主義的言説を決して弱めようとはしなかった。つまり，FNは福祉排外主義の力を借りて移民排斥への抵抗感を緩和することで，いわば裏口から支持を拡大して来たのではない。逆に異文化排斥やイスラム嫌悪を前面に掲げて，党の核となる価値観に賛同する有権者を増やす，いわば力攻めの道をとって来たのである（中山2016, 45）。「裏口」とか「力攻め」というのは，中山の独創的な用語であろうか。言い得て妙である。

　中山によれば，党の指揮権を引き継いだマリーヌ・ルペンが父の負の遺産を清算し，福祉排外主義を前面に出すことになれば，党の「脱悪魔化」を達成して政権参加へと向かう見通しにも疑問符がつくことになると言う。新旧党首間の骨肉の争いで問題になっているのは，移民排斥路線そのものの是非ではなく，反ユダヤ主義，歴史修正主義など，今や有効性を失い，国民の大多数を遠ざけるだけとなった古いイデオロギー的要素の精算であり，新党首の下のFNはいわば「普通の」反移民政党に純化しようとしているに過ぎない。父の代に「力攻め」で切り開かれた今日の党の支持

140

基盤の核にあるのは，民衆階層が認識する経済利益ではなく，引き続きエスノ文化要素なのである（中山2016，45）。筆者もマリーヌのFNには父の代からの連続性が基層にあると思う。と同時に，反移民はエスノ文化と重なると思われる。また，福祉排外主義は，エスノから発進される一国福祉国家主義である。マリーヌには「力攻め」の要素だけに収斂しているのではないことに注意したい。[9]

　エスノ文化的な移民排斥の旗幟を鮮明なまま掲げ続けることで，当分の間，FNが今後もフランスの政党制の中で孤立し続けるとすれば，それは果たして福音であろうか，と中山は問う。2010年以降のスウェーデン民主党の躍進は，福祉排外主義によって，移民排斥への抵抗感を薄めて本来の支持基盤の外に得票を広げたというより，多文化主義政策の混迷に対するエスノ文化的な反発が広がりつつあることを示すと見るべきであろう。この場合，同党が強調する「国民の家」たる福祉国家の防衛は，FNが1980年代以来使って来た「フランス人優先」などの表現同様，具体的な社会経済利益の擁護ではなく，エスノ文化共同体としての「国民」の徴表ないし言い換えに過ぎないと理解できよう，と中山は述べる（中山2016，45-6）。

　中山によれば，「エスノ文化共同体としての『国民』の徴表ないし言い換えに過ぎない福祉国家の防衛は，具体的な社会経済利益の擁護ではない」ということになるのかもしれないが，福祉国家の防衛をマニフェストとして掲げることは，具体的な社会経済利益の擁護を目指すものであり，十分福祉排外主義であると言えよう[10]。オランダの政治学者カス・ミュデCas Muddeは，1999年の論文で次のように述べている。すなわち，近年の極右政党は，移民問題から離れるというより，超えるようになって来ている。今日では，反政治，福祉国家，法と秩序のような他の問題は移民問題から切り離されるようになって来ているかもしれない。しかし，まさにFNのような「筋金入りの」国家主義的，外国人嫌いの極右政党は，反政党感情や治安の問題，もっと明白なのは社会経済政策や犯罪の問題を，

直接的に移民問題に結び付けようとしている。ほとんどの西ヨーロッパ諸国で，以上の問題は公的なアジェンダとして高い地位にあり，政治的アジェンダになりつつある。ミュデはさらに付言する。もっと言えば，極右政党は，イデオロギーの中心にナショナリズムを置き，EU 問題においては「原理的反対」の位置をとる。このことはこの数年来突出していることである。西ヨーロッパに急速に広まっている政治と既成政党への不信に結びついて，「原理的反対」は極右政党に肥沃な土壌を提供している。それゆえに，極右政党にとって，移民問題は重要な政治問題であり続けるであろう（Mudde 1999, 193）。

　したがって，ここでは，マリーヌ・ルペンが率いる今日の FN のような右翼ポピュリスト政党への変貌も考慮しなければならないだろう。これに関連して古賀が次のように主張していることが参考になる。すなわち，右翼ポピュリスト政党は，移民・難民問題を文化的な排外主義の観点のみではなく，福祉争点や治安争点と結び付けた。福祉争点では，改革により社会保障制度が縮減するなかで，移民・難民の増加が福祉制度への負担となっていると主張した。こうした主張は，改革の進展により打撃を受けた人々を想定したもので，右翼ポピュリスト政党が労働者層から支持を集める政党に成長した背景の一部と考えられている（古賀 2016, 6）。

　中山は言う。「力攻め」でエスノ文化的な排外主義をより多くの国民に浸透させて行こうとするのがフランスやスウェーデンの急進右翼政党の行き方だとすれば，容易に政権には近づきえない代わりに，比較的高いイデオロギー的凝集性を持った少数派が，急進化して政治的発言力を増すことで，国内世論が分極化して行くリスクが高くなる。福祉排外主義を通じて「脱悪魔化」され，勢力を伸ばすと途端に，政権入りして，既成の保守ブロックに統合されて行くという「落としどころ」が期待できるオランダやオーストリアなどのケースと比べて，どちらが政治的コストが大きいだろうか（中山 2016, 47）。

　中山の言説に逆らって言えば，福祉排外主義は「脱悪魔化」という過程

142

第 4 章　福祉国家とポピュリズム

をたどるのだろうか？　言い換えれば，排外主義はやはり「悪魔」という
印象が筆者にはある。さらに言えば，「落としどころ」も中山らしい要点
を押さえた簡潔で見事な洗練された用語であるが，筆者のイメージには既
成の保守ブロックに統合されて行くことはポピュリズムにとって終着駅で
はないかと考えている。つまり，統合されてしまえばポピュリズムはそこ
で終わったと思う。飛躍するが，筆者は，大阪維新の会も保守に統合され
つつあり，ポピュリズムの時期を終えつつあるのではないかと観察してい
る。ヨーロッパ政治を専門に研究する政治学者吉田徹によれば，ファシズ
ム体制や権威主義体制といった政治体制が語られる際，その政治や指導者
のポピュリズム的性格が指摘されることはあっても，ポピュリズムそのも
のが政治体制として位置づけられることはない。それは，ポピュリズム
が，一時的な運動であるというその性格に起因していると言えるだろう，
と述べている（吉田 2011，71：国廣 2017，83）。FN について言えば，保守ブ
ロックに統合されてゆくのか，保守とは違った新たなブロックを形成して
ゆくのか，今のところ予断を許さない状況にあるというのが私見である。

　ここで，1998 年の FN の分裂について再考してみることが有益である。
古賀によれば，意思決定やリクルーティングなどにおいて集権的な構造を
有したが，ジャン・マリ・ルペンは党組織の拡大やイデオロギーの精緻化
など党の刷新の中核部分をサブリーダーに依存した。そのことで，ブルー
ノ・メグレ Bruno Mégret らサブリーダーたちがルペンに挑戦する余地が
残った。さらに，当時，市長職を獲得したトゥーロン Toulon 市など，一
部の地方議会で古典右翼との協力関係の構築に成功し，地方行政を担うこ
とで，政権志向を持った勢力が拡大し，メグレを支持した。ルペンの存在
は，FN の権力獲得を阻害するとの見解が妥当性を高め，メグレ派のルペ
ン離れを決定的なものとした（古賀 2008，176-7）。

　ブルーノ・メグレは，1996 年，彼がまだ FN のナンバー 2 であった時，
こう述べたことがある。「今日，われわれは，治安と移民の分野での適任
者だと思われている。明日は，第 3 の重要な領域を制覇しなければなら

143

ない。すなわち，経済問題と社会問題である」（Mudde 2007，133）。私見では，メグレはおそらく「脱ポピュリスト政党」を構想していたのではないだろうか。これに引きかえルペン（父）の方は，構想しなかったというより，出来なかった。体質的にポピュリストであったということが出来る。それでは，マリーヌ（娘）はどうか。マリーヌ・ルペンの政党は，メグレの言う「第3の重要な領域」を十分意識していると考えられる。端的に言えば，マリーヌ・ルペンは父よりもメグレに近いと言えるかもしれない。よって中山の言う「力攻め」ではないことを論理化して行くことは出来ないかと考えていたところに，次のようなニュースが入って来た。

　フランス大統領選選挙は，2017年4月23日の第1回投票まで残り1か月半を切り，FN のマリーヌ・ルペンが支持率でリードし，無所属のエマニュエル・マクロンが追う展開になっている。このタイミングで，マリーヌ・ルペンは読売新聞の書面インタビューに応じた。マリーヌは，「優先する政策」として次のように回答した。「大統領に当選した場合，就任から6か月後に，EU 離脱の賛否を問う国民投票を実施し，（EU 離脱を目指す）私の意思に国民が付いてこない場合は大統領を辞任する。『フランス人優先』を明記する憲法改正に向けた国民投票も出来るだけ早期に実施する」。読売新聞の記事によれば，マリーヌは EU からの離脱を事実上の「単一争点（シングルイシュー）」として大統領選挙に臨む方針を強調した（『讀賣新聞』，2017年3月13日）。ここにマリーヌの父親に勝るとも劣らないポピュリストの本領があるのかもしれない。換言すれば，マリーヌは「力攻め」（中山）で大統領選挙を勝ちに行こうとしていると言ってもよいのだろうか。[11]

　そのような意味では，社会学者宮島喬の次のような指摘は適切であると思われる。すなわち，宮島によれば，昨今，FN 党首マリーヌ・ルペンのメディアへの登場が増えているが，その発言をチェックすると，次のように要約されると言う。すなわち，反 EU，国家主権の回復，国境管理の全面復活，国籍法における生地主義と重国籍の廃止，雇用や住宅入居におけ

144

るフランス人優先，原理主義テロリストへの厳罰（死刑復活を含む）。そして，議論がイスラーム批判に及ぶと，とってつけたように「彼らは政教分離に従わないから問題」と述べたりする。副次的にせよ，「イスラムフォビア」の醸成は，FN の戦略の一つであろう（宮島 2017, 8）。

　カス・ミュデは，1999 年の論文「単一争点政党テーゼ：極右政党と移民問題」の中で次のように述べた。すなわち，ミュデは単一争点政党を次のように定義する。ⅰ）特定の社会構造に根ざす選挙民を持たない，ⅱ）有力な単一争点を基盤として圧倒的に支持される，ⅲ）イデオロギー的なプログラムを欠き，ⅳ）ただひとつの全範囲的争点に焦点をあてるような政党である（Mudde 1999, 184）。

　ミュデによれば，1980 年代は，西ヨーロッパの政党システムにおいて，2 つの新しい政党ファミリーの登場がもたらされた。それらは，1980 年代初期から始まった左翼リバタリアン，もしくは緑の党のファミリーであり，もう一つは，1980 年代中期に興った極右政党のそれであった。これらの政党ファミリーについて，ある人たちは，これらの政党ファミリーは，新しい自由主義―権威主義クリーヴィッジの顕現の結果であると考え，他の人たちは，争点投票の増大する重要性の証明として突然の高まりが生じたのだと解釈した（Mudde 1999, 182）。

　水島は，既成の政治勢力は，ポピュリズム勢力にどう対応すればよいのだろうかと問い，ミュデの研究を参考にしながら，次のように 4 つのパターンに分類して述べる。第 1 のパターンは，「孤立化」である。既成政党がポピュリズム政党と協力したり，ともに連立したりすることを避けるという対応である。第 2 のパターンは，「非正統化」あるいは「対決」である。この場合，既成勢力は，ポピュリズム勢力の正統性を全面的に否定し，場合によっては，積極的に攻撃を仕掛ける。第 3 のパターンは，「適応」あるいは「抱き込み」である。この場合，既成勢力はポピュリズム勢力の正統性を一定程度承認したうえで，このポピュリズム政党の挑戦を受け，自己改革に努める。第 4 のパターンは，「社会化」である。ポピュリ

ズム勢力を否認せず，デモクラシーのアクターとして認め，積極的にポ
ピュリズム勢力に働きかけ，その変質を促す点が特徴的である，とする
（水島 2016b，24-6）。[12]

　筆者の察するところ，水島のポピュリズム言説は，第4のパターン，
「社会化」をベストと判断していると思われる。それに対して，筆者のポ
ピュリズム観は，ポピュリズム勢力の正統性を承認しないで，「適応」あ
るいは「抱き込み」を図ろうとする第3のパターンである。すなわち，正
統性を承認しようがしまいが，現にポピュリズム勢力は存在しているわけ
であるから，「適応」あるいは「抱き込み」は至難の業となる。しかし，
それが「政治」なのではなかろうか。

　福祉国家のフィードバック効果によって福祉排外主義の潜在力は維持・
再生産され続け，ポピュリスト政党がこれを利用して生き残り続ける可能
性も高まるといえる。ポピュリスト政党は，19世紀末に登場した社会主
義政党・宗派政党のように，大衆組織によって，選挙民と固く結びつけら
れているわけではない。つまり，ポピュリスト政党が仮に「凍結」される
としても，福祉国家の諸制度は，20世紀前半のように大衆組織を媒介す
るのではなく，直接にイデオロギーや価値観に基づく「クリーヴィッジ」
を再生産し続けるというメカニズムによることになり，クリーヴィッジを
担う政党の姿形や選挙民との結びつきは，20世紀のフランスと同様，は
るかに流動的なものになると考えられる（中山 2016，48）。

　福祉国家における外国人・移民について，宮島喬は次のように述べてい
る。すなわち，世界の他の諸地域に比しても，西ヨーロッパが先行してい
たのは，福祉国家化だったといってよい。イギリス，フランス，ドイツ，
オランダ，スウェーデン等はいずれも，福祉国家の水準では高位に属し，
移民受け入れもほぼそのような受け皿のもとで行われた。西ヨーロッパ諸
国の多くでは，日本と異なり，住宅も社会保障の一部門に位置づけられ，
住宅手当が設けられ，住宅困窮度に応じて公的住宅（社会住宅）への入
居が保障された。また内外人平等は原則だった。なかにはオランダのよ

うに，憲法に，「福祉の拡大」や「健康の増進」と並んで「十分な居住機
会の促進は，公的機関が配慮する事項である」（22条2項）と明記してい
る国もあり，同国は，後の80年代のマイノリティの統合政策の展開のな
かで，住民たちの住宅保証には比較的スムーズに対応しえた（宮島2016，
49）。

　しかし，フランスではオランダのようには行かなかった。宮島によれ
ば，フランスでは，社会住宅の建設の立ち遅れにもかかわらず，いわゆる
レセ・フェール受け入れを続け，批判が強かった。パリの半郊外地域に展
開された「ビドンヴィル」（掘立小屋街）の存在は，久しく移民労働者の
受け入れのインフラの欠如，貧困のシンボルとされ，この問題の解決には
時間がかかった。1980年代には，失業率が10％を超える国は増え，移民
の失業率はそれよりも目立って高まるから，それと関連づけて「福祉国家
の危機」という議論も生まれる。移民たちが雇用保険や公的扶助の受給者
となる確率は非移民よりも高まって来ることを捉え，「危機」の元凶を，
外国人・移民の存在に求める論も聞えるようになる（宮島2016，51）。

　宮島によれば，転機は1984年のEC議会選挙だと言う。この選挙で
FNは11％の得票率で，フランス割り当て議席のうちの10を占めること
になった。「移民の規制」を正面にかかげ，「300万人の失業者，300万人
の移民」という単純きわまる言説を操作する，ヨーロッパ統合への思いな
どてんから持たない勢力がEC議会議場に足を踏み入れることになった。
従来の西ヨーロッパ諸国において，移民マイノリティの地位・権利の問題
については，政治争点化は出来るだけ避けるというコンセンサスが主要政
党にはあったと言えた。それがフランスで変わる具体的きっかけを，この
出来事は作った，と宮島は言う。10数％の票を集める勢力が政治の一角
を占め，「移民の規制」を絶えず正面スローガンの一つに掲げるようにな
れば，移民に関わる問題は政治の議論の俎上に上らざるをえないとして，
宮島は「月並みな言葉だが，タブーが解かれたというべきだろうか」と述
べる（宮島2016，225-6）。

たしかに，FN がタブーを解いた側面はあるが，必ずしも FN の独創とは言えない側面もある。FN が時代の趨勢にうまく適応していたと言ったらよいのだろうか。したがって，FN が一定の支持を得ているのは，フランス政治史研究の泰斗ルネ・レモンの指摘にそって簡単に言えば，移民の増加，EU という超国家的な政治体への統合計画，国民的アイデンティティーの維持とフランスの歴史の今後に関する問いかけの前で，多くのフランス人は，自らの国の将来に大きな不安を抱いている。FN の力をなしているのは，これらの感情，危惧，記憶の集約である。さらにリーダーの弁舌の才能も加えられる（レモン 1995, 84；宮島 2016, 235）。[13]

レモンの指摘に一言付言すれば，FN が一定の支持を得ているもう一つの要素として，福祉排外主義を挙げたい。すなわち，FN が隆盛になって行くのは福祉排外主義路線に乗ったからであるが，福祉排外主義とは，考えてみれば，福祉国家のある種の構造転換ではないだろうか。ここで，そもそも福祉国家とは何か，その基本から考えてみたい。

3　福祉国家の基本問題

フランスの歴史社会学者ピエール・ロザンヴァロン Pierre Rosanvallon [14] は，次のように話を始める。すなわち，民主主義の命じることがもともとの国民的枠組みを越える傾向にあること，また人々は解放と正義をより大きな尺度で考えようとしていることは，今や明白である。選挙のメカニズムはまだ本質的に国民のレベルにとどまってはいるが，他方で公共空間は世界規模のものとなり，かつては見られなかったような監督と統制の諸形態が生じている。その結果として，解放の空間も同様に拡大している。今や運動は開始されており，それは 19 世紀における普通選挙達成の運動と同様，不可逆的なものである。しかし，現在の運動は，普通選挙運動とは同じ道をたどりそうにはない。おそらく民主主義のグローバル化は，部分的民主主義を生み出すだけで，いくらかの権利を保障することに限定され，共通の選挙手続きを採択するということからは遠く，お

148

おむね調整的業務にとどまるだろう（ロザンヴァロン 2006，ⅰ-ⅱ）。

　意識する領域の拡大から，それを制度化するに至るまでの道のりは遠い。また，調整機構の国際的増大から，何らかの超国民的な主権へとたどり着くまでの道のりは遠い。そのため，民主主義の観念は，国民という範疇から結びつきを断ち切ることが出来ない。かくして，主権論者の主張する閉じた国民に対置しうる「開かれた」国民の前には，なお書かれるべき未来が控えているのである（ロザンヴァロン 2006，ⅱ）。

　しかしながら，ロザンヴァロンによれば，われわれが直面しているのは，国民が低次の次元で解体の危機に晒されているという事態である。世界中で分離独立の運動が繰り返されている。こうした運動は，単純に文化へと内向して，アイデンティティーを積極的に称揚するに至るのではまったくなく，多くの場合，すでに受け入れられて来た連帯の規範[15] から後退している現れである。コストの高い再分配を行うよりもむしろ，国民国家の規模をより同質の集団へと限定することを望む者たちがいる。今日，ヨーロッパでは，この方向への誘惑は強い。ベルギーでは，フラマン人はワロン人のために負担しすぎていると感じているため，もはや彼らは共通の福祉国家を作るのを望んでいない。イタリア北部では，極めて貧困だとみなされる南部からの政治的な独立を訴える者の数が増加している。同様な理由から，チェコ人とスロヴァキア人は分離独立した（ロザンヴァロン 2006，ⅲ）。ロザンヴァロンの発言から 10 年以上が経過した今日，分離独立の運動としてカタルーニャ独立運動とスコットランド独立運動を加えてもよいかもしれない。さらに言えば，イギリスの EU 離脱もある種の分離独立である。いずれも「コストの高い再分配を行うよりもむしろ，国民国家の規模をより同質の集団へと限定する」という点で共通していると思われる。

　今日の経済理論が強調するところでは，小規模の国民は大規模の国民よりも「コスト」が安い。国民国家の規模が大きくなればなるほど，それを構成する集団の異質性は強くなる。その結果，こうした差異を管理するた

めの再分配のコストがより増大する。逆に，国民が小規模で同質性が高い
ほど，福祉国家の支出は少なくなる。このように述べた後，ロザンヴァロ
ンはまことに貴重な発言をする。至言というべきである。「一見，単独で
作動しているかに見える政治的あるいは文化的ナショナリズムの陰で，知
らず知らずの内に連帯の考え方が貧困なものとなっている」（ロザンヴァロ
ン 2006, iv）。考えてみれば，ネーション（国民）とは「連帯」の意味で
はなかったのではないだろうか？同じようにポピュリズムとは民衆のほう
にという意味で，排外という言葉になじまないはずである。福祉排外主義
は連帯に背を向ける。ポピュリズムが福祉排外主義を唱えるとは，もとも
と言語矛盾ではないかという思いがよぎるのである。

　ロザンヴァロンによれば，このようにして，国境や人々の意識が開かれ
ると同時に，参与・共有可能な領域は縮小している。われわれの社会は精
神的には分裂しており，世界の悲惨を前にして真摯に共鳴する態度と，既
得権益を頑なに守ろうとする態度とが，平和裡に共存している。固有の意
味での政治社会空間の弱体化が問題となっている。連帯が強固に組み立て
られておらず，その結果，連帯の感情を一貫したかたちで表現するのが困
難になっている。「人道的」援助の発達に，財政・社会負担からの脱税の
増加が随伴しているのが，その兆候である。われわれの社会においては，
連帯についての2つの考え方がより鮮明に対立するようになった。一方で
は人類の連帯があり，他方で市民の連帯がある。現在大きな誘惑となって
おり，あちこちで見られるのは，このような市民の連帯への要求を後退さ
せ，経済面でより負担がなく，メディアの世界ではより華々しい人類の連
帯を目指そうという動きである。連帯の感情は広がっているが，その内容
の額は減少している。これがグローバル化の隠された沈黙の一面である
（ロザンヴァロン 2006, iv‐v）。市民‐連帯‐グローバル化というふうに，い
ろいろと考えさせてくれるのがロザンヴァロンの言説である。

　そして，国民についての新たな見方を求めることには，来たるべき未来
がある，とロザンヴァロンは言う。すなわち，国民の使命は，世界が大局

でなしえないことを小規模で行うことである。国民においてこそ，一般的なものと個別的なものとが積極的に結びつく。国民は遠くと近くの間で踏み台となって，普遍的なものを実践的に試す形態を描き出す。グローバル化を問うことと連帯を考えることとは，このようにして，われわれの社会において，民主主義の問題を国民の問題へと結びつけ直すことへと収斂する。現在は様々な先進諸国において，新たな社会問題を言い表すことが不可欠な時代であることに，心を留めておかねばならない（ロザンヴァロン 2006，v‐vi）。まことにロザンヴァロンの言うとおりだと思われる。しかし，FNの福祉排外主義も一つの社会問題として提起されている解釈は可能である。だが，それはロザンヴァロンの言う「連帯」とは正反対の言説となっている。問題はその先にある。というのは，ロザンヴァロンも「国民についての新たな見方を求める」と主張するからである。たしかにFNの掲げる「国民」は旧来のものかもしれない。とはいえ，グローバリゼーションの時代に「国民についての新たな見方を求める」というのはどういう意味になってゆくのだろうか，気になるところである。

　これについて，社会思想史学者北垣徹は「訳者あとがき」のなかで，次のように述べる。すなわち，ロザンヴァロンは，最終的に，福祉国家の再建には国民の再創造が必要であると主張する。注意すべきは，その場合の国民とは，単なる排外主義的なナショナリズムとは関係がないということである。ロザンヴァロンの述べるところによれば，国民とは何よりも「これから活性すべき再分配の空間」である。それは所与のものではなく，これから建設されるべき何ものかである。したがって，ロザンヴァロンの言う国民とは，ある国民的象徴に同一化することによって産み出されるものではなく，また外部の敵を想定して内の凝集力を高めることによって産み出されるものでもない。ロザンヴァロンは国民概念の「ポピュリズム的逸脱」を批判しつつ，その民主主義的・連帯主義的次元を正確に見据えねばならないと主張している。ロザンヴァロンが国民という水準を強調するのは，連帯を国民の水準で形成しなければならないということであり，それ

151

は具体的には，保険料ではなく租税によって賄われる福祉国家の創造を目指しているということになる（ロザンヴァロン 2006，256）。

　ここに，ロザンヴァロンの言う「新たなる社会問題」があるのかもしれない。これについてロザンヴァロンは次のように言う。すなわち，「社会問題」－ 19 世紀末に用いられるようになったこの表現は，当初は生まれたばかりの産業社会が抱える機能不全を意味していた。その後，経済成長の恩恵を受け，また社会闘争によって得た成果により，当時のプロレタリアの生活条件は根底から変わっていく。福祉国家の発達は，ほぼ過日の社会不安を拭い去り，明日への恐れを打ち消すまでに至った。フランスの高度経済成長の時代である「栄光の 30 年」の終わりを迎えた 1970 年代末頃には，社会が必要から解放され，個人は生存の基本的リスクから保護されるというユートピアが，手の届くところにあるように見えた。逆に，1980年代初頭からは，失業の増加と新たな形態の貧困によって，われわれははるか後方に連れ戻されるかのように思われた。[16] しかし，同時に，単に過去の問題へと回帰して行くのではないのだということも分かって来る。排除という新たな現象は，搾取というかつての範疇には収まらない。かくして新たな社会問題が出現したのである（ロザンヴァロン 2006，1）。[17]

　ロザンヴァロンによれば，民主主義の政治生活と社会生活とはますます同一のものとなりつつある。あるかたちで，福祉国家は，たえず，より直接に政治的なものとなっている。今や，正義の探求は，即座に社会的裁定かつ民主的討議であり，さまざまな個人の選好やいろんな段階の価値や概念が絡まっているなかで，共通の道を探求することだ（ロザンヴァロン 2006，68）。そうだとすれば，福祉国家は福祉排外主義とは反対のものとなる。すなわち，福祉国家は民主主義的であり，普遍的であり，万人に共通のものでなければならない。ポピュリストたちが福祉排外主義を唱えることは，彼らが真の福祉国家より一番離れたところにいることになる。

　福祉国家は，承認を受けた再分配空間としての国民という概念との関連で再考すべきである。実際のところ，これ以外では，個人の独立を保証

第 4 章　福祉国家とポピュリズム

し，また別次元では諸国民間の関係を基礎づける最低限の規則しか思考の余地はないだろう。福祉国家を再建しうるのは実質的連帯の展望においてだけであり，また福祉国家なくしては，国民の観念は依然として古風なものにとどまるだろう，とロザンヴァロンは言う（ロザンヴァロン 2006, 68-9）。「福祉国家なくしては，国民の観念は古風なものにとどまる」という発想には非常に興味が持たれる。このような考えを裏返せば，古風な国民の観念は福祉国家ではないということになる。いうまでもなく，福祉国家排外主義者の国家観は古風ということになる。

ロザンヴァロンによれば，国民は建設されるべきものとしてあるのに，所与のものとして理解されている。国民概念のポピュリスト的逸脱は，民主主義的・連帯主義的次元のこうしたごまかしによるものである。外国人の排斥を掲げつつ人民の統一を重視するのは，内部における社会的負債の持つ諸関係を考えることを避けるためである（ロザンヴァロン 2006, 70）。

ただ，本稿ですでに述べたことの繰り返しになるが，中山の言うグローバル化に対応するための国民経済の構造改革によってもっとも大きな打撃を受けたため「近代化の敗者」とも呼ばれる（中山 2016, 29）ことと，「外国人の排斥」は関連するのである。すなわち，「近代化の敗者」たちは，国民概念のポピュリスト的逸脱を支持することになる。このあたりの問題をロザンヴァロンはどう考えるのかという問題が浮上する。

ロザンヴァロンはこう考えている。すなわち，今日において，ヨーロッパ諸国はある矛盾にとらわれている。一方では国民を再創造し，連帯による紐帯を強化するために国内に目を向けねばならないのに，他方で，経済的には，よりいっそう国外へと開かれねばならない。何らかのかたちで，より国民的な方向と，より国民的でない方向に，同時にむかわねばならない。政治的つながりをより強固にするためには，さらに「社会的国民」になり，経済的発展のためには「経済的国民」になってはいけない。この 2 つの要求を和解させるのは困難である。また，そこにこそ，マーストリヒト条約批准の際に表面化した緊張関係の起源が存在する（ロザンヴァロン

153

2006, 71-2)。「マーストリヒト条約批准の際に表面化した緊張関係」とは
至言である。たしかに，1992年のフランスにおける国民投票の結果，マー
ストリヒト条約は批准された。しかしながら，批准は僅差の勝利であっ
た。以後，2002年の大統領選挙の第1回投票で，決選投票進出というル
ペンの勝利，2005年のEU憲法条約批准のための国民投票における否決，
2017年の大統領選挙の第1回投票における決選投票進出というマリーヌ
の躍進，というように緊張関係は持続しているというのが私見である。

　ロザンヴァロンは次のように考える。社会主義の伝統的発想は，歴史的
に，強者と弱者，ブルジョワとプロレタリア，資本家と労働者階級が対立
するものとして社会を描き出す二元論的な見方と結び付いていた。左翼
は，現実の社会について，その複雑性において思考しえず，そのために社
会に対して働きかけることが出来なかった。左翼は自らの生み出した神話
の虜になっていた。さらに，連帯を実践的に考えることが出来なかった。
すでに乗り越えられてしまったイデオロギーと，足場を持たない曖昧な現
実主義の間で，為すすべもなく，幻想から現実へと密かに身を移した（ロ
ザンヴァロン 2006, 86-7）。「幻想から現実へと密かに身を移した」とはミッ
テラン社会党政権の14年間のことだと思われる。

　ロザンヴァロンは次のように続ける。長期失業，新たなる貧困，ホーム
レス—ここ10年来，排除の高まりは主要な社会的事実を構成している。
その結果，「社会問題」の位置は移動してしまった。すなわち，システム
を包括的に分析することから，集団のもっとも脆弱な部分に焦点を絞って
分析すること移行してしまった。排除に対する闘争へ誘うことで，社会的
なものがおそらく過度なまでに単純化されてしまう傾向がある。排除が現
代の主要な社会現象を構成するものであることは，正当に認識せねばなら
ないにせよ，それで社会問題が尽きるわけではない。世界の貧困や悲惨
を正当に告発するためには，社会を横断するさまざまな緊張や矛盾に関
して，より包括的にアプローチすることが不可欠である（ロザンヴァロン
2006, 87-8）。

154

第 4 章　福祉国家とポピュリズム

　社会機構は，今日，行き詰まりの状態にある，とロザンヴァロンは言う。すなわち，ロザンヴァロンによれば，1945 年に設立され，その後発展したような福祉国家は，もはや未来のモデルとはなりえない。その哲学的および技術的基礎は崩れてしまい，連帯の組織に関わる原理や手続きは，すでに時代に適合していない。排除という新たな挑戦に対処するには，社会権についての伝統的な発想はもはや真に有効なものではなくなっている。福祉国家は，比較的同質な住民，集団あるいは階級の諸問題を扱うには，うまく組織されていた。今や福祉国家は，全員がそれぞれ個別の状況下にある個人を，主として引き受けねばならない（ロザンヴァロン 2006，205）。

　排除された者はいわば「代表不可能」である。彼らは代表者や代弁者をもちうる階級を構成していない。そのため失業者の組合は存在せず，何百万人の失業者を何らかの形で組織された集合的勢力へと転換する試みはすべて失敗している。排除された者は身分も階級も団体も構成しない。彼らはむしろある欠如を，社会組織の破れ目を示している。まさにこの特質ゆえに，現在，失業者は代表者を持たない純粋に潜在的な集団となっている。ここから，特定階層を定義する問題の背後で，当の特定階層の中にいる人の姿が消される傾向が生じる（ロザンヴァロン 2006，213）。「何らかの形で組織された集合的勢力」というものに FN はあてはまるのだろうか。たしかに FN は政党である。だが，排除された者は身分も階級も団体も構成しているわけではないのだから，排除された者が FN を支持するのは選挙の時だけである。FN の政党構造の脆弱さは免れえない。

　ロザンヴァロンは 20 世紀の末にこう書いた。すなわち，21 世紀を目前にして，排除の状況が主要な社会問題とみなされているという事実に起因して，社会の隅々にまで不透明感が蔓延しているという感じが生じている。われわれは，絶えず増え続ける多数の統計を手にしているのに，逆説的にも，社会的なものを解読するのがますます困難になっているという印象がある。社会的なものは多くの点で，よりいっそう掌握不可能になって

155

いる。われわれは，まさに社会全般を解読するうえでの困難に直面しており，代表の欠如が見せるまた別の一面である。統計の量がますます豊富になるのと，社会がますます不透明になるのとが，同時に進行する。より原子化・個別化し，より流動的で不安定な輪郭を持つ新たな社会空間を記述するには，伝統的な統計では不適切だということが明らかになって来ている。1980年代および1990年代を特徴づけた経済の規制緩和と失業の増大は，社会を解読する上での困難をますます大きくしただけである。混乱した形ではあるけれども，われわれは実際用いている言葉が次第に現実に合わなくなっているのを感じとっている（ロザンヴァロン 2006, 215-9)。

　ポピュリストたちが提起する問題は，福祉排外主義について言えば，基本的には，われわれがこれまで依拠してきた言説が実際に合わなくなったということではないか。だからポピュリストたちの言説に合わせてゆくというのではなくて，はっきりと対案をポピュリストたちに出さなければならないのではなかろうか。

　福祉国家の増大は個人主義の進歩と連動していることについて，ロザンヴァロンは次のように言う。すなわち，現代の個人主義と伝統的家族システム崩壊の影響が大規模な形で感じられるようになった時に，初めて福祉国家は個人を保護するシステム全体の枠組みの中で再構築する必要に迫られ，それ故，地域や家族の連帯を含み込まなければならなくなったのである。福祉国家の増大は，部分的には個人主義の進歩と連動している。個人が近隣の者に頼ることが不可能になればなるほど，国家による保護の権力をますます頼みにする必要が生じる。例えば，家族単位がますます不安定になり，父子家庭や母子家庭が急増すると，福祉国家への要請が絶えず拡大することになる。福祉国家の持つ資源は限られているので，かつて家長が代表していた「近似的社会保障」の形態に含まれる諸要素を，いかにして再創造するかが問題になる（ロザンヴァロン 2006, 226)。

　そろそろ，福祉国家の問題について，さしあたりの結論を出しておきたいと思う。100年も前，デュルケームは次のように述べていた。すなわ

ち，未組織の無数の個人から構成された社会，それらの個人を抱きとめて
手放すまいとする肥大症的な国家などは，まさしく社会学的な怪物であ
る。何故なら，集合的活動というものは，いつの場合でも，まことに複雑
なものであって，国家というような唯一無二の機関によっては，とうてい
表現されえないものだからである。のみならず，国家と諸個人とは距離が
あり過ぎ，双方の関係も外在的，断続的に過ぎるので，国家が個人意識の
奥深く浸透し，これを内在的に社会化する事など出来ることではないから
である。ひとつの国民は，国家と諸個人との間に，一連の第2次的集団を
すべて挿入することによってのみ，みずからを保持しうる（デュルケーム
1971，24-5；ロザンヴァロン 2006，227）。簡単に言えば，福祉国家の再創造
は第2次的集団の網羅というものであろうか。換言すれば，それは強固な
民主主義的市民社会の再構築ということになって行く構想になると思われ
る。

むすび

1990年以降の西ヨーロッパの政治的光景の中で右翼ポピュリスト政党
の継続的な出現は，個々の国のレベルを中心にした説明を越えた現象に
なっている。この極右ポピュリスト現象を理解するための第1の鍵は，社
会構造に根ざした緊張を動員する新しい政党ファミリーの成功的な出現を
可能にする新しいイデオロギーを解明することである，とスイスの政治学
者サイモン・ボーンシアーは言う（Bornschier 2010，xi - xii）。

移民の問題と文化的背景の違う人々を統合できないことの告発を政治的
なアジェンダにして，ポピュリスト右翼は1990年代の政治闘争の新たな
局面の転換をはかった。階級と宗教についてのクリーヴィッジな動員とい
う歴史的な解釈は，右翼ポピュリストに対して，好機となった砦を，まさ
に提供することになった。新しい社会的分裂に基づいた政治潜在能力の動
員と政治的表明は，既成のクリーヴィッジでは可能な空間は限られていた
（Bornschier 2010，2-4）。

フランスは，新しい右翼ポピュリスト政党が早期に確立した国であり，最初にその事例を研究された国であった。FN の綱領的な革新を越えて明らかになったことは，1960 年代から議論されていた文化的問題についての既成政党の戦略がポピュリスト右翼の貴重な資産となっていたということである。もっと言えば，イデオロギーの核心部分に属さない領域，すなわち，国家と市場の分離とか EU 統合への関与のような問題では，変わりやすい政党だということである（Bornschier 2010, 13）。

　20 世紀の前半の期間，フランスは安定した政党システムの模範的な国だとはとても言えなかった。そして新しい政党が興り，古い政党が滅びてゆくことが少しも異常ではなかった。だが，第 5 共和制の制度―二大政党制の公式が総選挙と大統領選挙で用いられた―が，1958 年以降，「2 極の多党体制」という安定したパターンをもたらして行くことになる（Bornschier 2010, 93）。

　だが，21 世紀になると，私見では，1992 年のマーストリヒト条約批准国民投票の僅差の勝利を境目として，安定した政党システムは揺らぎ始める。そして現況は本稿で以上述べたとおりである。

　最後に，まとめというより，補足として，2017 年フランス大統領選挙の最終結果について述べてみたい。

　フランス大統領選挙の決選投票が 2017 年 5 月 7 日にあり，EU 統合を深める立場で既成政党に属さずに立候補したエマニュエル・マクロンが当選した。フランス内務省の集計によると，マクロンの得票率は 66.06％，得票数が 2070 万 3694 票，マリーヌ・ルペンは，得票率 33.94％，得票数 1063 万 7120 票だった（『朝日新聞』夕刊，2017 年 5 月 8 日）。

　本論の趣旨は選挙研究にはないので，本論の主題を念頭において，以下，簡単にコメントしてみたい。日本経済新聞本社コメンテーターとして菅野幹雄は次のように言う。すなわち，反グローバル，大衆迎合，自国優先といった言葉が当たり前になった国際政治の中で，プロビジネスや構造改革，グローバル主義を問うたマクロンの成功は大きな意義がある。

158

第 4 章　福祉国家とポピュリズム

左翼でも右翼でもない「ベストの中道路線」を志向するマクロン流は，
フランスでは新鮮だが，ヨーロッパ政治史を振り返ると，2人の指導者の
20年前に重なる。トニー・ブレアとゲアハルト・シュレーダーである。
アンソニー・ギデンズが1998年に出版した『第三の道』は，新しい労働
党「ニューレイバー」を掲げる政策理念だった（『日本経済新聞』，2017年5
月10日）。ブレア，シュレーダー，ギデンズの同時代的ミリューについて
は，本章注）14を参照されたい。筆者の関心は，マクロンがフランスと
いう福祉国家に対してどのような経済政策を充てて行くのかという所にあ
る。

　朝日新聞「社説」が次のように述べた個所は穏当で適正な論評だと思わ
れる。すなわち，国をさらに開き，多様な社会を築いて繁栄をめざす。そ
んな主張で，自国第一や移民規制を掲げたFNのマリーヌ・ルペンを破っ
た。高失業率が続く閉塞感，テロの不安はいぜん根強い。それでも，国境
を閉じれば多くの問題が解決するかのようなルペンの安易な論法に，フラ
ンス国民が下した冷静な判断を評価したい（『朝日新聞』，2017年5月9日）。
筆者も同感である。

注
1）水島は次のように問題を立てる。すなわち，「リベラル」とともに近代
　　ヨーロッパの育ててきたもう一つの政治的価値である「デモクラシー」
　　に着目し，その「民衆による支配」を語源とするデモクラシーの論理を
　　究極的に体現した国民投票が制度化されたスイスで，まさにその国民投
　　票制度を梃子として，ポピュリズム政党がなぜ伸長したのか，という問
　　題である。もちろん，国民投票や住民投票が必然的にポピュリズムと結
　　び付くわけではない。国民投票や住民投票が近年多用されるようになっ
　　た背景には，行政や議会に対する不信の高まりがある。既成の政治家や
　　政党，旧態依然とした官僚組織に決定を委ねるのではなく，投票を通じ
　　て市民，国民が直接意思決定に関わるべきだとする国民投票，住民投票
　　を求める主張が，既成政治批判，既得権益批判を繰り広げるポピュリズ
　　ム政党の主張と共通の根を持つことは否定できない（水島2016b，131-
　　3）。

159

1990年代に入るころから，スイスの政治，経済の安定性に綻びが見える
ようになる。その機会を捉え，ポピュリズム政党として，一躍前面に踊
り出たのがスイス国民党 Schweizerische Volkspartei = SVPA である。
この地味な中道右翼政党に根本的な変革をもたらしたのが，クリストフ・
ブロッハー Christoph Blocher である。ブロッハーたちの支持拡大の原動
力になったのが 1986 年に設立された「スイスの独立と中立のための行動
Aktion für eine unabhängige und neutrale Schweiz = AUNS」という民
間組織である。AUNS が存在感を示したのが，1992 年の EEA（ヨーロッ
パ経済領域）加盟についての国民投票であった。AUNS や国民党は有権
者に訴えやすいテーマを前面に出して投票運動を行い，多くの勝利を手
にして来た。2009 年 11 月には，国民党議員のフライジンガーが主導した
「ミナレット建設禁止」条項を憲法に加えることを求める国民発案が可決
された。このようにして，国民党は，AUNS などとともに，1980 年代以
降，既存のスイス政治への挑戦者として，旧来の政治経済エリートの協
力関係を基礎とするスイスの「協調民主主義」に否を突き付けて来た（水
島 2016b，144-55）。

「そもそも国民投票は，諸刃の剣である」と水島は言う。水島によれば，
とくに国民発案は，「人民の主権」を発露する究極の場である半面，議会
で到底多数派の支持を得られないような急進的な政策であっても，民主
主義の名のもと，国民投票を通じて直接国レベルの政策として実現する
ことが可能である。水島の巧みな表現を借りれば，「純粋民主主義を通し
て不寛容が全面的なお墨付きを与えられることさえある」ということに
なる（水島 2016b，156-7）。

以上，長々と水島のスイス国民投票論を紹介してきたのは，「スイスは，
その純粋民主主義的な制度のゆえに，ポピュリズムによる先鋭的な主張
が有効に作用する民主主義でもあった」（水島 2016b，159）に少し異論が
あるからである。すなわち，基本的には民主主義をどのように考えるか
であるが，純粋民主主義という発想には違和感がある。熟議民主主義と
いう言葉にも象徴されるのではないかと思われるが，民主主義は直接的
なものでも単純なものではない。私見では，ポピュリズムは民主主義で
はないとは言わないが，純粋な民主主義でも，初発の民主主義だとも思
わないのである。スイスの民主主義は，ポピュリズムに悪用されている
か，もしくは乗っ取られたとしても，それはスイスの民主主義制度が強
靱なものではなかったという意味ではないか，と考えたいのである。

水島は後に次のように発言している。「今や，各国のポピュリズム政党は
オランダもフランスもイタリアも，EU やユーロの離脱を，国民投票にか
けることを主張する。イギリスはそれを決行してしまいましたが，市民

が中間団体や政党をバイパスし，国政の行方を一気に決めてしまう時代になったわけです。既成政党はもはや“既得権の塊”でしかない。『右』対『左』ではなく，『上』対『下』の闘いになってしまった。左右が競合していた時は，民主主義という土俵の上で組み合えたけれど，今は土俵の内と外で闘っているような状況かもしれません」（遠藤・水島2017，99）と述べて，次のように続ける。「今の政治学の枠組みがそこまで追いついているかというと，まだでしょう」（同）となるのだが，筆者としては，ポピュリストの闘いは民主主義に対する外からの攻撃だと考えている。水島の発言の後，遠藤乾が応答して，「現職首相のルッテは排外主義に振れた。多くの人が排外主義になびいている現状を，民主主義の活性化と言っていいのか。私からすれば，これは劣化でしかないと思うのです」（同）と言う。筆者も賛成である。

2）フランスの著名な政治学者パスカル・ペリノーは，2017年フランス大統領選挙にFNから立候補しているマリーヌ・ルペンについて，2017年3月8日の段階で，FNの選挙民は，極めて忠実で強固な支持構造を持っていることを強調した。この支持構造の持続性は，一つの真の「階級投票」が根付いた投票「構造」の兆候であると言う。すなわち，労働者の43％，生活困窮者の42％が今日ではマリーヌ・ルペンに投票すると表明している（Perrineau 2017a，17）。

3）したがって，政治学者森政稔の次のような見解に同意する。「ポピュリズムは選挙で勝つのには有効かもしれないが，持続的に政治を運用する点では困難を孕んでおり，一時は期待を集めても長期的には政治への信頼そのものを失う危険が大きい」。「ポピュリズムを支持する動機は，権威があるとされるメディアや知識人が攻撃されることに快感を覚えプライドを取り戻すためであったり，こんなとんでもない人間が選ばれたら面白い，といった興味本位の故であったりする」（森2017，181-2）。

4）アメリカの政治学者ポール・ピアソンPaul Piersonは次のようにリプセットとロッカンの業績を評価している。すなわち，政治における集合行為過程では，正のフィードバックが非常に生じやすいため，政治的動員パターンの長期にわたる安定がこれまで注目されて来た。例えば，ヨーロッパ諸国の政党に関するリプセットとロッカンの研究は，この力学をうまく説明している。彼らによれば，まず，鍵となる歴史的局面で大きな政治的クリーヴィッジが生じ，それによって出来た集団が政党を形成した。初期費用の負担を克服し，また，適応期待を乗り越えた政党は，長期にわたって自己再生を繰り返し，政党システムの「凍結」につながった（ピアソン2010，42；Pierson 2004，33）。換言すれば，ピアソンは，歴史が重要であるというよりは，「時間的経過の中において政治をとらえること」

の重要性を主張している（北山 2011, 31）が，「長期にわたって自己再生を繰り返」すというのは，そのような意味であると理解できるのである。政治学者古田雅雄は別の観点からリプセットとロッカンの業績を次のように評価している。「だからこそ，社会的クリーヴィッジ - 社会集団 - 政党 - 支持・動員の前提である選挙権拡大のヴァリエーションが個々に解明されなければならない。一方では，ある国では選挙権が段階を踏まず一気に普通選挙化する。他方では，ある国々は民主化のある段階から次の段階まで長期間を有する。この違いは，イギリスとフランス，プロイセン・ドイツとオーストリア，デンマークとスウェーデンのそれを現す。このヴァリエーションも，国民国家の発展過程の違いに，その回答を見つけることが出来る。宗教改革から周辺部のエスニシティ解放と容認という最終段階までの歴史段階の類型にその論理がある。それぞれの各国の選挙権拡大の論理は，歴史的変数を組み合わせなければならない。それは社会的クリーヴィッジから政党への移行するモデルに類型化できる（古田 2015, 55）。ロッカンは，主要政党の政党編成が国毎に異なることを，各々の社会で歴史的に形成されて来た亀裂構造によって説明したが，その場合，各国の選挙権拡大の論理が，それらに大きくかかわってくることもロッカンの念頭にあったと思われる。

5）ここで，フィンランドの政治学者エリック・アラルト Erik Allart がロッカン・モデルについて述べていることを付言しておきたい。すなわち，ロッカン・モデルと現存の政党システムとの間の符号は驚くべきものがあるという。政党が，経済的利益あるいは文化的志向の表現である，という基準に照らし合わせることで，また，政党が，中核あるいは周辺において，その中心となる支持者をどの程度確保するかを指摘することで，その政党の特徴を簡潔に表現することができる（アラルト 1990, 160）。アラルトの言わんとすることはわからないでもないが，例えば，フランスの FN がロッカン・モデルにおける経済的利益あるいは文化的志向の政党システム的表現であると理解してよいのだろうか，私見では留保したい気持ちがある。

6）1995 年以降の「左翼ルペン主義」を唱えたペリノーが，2017 年の大統領選挙をどう観察するか興味あるところであるが，ペリノーは，今回はさらに視野を拡大し，予備選が政党を破壊し，古い形の政治を葬り去ったと言う。以下において『朝日新聞』に掲載された彼の談話のポイントを紹介しておきたい。「これまでの政治では，（大統領選の）候補者は政党の中から生まれて来ました。閣僚や首相を務め，経験を重ねた上で，大統領を目指していたのです。そのような構造に対する革命を，予備選は起こしました。政党を破壊し，古い形の政治を葬り去りました」。「アメ

第 4 章　福祉国家とポピュリズム

リカのトランプ政権に注目しています。今のところ，この政権にはポピュ
リズムの要素しかうかがえません。でも，その裏で，いくつかのテーマ
については，エリートがすべてを牛耳るガバナンスの要素が生まれてい
ないでしょうか。ポピュリズムとガバナンスを備えた政権に変容しない
でしょうか」（『朝日新聞』，2017 年 4 月 11 日）。付言して，2017 年 4 月
23 日に第 1 回投票を控えるフランス大統領選挙は，SNS（ソーシャル・
ネットワーキング・サービス）での戦いも熱を帯びていることを，ペリ
ノーの言説とは関係ないが，『讀賣新聞』の記事から紹介しておこう。そ
れによれば，「膨れ上がった移民は混乱と暴力を招く。フランスに秩序を
取り戻そう」とマリーヌ・ルペンは，4 月 11 日，ツイッターに書き込ん
だ。マリーヌは，「反移民」，「反 EU」といった過激な主張をタイミング
よく発信するため，ツイッターを好む。フォロワーは 137 万人に上る。
フランスの新聞『ル・フィガロ *Le FIGARO*』は 4 月 6 日付の紙面で 1
面から 4 頁にわたる大統領選をめぐる SNS の特集記事を組んだ。同紙は
「マリーヌが既存メディアを避けてイメージアップを図るのを SNS が助け
ている」と分析している（『讀賣新聞』，2017 年 4 月 15 日）。

7）フランスの大統領選挙について，2017 年 5 月 7 日の決選投票まで 1 週間
を切った時点で，讀賣新聞の記事によりながら，簡単に記録しておきた
い。すなわち，第 1 回投票で首位に立ったオランド政権のエマニュエル・
マクロン Emmanuel Macron 前経済相が優勢で，FN のマリーヌ・ルペ
ンが追う展開になっている。マリーヌが「反グローバル化」などを旗印
に急進左翼も取り込んで巻き返しを狙う一方，マクロンは党派を超えた
「反マリーヌ」の結集をはかっている。マリーヌは，4 月 29 日，大統領
に当選すれば，右翼の「立ち上がれフランス Debout La France」のニコ
ラ・デュポンエニャン Nicolas Dupont-Aignan（畑山 2016, 149）党首を
首相候補に指名すると発表した。デュポンエニャンは，EU に批判的で，
今回の大統領選挙第 1 回投票で 4.7％の票を得て 6 位だった。マリーヌは
「われわれは挙国一致政府を作る」と述べた。マクロンが約 6 割の票を集
めて勝利するという世論調査の結果がある。だが，マクロンを「企業寄
り」と見て賛同しない選挙民も多く，決選投票では棄権に回り，固定票
が多いマリーヌに有利だという見方もある。投票率が一つの鍵になる。
2002 年にマリーヌの父ジャン・マリ・ルペンが決選投票に進んだ大統領
選挙は，全国で「反ルペン」のデモが巻き起こり，シラク大統領が得票
率 82％で圧勝した。しかし，今回は「反ルペン」の動きは盛り上がりを
欠いている。『ル・モンド *Le Monde*』は次のように警告した。「国の将来
にもっとも危険でもっとも無責任なのはマクロンが十分に勝てると安心
することだ」（『讀賣新聞』，2017 年 5 月 1 日）。

163

マクロン当選の危うさについては，フランスの政治学者ドミニク・レニエ Dominique Reynié によれば，こうした状況で万一，移民問題やテロなどの事件が起きれば，マリーヌが決選投票で躍進する可能性も十分にある。最後の最後まで誰が勝つかわからない。また，FN の支持者は，必ずしも失業や年金，福祉といった経済的な問題だけを気にしているわけではない。それ以上に重要視するのは，国民としてのアイデンティティーの問題だ。フランスで生まれたフランス人と，アラブ系などの移民やイスラムとの対立が根底にある。その点はアメリカにおけるトランプ大統領の支持者と重なる，とのことである。ただし，レニエは，しかし，アメリカと異なり，フランスの中間層や富裕層は，それほど極右を支持していない。FN の公約どおりに EU を離脱することは，自らの資産を目減りさせることになりかねず，望んでいないようだとも言う（『週刊東洋経済』，2017 年 4 月 15 日号）。また，レニエは，後日，談話で次のように述べた。マリーヌにチャンスがあるとすれば，選挙民に拒否反応が強いユーロ離脱の公約を取り下げるしかない。離脱後に自国通貨が弱くなれば，自宅の資産価値が下がるなどとして危惧する人が多い。マリーヌが勝つためにそこまでの覚悟があるか，注目される（『日本経済新聞』，2017 年 4 月 25 日）。

メーデーの 5 月 1 日，フランスの各地で労働組合が「反極右」などを訴えるデモを実施したことを『日本経済新聞』は次のように報道している。すなわち，大統領選挙決選投票を 5 月 7 日に控え，労組や政党が支持候補を推す動きが一段と活発になっている。各労組はマリーヌ候補を「ファシズムの候補」などと呼び反発するが，「両候補とも支持しない」とする労組が出るなど温度差がある。マクロンは選挙民から左翼候補と見られないよう，労組と距離をとっており，これが一部の労組がマクロンから離れた背景と見られる。決選投票では多くの棄権者が出ることが予想されるが，労組を中心とした左翼の白票も増えることが予想される。一方，FN の支持者は，5 月 1 日朝からパリの中心地を行進した。マリーヌの父も参加した（『日本経済新聞』，2017 年 5 月 2 日）。

ここで，2017 年フランス大統領選挙における社会党の迷走について，ジャーナリストの国末憲人に教えられながら，一瞥しておきたい。ただし，左翼とか左派の呼称について国末と筆者の間に相違があるので，国末の表現を変更していることをあらかじめお断りしておく。国末によれば，左翼がプライマリを実施するのは苦い経験に基づいている。2002 年，当時の首相リオネル・ジョスパン Lionel Jospin が社会党の最有力候補として大統領選挙に臨んだが，左翼と極左で計 8 人の候補が乱立し，支持票がばらけてしまった。その結果，ジョスパンは決選投票に進めなかっ

第 4 章　福祉国家とポピュリズム

た。失敗を繰り返さないために，社会党は左翼や極左に呼びかけ，事前
に候補者を絞ろうとした。ところが，極左のジャン・リュック・メラン
ションと，中道に近いエマニュエル・マクロンはプライマリへの参加を
拒否して独自に本選を目指した。結局，2017 年 1 月に実施された左翼予
備選では，予想もしない人物が勝利を収めた。前評判の低かった社会党
内最左派のブノア・アモン Benoît Hamon が当選した。アモンが実際に大
統領になると考える人は，社会党支持者の中でも 24％にとどまった。こ
れでは，予備選をした意味がない，と国末は言う（国末 2017, 182-3）。
2017 年 5 月 7 日投開票のフランス大統領選挙で，劣勢の FN のマリーヌ
が公約を軌道修正して支持の拡大に動いていることを，日本経済新聞は
以下のように報道している。すなわち，5 月 3 日のテレビ討論では，ユー
ロ圏離脱の考えを事実上撤回した。また，警戒を招きやすい公約を曖昧
にし，棄権を予定する選挙民の掘り起こしに躍起となっている。「フラン
スは自国通貨を復活させるが，大企業は引き続きユーロを使う」。5 月 3
日，両候補が 2 時間にわたり向き合ったテレビ討論の場でマリーヌは突
如切り出した。また，年金支給を今の 62 歳から 60 歳に引き下げる公約
も「任期 5 年のどこかで実施する」と時期に幅を持たせた（『日本経済新
聞』，2017 年 5 月 5 日）。
ただ，5 月 3 日のテレビ討論は，政策論争よりも中傷が目立ったことは，
過去になく酷かったことは残念なことである。すなわち，同日の同紙に
よれば，議論は収まりが付かなくなり，司会者が両者を遮る場面があっ
た。『ル・モンド』は「何でもありの戦いだった。極右候補とまともに論
議するのは不可能である」と論じた。決選投票を前にした候補者の 1 対 1
のテレビ討論はフランスの伝統行事であるが，極右候補が登場するのは
今回が初めてである。2002 年にマリーヌの父ルペンが決選投票に進んだ
が，当時対するシラクがテレビ討論を拒んだことがあった（『日本経済新
聞』，2017 年 5 月 5 日）。
マリーヌは戦術を間違えているかもしれない。マリーヌは 5 月 3 日のテ
レビ討論で，マクロンに対して「租税回避地に口座を持っている」など
と，根拠が不明な情報で攻撃を繰り返した。フランスのメディアは，真
偽の定かでない情報に飛びついたマリーヌの言動を批判的に報道してお
り，選挙民の失望につながっているという見方をしている（『日本経済新
聞』，2017 年 5 月 6 日）。選挙戦は両陣営の非難合戦の様相を強め，根拠
不明な「偽ニュース」も飛び交った。マクロン陣営は，5 月 5 日，大規模
なサイバー攻撃を受け，大量の電子メールなど内部情報が流出したと発
表した。事件の詳細や背後関係は不明だが，フランスの選挙管理委員会
は，5 月 6 日，投票行動への影響を抑えるため，この問題の内容に関する

165

報道についてメディアに自粛するよう要請した。「インターネットサイトの利用者を含むすべての国民」にも，情報を拡散しないよう求めている（『日本経済新聞』，2017年5月7日）。

8）2016年12月9日，オランダの裁判所は，PVV党首ウィルデルスのモロッコ系移民に関する発言が「差別を扇動した罪」に当たるとして，有罪を言い渡した（『日本経済新聞』，2016年12月10日）。ヨーロッパでは移民流入などを背景に右翼ポピュリストが支持を伸ばしており，裁判に注目が集まっていたことが重要である。

9）政治学者古賀光生は次のように述べている。福祉排外主義とは，政府による社会保障政策を重視しつつも，その対象を「自国民」に限定することで，福祉水準の維持と負担増の回避を両立しようとする政策である。この主張はフランスのFNが唱えた「フランス人が第一」とのスローガンに象徴される。移民排斥の理由として，権威主義的な世界観を重視する場合でも，経済的な利害関心は無視できない。何故ならば，権威主義的価値観は，教育程度の低さと強く結びついており，それ故に右翼ポピュリスト政党が福祉排外主義の主張によって動員を図る対象は，労働者層など，相対的に経済的には有利でない人々が中心となるためである。実際に，移民排斥を唱えながら福祉排外主義の導入に失敗した政党は，後に支持を失っている（古賀 2014, 144-5）。今回の大統領選挙に立候補したマリーヌの経済政策について，『ニューズウィーク』は次のように報道している。すなわち，FN党首の座を父親から引き継いだマリーヌだが，父親とまったく同じ政策を掲げているわけではない。マリーヌは保護貿易を主張し，衰退著しいフランス北部の工業地帯でFNの支持拡大に成功した。今回の大統領選挙では，低所得者への現金支給，週35時間労働制維持，年金支給開始年齢の60歳への引き下げといったリベラルな公約もしている。ただ，マリーヌは誰にでも手厚い社会保障をと訴えているわけではない。不法移民には救急医療の提供を止めるなど，あくまで移民排斥的な社会福祉国家を目指している（『ニューズウィーク』，2017年4月4日）。移民のせいでフランスの福祉政策が危機にさらされているというのがFNの主張であると考えられる。

10）これに関して，古賀は，はるかに説得的に次のように説明している。すなわち，右翼ポピュリスト政党は，失業率の高止まりや社会保障財源の悪化，治安悪化の原因を具体化するために，「移民」の存在を，その理由として指摘する。しかし，就業上の競合や移民による福祉の濫用，あるいは犯罪率の高さなどを裏付ける資料は乏しく，専門家の多くは経済的な競合や財政的な負担という議論に否定的である。右翼ポピュリスト政党の主張の多くは，実態を反映したものではない。それにもかかわらず，

第 4 章　福祉国家とポピュリズム

こうした主張が支持される理由の一つに，人々の認識の問題がある。右
翼ポピュリスト政党の支持者は，移民労働者との就業上の競合，あるい
は，社会保障の受給をめぐる競合などを根拠に，これらの政党の排外主
義を支持している。それらの背景には，これらの党が，人々が漠然と抱
く不安感の根拠として「移民」という可視的な存在を挙げ，「これらの問
題に取り組める唯一の存在」として自党を売り込んだことがあるからで
ある（古賀 2015, 147）。

11）本稿で筆者はさきに「マリーヌには『力攻め』の要素だけに収斂してい
るのではないことに注意したい」と述べたが，マリーヌのトーンダウン
について，次のような報道記事を目にしたので紹介しておきたい。『ニュー
ズウィーク日本版』2017 年 1 月 17 日号によれば，EU 離脱や移民の排斥
を訴えて支持を伸ばして来たフランス FN のマリーヌ・ルペン党首が軟
化の兆しを見せている。先週のテレビインタビューでは，フランスの EU
離脱について否定的な考えを示唆した。離脱を望むか否かを単刀直入に
問われると，「望まない。国民投票による支持を背景に，フランスに主権
を取り戻すよう EU と再交渉する必要はある」と応じた。軟化の背景に
は，春に行われる大統領選挙に向けて，より穏健にアピールしたい狙い
がある。フランスでは EU 残留を望む世論が根強く，強硬な離脱論は支持
を広げにくい。大統領選挙の決選投票で対決する可能性が高まっている
中道・右翼の支持層を取り込むためにも，マリーヌ・ルペンは，当面，
穏健路線を進むことになりそうである（『ニューズウィーク日本版』2017
年 1 月 17 日号，11 頁）。FN が穏健路線をとることに影響力を発揮して
いるのがフロリアン・フィリポ Florian Philippot 副党首である。2011 年
の入党以来，フィリポは穏健路線への転換を進めて来た。フィリポの最
大の功績は 2015 年の地方選挙での躍進である。フィリポが一貫して取り
組んで来たのは差別的なイメージの払拭である。マリーヌの父親である
ジャン・マリ・ルペンが 2015 年のインタビューでホロコーストを否定す
るような発言を繰り返すと，フィリポはジャン・マリを除名にすべく党
内工作を行い厄介払いした。しかし，今，祖父と思想信条を同じくする，
2012 年国民議会選挙においてヴォクリューズ Vaucluse 県第 3 選挙区から
当選して，フランス共和制史上最年少の国民議会議員となり，2015 年フ
ランス地域圏議会選挙ではプロヴァンス＝アルプ＝コート・ダジュール
Provence-Alpes-Côte d'Azur 地域圏議会議員となったマリオン・マーシャ
ル・ルペン Marion Maréchal-Le Pen が手強い敵として浮上している。マ
リオンは FN の古い世代の考えを受け継いでいる。フィリポとマリオンの
2 人の対立は FN を引き裂きかねない（『ニューズウィーク日本版』2017
年 4 月 4 日号，26-7 頁）。

167

ジャーナリストの国末憲人によれば，フィリポについて，マリーヌに次ぐ党 No.2 の戦略担当副党首にわずか 30 歳で就任したと言う。「国立行政学院」（ENA）を出たエリートで，もともとは左翼に近く，ジャン・ピエール・シュヴェヌマン Jean-Pierre Chevenement の選挙運動に携わったこともある。シュヴェヌマンは左翼でありながら，国家主権至上主義者であり，グローバル化阻止と国家による保護主義を主張し，EU 統合にも懐疑的である。フィリポは，その精神を受け継ぎつつも，自らの理想を左翼では実現できないと考え，FN に可能性を求めて入党したと，国末は述べたのち，フランスの政治学者トマ・ゲノレ Thomas Guénolé の説明「FN は経済政策自体に疎く，保護主義への関心もほとんどなかった。この発想を党に持ち込んだのがフィリポである。マリーヌの賛同を得た彼は，彼女の名前が持つブランドを利用しつつ，保護主義と反グローバル化を党の方針の中心に据えた」と紹介する。マリオンについて，国末は，マリオンはマリーヌと異なり，伝統的な極右思想を体現する人物と見なされ，強硬派から大きな期待を集めている。逆に，マリーヌの側近たちとはそりが合わないようである。FN 内部では，カジュアルなポピュリスト路線を歩むマリーヌと，伝統路線を守る極右志向の傍流マリオンとの間で，しばらくは駆け引きが続くと考えられる，と述べている（国末 2016，221-3）。マリオン国民議会議員は，2017 年 5 月 9 日，政治活動を休止すると表明した。大統領選挙に続いて 6 月に総選挙を控える中，FN には痛手となる可能性がある（『朝日新聞』，2017 年 5 月 11 日）。

12) イギリスの政治家で，2007 年に自由民主党の党首に就任し，2010 年にキャメロン連立政権に副首相として入閣したが，2015 年の総選挙で惨敗して党首を辞任したニック・クレッグ Nick Clegg は，2017 年 1 月，「イギリスは単一市場残留へ譲歩を」と提言した。2015 年の総選挙の自由民主党の惨敗は，裏を返せば UKIP の勝利であった。国民投票でも UKIP が進める Brexit が勝利した。そのような背景で複雑な心境にならざるをえないクレッグは談話において，ポピュリズムについて次のように言及した。すなわち，クレッグによれば，ポピュリズムに対抗するには 3 つのことが必要だと言う。第 1 に，ポピュリストに失敗させることである。大衆迎合の政治家にとって最悪なのは，実際に責任を引き受け，さまざまな代替案から物事を決めねばならないことである。第 2 に，主流派の政治家は自由民主主義の価値をあきらめてはいけない。第 3 に，最近の経済環境に，なぜ市民が怒り，幻滅を抱いているかを真剣に考える必要がある。賃金はおそらく前世紀のいつの時代よりも長く停滞している。賃金制度や労働法，税制を通じて解決策を見つけないと，ポピュリストが得をする（『日本経済新聞』，2017 年 1 月 10 日）。

第 4 章　福祉国家とポピュリズム

付随して，ドイツの現代史学者マグヌス・ブレヒトケン Magnus Brechtken のポピュリスト批判を紹介しておきたい。『朝日新聞』に掲載された談話で彼は次のように述べた。「暴力は暴力的な言葉から始まる。政治的な立場や考えが異なる相手に対して決して個人的な攻撃や人格否定をすべきではない。他人への敬意を持ち，合理的な方法で批判するのが基本原則です。この原則を超える言葉遣いを認めてはならない。ドイツで技術と社会がともに発展したのはこのためだと私は思います。少なくともドイツでは，社会の安定が必要だと確信する人のほうが極右，極左の動きよりも活発だと私は信じたい」（『朝日新聞』，2017 年 4 月 6 日）。付言すれば，このような見方はポピュリズム観としてあまりにもナイーブだという考え方があるかもしれないと思う。しかし，こういう基本的な視点こそ貴重であるという考え方もあると思われる。筆者は後者に賭けたい。

13）ただし，フランス政治史研究の泰斗ルネ・レモンの 1993 年における次の観測は見通しとしては間違っていた。「マーストリヒト条約批准に伴う国民投票で，FN は条約反対の運動を展開したが，それで成果があったわけではない。FN は周辺に追いやられてしまった。条約反対派の右翼のリーダーたちは，完全にルペンを脇に押しのけ，ルペン支持者の一部を取り戻したのだった」（レモン 1995, 89）。すなわち，実際にはルペンは徐々に勢いを取り戻していった。たしかに 2011 年にマリーヌ・ルペンが党首になってから劇的に党勢が回復するが，その下地は出来ていたというほうが適切である。

14）ロザンヴァロンの著書『連帯の新たなる哲学：福祉国家再考』の訳者北垣徹の「訳者あとがき」によれば，原著がフランスで出版されたのは，1995 年の年頭であった。この出版の背後には，1995 年春に行われた大統領選挙に向けて，政治的な議論の形成に寄与しようという意図があったと推測される。この書の打ち出す政治的立場は，時代の変化とともに生じた福祉国家の欠陥を乗り越えつつ，新たなかたちでの福祉国家の再建を目指すというものである。当時のフランスの政治文脈でいうと，これは社会党のミシェル・ロカール Michel Rocard の立場に近い。1990 年代後半の時期，イギリスではトニー・ブレア Tony Blair，ドイツではゲアハルト・シュレーダー Gerhard Schröder が政権に就き，イタリアでも「オリーブの木」と呼ばれる中道左翼政権が誕生していた。イギリスの社会学者アンソニー・ギデンズ Anthony Giddens による『第三の道：効率と公正の新たな同盟』（ギデンズ 1999）はサッチャリズムとも旧来の労働党の政治信条とも異なる新たな道を示し，ブレアの「ニューレイバー」政策にイデオロギー的裏付けを与えた。『連帯の新たなる哲学：福

祉国家再考』の刊行は，『第三の道：効率と公正の新たな同盟』の刊行に先立つわけであるが，仮に，1995 年の時点で，ロカールが社会党候補としてフランス大統領選挙に当選していたならば，『連帯の新たなる哲学：福祉国家再考』は，『第三の道：効率と公正の新たな同盟』と同じような受け止められ方をしていたかもしれない，と北垣は言う（ロザンヴァロン 2006，241-3）。

15) フランスの社会学者エミール・デュルケーム Émile Durkheim によれば，「社会」とは単なる機能的結合ではなく，「集合意識 conscience collective」である。「集合意識」とは，「集合的なものとして把握された集団の諸信念，諸傾向，諸慣行」を指す。それは個々人に抱かれた意識でありながら，それらの結合によって独自の性質を有し，各人にとってはその行動を規制する外的存在として把握される。それは，法，道徳，慣習，儀礼などの形で表象され，違反に対して制裁を加える固有の力として現出する。「有機的連帯」は，分業化の進んだ近代社会に特有の「集合意識」によって支えられる。旧来の伝統や階層意識が解体され，個々人が社会の中で個別の役割を担うようになる時，共通の属性は，抽象的な「人間性」のみとなる。抽象的「人間性」へのコミットメントを背景として，個人の自律を脅かす出来事に対する保護を社会が担うことによって「有機的連帯」は成立する（田中 2006a，216-7）。政治社会思想史学者田中拓道のこのような指摘は非常に貴重で重要なものがある。

16) 田中拓道によれば，フランスの戦後福祉国家が成熟に至る 1970 年代後半は，「栄光の 30 年」と称された経済成長の終焉とともに，「福祉国家の危機」が顕在化する時期でもある。フランスでこの時期以降語られ始めた「排除」は，1970 年代と 80 年代以降で異なる意味内容を有する（田中 2006b，81）。また，同じく田中によれば，「栄光の 30 年」と称される経済成長の過程で，労働のあり方は大きく変化した。1949 年から 74 年の間に，「労働者」の多数派は肉体労働者から事務員・技術者・管理職などへと移行し，1974 年には，第 3 次産業従事者が 50％を越えた（田中 2008，18）。

17) 『連帯の新たなる哲学：福祉国家再考』に頻出する「排除」について，訳者北垣は「訳者あとがき」で次のように述べている。すなわち，フランスでは 1980 年代後半から「排除 exclusion」の語が定着した。以前であれば「ブルジョワ／プロレタリア」といった階級対立の構図のなかで「搾取 exploitation」として語られていたものが，その構図には納まりきらなくなり，新たな語が生まれた。プロレタリアは自らの労働力しか持たない存在であるが，職がなければ労働力すら発揮することが出来ない。労働の場において組合を組織することも出来ない。アングロ・サクソンの

第4章 福祉国家とポピュリズム

世界で，こうした人々は「下層階級 lower class」に対して「最下層階級 underclass —むしろ，階級からはじかれた者たち」と呼ばれるようになり，フランスでは「第4世界」という語も登場した。それが最終的には「排除」と呼ばれるようになった。排除の語には「ソシアル social」という形容詞が付されることからも明白なように，これは社会的に排除されることを意味することが重要である（ロザンヴァロン 2006, 247-8）。

第5章

Brexit について考える

はじめに

　2016年6月23日に行われたイギリスのEU残留・離脱を問う国民投票はブレグジット"Brexit"（離脱）の勝利に終わり，イギリス国民はEUからの離脱を決定したという結果となった。イギリスの代表的な週刊経済雑誌『エコノミスト *The Economist*』は，2016年6月24日，次のような論説を掲載した。以下，その抜粋をここに記しておきたい。

　何という早さで「考えられないこと」が「取り返しのつかないこと」になってしまったことか。くだらない規制や肥大化した予算，偉そうな官僚など，EUについて不満ばかりこぼしていたイギリス国民が，国民投票によって，自国の輸出品の半分近くを買ってくれるEUからの離脱を本当に決めるとは，1年前には誰が想像しただろう。ヨーロッパ大陸ではフランスの極右政党「国民戦線」（FN）のような統合に反対のヨーロッパ懐疑派が，イギリスの離脱に意を強くするだろう。半世紀にわたりヨーロッパの平和に貢献して来たEUは深刻な打撃を被った。本誌（『エコノミスト』）は，イギリスの国民投票の結果が嘆かわしく，イギリスが内向きになって孤立し，活力を失う危険があると考えている。離脱運動を率いた人たちは活気に満ち，外に目を向けた21世紀型の経済になると反論する。本誌は，離脱後にそうした経済が実現できるか疑わしいと思うが，この考えが間違っていたらこれ以上の喜びはない（『日本経済新聞』，2016年6月28日）。

　筆者も離脱後にそうした経済が実現できるか疑わしいと思う。そして「間違っていたらこれ以上の喜びはない」と謙虚に結語するところは，さすが著名な経済誌だと妙に感心してしまう。しかしながら，「離脱後にそ

173

うした経済が実現できる」と確信する経済学者が伊東光晴である。伊東によれば，大陸の諸国にとってイギリスは大切な市場であり，イギリスのEU離脱後の課題のひとつは，EUとの間でいかなる貿易協定を結ぶかであるが，自由な貿易協定はEU側にとって望ましい，実現したいものである，と言う。伊東は，イギリス保守党の状況は内部分裂というより，同じ穴の中で対立しているに過ぎず，両者は共通の地盤に立っている点が重要だと思えると言う（伊東2017，135）。EUも，ユーロも政治家が作った。そこには高い理想があった。しかし，その経済は失政を露呈している。経済の失敗は，失業にあえぐ国からやむなく逃れる出稼ぎや移民を送り出していく。イギリスの問題はユーロ圏，EUの問題であり，イギリスだけでなく，ドイツでもフランスでも，移民排斥という排外主義の極右政党を生んでいる。ナショナリズムからの脱却を目指したものが，逆にナショナリズムを煽る力を生み出したのである（伊東2017，142-3）。EUの経済は大きな格差を生み，危険な道に入りだし，それが各国に極右政党の躍進を生んでいる。政治の目を内政に向けなければならない時，各国の首脳はそれに気づいていない。おそらく，イギリスの対EU交渉の過程で，イギリスのしたたかさが展開されるだろう，と伊東は締めくくる（伊東2017，149）。ケインズ経済学者伊東の面目躍如である。ただ，筆者には，伊東にはケインズの母国にいささかの憧憬が感じられるように思われる。

　イギリスの社会学者アンソニー・ギデンズ Anthony Giddens は，2015年，次のように述べていた。すなわち，デーヴィッド・キャメロン David Cameron 率いる保守党は，2015年5月の総選挙で勝利した。これによりイギリスのEU加盟をめぐる国民投票は2017年末までに実施されなければならず，一番可能性が大きいのは2016年秋だろう。国民投票が，かねてアイデンティティー危機に苦しんでいる国において行われる。スコットランドでナショナリズムが高揚し，ウェールズや北アイルランドでは，自治拡大要求の声が上がる中で，イギリスの統合がこれほど弱々しく見えたことは，近年の歴史上ない。今後の展開によっては，国民投票がこう

第 5 章　Brexit について考える

した分裂を激化させ，解体するところまで持って行きかねない（ギデンズ
2015，58）。

　フランス以外の EU 加盟国は，さまざまな対外的な舞台で軍事的な関
与を行うが，おおむねヨーロッパ全体のレベルや NATO の枠組みで，
国際的な戦略的野心に一定の制限をかけており，EU 内部での意見表明
に終わる。ところが，イギリスの政治エリートたちは，第 2 次世界大戦
終了以降，まったく異なった姿勢を採用して来た。ハリー・S・トルーマ
ン Harry S. Truman 大統領時代の国務長官（1949 年〜 53 年）であった
ディーン・アチソン Dean Acheson は，1962 年 12 月 5 日の演説の中で，
イギリスの姿勢に対して厳しい非難を浴びせた。すなわち，「イギリスは
大英帝国を失い，未だに世界における新しい役割を見出していない。部分
的な列強という役割を演じる試み，つまり，アメリカとは『特殊な関係』
を維持し，その関係に依拠しながら，ヨーロッパ大陸とは距離を置くとい
う役割である。この役割は，イギリス連邦 Commonwealth という構造も
実態もない権力もない機構のトップに位置していることに依拠して構想さ
れているようだが，この役割はすでに役立たない」（カッセン 2016，272-3）
と。アチソンの非難は現在のイギリスに向けられてもおかしくないように
思われる。イギリスと EU の関係は，イギリスが大国であるから当然のこ
とであるかもしれないが，他の EU 加盟国と違って独特なものがあった。

　また，ウィンストン・チャーチル Winston Churchill は，1948 年，保守
党全国大会で次のように演説した。チャーチルによれば，イギリスは 3 つ
の円が交わる空間を維持すべきである。第 1 の円は英語使用国，とくに，
アメリカと，白人が支配的なカナダ，オーストラリア，ニュージーランド
で構成される。第 2 の円はヨーロッパ，第 3 の円はイギリス連邦である。
イギリスはこの 3 つの円の交わる空間に位置し，どれか 1 つの空間に依拠
することはない。とくに地理的に一番近いヨーロッパと一緒になることは
ない（カッセン 2016，273；阪野 2016，31）と。これまた，今日のイギリスに
向けられたイメージを彷彿とさせると言ってもおかしくない。

175

本稿は，Brexit について，イギリスと EU の関係，Brexit の政治過程，ポピュリズムの問題，EU とユーロと経済の問題などを，歴史的に，社会的に，政治学的に，多様な角度から総合的に分析したい。これらが本稿の問題意識である。

　アメリカの経済学者ダニ・ロドリック Dani Rodrik は，彼の著書『グローバリゼーション・パラドクス』の中で次のように述べる。「この本の読者は，世界経済の原理的なトリレンマ—民主主義と国家主権，グローバル化を同時に追求することは不可能だ—と私が名付けた概念をまず理解することになる。もし，グローバル化をさらに推し進めたいのであれば，国民国家か民主政治のどちらかをあきらめなければならない。もし，民主主義を維持し，さらに進化させたいのであれば，国民国家か国際的な経済統合のどちらかを選ばなければならない。そして，もし，国民国家と国家主権を維持したいのであれば，民主主義とグローバル化のどちらかをさらに深化させるか，選択しなければならない。われわれが現在抱えている困難は，これらの避けがたい選択に直面することから逃げていることにその根本の原因があるのだ」（ロドリック 2014，17；遠藤 2016，254-6）。[1]

　EU 研究家で国際政治学者の遠藤乾によれば，規制緩和と自由化を軸とする単純なグローバル化主義者は，統治権力＝国家主権と結び，この民主的側面，ならびにそれを行使する中間層以下の人々を，えてして「非合理」と軽視して来た。EU もまた，複数の統治権力＝国家主権を束ねるところまではよかったが，民衆と民主主義を軽んじた。今起きているのは，やせ細る中間層以下からのしっぺ返しである（遠藤 2016，256）。

　遠藤は，別のところで，次のように述べてもいる。すなわち，「グローバル化−国家主権−民主主義」のトリレンマを解消する魔法の杖はない。それでも現在必要なのは，グローバル化により置き去りにされた先進国の中間層以下の階層に対して，実質的な価値を付与する国内的改良と，放縦のままであるグローバル化を管理する国際的組織化を組み合わせることだろう（『日本経済新聞』，2016 年 7 月 28 日）と言う。簡単に言えば，EU は生

き残れるか？と問われ，遠藤は，「やせ細る中間層対策が急務」と答えるのである。

たしかに，そういう意味では，イギリス国民は，国際的な経済統合よりも国民国家を選んだといえよう。しかし，それによってイギリスは民主主義を維持し，進化させることが出来たと言いうるのだろうか。問題はそれほど簡単ではないと思われる。さしあたり，著書『ポピュリズム化する世界』で現代世界の各国のポピュリストを探訪した国末憲人の次のような見解が参考になるだろう。すなわち，国末によれば，「国民投票」が民意を直接政治に反映するというポジティブな面を持つのは否定しがたい。間接民主主義制度が機能不全に陥っているといわれる現代だけに，このような直接民主主義の制度は，時に魅力的に見える。一方で，この制度は極めて危険な側面を持つ。何より，多様な意見が棲み分けている世論を無理やり白か黒かの2つに分ける点で，社会にクリーヴィッジと分断を生みがちである。投票結果はその時の市民感情に流されやすく，デマゴーグに付け入る隙も与えやすい（国末2016，187-8）。Brexit の問題はこれらの問題を深く考えてみることを要請していると思われる。

また，イギリス政治研究家で政治学者である今井貴子によれば，ハイパー・グローバリゼーション，国家主権，デモクラシーはトリレンマの関係にある（ロドリック）とするならば，グローバル市場に極めて親和的で，かつ主権を手放そうとせず，デモクラシーをないがしろにして来たイギリスは，まさにトリレンマに囚われている，と言う。EU から離脱するイギリスにとって，グローバル市場がますます重要になるが，トリレンマ打開に向けて鍵を握るのが，社会的分断状況の克服である。その際に必要となるのは幅広い生活保障に他なるまい（今井2016b，163）。結局，Brexit の政治過程で明らかになった社会的クリーヴィッジ，ポピュリズム，代議制民主主義の危機，生活保障，EU 統合，ユーロと世界経済というように問題はつながって来る。これらの諸問題を筆者なりに解きほぐしてみたいというのが本稿の狙いである。

177

1 イギリスとEU

　EU研究家で国際政治史学者の田中俊郎は，イギリスはなぜEU統合から距離を置こうとするのか，という観点から，2016年の国民投票以前に，イギリスとEUの関係について，詳しく明快に解明していた。以下，田中の言説に教えられながら要点をまとめてみたい。

　田中によれば，第2次世界大戦が終了した時，イギリスは戦勝国として，自らを「世界大国」と認識していた。第2次世界大戦後の国際秩序形成とそれを支える国際機構の創設において，イギリスは，アメリカとともに，中心的な役割を演じた。国際連合，NATO，OECD（経済協力開発機構）などの創設において，ヨーロッパの中心はイギリスであった。それらの機構の特徴は，国家の主権移譲を伴わない「政府間機構」で，基本的に全会一致で，大国が実質的な拒否権を有するものであった。ところが，今日のEUの原点となる，1950年5月9日のシューマン・プランとECSC（ヨーロッパ石炭鉄鋼共同体）は，石炭と鉄鋼の部門に限定されてはいたが，構成国の主権の一部を移譲した「超国家機構」として考案された。当時のアトリー内閣はこれに不参加を決定した。マクミラン首相は，「3つの円」（前述）の最優先順位をイギリス連邦からアメリカに移したが，ヨーロッパについても政策転換を計り，1961年8月，EECに加盟を申請した。しかし，無条件ではなく，イギリス農業，EFTA（ヨーロッパ自由貿易連合），イギリス連邦諸国の保護が交渉の3条件となった。加盟交渉は延々と行われ，業を煮やしたフランスの大統領ド・ゴールは，イギリスとの交渉を打ち切り，1963年1月，加盟を拒否した。1964年に登場したウイルソン労働党政権も，1967年5月，EECに加盟を申請したが，ド・ゴール大統領は二度目の拒否権を発動し，イギリスは交渉のテーブルにさえ着けなかった（田中2016，240-2）。

　1969年にド・ゴールが退陣し，イギリスを含めた拡大の原則が承認されたのは12月のハーグ首脳会議であった。イギリスは，デンマーク，アイルランドとともにECに加盟申請した。1975年3月，ダブリンでの

178

第5章 Brexit について考える

第1回 EC 理事会での最終的な合意を得て，第2次ウイルソン政府は，イギリス憲政史上初めての国民投票を，1975年6月5日に行い，投票率 64.5％，賛成 67.2％，反対 32.8％で，国民の多数は EC 残留を選択したのである（田中 2016，242-3）。[2]

イギリスの政治学者スティーブン・ジョージ Stephen George はこう述べている。1973年1月1日，イギリスはヨーロッパ共同体のメンバーになった。イギリスの加盟抜きでヨーロッパ共同体が創立されてから 22 年後である。しかしながら，イギリスがメンバーになることを達成してから1年以内に，イギリスはすでに「厄介なパートナー」とみなされていた。それはジョージの著書が執筆された 1994 年においてもその評判は変わっていないのである（George1994，1；遠藤 2016，102；池本 2016b，72；梅津 2016，45；阪野 2016，32）。

マーガレット・サッチャー Margaret Thatcher は，1979 年の総選挙で，保守党を勝利に導き，約 11 年間首相を務め，後任のジョン・メージャー John Major を含めて，保守党が総選挙4連勝で，18 年間政権を担うことになった。[3] サッチャー首相は，東西ドイツの早期統一，EMU（経済通貨同盟）による単一通貨の発行，社会憲章の導入，ヨーロッパ独自の軍事的な手段の保有などに頑なに反対し，孤立を深めた。やむなく EMS（ヨーロッパ通貨制度）の下での ERM（為替相場メカニズム）への英貨ポンドの参加を受け入れたが，人頭税の導入などによって党内基盤を弱めたサッチャー首相は，1990 年 11 月，退陣を余儀なくされた（田中 2016，243-4）。サッチャーは，マーストリヒト条約を生むことになる政治同盟と，通貨同盟の条約策定のための政府間会議を決める 1990 年 10 月に引き続いて，同じローマで行われた 12 月の歴史的な EC 理事会を前に，イギリス保守党の党首選での再選を断念し，引退を表明した。11 年間に及ぶ在任に終止符を打ち，1990 年 11 月 28 日に政治の表舞台を失意のうちに去ることになる（児玉 2015，170）。

サッチャーから禅譲を受けたメージャー首相は，党内のヨーロッパ懐疑

179

派と，域内市場の成功と冷戦の崩壊を背景に，基本条約改正のための政府間会議でヨーロッパ統合をさらに推進しようとする大陸諸国との間で，対応に苦慮した。EU 条約（マーストリヒト条約）は，1992 年に 2 月に調印され，1993 年 11 月に発効した（田中 2016，245）。

遠藤乾によれば，ヨーロッパ懐疑主義者がもっとも先鋭に意識するのは，EU が国の内政に介入を強める局面である。それは，EC と呼ばれた時代から EU が徐々に（主に規制的な）権力を蓄積するにしたがい，その制約を嫌うイギリスの政治家や市民を苛立たせて来た。1988 年の段階で，10 年以内に 8 割方の経済，そして財政・社会的立法が EU レベルでなされる（遠藤編 2008b，508）と予言したジャック・ドロール Jacques Delors EC 委員長に対し，統合観・世界観で真っ向から対決したサッチャー首相は，2 か月後，ベルギーのブリュージュで次のように反駁した。「わたしがもっとも大事にしている指導原理は，お互いに独立した主権国家が，自らの意思で積極的に協力することこそが，ヨーロッパ共同体を成功裡に建設する上で最善の道となる，ということである。われわれが，イギリスにおいて，国家の境界線を成功裡に押し戻したのは，それがヨーロッパ・レベルで再び課され，ブリュッセルからヨーロッパの超国家が新たに支配するためではないのである」（遠藤編 2008b，508；遠藤 2016，102-3；今井 2016b，158）。

これは，直ちに，ヨーロッパ中に波紋を投げかけ，他方でイギリス国内では聖典化し，ヨーロッパ懐疑志向に火を付けた。1989 年には「ブリュージュ・グループ」が発足し，自由と反ヨーロッパを松明に掲げるシンクタンクとして，いまだに活動している（遠藤 2016，104；細谷 2014，143；Geddes 2013，230）。

労働党が，組合のスタンスの変化を経由して，ヨーロッパ統合に対して肯定的な方向に振れるのは，1998 年 9 月に，ドロールが「労働組合会議 Trades Union Congress = TUC」の年次総会で情熱的に社会的ヨーロッパの可能性を訴えて以降のことである。むしろ，労働党は，1980 年初頭

180

は急進化し，政権をとったら EC からも NATO からも脱退するとしていた。その労働党から，1981 年には，親 EC 派が社会民主党を結党して分裂し，やがて自由民主党に実質的に吸収される事態を招いていた（遠藤2016，106）。

国民投票という方法を前面に押し出した先駆的な政党が，1994 年に設立された「国民投票党 Referendum Party」である。主導したのはユダヤ系の富豪ジェームス・ゴールドスミス James Goldsmith だった。1997 年の総選挙では，国民投票による EU 離脱を唱え，3％しか得票できなかったものの，数人の保守党代議士が，この新党に流れた票のために，議席を失ったと言われている（遠藤 2016，107）。

1997 年 4 月 9 日の総選挙で労働党は 418 議席と大勝し，トニー・ブレア Tonny Blair 政権が誕生し，保守党よりも親ヨーロッパに舵を切った。ブレア政権は，「イギリスをヨーロッパの中心におく」ことを目指した。具体的には，アムステルダム条約（1999 年）によって，ⅰ）社会憲章を基本条約に組み入れることを容認するとともに，イギリスも参加する，ⅱ）シェンゲン協定を基本条約に組み入れることを承認したが，国境管理は国家主権の問題であるとして，独自の国境管理を継続し，シェンゲン協定には参加しなかった。ⅲ）EU の共通安全保障政策（CFSP）の下での欧州安全保障防衛政策（ESDP）の樹立も承認したが，イラク戦争ではアメリカを支持して参戦し，フランスとドイツと対立し，EU 域内の意見は大きく割れた。ⅳ）ブレア首相は単一通貨参加について好意的な意見を持っていたが，ゴードン・ブラウン Gordon Brown 財務相は慎重な態度をとった。2003 年 6 月，ブラウン財務相はユーロへの参加を当面先送りすると発表した。結局，労働党政権の下で，ユーロの参加問題について国民投票は行われることはなかった。ⅴ）2004 年 10 月，EU 憲法条約が調印された。しかし，2005 年 5 月 29 日，フランスで，6 月 1 日，オランダで，EU 憲法条約は国民投票で批准を拒否され，EU 憲法条約は「死に体」となった。イギリスでは，2005 年 6 月 5 日，議会が条約批准手続きを凍

結し，国民投票も行われることはなかった（田中 2016，245-8）。

　ブレア首相は，2007 年 6 月 7 日に辞任し，ブラウン財務相が後任に選出された。ブラウン首相がリスボン条約に署名した。ブラウン首相は，「リスボン条約と EU 憲法条約とは異なるもの」として，国民投票を行うことなく，過去の EC/EU 基本条約の改正の同様に，議会で，2008 年 EU（修正）法案を採択して批准を行った。[4] この間，保守党では，メージャー首相下での 1997 年総選挙で敗北して以来，党首には，ウィリアム・ヘイグ William Hague，イアン・ダンカン・スミス Iain Duncan Smith，マイケル・ハワード Michael Howard とヨーロッパ懐疑派が続き，2001 年と 2005 年の総選挙でも敗れ，3 連敗を喫した。そこで，保守党は，2005 年 12 月，39 歳のキャメロンを党首に選出した（田中 2016，248-9；今井 2016a，176）。

　ここで，小さなことかもしれないが重要なエピソードをいくつか差し挟むとすれば，ウィリアム・ヘイグは，1998 年，ユーロを「出口のない炎上中のビル」に例えていたが，2011 年秋になって，外相として，それが正しかったと屋外で優越感をあらわにした（遠藤 2013，266）。ダンカン・スミスは，軍人出身の対 EU 強硬論者で，サッチャリズムの再興を強く望んでいた。EU 離脱をも視野に入れた彼の反ヨーロッパ姿勢は，メージャー政権時代に，ヨーロッパ関連法案でことごとく造反を繰り返したことに端的に表れていた。彼の福祉国家改革の政策理念は，貧困の根源を当事者の道徳心の欠如に求める自己責任論に立脚しており，彼の改革案は，社会権を回復することよりも，むしろ受給条件の厳格化とともに受給総額に上限を設けることで，失業者・無業者に就労を強制するワークフェアの徹底であった。[5] マイケル・ハワードもまた熱心なサッチャー支持者で，対 EU 政策では，労働党政権が批准したヨーロッパ社会憲章の適用除外，経済的自由主義の立場から減税の必要性を説いた。移民に対して強硬な姿勢で臨む権威主義的傾向を強めたハワードは，選挙民が保守党に対して抱く負のイメージ，すなわち，イデオロギー対立によって分裂し方向性の定

まらない党とする認識を払拭することが出来なかった（今井 2016a, 177-8）。

サッチャリズムを否定しないまでも距離を置こうとするキャメロンの党首就任を機に，保守党の新たな適合の政治が本格的に進むことになる（今井 2016a, 179）。ただし，キャメロンの保守党における党内基盤はそれほど強固ではなく，党内右派の支持を得るため，EU 内の穏健右翼政党の集まりであるヨーロッパ人民党 European People's Party からイギリス保守党の離脱を公約し，のち，事実，脱退した。ヨーロッパ人民党からの離脱は，イギリス保守党が政権に復帰した後，イギリスが EU 内部で有する影響力の低下につながると同時に，キャメロン政権のヨーロッパ政策が次第に党内のヨーロッパ懐疑派に左右されることになって行く（池本 2016a, 242）。イギリス保守党は，EU 議会のチェコの市民民主党やポーランドの「法と正義」などとともに「ヨーロッパ保守改革グループ European Conservatives and Reformists = ECR」を結成した。これは，イギリスが EU のメイン・ストリームからいっそう離れて行くことになる（細谷 2014, 146）。

2　キャメロン政権と EU

キャメロンは，労働党政権下で政策基調が変化したことを認め，労働党政権の土俵に立たなければ政権奪還はないと考えていた。彼は自らの政治志向を「リベラル保守」と表現した。しかし，いったんは中道寄りにポジショニングを移動し始めたキャメロンの適合戦略は，グローバル金融危機とそれに続く財政危機の中で再び転回した。彼は，経済成長と社会正義のための政府支出拡大とを両輪とした労働党政権の政策から距離を置きはじめ，「大きな政府」には問題解決力がないと断じた。「大きな政府」を批判するキャメロンは，それに代わる「大きな社会」を提唱する（今井 2016a, 179-81）。

2010 年総選挙は，5 月 6 日に行われ，野党であった保守党が 306 議席で第 1 党になった[6]。選挙直後から連立協議が行われ，結局，キャメロン

保守党首を首相に，親ヨーロッパの自由民主党（LDP）党首のニック・クレッグ Nick Clegg を副首相として，連立政権が発足した（田中 2016，250）。金融危機の痛手から抜け出せないまま迎えた 2010 年選挙は，既成の大政党に過酷な結果をもたらした。投票率は戦後 3 番目に低い 65.1 ％にとどまり，2 大政党の合計得票率は前回選挙を下回る 65.1 ％だった。金融危機後の不況，国会議員の国庫助成金不正使用に由来する有権者の政治家不信は深刻だった。労働党政権首相だったゴードン・ブラウンの不人気も手伝って，労働党は議席数を 91 減らし，258 議席にとどまった。対する保守党も過半数に届かず，307 議席だった。57 議席を獲得した自民党がキャスティング・ボートを握った（今井 2016a，181-2）。

　選挙に勝ちきれず，なおかつ閣僚ポストを自民党と分け合うことになったキャメロンは，党内での求心力を減退させた。党首としての権威確立を目指したキャメロンであったが，2011 年に，政権任期の固定化が法制化され，解散権を喪失したことで，議会党の統率にいっそうの努力を要することになった。キャメロン首相は，ヨーロッパ懐疑派を中心とした平議員による大規模かつ持続的な造反にたえず悩まされることになる（今井2016a，182）。例えば，2011 年 10 月には，反対投票すべしという党の方針に反して，保守党議員の 3 割近く（81 人）が EU 離脱の是非を問う国民投票の実施を求める動議に賛成していた（力久 2016，5；阪野 2016，44）。

　キャメロン首相は，2013 年 1 月 23 日，「2015 年の，次の総選挙で勝利した場合には，政府は，EU との新しい取り決めを交渉して，その上で，EU に残留するか，脱退するかについて国民投票を行う」と演説した（田中 2016，251）。キャメロン首相のこの演説は，保守党内の EU 統合に批判的なグループからの強い圧力に屈する形で行われたものであった。保守党内では，1990 年代以降，EU に対する極めて敵対的な姿勢が色濃く見られるようになっていた。キャメロン自身は，EU からの離脱を求めていないと明言し，EU 加盟継続へ向けて真摯な取り組みを行う意向を示した。とはいえ，ユーロ危機後のイギリス国内世論に目を向ければ，EU 加盟へ

第 5 章　Brexit について考える

の支持が退潮に向かい，逆に EU をあからさまに敵視する勢力が急速に広がっていた。保守党内のヨーロッパ懐疑派は，イギリスの EU 加盟に，よりいっそうの疑念を募らせていた（細谷 2014，138-9）。

　キャメロン首相は，この演説で，1963 年にイギリスの EEC 加盟に反対したフランスのド・ゴール大統領の分析を引っ張り出して，次のように宣言した。「わが国の特質は島国，すなわち独立性の高い国ということであり，そのことは主権国家への直接的で熱烈な帰属意識によって表現される。わが国にとって EU は，それ自体が目的なのではなく目的を達成させるための手段であり，その目的とは，繁栄，安定および自由と民主主義の定着なのである」（セルジャン，2013）。

　2013 年後半から 2014 年前半にかけ，EU 委員長の選出のための予備選挙の導入過程で，イギリスと EU 統合を推進する国家との対立は頂点に達することも Brexit の政治過程にとって重要なエピソードであろう。すなわち，キャメロンの主導により，2009 年にヨーロッパ人民党から出て EU 議会で独自に形成した EU 議会院内会派の「ヨーロッパ保守改革 European Conservatives and Reformists ＝ ECR」は，予備選挙への参加が EU の連邦深化に与するとして不参加を決めた。キャメロン首相は，「ヨーロッパ人民党 European People's Party ＝ EPP」の候補者である元ルクセンブルク首相，キリスト教社会人民党元党首ジャン・クロード・ユンケル Jean-Claude Juncker が委員長となれば，国民投票ではイギリスは離脱に傾くと反発した。EU 研究家の政治学者児玉昌己によれば，メディアも同様で，『フィナンシャル・タイムズ』も社説で「ヨーロッパの民主主義のためにユンケルを下ろせ」と報じて，キャメロンの側面支援に回った。キャメロン首相は予備選挙対象外のデンマーク首相のヘレ・トーニング・シュミット Helle Thorning-Schmidt を担ぐ動きを見せ，最後は EU 理事会での議決を求め，わずかにハンガリーの支持のみで惨敗するに至った（児玉 2016，112-3：同 2015，260-3：池本 2016a，258）。

　これについては，フランスの元首相ミシエル・ロカール Michel Rocar

185

が絡む大事なエピソードがある。児玉によれば，このようなキャメロンの行動について，ロカールは，金融資本の擁護者と見て，キャメロンへの不信を強め，『ル・モンド Le Monde』紙に，「加盟40年余で何を学んだのか，わが友，イギリスよ，EUから去れ，EUを死なすなかれ」と語り，反発を強めた。EUとEU議会の正統性確保のためのさらなる統合深化へのイギリスの反発は，やがて来るイギリスのEU離脱の前奏曲となったのである（児玉2016，113）。

2005年5月29日，フランス国民は国民投票でEU憲法条約を反対54.7％で否決した。この国民投票が行われる数日前，ロカールが次のように述べたことが印象的である。すなわち，「大規模な経済自由化が世界中で進められている。この経済的津波はアメリカから来たもので，ヨーロッパにとっては何ら利点はない。しかし，ヨーロッパ各国の右翼勢力が，EUを統治している多数派と結託して経済自由化を支持しているのだ。こうした現状に拒否の態度を示そうとする多くのフランス国民の願いが，国民投票における『ノー』の声に反映されようとしている。しかし，反対票を投じることは大きな誤りとなるだろう。より良い規制という目的を政治的に目指すヨーロッパだけが，新自由主義的津波を阻止する手段なのだ。しかし，そのためには，教義の明快さ，確固とした政治的意思，そして憲法が必要だ」（『朝日新聞』，2005年5月28日）。結局，フランス国民は「大きな誤り」をおかしたと思われるが，そこは見解が分かれるかもしれない（土倉2011，82）。

ここに見られる，ロカールのキャメロン不信とEU憲法条約批准支持には一貫したEU観がある。それは彼の社会民主主義的姿勢に由来する。すなわち，約言すれば，EUにはグローバル化に順応する側面とグローバル化に対抗する側面があるということである。ロカールの政策志向はあくまで社会民主主義のそれである。遠藤によれば，EUは，経済危機からの脱出を試みる中で，緊縮財政を多くの被支援国に強いて，一方でそれまで享受されて来たさまざまな社会福祉サービス，とりわけ年金や医療までをも

186

第 5 章　Brexit について考える

削減し，他方で多くの失業者を，とくに若年層の間で増加させるからである。それは EU が社会連帯の反対概念になることを意味する。このような兆候は，すでに 2005 年のフランス・オランダの EU 憲法条約否決の際に観察することが出来た。EU は，そこでは，それまでの社会民主主義勢力の位置づけと異なり，新自由主義的なグローバル化と同類の存在として語られ，若者，女性，公務員から疎まれたのである。1980 年年代から 90 年代にかけて，かつて EC・EU は社会民主主義的プロジェクトとして想起されていた。それは，相互依存やグローバル化の荒波やアメリカの影響力への防波堤として意識され，自らの世界市場や世界政治に対する制御可能性を高めるプロジェクトに映っていたのである（遠藤 2013, 282-3）。

　2015 年 5 月に実施された総選挙は，保守党が辛くも過半数を確保した。キャメロンは，勢いを増した「スコットランド民族党」（SNP）と労働党の連立政権が誕生したら，安定した統治への脅威となると喧伝することで，労働党の票田を切り崩し，なりふり構わず連立パートナーだった自民党の議席を奪う戦略を講じた。労働党は議席を減らし，自由民主党は 49 議席を失う大敗を喫した。既成の主要政党が苦戦を強いられる中で，SNP，イギリス独立党（UKIP），緑の党の総得票数は，保守党の総得票数の半分を超える 650 万票に上った。SNP は，スコットランド総議席のうち 56 議席を得て，地域政党としての揺るぎない強さを見せつけた。UKIP は緑の党と並んで 1 議席を獲得したに過ぎなかったものの，約 400 万票を集めて，保守党の地盤ばかりでなく，労働党の地盤にも深く切り込んだ（今井 2016a, 185-6）。

　2016 年 2 月 20 日，イギリスが EU からの離脱を問う国民投票の実施に向けて走り始めた。キャメロン首相は，EU のさらなる統合には加わらずに，単一市場のうま味は生かせる「特殊な地位」を EU 首脳会議で勝ち取った[7]と強調し，残留の旗を振った。とはいえ，当時，世論は真二つに割れていた。キャメロン首相は，20 日朝，週末にもかかわらず閣議を招集し，EU 首脳会議で決着した EU の改革案を説明した。閣議後，「2017

187

年までに」と公約していた国民投票を，2016 年 6 月 23 日に実施すると発表した。2 月 19 日深夜，夜を徹した 2 日間の EU 首脳会議を終えたキャメロン首相は，「私はイギリスが EU の中で『特別な地位』を得られるよう交渉して来た」とツイートした。続く記者会見で，「全身全霊で残留へと世論を説得したい」と語った（『朝日新聞』，2016 年 2 月 21 日）。

EU 首脳会議でのキャメロン首相の EU との残留交渉について，イギリス調査会社「キャピタル・エコノミクス」会長のロジャー・ブートルは，「まったく評価できない」と述べた。ブートルによれば，キャメロン首相は，2013 年に EU 離脱の是非を問う国民投票の実施を表明した際に，EU 基本条約の見直しも視野に根本的な改革を迫ると主張していた。キャメロン首相は，結局，EU に厳しい要求を突き付けられなかった。合意は非常に貧弱である。EU からイギリスの主権を取り戻す措置についても，移民に対する社会保障給付の制限についても，現状の大きな変更は望めない。現状の EU は，例えるなら，「心地よい毛布」である。ヨーロッパの経済的成功には，競争と規制緩和，安い税金が必要なのに，EU は何も行動していない。国家間の競争を抑え込み，無駄な規制が多い。EU のあまりの非効率さに多くの人がうんざりしている（『朝日新聞』，2016 年 2 月 21 日）。[8] ブートルは，2015 年 2 月，次のように述べていた。EU として統一されていた方が，世界の舞台でより大きな力を発揮できるように思えるかもしれない。しかし，ヨーロッパが経済的な落伍者となり，世界経済におけるウェートを下げ続けるなら，世界の諸問題に対する発言力も低下する。逆に，EU の解体によって，ヨーロッパの繁栄が助長されるなら，その発言力も増すだろう。たとえそのメッセージが複数の異なる口から発せられ，言い回しに多少の違いがあったにしても，である（ブートル 2015，9-10）。

結局，国民投票で離脱派が勝利したことは，イギリス政治を研究している今井貴子によれば，イギリス社会のクリーヴィッジ[9] が明らかになったということであろう。すなわち，キャメロン首相，そして残留賛同を党の方針とした労働党が，UKIP 支持に鞍替えした人々をまったく説得でき

第 5 章　Brexit について考える

なかったことは，2015 年，UKIP に投票した人々の 95％が，2016 年 6 月
23 日の国民投票で，離脱票を投じたことによっても明らかである。それ
ばかりか，2015 年，保守党を支持した人々のうち 58％が離脱に回り，労
働党でも支持者の 37％が離脱に流れた。労働党では，伝統的左翼の立場
から性来は反統合主義者であったジェレミー・コービン Jeremy Corbyn
党首が，意図的に残留支持の運動をしなかったという非難が高まった（今
井 2016b，162）。

　ただし，いったん Brexit の国民投票の結果の問題はさておき，巨視的
に見て，イギリス政治の専門家で国際政治学者の池本大輔の指摘するよ
うに，キャメロン政権下において，国制改革のほとんどは失敗に終わっ
たが，そのための手続きとして，国民投票（選挙制度・EU）や住民投票
（スコットランド）が多用されることになったことは重要な変化であり，
議会主権の国イギリスも，実質的には国民主権の国に変化しつつあるかも
しれない（池本 2016a，251），と考えることができる。とはいえ，反面，そ
のことがポピュリズムの全盛を招き，Brexit という深刻な結果を招いた
ともいえる。

　このことについて，阪野は次のように主張している。すなわち，社会の
中の多数派の意向が，議会内多数派として政治の世界に表出される，とい
うのが議会主権を中心的な構成原理とするウェストミンスター・モデルの
基本的な考え方である。そこでは，議会内多数派と議会外多数派の意向が
乖離するということは，原理的に想定されていない。また，国民投票は，
イギリス政治の文脈においては，一般的には，議会制デモクラシーの補完
と位置付けられている。しかしながら，議会内多数派の意向と議会外多数
派の意向がねじれた場合，国民投票は議会主権対人民主権という主権に
関わる原理的な問題を改めて突き付けることになる。EU 残留・離脱をめ
ぐる今回の国民投票は，まさにこうした事例と捉えるべきであろう（阪野
2016，69）。

189

3 UKIP の躍進

イギリスの EU からの脱退を求める UKIP が 1999 年に 3 議席，2004 年に 12 議席，2009 年に 13 議席と EU 議会の議席を伸ばして来た。このため，保守党執行部は，党内の EU 懐疑派だけでなく，UKIP にも配慮しなければならなくなった（田中 2016，250；水島 2016b，164）。2014 年 5 月の EU 議会選挙で第 1 党になったのは，2 大政党ではなく，UKIP で，24 議席を獲得した。野党労働党が 20 議席で第 2 位，与党保守党は 19 議席で第 3 位だった（田中 2016，251；池本 2016a，258）。

UKIP 支持者には 2 つのタイプがある。第 1 に，保守党の現状に不満を持つ中産階級の保守党支持層である。EU への懐疑を抱く中産階級は，サッチャー時代の断固たる反ヨーロッパ姿勢を懐古し，連立政権下でのヨーロッパ人権法や移民政策をめぐるキャメロンの譲歩に反感を抱いた。彼らの多くが，2012 年までに，保守党から UKIP に鞍替えをしたと見られている（今井 2016 a，183）。2013 年の地方選挙で UKIP は大躍進をしたが，その時点の調査によると，この党への支持の拡大は，圧倒的に保守党に幻滅した選挙民からの支持が多かったというデータが出ているという（Ford and Goodwin2014，149）。[10]

第 2 には，2013 年以降の UKIP 躍進の動力になった支持層で，過去数十年間の経済的・社会的な豊かさから「取り残された」集団である。その大半を占めるのが，40 歳以上の白人男性で，ブルー・カラー労働者や非熟練ホワイト・カラー労働者である。彼らはブレア以前の古い労働党を支持していた労働者であり，したがって，UKIP 旋風を労働者階級による現象だとする。移民の増大が雇用や公共サービスを脅かしていると考える「取り残された」集団は，UKIP が打ち出すスローガン「国民保健サービスであって，国際保健サービスではない」に共感する（今井 2016 a，184；阪野 2016，62）。このことは，労働党の前進にとっては深刻な問題である。というのは，本来なら左翼の経済政策を支持していた選挙民が，労働党の政治家を信用しなくなったからである（Ford and Goodwin2014，277）。

第 5 章　Brexit について考える

　UKIP の党勢は，2013 年 5 月，EU 議会選挙で第 1 党に躍り出てから加速した。その後に実施された 2 つの補選でも，保守党候補を破って下院に初めて議席を得た（今井 2016a，184-5）。当初は泡沫に過ぎなかった UKIP だが，他の反 EU 勢力も吸収して次第に支持を広げ，1999 年には EU 議会で初めて 3 議席を獲得した。そのうちの 1 人がナイジェル・ファラージ Nigel Farage である。彼は以後 4 期続けて EU 議会議員を務め，その間の 2006 年に UKIP の党首に就任した。2009 年に一時退いたものの，1 年後から再び務めた。UKIP の躍進は彼の個人人気に支えられていると多くの人が考えている（国末 2016，174）。

　ファラージによれば，既存政党が自らの利益のみを考えて，党員の意向にそっていないことへの不満から，「EU からのイギリスの脱退のキャンペーンをする新しい政党の必要」を感じたという。とりわけ，ファラージの批判は，「EU が民主的な機関ではない」ことに向けられる。EU 議会の議員として，そこで演説した際にも 2 分間しか話すことが認められておらず，2 分が過ぎると自動的にマイクのスイッチが切られてしまうことに不満を述べる。ファラージによれば，正統性を持たない EU に加盟するよりも，世界大国であるイギリスは，むしろ脱退をする道を選ぶべきだという（細谷 2014，144）。

　UKIP の支持層拡大において，潮目が変わったのが，2010 年代に入った頃である。2009 年の EU 議会選挙が終わってもなお，各種世論調査でUKIP への支持は継続し，2013 年時点で支持率は 10％ に上った。メディアの注目も途切れることなく続いた。2013 年の地方選挙で合計 147 議席を獲得し，大きな躍進を果たした。2014 年の地方選挙では 163 議席，2015 年には 202 議席とその勢いは続いており，地方に根を張ることに成功しつつある。2010 年時点で 15,000 人程度だった党員数も，2013 年には30,000 人を超えた（水島 2016b，166）。

　以上のように，UKIP の現在について素描的に触れて来たが，もう少し掘り下げてみる必要がある。貴重な先行研究として，イギリス政治が専門

191

の政治学者若松邦弘の質量ともに優れた業績がある。それらに教えられながら，以下，UKIP のプロフィールについて要約してみたい。

　若松によれば，UKIP が政党として全国レベルで初めて大きな注目を浴びたのは 2004 年の EU 議会選挙である（若松 2013, 51）。しかし，UKIPの党としての歴史は 1990 年代初めに遡る。UKIP は 1990 年代半ば，ヨーロッパ懐疑派の政党としてはより後発ながらも「国民投票党」（前述）の後塵を拝して来た。当時，イギリスにおけるヨーロッパ懐疑派の単一争点政党では，EU との関係について，イギリスでの国民投票の実施を主張する「国民投票党」が，その宣伝活動の大きさや保守党からの離脱者の加入に助けられ，筆頭格であり，それに比べ UKIP は有権者への浸透に難を抱えて来た（若松 2013, 55）。UKIP にとっての転機は 1997 年総選挙後すぐに現れている。1997 年 7 月に「国民投票党」創設者ゴールドスミスが病死した。リーダーを失った「国民投票党」は解散し，そのメンバーの多くは UKIP に合流した。ここからヨーロッパ懐疑派における代表的政党としての歴史が始まることになる（若松 2013, 56）。

　ジョン・カーティス（注 8 参照）にしたがって，若松は，2004 年 EU議会選挙での UKIP の躍進について，イメージの面を要因として指摘する。とくに，テレビ司会者としてよく知られていたロバート・キルロイ＝シルク Robert Kilroy-Silk が党の顔として選挙戦の先頭に立ったことが大きいという。キルロイ＝シルクは，労働党の下院議員を務めた後，1988年から 15 年以上も BBC1 で，朝のニュースショーに続く時間帯に自身の名を冠した視聴者参加型のワイドショーを担当していた人物で，イギリスでは知らぬ人のないお茶の間の顔として，とくに女性層から幅広い支持を得ていた（若松 2013, 56-7）。付言すれば，労働党議員→テレビタレント→ UKIP という経歴が面白い。キルロイ＝シルクの「転向」はイギリス政治のポピュリズム化を象徴しているように思われる。

　2004 年 EU 議会選挙の検証は，UKIP が，比例代表制のもとで，保守党寄りの票を呼び込む傾向があることを示唆している。加えて，ローカルな

第5章 Brexitについて考える

政治過程の観点からもUKIPへの支持拡大過程を明らかにしようとすれ
ば，鍵となるのは，2000年代初めにイギリス各地で生じたブレア労働党
政権に対する批判であろう，と若松は述べる（若松2013，58-9）。UKIPの
台頭は，まさにサッチャー政権に対する1980年代の政治的反発が産業都
市のインナーシティの荒廃を背景として生じたのと並列する形で，1990
年代以降の農村における荒廃への急速な認識の高まりに後押しされてい
る。イングランド南部におけるUKIPへの支持拡大は，一義的には経済的
に疲弊した農村部に固有な状況を背景とする（若松2013，61）。

　UKIPの拡大初期に見られる特徴は，EU議会選挙の成功が他の選挙レ
ベルにほとんど及んでいないことである。EU議会選挙以外での存在感の
欠如とEU議会選挙での成功とはバランスを欠いており，UKIPは，事実
上，EU議会のみの政党という奇妙な存在であった。UKIPは2004年の
EU議会選挙での余勢をかって，全国646議席の4分の3にあたる496選
挙区に候補を立てたが，議席の獲得はならず，得票率は2.2%だった。こ
の時期のUKIPの選挙区の弱さは，総選挙以外の選挙，いわゆる第2オー
ダー選挙で比較するとさらに明確になる。地方議会選挙でのUKIPの成
績もEU議会選挙での成績に遠く及んでいないことが確認できる（若松
2013，64）。ただ，余談であるが，「UKIPは，事実上，EU議会のみの政党
という奇妙な存在」と若松は述べるが，私見では，フランスのFNも同じ
ようにEU議会選挙は好調であるが，国民議会選挙は議席数が極端に少な
く，振るわないところがある。これは国民議会選挙が小選挙区2回投票
制なのでやむをえないことである。最近，FNはEU委員会からEU議会
以外の活動にEUの経費を使っていると告発されたが，EUから得る資金
は，長年にわたって，FNの貴重な資産であったというのは，考えてみれ
ば奇妙な話かもしれない。

　UKIPの選挙区組織が弱いという特徴は2000年代半ば以降少しずつ変
化が生じている，と若松は言う。すなわち，UKIPを支持する社会層の特
徴は，その変化が進むとともに，ローカルレベルの分析からも明瞭になっ

193

て来る。2004年のEU議会選挙を経て，UKIPへの所属変更が，ローカルレベルの一部で，保守党のみならず労働党を含む多様な政治勢力から生じ始めている。この動きと並行して，反EUの言説のみならず，「リバタリアン」イデオロギーについても，他党との差別化を図るようになる。従来，UKIPは，EUの問題を焦点にして，EU議会選挙に重点を置いてきたが，2000年代後半には，各地域のローカルな問題をくみ上げ，地方組織を形成する傾向を強めて行く。2000年代後半のUKIPの戦績では，EU議会選挙とのダブル選挙となった2009年の選挙が注目される。この年の地方議会選挙は，EU議会選挙と同日選挙であることや，国政与党の労働党が不人気であったことを背景に，小政党の躍進を特徴づける選挙となった（若松2013，66）。

　2009年のEU議会選挙の投票を分析したイギリスの政治学者ロバート・フォードRobert Fordの研究を手がかりとして，若松は，2009年のEU議会選挙において，UKIPの支持者は無愛想な年輩の保守党支持者だけではない（若松2013，80）とする。これは重要である。EU議会選挙の1つの選挙行動パターンとして，総選挙では保守党に投票する多くの選挙民がEU議会選挙ではUKIPに投票した。いわばUKIPに間借りしていたわけである。ところが，労働党政権から保守党・自由党の連立政権，さらに2015年の保守党単独政権に政局が動いてゆく中で，UKIPは強固な基盤を持った政党に躍進して行く。EU離脱国民投票の勝利は，UKIP定着の証しになっていたのかもしれない。

　さて，若松は，2009年のEU議会選挙に見られるUKIP支持者のうちで，労働者階級の性格がより強いグループに注目する。このタイプの選挙民は，経済的にはより不安定で，労働党支持の家庭出身の場合もありうる。このタイプは社会への不満も強く，根本的な点で，政治の現状に幻滅している。若松によれば，2010年の総選挙で労働党が国政で野党になり，選挙民の批判の矛先が労働党以外に向くと，労働党の伝統的な安全区は労働党に戻りつつあると解釈できるともする（若松2013，80-1）。ここでもフ

ランスの実例が参考になる。すなわち，2012 年フランス大統領選挙の第 1
回投票でマリーヌ・ルペンに投票した選挙民の多くが，第 2 回投票では，
右翼のサルコジに投票しないで，左翼のオランドに投票したのである。い
わゆる左翼ルペン主義である。イギリスの UKIP をめぐっても同様な傾向
が読みとれるかもしれない。

　UKIP への支持は，その初期の拡大段階では保守党の支持と重なること
が注目されて来た。だが，この保守党地盤における支持は，EU 議会選挙
に固有の制度，すなわち広域ブロックを単位とする比例代表制という制度
の助けを借りたイメージ先行のものであったことを否めない。UKIP は，
政治勢力として，選挙区選挙である下院や自治体議会レベルには浸透して
いない，事実上は EU 議会だけの政党であった（若松 2013，86）。すでに述
べたとおり，フランスの FN も同じような政党として出発した。

　若松によれば，自営業や年金生活者など，平均的な保守党支持層よりは
経済状況がやや厳しい人々の間に，EU への姿勢とは無関係に，その固有
の支持層を見出しつつある。これら農村地帯を中心に勢力が定着するとす
れば，UKIP は北欧諸国の旧農民政党と対比可能なイデオロギー要素をイ
ギリスの政党システムに付け加える核となる可能性がある（若松 2013，87）
とする。私見であるが，EU 離脱の国民投票の文脈において，若松のいう
「EU への姿勢とは無関係に」が気になるところである。すなわち，簡単
に言えば，今回の EU 離脱賛成票は，保守党と労働党の支持層の一部（と
いってもかなりの部分）が離脱賛成に回ったことも重要であるが，何と
いっても UKIP 支持者層の貢献も大きい。したがって，EU への姿勢は依
然として UKIP 躍進の推進力になるのではないかと思われる。

　UKIP の反移民カラーは，結党時からの反 EU のカラーと異なり，勢力
拡大期の 2000 年代後半に強まったものである。UKIP は 2009 年の EU 議
会選挙で労働党を凌ぎ，保守党に次ぐイギリスの第 2 勢力へと躍進した
が，複数の調査が，この選挙では，UKIP への投票者にとり，反移民との
要素が重要であったことを示している（若松 2016，85）。

2010年の総選挙後に成立した保守党と自民党のキャメロン連立政権は移民数の削減を図る方向性を示す。保守党は，2008年，2009年の地方議会選挙の躍進によって政権奪回を射程にとらえたものの，反移民の姿勢を強調しながら支持を伸ばし始めたUKIPの動向は懸念材料であった（若松2016，87）。

　EU域内移民は，政治問題化した「移民」イシューのなかで，従来は付随的な性格が強かった。しかし，連立政権期には政治的な重要性を拡大させている。これは，地方選挙や下院補選でのUKIPのさらなる伸長を背景に，与党保守党が，2013年，EU残留を問う国民投票の実施を公約したことが大きい。EU域内移民への対応は，対EU政策が重要な政治争点となっていくなか，EUイシューとして従来と異なる文脈で注目を増した（若松2016，88）。

　保守党と労働党という二大政党の一角を崩し，保守党に次いでイギリスの第2勢力となったUKIPは，2009年のEU議会選挙後は，イギリスの国内メディアにおいても，他の小政党とは異なる位置付けが与えられるようになった。2015年の総選挙に至る過程で，保守，労働，自民の3党に次ぐ存在へと扱いが変わって行く。実際に，2014年のEU議会選挙では，全国で27％の票を獲得して，イギリスに割り当てられた73議席のうち24議席を得て，イギリス第1党となった。そのUKIPは，2013年の統一地方選挙で突如の躍進を見せていた。全国で合わせて147の議席を獲得し，改選議席の7を大きく更新した。続く2014年，2015年の地方議会選挙でも躍進は続き，獲得議席数を順次増やしている。これによって，UKIPは，小政党に不利な「単純小選挙区の壁」を破ったとの見方が現れている，と若松は言う（若松2015，32-4）。

　すでに紹介したロバート・フォード（前述）と同じくイギリスの政治学者マット・グッドウィンMatthew Goodwinに拠りながら，若松は，2010年代に入ってからのUKIPの支持者の典型的なプロフィールが，中年以上，白人，男性で，学歴，所得水準は中間からやや低めであり，意識につ

196

いては，道徳的・文化的にやや保守的とされた。職業階層については，労働者階級や自営業の支持が大きい。支持者の性格の点で，UKIP は近隣諸国のいわゆる急進右翼勢力の標準的な姿とあまり変わらないことを示唆する。UKIP は，これまでフランスの FN など急進右翼とされて来た海外の勢力とも協調しないことで，幅広い選挙民からの支持調達を狙って来たが，支持者の社会的属性を見る限り，各国の急進右翼勢力と一致するところが大きいと見られる（若松 2015, 39；Ford and Goodwin2014, 10；木畑 2014, 156）。この点について，私見によれば，UKIP と FN はともにヨーロッパ懐疑主義の政党であり，EU 議会から益することの多いことも共通しながら，なぜか EU 議会の場では共闘しないのである。いろいろな経緯がそれを説明することができるであろうが，次のように考えてみたい。

　すなわち，端的に言えば，若松の言うように，UKIP は，「幅広い選挙民からの支持調達を狙って来た」からである。水島によれば，イギリスでは，従来，政治的幻滅感の強い労働者層の支持をある程度確保して来たのは，極右色の強い「ブリテン民族党 British National Party = BNP」だった。実際，BNP の支持層は，UKIP への投票者層の労働者層と一致する。逆に言えば，UKIP の躍進は，この BNP を圧倒して行く過程を経て可能になった（水島 2016b, 170）。付言すれば，当初からの UKIP の戦略，あるいはアイデンティティーは，BNP とは違うと主張したかったのではないかと思われるのである。

　UKIP 支持層の経済的社会的性格は変化して来ている。2013 年の統一地方選挙以降の急伸の局面では，支持の様相が大きく変化し，多様化が顕著である。南岸の保養地，大都市への通勤圏，イングランド北部・中部の旧産業地帯に所在する小都市や炭鉱集落というように，性格の異なる地域が UKIP 支持の列に加わっている。直近の躍進はこの支持の多様化によって特徴づけられる。この変化は，2010 年以降，一時的に見られた労働党支持の大幅な回復の時期から，その後一転して，労働党も含め，主要政党すべてが支持を低下させているなかに生じている。行き場を探していた政

治不信票が UKIP に集中する傾向は明瞭である。UKIP は各選挙区で批判
票を集め，主要政党間の争いに割り込んでいる。それぞれの地区で伝統
的に強い政党に対するアンチとしての性格を示すようになっている（若松
2015, 54-5）。「行き場を探していた政治不信票が UKIP に集中する傾向は
明瞭である」が重要である。「アンチとしての性格を」をともなって，こ
こにポピュリズム政党の精髄を見たい。ポピュリズム政党の理念は反既成
政党体制なのである。[11]

　若松は，UKIP の 2013 年以降の急伸を，EU 批判や移民制限といった
ヨーロッパ懐疑主義の言説やその他同党の言説に選挙民が与えた支持とし
て説明することは必ずしも適切ではない，とする。イギリスの場合，もと
もと保守党・労働党に続く第 3 党への支持は，クリーヴィッジの名残とし
てよりも，両党に対する批判票としての性格が強い。得票の面ではすでに
第 3 党に躍進している UKIP もその例外ではないと主張する（若松 2015,
55）。少しだけ異論を提起しておきたい。クリーヴィッジの名残が UKIP
に反映しているとは思わない。とはいえ，EU 離脱対 EU 残留のクリー
ヴィッジが出来たとも思わない。ゆえに，批判票は，クリーヴィッジから
来るのではない。その点は同意する。したがって批判票はどこから来るの
かと考えた場合，それは不信とか抗議から来るわけで，それがポピュリズ
ムの根源的な力になっている。その場合，言説はポピュリズムの大きな滋
養剤だと思われるのである。

　若松の主張をもう少し聞かなければいけない。若松によれば，UKIP の
躍進を後押ししている政治的な不満は，ブレア政権期に，イラク派兵批判
の陰で，同様に相次いだ農村での直接行動が示したように，グローバル都
市を頂点とする国内の地域間格差を映し出す性格を強めている。「ロンド
ンのエリート」に対する「一般」選挙民による階級を超えた反発（ロンド
ンや豊かなイングランドへの反発）である。近年のスコットランド政治の
動きはこの構図から説明され，また UKIP への直近の支持もその性格を
示す。UKIP の支持者は，UKIP のヨーロッパ懐疑主義的な政策的言説へ

198

の支持により規定されるような同質的存在ではない。現状の UKIP 支持は「反エリート」としての性格ゆえにこそ，雑多な様相を呈しているのである（若松 2015, 55-6）。「雑多な様相」に賛成である。付言すれば，「UKIP のヨーロッパ懐疑主義的な政策的言説」といっても上から下まであって，「EU は嫌いだ」という感情的なメッセージでもよいわけである。理論が大衆を掴むというか，脱 EU 言説は今回の国民投票でしっかりと大衆を掴んだ。その場に居合わせた UKIP にとって幸運なことに，UKIP が見事に組織的媒体を果たした結果になったのではないか，というのが私見である。

　居合わせた UKIP，幸運なことに UKIP が組織的媒体を見事に果たした，と筆者は述べた。それはこういう意味である。すなわち，EU 離脱によって「主権を取り戻す」との離脱派の主張は説得的だった。彼らは自己決定権を回復し，デモクラシーを再びわがものにするまたとない機会として国民投票を受け止めたのではなかったか，と水島は述べる（水島 2016b, 186）。ここで，「彼ら」とは誰かということになる。もし，彼らが「離脱票を投じた人々の多くは，すでに除け者にされ，無視され，忌み嫌われていたと感じてきた」（水島 2016b, 187）人々，言い換えれば「置き去りにされた」人々とするなら問題である。たしかに，「残留」派にエリートは多かった。反対に「置き去りにされた」人々はほとんどが大挙して「離脱」に投票した。しかしながら，今回の国民投票は「置き去りにされた」人々がエリートたちに否を突き付けたと単純に決めつけるのは困難だと思われる。むしろ，長期的観点から，遠藤が述べるように観察するほうが客観的な見方ではないかと思われる。すなわち，遠藤によれば，マーストリヒト条約以来長い時間をかけて醸成された，主権的な自決意識とナショナリズムの結合は，とりわけイングランドの主流の大票田を動かした。UKIP のような，2013 年までは周辺的で，その後も決して多数派を掌握できない政党ではなく，何世紀もの間，主流を形成して来た保守党とその支持者にこそ，その 2 つの結合を経由して，ヨーロッパ懐疑主義が広

がっていった。そのことで初めて局所的な運動を超えて，それはうねりをなしたのである（遠藤 2016, 119）。

4 ユーロと EU

　ここで，Brexit の背景をなすユーロと EU について再考しておきたい。2001 年にノーベル経済学賞を受賞し，IMF の経済政策を厳しく批判しているアメリカの経済学者ジョセフ・E・スティグリッツは，ユーロとそのヨーロッパへの衝撃と未来を論じた彼の最新の著書（Stiglitz 2016）の「日本版への特別寄稿—イギリスの EU 離脱とヨーロッパの苦悩」の中で，次のように書き始めている。「イギリスの 2016 年 6 月 23 日の国民投票は，52％対 48％で，EU からの離脱を決し，英仏海峡の両岸では，政治と経済の大変動が引き起こされた。デーヴィッド・キャメロン英首相は早々に辞任し，"残留"のための活動に熱意が足りなかったとして，野党労働党のトップまでもが退陣を求められている。イギリス・ポンドは対ドルでみると，わずか 4 日間で 11％下落し，30 年ぶりの安値をつけた。一方，対ユーロでみると，下落幅は 8％にとどまった。ここで明らかとなったのは，勝利したあとの計画を"離脱"派がまったく持っていなかったことだ。イギリス離脱（ブレクジット）—ギリシャ離脱（グレグジット）にならってこう呼ばれる—を推進する人々は，あからさまなウソまではいかなくても，狂気じみた誇張をくりひろげていた」。スティグリッツによれば，前 EU 大統領ヘルマン・ファン・ロンパイ Herman Van Rompuy が，国民投票を行うとキャメロン首相が 2013 年に決断したことについて，「ここ数十年間で最悪の政策決定だった」と断言したことは，幅広いヨーロッパの感情を代弁しているという。ファン・ロンパイの言葉は，とりもなおさず，民主的な説明責任に対する深い嫌悪感を露呈していた。当然といえば，当然である。なにしろ，直接投票の機会が与えられるごとに，各国の市民は，ユーロや EU や EU 憲法条約を拒絶する結果を出して来たのだから（スティグリッツ 2016, 1-2）。

第5章　Brexit について考える

　スティグリッツのこの「日本版への特別寄稿」は，イギリスの EU 離脱
国民投票後，トランプアメリカ大統領当選前である。しかし，トランプは
予備選挙での勝利は獲得していた。アメリカに在住するスティグリッツ
は，このタイミングで次のように述べる。すなわち，アメリカが襲われた
のと同じ大混乱に，イギリスも程度の差こそあれ，呑みこまれて来た。大
西洋の両岸で暮らす一般市民はうんざりしきっていた。アメリカの共和党
の大統領予備選挙と，イギリスの EU 離脱の国民投票では，共通のテーマ
が結果に寄与した。国民の大部分の暮らし向きが悪化して来ている点で
ある。過去 3 分の 1 世紀，新自由主義の政策は，上位 1％に利益をもたら
し，残りの 99％には利益をもたらさなかった。この経済低迷—学歴が大
学卒業未満の人々にとっては，単なる経済低迷の域を超えていた—は，や
がて政治に影響をもたらすと，スティグリッツは前々から予言して来た
が，今日，予言は現実のものとなっている（スティグリッツ 2016，5）。

　大西洋の両岸では，左派の多くが新自由主義の思想を受け入れていっ
た。左派は右派を理論ではなく，情に薄いという点で批判した。だから，
情け深い保守派と “新左翼” を区別するのはどんどん難しくなった。アメ
リカのビル・クリントン Bill Clinton，イギリスのトニー・ブレア，ドイ
ツのゲアハルト・シュレーダー Gerhard Schröder は，右派が数十年のあ
いだ導入しようと苦心して来た改革を採用してしまった。銀行が大勝利を
得る一方，規制の “底辺への競争” が繰り広げられ，社会は大敗北を喫し
た。これらの指導者たちは，全員，新たな貿易交渉を推し進めていた。そ
れらの新協定は関税を下げるだけでなく，知的財産権を強化し，金融市場
の自由化と統合を保証し，さまざまな手法で—例えば，環境や医療や経
済の分野での規制導入を妨害する—企業利益の増進を図っている（スティ
グリッツ 2016，9）。[12] 私見によれば，スティグリッツの言説は少し荒い気
がしないでもない。それはともかく，スティグリッツのいう “新左翼”
とは，2016 年アメリカの大統領選挙の民主党の予備選挙で善戦したバー
ニー・サンダース Bernie Sanders を意識しているのか，ブレアのような

201

「ニューレイバー」と称される「第3の道」路線のことをいうのか，はっきりしないところがある。

　スティグリッツは，イギリスとEUの関係について，次のように述べている。すなわち，イギリスは賢明にもユーロ参加を見送った。イギリス国内ではEUに加盟する時も強い懐疑論が沸き上がった。イギリス国民の疑念はおそらく加盟国内で一番高く，加盟以降の出来事はこの状況をさらに悪化させるだけだった。ヨーロッパ諸国，とりわけユーロ圏諸国では，下手な経済運営が行われた結果，近年の平均失業率は一貫してアメリカを上回り，しばしば数字は2桁の大台を記録した。この事実は明らかにヨーロッパの信頼を突き崩して来た。第1に，ヨーロッパ域内の自由移動は，一つの未来を示唆している。失業率低下に巧みな手腕を発揮した国が，本来の割り当てよりも多くの難民を受け入れざるをえなくなる未来である。移民が自由化されたヨーロッパにおいて，イギリスは特殊な立場にある。すでに，他民族，多文化社会が構築された状況と，世界共通語というべき英語の存在は，移民から見るととりわけ魅力的である。ユーロに縛られていないため，失業率の低い経済が維持されているイギリスは，仕事が得られるだけで満足の移民を惹きつけるのである。第2に，ユーロ圏の機能不全と，危機当事諸国の主権の蹂躙は，ヨーロッパという"クラブ"の魅力をどんどん低下させて来た。もしも，押し付けられた政策が危機当事諸国の完全雇用にすばやく復帰させていれば，また状況は違って来たかもしれないが，政策の惨めなまでの失敗は，尊大かつ無慈悲な実施手法と相まって，事態をさらに悪化させただけだった。ユーロ圏内で発生して来た出来事は，巨大な"民主主義の赤字"が存在する，というEUに対する積年の見解を助長した。ユーロ危機があからさまにした"民主主義の赤字"は，イギリスを"直接的"に苦しめなかったものの，イギリスのEU本体に対する認識には直接の影響を与えたのだった。2015年半ば以降，世間の注目はユーロ危機から難民危機へ移っていった。主として戦火に引き裂かれた中東—とりわけシリア—から殺到する数十万単位の難民がヨーロッパに

202

第 5 章　Brexit について考える

押し寄せて来た。必然的にヨーロッパの対応は手詰まりに陥り，イギリスからもっとも近いフランスのカレー Calais には難民キャンプが開設されて，収容者たちが英仏海峡を渡れる日を待ち望んでいた[13]。このような光景は，毎日，われわれに失政の責任を思い出させてくれる，とスティグリッツは述べた（スティグリッツ 2016, 22-5）。

　スティグリッツは次のようなメッセージで締めくくる。「願わくは，EU 離脱の国民投票が警鐘となり，EU の指導者たちには目を覚ましてほしい。彼らが EU をもっと民主的に変え，民主的な説明責任を課し，経済的に成功させない限り，さらなる政治統合と経済統合の可能性は皆無となりうる。EU が大多数の市民に経済効果をもたらせなかったのは，情け容赦ない自然の力が働いた結果ではない。おおむね新自由主義のイデオロギーと，企業及び金融市場の利益によって形成された経済政策の結果なのである」（スティグリッツ 2016, 35）。「中産階級の空洞化とその影響は，アメリカでもヨーロッパでも大差がない。世間には怒りが，至極当然な怒りが渦巻いている。しかし，腹立ちまぎれの投票—少なくともイギリスの国民投票の一部は怒りの発露であり，結果に十分な影響を与えた—は，問題を解決してくれない。…（中略）…しかし，イギリスでは，既存の政党は“十把一絡げ”に共犯とみなされている。過去 3 分の 1 世紀，政治に騙され続けて来たと感じる人々は，EU 離脱に揃って反対する政界の姿勢を見て，今までのイメージを補強するかもしれない。ロンドンの二大政党が手を結んだ権力機構が，またぞろ既得権益を守るための政策をごり押しして来たと」（スティグリッツ 2016, 38）。スティグリッツは，イギリスの国民投票の一部は怒りの発露であることを認めている。その意味するところは，2 大政党が手を結んだ権力機構が既得権益を守るための政策をごり押ししているからである，ということになるのであるが，スティグリッツ自身も怒っている論調になっている。2 大政党が手を結んだ権力機構というのはあまりにも短絡的であり，既得権益を守るための政策をごり押ししているというのもイデオロギー的表現としてしか有効性を持たないように思われる。

203

ドイツ思想史学者鈴木直によれば，離脱派と残留派の境界線は，政治イデオロギーの違いよりも，身近な生活条件の違いにそって引かれた，と言う。すなわち，境界線上で揺れ動いた人々を最終的に動かしたのは何だったのか，が問題になる。鈴木は，おそらくそれは，第1に，マネーゲームの後始末を国民に押し付けて来た緊縮政策への怒りであり，第2に，民主主義的正当性を欠いたEU統治への怒りであった。いわば，「ロンドン」と「ブリュッセル」への反感が土壇場で国民を離脱へと向かわせた。国民の憤懣が，国民投票という，キャメロン首相自ら開いた水門から濁流となって溢れ出した。「その意味で，この結果を単なる扇動やポピュリズムの産物と見るのは正しくない」（鈴木2016，165）。

「単なる扇動やポピュリズムの産物と見るのは正しくない」ことはそのとおりであろう。しかしながら，今回の国民投票はあらゆる意味でポピュリズムが満開の事件ではなかっただろうか？　すなわち，怒り，反感，憤懣，濁流といった言葉に表象されるような過程から，短絡的な，直接的な結果が顕現すること，これこそがポピュリズム現象といって過言ではないのである。

ドイツの経済学者ヴォルフガング・シュトレークは，ドイツで広く読まれた著書『時間かせぎの資本主義』（シュトレーク2016）の中で，過去40年にわたる資本主義の新自由主義的転換を厳しく批判した。新自由主義批判の書は数多くあるが，シュトレークの功績は，鈴木によれば，新自由主義的転換過程を「貨幣的手段による危機の先送り」，すなわち一種の「時間かせぎ」の連鎖として描き出したことだった。しかし，その時々の時間かせぎの手法は10年も経つと効力を失い，より深刻な次の危機の要因を作り出す。そしてさらにその危機を先送りするために新たな手法が開発される。その手法は，ⅰ）インフレ，ⅱ），国家債務，ⅲ）家計部門への負債の付け替えという3つの段階を経て，ついには2008年のリーマンショックに至った。リーマンショック後，世界経済は，銀行危機，国家債務危機，成長危機といった三重苦から抜け出せなくなり，目下のところは中央

第 5 章　Brexit について考える

銀行による流動性供給という第 4 弾の時間かせぎが進行中であるというのがシュトレークの診断であると，鈴木は解説する（鈴木 2016, 170-1）。

　鈴木によれば，最大の争点は，多次元的な超国家制度における民主主義の可能性と限界である。本来はこれこそがイギリスの EU 離脱でも中心的論点になるべきだった。はたして，超国家的水準でも民主主義による資本主義の制御は機能しうるだろうか。シュトレークの答えは否である。シュトレークは言う。「ポストデモクラシーのあらゆる努力にもかかわらず，国民国家だけが，今なお，超国家的に組織された新自由主義の凱旋行進に対抗しようとする人々に，民主主義的制度を提供しうる」（鈴木 2016, 172）。

　シュトレークの主張していることは，今日の民主化とは，市場をもう一度社会的監督下に置くことの出来る制度を確立することでなければならない。社会的生活の余地を作り出す労働のための市場，自然を破壊しない財のための市場，果たしえない約束を大量生産する誘惑に屈しない債券のための市場をこそ，作り上げなければならない。こうしたものが真面目な政治案件として取り上げられるようになるまでには，少なくとも何年にもわたる政治的動員が必要であり，かつまた，現在形成されつつある社会秩序を突き崩す持続的な抵抗が必要である（シュトレーク 2016, 254 ；ハーバーマス 2016, 179）。

　シュトレークの主張している第 2 のことは，現実に存在するヨーロッパでは，民主主義的ヨーロッパ国家のための中央集権的なジャコバン的憲法体制などは考えられないということである。すなわち，連邦的な下位区分，広範な分権主義的な自決権と留保権なしには，ヨーロッパの民主主義は成り立たない。そこには，空間的隣接から生じる経済共同体，アイデンティティー共同体が多数混在しており，それがヨーロッパを構成している。そうした共同体を，絶えざる多数派の圧力から守るための少数派の集団権が認められねばならない。それらを全員にとって受け入れ可能な憲法の中に盛り込むことは，政治的に至難の業であろう。これに着手するに

205

は，新自由主義のテクノクラートたちが陥っている楽観主義にまったくひけをとらない構築主義的な楽観主義が必要となる（シュトレーク 2016，260-1；ハーバーマス 2016，187）。

シュトレークの主張している第3のことは，彼の著書の邦訳本『時間かせぎの資本主義』（シュトレーク 2016）の訳者鈴木の「訳者解説」によれば，経済力の異なる主権国家が共通通貨圏に加盟していることの非合理性である。すなわち，自国通貨の切り下げという主権国家独自の金融政策がとれないことによって，国際収支のアンバランスは，内的な切り下げ，言い換えれば賃金抑制や緊縮によって解消せざるをえなくなる。言ってみれば，ドイツとギリシャの産業競争力の差を，かつてのようにマルクとドラクマの交換比率ではなく，ドイツの労働者とギリシャの労働者の賃金格差で調整しなければならないということである。純マクロ経済的に見れば，ドイツは年金や賃金をむしろ引き上げて国内需要を刺激すべきだが，財政均衡を目指す模範生のドイツにそのような経済政策をとらせることは不可能である。こうして，ドイツとギリシャの共通通貨は，両国民に痛みを与え，国民国家の手足を縛り，国際金融資本への隷属性を後押ししている。これがシュトレークのユーロ批判である，と鈴木は言う（シュトレーク 2016，314-5）。

シュトレークの主張している第4のこととして，貨幣による時間かせぎが民主主義国家にもたらした結果として，次のような指摘をしている。すなわち，この時間かせぎの結果，近代国家の唯一の正当な主権者である国民の傍らに，第2の選挙民として，ステークホルダー集団が登場することになったという。債務国家の政府は，選挙での国民の投票行動を気にするのと同じように，国際入札での金融市場の行動を気にかけるようになる。今日の債務国家は，第1の国民である選挙民の声だけでなく，第2の国民となった金融市場の要求に耳を傾けざるをえない。その要求はこう叫ぶ。「税収は国民の社会保障などに充てるな。その代わりに，国債価値の維持と利払いの確保に使え」と。資本主義をそれなりに飼いならして来た戦後

の民主主義は，今や資本主義に飼いならされている，と鈴木は要約する（シュトレーク 2016，315-6）。

　鈴木によれば，シュトレークは，戦後復興期のケインズ的な介入主義的な資本主義が，新自由主義的転換を経て，ハイエク的な市場主義的資本主義へと転換してきた過去数十年間の歴史に，現代資本主義と民主主義の危機の源泉を見ている，と言う。それは資本主義の非民主主義化の過程であると同時に，民主主義の非資本主義化の過程でもある。果たして資本主義と民主主義は手を取り合って歩むことが出来るのか（シュトレーク 2016，317）。大袈裟に言えば，EU とユーロと EU 離脱の問題はこのことを顕在化したと言えよう。

　市場と統治という視点に立つと，グローバル経済が抱える根本的な問題が見えてくる。グローバル市場では，その動きを円滑にするための制度がまだ発達していない。では，市場と統治の乖離を埋めるためにはどんな方法があり得るのだろうかという視点に立って問題提起するのが，すでに紹介したダニ・ロドリックである（注 1 参照）。あえて重複を恐れず，彼の著書の邦訳版（ロドリック 2014）の訳者の一人である経済学者柴山桂太の解題を参考にして，ロドリックの主張を要約すると次のようになる。ブレトンウッズ体制の崩壊と冷戦終結で，貿易や国際金融が再び活発に拡大する時代を迎えている。もはや，金本位制と帝国主義の時代には戻れないし，ブレトンウッズ体制にそのまま戻ることも現実的ではない。今後の世界には 3 つの道がある。ⅰ）グローバル化と国家主権を取って民主主義を犠牲にするか，ⅱ）グローバル化と民主主義を取って国家主権を捨て去るか，ⅲ）あるいは国家主権と民主主義を取ってグローバル化に制約を加えるか，である。柴山によれば，政治学，経済学，そして歴史をクロスオーバーさせるロドリックが期待を寄せるのはⅲ）の道であると言う。すなわち，自由貿易のもたらす便益を認めつつも，グローバリゼーションを「薄く」とどめることで，世界経済に安定を取り戻そうという訳である（ロドリック 2014，324-6）。

どんな選択を行うにせよ，国家がわれわれの政治的，経済的，社会的生活の単位として存続し続ける限り，グローバル化の逆説はいつまでも残り続ける。われわれは，この現実から出発するしかない。そして，国による経済モデルの違いを認めつつ，世界経済のよりよい未来を構想しようとするロドリックの著書『グローバリゼーション・パラドクス』は，新たな気づきや示唆を与えてくれるだろう，と柴山は言う。そして，ロドリックの次の主張に反対する者はほとんどいないはずである，とロドリックの主張を引用して，訳者の解題を終える（ロドリック2014，327）。

　「現在，世界にはさまざまな制度や仕組みがあるが，それでも潜在的な制度の可能性の大きさから見れば，実現されているのはほんの一部でしかない。近代社会は，健全で活力のある経済を支える，有用な制度のバリエーションをすべて網羅し尽くしていない。ある制度——企業統治の独特の様式，社会保障システム，労働市場の法律など——が，十全に機能する市場経済にとっての唯一の制度であるという考え方には，健全な懐疑精神を持ち続けるべきだ。将来最も成功する社会とは，実験の余地が残され，時間をかけて制度を進行させて行く余裕のある社会であろう。グローバル経済に制度的多様性の必要や価値を認めるなら，こうした実験や進化を抑制するのではなく，育成しなければならない」（ロドリック2014，275-6）。

　まさに，世界経済のよりよい未来を構想しようとするロドリックの真骨頂が垣間見える言説である。訳者柴山桂太の解題から離れて，もう少しロドリックの主張を紹介しておきたい。ロドリックによれば，グローバル化についての理解は，よくある間違った物語によって構成されている。この物語によると，世界の国民経済は避けがたく結びつき始めているので，今われわれが直面している課題に適切に答えられるのは，新しい種類のガバナンスや新しいグローバル意識しかない。われわれは共通の経済的運命を分かち合っている，と言われている。われわれは目先の利益にとらわれるべきではない。責任ある指導者がわれわれに要請し，共通問題の共通解決を立案するのだ，と。この物語は，実行できるように耳に響くし，道徳的

に明晰である。しかし，これは間違った思い込みである。気候変動や人権について当てはまることは，国際経済には当てはまらない。グローバル経済のアキレス腱は，国際協調の欠如ではない。ある単純な考え方の真意を，本当に理解していないことなのだ。グローバル市場の範囲はその（もっぱら国家の）統治の範囲に限定されなくてはならない。交通ルールが正しく適用されれば，世界経済は運転席にいる国民国家とともにうまく機能するだろう（ロドリック 2014, 285-6）。ここで，世界経済と国民国家の対比を EU とイギリスに置き換えれば，EU 離脱問題の本質の理解に役立つと思われる。

　以上，3 人の経済学者の理論を紹介するかたちで，ユーロと EU の問題を考察して来たつもりであるが，最後に，まとめとして，現実のユーロと EU のずっと向こうにある遠藤乾の EU の理想のようなものについて，紹介とコメントを記しておきたい。遠藤は，新著『欧州複合危機』の終章を「危機の先にあるもの」と題して，「複合危機の先に何が待ち構えているのか，ヨーロッパや世界はどう変わるのだろうか」と書き始めている（遠藤 2016, 263）。

　かなり，デフォルメされた紹介になるかもしれないが，遠藤によれば，この四半世紀のグローバル化は，一段と深く国内に浸透するものとなり，それに対する防波堤として期待された EU —あるいは「社会的ヨーロッパ」—もまた，うまく機能していない。かつての EU 委員長ドロールが主導した路線は，ヨーロッパ規模の市場や通貨という形で，アメリカや世界市場への対抗資源を構築した後，その枠組みの下，EU 加盟国の市民や労働者の間で連帯を創り出すというものだった。これが，社会民主主義勢力とその裾野の中間層をヨーロッパ統合の旗印になんとか結集させていた面があったが，しだいに，彼らは，ヨーロッパや EU を，仮面をかぶったグローバル化の先兵，と見なすようになってしまった。グローバル化が深化し，先進国の労働者から相対的に価値を奪って行くのにしたがい，それと国家主権や民主主義との間に構成されていた 3 者関係は，トリレンマに転

209

化してしまった。トリレンマが先鋭化するなかで，もともと民主主義に難を抱えるEUは，加盟国の主権を束ねることは出来ても，それら3つを調和させることは出来ないでいる。いきおい，加盟国のナショナルな民主主義が主権的にグローバル化とEUに牙をむくことになる（遠藤2016，266-8）。たしかに，イギリス国民は離脱という国民投票の結果によってEUに牙をむいたと考えれば，トリレンマへの一つの解答であったと了解すればよいのかもしれない。ただし，正解であったかどうかは，これまで述べてきたように，留保を付けておきたい。

　遠藤は，つまるところ，EUは，そもそも弱含みな国際組織の中で一大成功例の高みに上がりながら，近年の緊縮財政によって中間層を締め上げ，愚かな自壊の道を歩んでいるように見える（遠藤2016，270），と言う。しかし，一転して，ほのかな希望がないわけではない，とも言う。すなわち，それは，EUがいまだリベラルな価値観[14]を持つ人々に支持される傾向があることである。イギリス国民投票で，いわゆる進歩的な価値を報じる人ほど，EU残留に投票していることが調査で分かっているとしたうえで，開放，寛容，平等といった価値とEUとの結びつきはまだ残っていると主張する。逆に，勝利した離脱派の中核には，イングランドのナショナリズムがあり，そこに，閉鎖性，排外主義，（大陸・移民）蔑視の要素がまとわりついていたのは事実である。なかには，離脱の決定を「民主主義の勝利」として華々しく喧伝したい向きもあるようだが，それはこの価値的な後退の側面を軽視している。同時にそれは「デマクラシー」とも呼ばれた民主的決定過程の劣化をも見逃している可能性が高い（遠藤2016，271）と述べる。賛成である。本稿のBrexitにおけるポピュリズム批判もそれに尽きるといって過言ではない。

むすび

　イギリス政府は，EU離脱で，移民制限を最優先する強硬路線を取るとの観測が強まっている。複数のイギリスのメディアは，2017年1月15

第 5 章　Brexit について考える

日，テリーザ・メイ Theresa May 首相が，17 日の演説で「EU 単一市場から撤退すると表明する」と観測する。メイ首相の演説内容をにらみ，週明け以降の金融市場では通貨ポンドの値動きが神経質になりそうになった。イギリスの新聞『デイリー・テレグラフ *The Daily Telegraph*』は，メイ首相が移民制限の権限を取り戻すために，単一市場と関税同盟から完全に退場する準備があると表明するとともに，メイ首相は政府内の強硬な離脱派と足並みをそろえつつあると指摘した。一方，BBC は 15 日，首相官邸関係者が「（メイ氏が単一市場撤退を表明するとの報道は）臆測だ」と否定するコメントを報じた。ロイター通信はメイ氏が単一市場に関してどの程度言及するかは不明としており，報道も錯綜気味である。ハモンド財務相は，15 日ドイツ・メディアに掲載されたインタヴューで，「離脱交渉では移民制限が優先課題になる」と強調。閣僚からのこうした発言も強硬離脱への臆測を強めている（『日本経済新聞』電子版：http://www.nikkei.com/article/，2017 年 1 月 15 日）。

　EU 法が専門の法学者庄司克宏は，イギリスはこのまま EU 離脱に突き進むのだろうか。それとも，国民投票の決定を覆し，EU 離脱を回避する可能性はあるのだろうかと問い，法学者らしく，2018 年 5 月まで離脱通告を遅らせるならば，次期総選挙で離脱条件の民意を問うことができる，としたうえで，次のように言う。すなわち，庄司によれば，そこで重要な意味を持つのが，2016 年 11 月のイギリス高等法院がミラー判決において，離脱通告には「議会の承認が必要」としたことである。この判断が最高裁判所でも維持されれば，メイ首相が離脱通告するには，上下両院の承認を待たなければならない。上下両院の意思が食い違う場合，下院の意思が優越するものの，上院は 1 年間だけ，法案の通過を遅らせることができる。上院の多数派は EU 残留派とも言われている。つまり，仮に議会の承認が当初の予定より大幅に遅れるならば，次の総選挙で，今度こそ「離脱条件」が争点になり，民意が EU 残留にシフトする可能性もまだ残されている（『東洋経済オンライン』，2017 年 1 月 3 日）。

211

2017年2月8日，イギリス議会下院は，メイ首相にEU離脱通知の権限を与える法案を賛成多数で可決した。2月20日から審議が始まる上院でも可決すれば，法案は成立する。メイ政権は，3月9日，ブリュッセルで開幕するEU首脳会議での離脱通知を目指しているとされ，実現に向けて大きく前進した。下院での採決は，賛成494，反対122で法案を原案のまま可決した。議会のより深い関与などを求めたりする修正案もすべて否決され，政府側の「大勝」だった。デービッド・デービス David Davis EU離脱担当相は「歴史的な採決」と称賛した。法案は，2017年1月下旬，最高裁が離脱通知には議会承認が必要との判決を言い渡したことを受けて政府が提出した。下院での審議過程で，当初懸念されていたのが，与党保守党内の親EU派議員らの造反だった。だが，メイ首相が，離脱交渉の最終合意がEU議会での採決に送られる前に，イギリス議会に諮ることを確約したことで，造反は回避された。一方，野党内では，離脱をめぐる溝も浮き彫りになった。最大野党労働党は国民投票では残留を支持していたが，コービン党首が「国民投票の意思を尊重すべきだ」として早々に法案を支持した。これに反発して，影の閣僚を含む52人が法案に反対した。上院でも，国民投票の結果を尊重するとの向きから，法案は可決になるとの見方が目立つ。EUは，2017年3月25日に，ローマ条約60周年の特別EU首脳会議を予定しており，イギリス政府はその前に離脱通知をすませたい意向である。通知後は，原則2年間の交渉が始まることになる。ただ，上院では，保守党が過半数を握っていない。超党派の議員らが修正案を出すとの見方もある。仮に上院で修正案を可決した場合には，修正内容を再び下院で審議する必要も出て来るために，審議日程は大幅に長期化する恐れがある（『日本経済新聞』，2017年2月10日）。

　『フィナンシャル・タイムズ Financial Times』チーフ・エコノミクス・コメンテーターであるマーティン・ウルフ Martin Wolf は同紙2017年2月8日付の論説で次のように述べた。すなわち，簡単に要約すれば，イギリス政府は，離脱をめぐる交渉で，EUと合意に漕ぎつけられるのか。そ

第5章　Brexit について考える

の結果はどんなものになるのか。いかなる合意を取り付けるにせよ，イギリス政府は5つの難題に対処しなければならない。第1は，時間がないことである。第2は，お互いに相容れない利害が多く存在することである。第3は，交渉の優先順位が合わないことである。第4は金にかかわる問題である。第5は細かい取り決めの扱いである。以下，第5についてだけ，もう少し詳しく紹介する。離脱は科学研究に関する資金拠出義務といった果たされていない約束や，市民の権利，係争中の競争法訴訟などの種々の問題にも関係する。イギリス政府は，離脱後の EU との通商の枠組みとして特別な自由貿易協定（FTA）の成立を目指すと決めたが，かなり困難である。というのは，産業別の関税同盟や，金融業界については，EU 単一市場とイギリス市場へのアクセスを相互に認める「特別な相互優遇措置を加える方針だからである。これらは世界貿易機関（WTO）の規則では違法なことになっている。そのようなわけで，期限内に合意できない可能性は高い。実際，EU 基本条約50条は機能しないことを前提に作られたのだろうと考えられる（『日本経済新聞』，2017年2月12日）。とするならば，EU とイギリスのむき出しの対立は目に見えている。この対立はどうなるのであろうか。果たして，伊東光晴の言うようにイギリスの外交的叡智が勝るのであろうか？

　最後に，『日本経済新聞』に報道された2017年2月23日に投開票のあったイギリスの下院補欠選挙について述べて結びに代えたい。まず，イギリス北西部コープランド選挙区の下院補欠選挙では，労働党が与党保守党に敗北した。労働党は1935年以来維持してきた議席を失ったことになる。次に，同じ日に中部ストークオントレント・セントラル選挙区で行われた補欠選挙では，労働党が議席を維持した。UKIP はポール・ナットル Paul Nuttall 党首を擁立したが，労働党は議席を守った（『日本経済新聞』，2017年2月25日；http://www.nikkei.com/article/）。『日本経済新聞』のこの小さな記事は一部しか引用しなかったが，全体のトーンは，見出しがそうなっていたように，「イギリス労働党，退潮鮮明に」，「下院補欠選　80年

213

来の地盤で敗北」となっていた。すなわち，労働党内からは「コービンでは次の総選挙で大敗する」という危機感が高まっていることを伝えることがメインになっている。時間的余裕がなく，詳細に調べられないのが残念であるが，私見では，この補欠選挙は，保守党が勝利したことと，UKIPが勝てなかったことが重要だと思われる。換言すれば，問題は，前述したように離脱国民投票で労働党支持者の「37％が離脱票」（今井）だった労働党票の今回の行く先は今回どうであったかである。もっと短絡的に言えば，「置き去りにされた」人々の票はどうなったのか，である。もちろん，候補者の個人差，補選の地域差もあることも考慮に入れなければならない。しかし，中部ストークオントレント・セントラル選挙区でUKIPの党首が敗れたというのは無視できないのではないだろうか。今後のUKIPの進展に注目したいと思う。結論として，レトリック的表現なら可能であろうが，イギリス政治は本当に分断されているのか，熟考したいところがある。

注

1) ダニ・ロドリックは，談話で，2017年の世界経済で最大の課題はヨーロッパであると述べている。すなわち，春のフランス大統領選挙など重要な選挙が控えているからである。グローバル化に対するポピュリストの反発がどんな形で現れるのか。結果次第でユーロやEU統合プロセスへの疑問が強まりかねない。統治機構が脆弱なだけに，ポピュリズムが経済に与える打撃はアメリカよりも深刻になりうる。今欧米で起きているのは，明らかにグローバル主義やグローバル化への反発といえる。メッセージは「自分たちの問題に注意を払うリーダーが欲しい」ということである。グローバルな組織や経済勢力を最重視せず，自国の問題に自国の政策で対応する。グローバル経済が自分たちを苦しめるのではなく，役に立つものになって欲しい。言い換えれば，政策の優先順位の再調整である（『日本経済新聞』，2017年1月12日）。簡単に私見を挿めば，現代のポピュリズムはグローバリズムの裏返しと言ったらよいのだろうか。

2) イギリスとヨーロッパ統合との関係において，1975年のEC加盟存続を問う国民投票が大きな転換期となった。イギリスの政治学者アンドリュー・ゲッデスは「1975年の国民投票は，ヨーロッパにおけるイギリ

スの地位の問題が，初めて広く市民の間に開かれて，広範な政治的討議をもたらした機会となった」と述べている（Geddes, 2013, 223）。この時，イギリス政治は，親ヨーロッパ派とヨーロッパ懐疑派に分裂し，両者の間で激しい政治キャンペーンが展開された（細谷 2014, 139）。遠藤乾によれば，「1975 年の国民投票は，議会主権の国にとっては，やや大げさに言えば，天地がひっくり返るほどの一大事件であった。これは，労働党のウイルソン内閣が主導したものであったが，この前例なくして保守党のキャメロンが国民投票に訴えたかどうかは疑わしい」（遠藤 2016, 106）。

3) 今井によれば，1980 年代に保守党政権を率いたサッチャー首相は，次第にヨーロッパに対する政治姿勢を硬化させ，妥協点を模索し時代の変化に適応せんとする保守党のプラグマティズムの伝統から距離を置くようになった。彼女のスタイルは，「確信の政治」，「敵対の政治」として知られ，「敵」とされたのは，国内では労働党，労働組合，自助努力が足りず「福祉に依存している」とみなされた「アンダー・クラス」であり，戦後福祉国家を支えた「1 つの国民」志向の政治が放逐された，と言う（今井 2016b, 158）。

4) ブレアの後任のブラウン首相は，憲法条約の条項を実質的に復活させたリスボン条約（2007 年締結）は，イギリスと EU の関係を根本的に変えるものではないという理由で，保守党が求めた国民投票を実施しなかった。このとき，野党保守党の党首キャメロンは，これ以上の EU への実質的な権限移譲には国民投票が必要と発言している（遠藤 2016, 107）。

5) 今井によれば，ダンカン・スミスは，2016 年 3 月，ジョージ・オズボーン George Osborne 財務相が発表した新年度予算の障害者給付削減に抗議して労働年金相を辞任した。その後，彼は 2016 年 6 月の EU 離脱国民投票に先立つ EU 離脱キャンペーンに参加した（今井 2016a, 188）。

6) この総選挙で保守党は「イギリス政府への参画への招待」と題するマニフェストを掲げて戦った。このマニフェストでは，ヨーロッパ懐疑派の影響を色濃く見ることが出来る。「イギリス国民の同意なくしては，これ以上イギリスの権限を EU に移譲することはない」と書かれており，EU への権限移譲やユーロ参加については，国民投票によってイギリス国民の判断に従うと記されている。また，イギリス国民の同意なく批准したリスボン条約は，「この国の民主的な伝統への裏切り」とまで扇動的に書かれている（細谷 2014, 146）。

7) 2016 年 2 月 19 日の「イギリス・EU 改革合意」は次の 4 項目であった。第 1 に，「経済ガバナンス」，すなわち，多数派のユーロ圏（19 か国）と少数派の非ユーロ圏（9 か国）の平等原則。第 2 に，「競争力」，すなわ

ち，企業に対する行政的負担と法令順守の費用を低減させ，また，消費者，労働者，健康および環境に関する高度の規制基準を確保しつつ，不必要な立法を廃止すること。第3に，「主権」，すなわち，「いっそう緊密化する連合」という EU 基本条約上の目標からの適用除外がイギリスに認められ，イギリスは EU の政治統合への発展にコミットしないこと。第4に，「社会給付および自由移動」，すなわち，加盟国の社会保障制度への負担を減らすため，関係する EU 法令を改正すること（庄司 2016，160-3；阪野 2016，36）。

8）ブートルは，その後，読売新聞のインタヴューで次のように述べた。イギリスは 1931 年に金本位制から離脱し，急速な成長を遂げた。1992 年にERM を離脱した時も経済回復し，インフレ率は下がった。いずれも離脱前は悲観論が叫ばれていた。今の状況は当時と似ている。共通通貨ユーロの導入は失敗だった。今後，非ユーロ圏のイギリスには好ましくないことが起きるだろう。それは，ユーロ圏諸国が財政的，政治的統合を進めて，今より強力なブロックになるか，ユーロが崩壊するかだ。統合の深化は，必ずしもイギリスの利益にならない新たな規制を生む。ユーロの崩壊は，混乱を引き起こし，金融・経済に大打撃を与える。そんな状況になる前に距離をとっておいた方がいい（『読売新聞』，2016 年 5 月 24日）。

9）読売新聞は「欧州の岐路：分断の現場」という連載記事を掲載したが，その一つを紹介しておきたい。イギリスが EU にとどまるかどうかを問う国民投票で，残留派の先頭に立つキャメロン首相の選挙区の村チッピング・ノートン Chipping Norton のルポルタージュを載せている。この村は，オックスフォードシャー州の著名な観光地でもある。丘陵から吹く夏の風が心地よい伝統的な風景に囲まれ，年金生活者がのんびり暮らす村でもある。2016 年 6 月 11 日土曜の昼下がり，スーパーの前で，弁護士ジョフ・サウル（52 歳）が残留を訴えるビラまきをしていた。「このままでは負けるかもしれない」と焦りの色を濃くしていた。若者と高齢者，都市住民と地方居住者。国民投票を巡っては，世代や居住地，教育水準の違いなどによって，残留を望む人々と，離脱を選ぶという人々の境界が鮮明になっている。ストラックライド Strathclyde 大学政治学教授のジョン・カーティス John Curtice は「国民投票は，グローバル化に対する勝者と敗者の間に横たわるイギリス社会の分断を見事に浮き上がらせている」と分析する。高学歴の若者が「勝者」の典型で，「敗者」には，高齢者や労働者階級が入るという。国民投票の背後で見え隠れする社会の分断。国民投票の行方は，経済的な合理性だけでは割り切れない人々の心理にも左右されそうだ，と報道する（『読売新聞』，2016 年 6 月 15

第 5 章　Brexit について考える

日）。

10) 水島によれば，UKIP の拡大初期における支持者は，保守的選挙民であった。中高年の男性を中心に，イングランド南部・東部などの農村部に多く居住しており，保守党の伝統的な支持層と重なり合う人々である。UKIP に EU 議会選挙で票を投じた選挙民の半数近くが，地方議会選挙では保守党に投票していたという地域調査もある（水島 2016b，165）。もちろん，水島も新しい支持層についても言及している。水島によれば，UKIP の躍進の背景には党の支持層の新たな展開があった。すでに，2000年代半ば以降，それまで見られなかった層の支持が始まっていた。保守的農村部のみならず，従来労働党の地盤であった，イングランド中部・北部などの工業地帯で，UKIP が支持を拡大したのである。かつて繁栄を誇ったこれらの工業地帯には，産業構造の変化を背景に，現在衰退に悩む地域も少なくない。炭鉱ですたれた旧産炭集落，鉄鋼業の中心地だったイングランド中部，繊維産業の盛んだった北部など，かつてイギリス経済を牽引して来た地域では，今や基幹産業の衰退による地盤沈下があらわになっている（水島 2016b，167）。

11) いまや過去のものよりもはるかに優れているコミュニケーション手段の恩恵を受けて，ポピュリストは，いかに空しいものであろうと，奇跡的な治療薬に対する公衆の同意を獲得するという幸運に恵まれている。絶えず人民を引き合いに出しながらも，彼らは民主主義をその真の使命から逸脱させ，ちょうどメシア信仰と新自由主義の信奉者のように，民主主義に重大な危険を被らせるのである（トドロフ 2016，210）。

12) アメリカの現代史学者マーク・マゾワー Mark Mazower によれば，新自由主義への完全移行は，1970 年代からアメリカのイデオロギー的傾向を国際的機関が仲介して進んだ。今日それらの機関は方向を見失い，隅に追いやられている。彼らの考えは，かつてなかったほど世界中で疑問視されている（マゾワー 2015，338）と述べられている。

13) 2016 年 2 月，「渡れぬドーバー　テント林立」，「フランス北部の街　イギリスめざす人々滞留」という見出しで，次のような記事が『朝日新聞』に掲載された。すなわち，海峡の向こうにイギリスをのぞむフランス沿岸部に中東などからヨーロッパを北上した人々が滞留している。イギリスは密航を厳しく取り締まり，フランスは難民キャンプを縮小した。行き場を失った人々が集まり，「ヨーロッパ最悪の衛生状態」と評される新たなキャンプが生まれるという悪循環に陥っている（『朝日新聞』，2016年 2 月 16 日）。

14) 遠藤が彼の主著『統合の終焉』の終章で述べている「EU シティズンシップ」に関する記述は非常に印象的であった。それによれば，「EU シティ

217

ズンシップ」は，水平的な主権国家間のイデオロギー的相違の上でなく，重層的な多元性に根ざした質的に異なる「自由」を構成している。そのような意味で，「自由」は未完であり，「EU シティズンシップ」がもたらす「静かなる革命」の行方に目を凝らす必要がある（遠藤2013，345）。「静かなる革命」とは含蓄のある着想だと思われる。

追記

政治学者小舘尚文によれば，21 世紀に入ってからのイギリスの国内政治は，ウェストミンスター・モデルの揺らぎによって特徴づけられて来た。90 年代以降，イギリスでは，「民主主義の赤字」や「ブレア・パラドックス」という言葉で，民意を掬い上げない 2 大政党制のネガティブな側面が指摘されて来た。そのような文脈の中で，2014 年，2016 年に国民投票が用いられたことは，イギリス政治のあり方に大きな衝撃を与えたと考えられる。2016 年 6 月に実施された，EU 離脱の是非を問う国民投票で，離脱派が僅差で勝利し，キャメロン首相の退陣につながった（小舘2018，37-8）。

考えてみれば，Brexit は起き得るべくして起きたのかもしれない。言い方を変えれば，デモクラシーの試練でもある。小舘によれば，中間層の政治的疎外は，中長期的に，イギリスにおいても大きな問題になって来る可能性を秘めている。メイ政権は，当初の予想を超えて長期安定政権となっているものの，他の誰もがのぞまない，EU 離脱をめぐる交渉過程を実行するという任務を背負った特異な政権である（小舘2018，50）。そのメイ政権は風前の灯火になって来ている。

政治学者阪野智一によれば，2016 年 6 月の EU 国民投票では，大方の予想に反して，離脱派が勝利し，全世界に激震が走った。2017 年の総選挙では，保守党が大勝するとの予想の下，どれくらい議席を伸ばすのか，その程度が焦点になっていた。しかし，選挙の結果，保守党は前回選挙から議席を減らしただけでなく，過半数を制した政党がない状態，すなわちハング・パーラメントが生じた。メイ首相の誤算というほかない（阪野

第5章　Brexit について考える

2018, 48)。

　メイ首相の誤算は、なぜ生じたのか。私見によれば、メイ政権の宿命で
あったと言わざるを得ない。すなわち、メイ内閣は、「他の誰もがのぞま
ない、EU 離脱をめぐる交渉」（小舘）を最大の任務としている。メイ内
閣は、Brexit とは、本来首相のキャメロン保守党党首が提案した EU 国
民投票が僅差の否決であったこと、すなわち、それは保守党の勝利ではな
かったという本質を理解すべきではなかっただろうか。

　阪野は、2017 年の総選挙を次のように総括する。2017 年の総選挙にお
いて、保守党が伸びているにもかかわらず、なぜハング・パーラメントに
なったのか、考えてみると、Brexit によって、UKIP や SNP といった第
3 位以下の政党が減退してしまった結果、第 2 位の労働党はそれほど不利
な影響を受けずにすんだ（阪野 2018, 72）というのが正解なのではなかろ
うか？付言すれば、労働党が大きく前進したとしても、それが永遠の勝利
と言えるかどうか、むずかしいと言えるのではないだろうか？

　Brexit 国民投票は、イギリス政治史上、非常に重要な事件である。政
治史だけでなく経済史、あるいは文化史においても、それに勝るとも劣ら
ない印象的な事件であった。多数の当事者の発言録が残っている。ここで
は、キャメロン内閣の首相付き政務広報官だったクレイグ・オリヴァー
Craig Oliver の『ブレグジット秘録』（オリヴァー 2017）から興味溢れる箇
所を拾ってみたい。

　まず、キャメロン首相であるが、離脱派の国民投票勝利が決まった後、
週末、キャメロンは明らかに、もっとやれたはずだと考えていた。すなわ
ち「自分が信じることのために、もっと戦えたはずだ」。首相は誤算も認
めていた。「理性的な『ヨーロッパ懐疑主義者』が最後には残留支持に投
票するはずだ」と読んでいたのである。ところが実際には、これまで離脱
について議論したこともないような有権者が、大勢、離脱支持に投票した
という事実に、首相は愕然としていた（オリヴァー 2017, 596）。

　離脱派の中心メンバーは、犯行現場からそそくさと逃げ去ったかのよう

219

だった。「イギリスが毎週3億5000万ポンドの分担金を支払っている」という主張は間違っていた，と表明した者もいる。すなわち，UKIPのナイジェル・ファラージ党首は，投票日の翌日に出演したテレビ番組でその間違いを認め，「いろいろな補助金や還付金を差し引くと，毎週1億5000万ポンド程度だ」という残留派の主張を事実上，認めたうえ，党首を辞任してしまった（オリヴァー 2017，597）。

オリヴァーによれば，離脱派の国民投票勝利が決まった後の最初の閣議で，テリーザ・メイ内務相が首相にねぎらいの言葉をかけるはずもなかった。あのいかにも素気ない口調で，「能力を発揮し，実務的に対処して」最善の結果を出す必要があると発言した（オリヴァー 2017，600）。

結局，内務相から後に首相となったメイのリーダーシップが問われることになるのだろうか。Brexitをめぐり，イギリス保守党内で，政府方針への反発から，メイ首相の交代論が出ていることについて，メイは，2018年11月18日，「スカイ・ニュース Sky News」に出演し，「いまリーダーを代えても，交渉は楽にならない。交渉が遅れ，EU離脱の遅れや失敗の恐れが出て来る」などと語り，牽制した。しかし，世論調査会社「ユーガブ YouGov」の世論調査では，EUとメイ内閣が暫定合意した「離脱の条件などに関する協定案」を支持するとした人は10%にとどまっている。とはいえ，メイ首相は，この案のまま押し切り，2018年11月25日の臨時EU首脳会議で正式合意に漕ぎ着けたい考えである（『朝日新聞』（夕刊），2018年11月19日）。

第6章

「大阪都構想」問題の政治学的考察

はじめに

東京一極集中が進み，本社を首都圏に移す企業が相次いだ大阪は，経済の地盤沈下で閉塞感が強まった。その原因を，府・市が連携せずにバラバラの都市戦略で無駄な開発行政を続けたことにあるとして，橋下徹が府知事時代の2010年に提唱したのが「大阪都構想」だった。大阪は，高齢化が急速に進み，貧困，治安，教育など多くの課題に直面している。「大阪都構想」が一定の注目を浴びたのも，住民が大阪の将来に対して抱く危機感が強いためだった。

2015年5月17日，大阪市を廃止し，5つの特別区に分割する「大阪都構想」は，賛否を問う大阪市民による住民投票で反対多数となり，否決された。『毎日新聞』2015年5月18日の社説「『大阪都構想』実現せず」は，その否決の理由を次のように指摘した。

第1に，地方分権を重視し，独自の発想で地域再生を目指すのが「大阪都構想」の原点であったはずである。だが，どんな都市を造るのかという大阪の将来像をめぐる議論は置き去りにされ，自治体の枠組みをめぐる協議が先行した。第2に，再編効果額があいまいだったのも住民の戸惑いを深めた。多額の経費を使い，政令市を解体してまで得られるメリットが市民に理解されたとは言い難かった。第3に，住民投票に至る手続きも見過ごせない問題があった。橋下の議会を軽視する態度が，市議会野党との亀裂を深め，「大阪都構想」の制度設計案は，大阪維新の会のみで独善的にまとめられた。第4に，さらに不可解だったのは，制度設計案が府・市議会でいったん否決されながら，公明党の方針転換によって，ほぼ同じ案が

221

承認された問題がある（『毎日新聞』，2015 年 5 月 18 日）。

　それにしても，である。住民投票の投票率は 66.83％，賛成票は 694,844，反対票は 705,585 であったが，極めて高い投票率，非常に僅差の賛否の分かれ目ということができる。何故なのか？　このことだけでも，「大阪都構想」問題の政治学的考察の意義はあると思われるのである。

　さらに，砂原庸介にしたがって，付言するならば，「大阪都構想」は，日本のなかで東京以外の大都市を特別なものとして認めるか，という非常に大きな選択を提示している。その選択は，なし崩しに行われるべきではなく，意義や効果を明確に意識した社会的な合意として行われるべきである（砂原 2012, 220）という意味でも，政治学的考察は欠かせないと思われるからである。

1　序論

　話は 11 年前に遡る。任期満了に伴う大阪府知事選は，2008 年 1 月 27 日，投開票され，無所属新人の弁護士でタレントの橋下徹が当選を果たした。橋下は，多くのテレビ番組に出演した知名度のおかげで，選挙戦は圧勝だった。同じタレント出身の東国原英夫・宮崎県知事の活躍ぶりも追い風になったとみられた。橋下知事は，今後，約 5 兆円もの府債発行残高を抱える赤字財政の再建など多くの課題に取り組むことになった。橋下は東京に生まれ，幼くして父親が他界した。小学校 5 年で大阪に移り，母親が昼も夜も働きづめで橋下と妹を育ててきた。住まいは大阪市東淀川区の府営住宅。部落差別問題など激しい地区で中学時代まで過ごした経験を「自分の原点」と明かした。選挙事務所には，やしきたかじんから大きな鯛が届いた。自著（橋下 2006, 185）では「うそをつけないやつは政治家と弁護士にはなれない」と書いたこともあり，毒舌ではたかじんにも負けないが，これからは何より言行一致が求められる。橋下当選には，横山ノック知事誕生のショック以上のものがあった。ポイントは，ほんの少し前の，2007 年 11 月 8 日に実施された大阪市長選挙で，現職の関淳一を破り，民

主党推薦の平松邦夫が当選したことにある。2007 年 7 月 29 日に実施された参院選で，野党の民主党が与党の自民党を破って，ねじれ国会になってからの初めての政令指定都市の市長選挙だったが，民主党が勝利した。しかし，2008 年 1 月 27 日の大阪府知事選は民主党が勝利できなかったことが重要である。なぜ，民主党は波に乗れなかったのか？　ひとつ指摘しなければならないのは，橋下徹は自民党推薦であったことである[1]。ただ，選挙戦では自民党はあまり表に出なかった。橋下徹の個人的タレント票が大きい。府知事に当選した橋下は，正確に言えば，自民党本部ではなく，自民党府連推薦，公明党府本部支持で選挙戦に臨んだことは指摘すべきであろう。橋下は街頭演説に立ってもほとんど政策には触れず，政党色も薄め「大阪を変える」というイメージ選挙を展開した。一方で，自民，公明両党議員の後援会員を集めた個人演説会では，政党の支援を求め，組織固めを着実に進めた。結果は橋下が 183 万票，民主党ほか推薦の熊谷貞俊が 99 万票だった。投票率は 48.95％で，過去最低の前回 40.49％を 8・46 ポイント上回った（『朝日新聞』2008 年 1 月 28 日）。

　『朝日新聞』の出口調査によれば，橋下は，無党派層で 50％の支持を得たほか，女性から 6 割近い支持を集めた。投票の際，「個人の魅力」を重視した人のうち，7 割が橋下に投票していた。熊谷は「政策重視」で選んだ人の中で橋下に並んだが，民主支持層をまとめきれず（70％），無党派層にも浸透できなかった（29％）（『朝日新聞』2008 年 1 月 28 日）。以上のような橋下知事の誕生物語（土倉 2015b, 12-4）は，本章の序論の序論である。

　ここで，もう少し，「序論の序論」の補足として，もともと，国政における自民党と民主党という対立構図の中で，自民党の支持を得て大阪府知事に当選した橋下が，自らの改革への支持をめぐって自民党を分裂させ，地域政党である大阪維新の会を立ち上げ，2 つの補欠選挙を通じてその対立構図を確定させて行き，統一地方選挙で成功して行く過程について，砂原庸介に教えられながら，要約的に述べておきたい。

　2007 年末，大阪府知事の太田房江は，2008 年初頭に予定されていた知

事選での3選に意欲を見せていた。しかし，府議会で多数を占める自民党との関係は良好ではなかった。政治とカネの問題でも不明瞭さがあった。決定的なのは，大阪市長選挙で，現職で自民党・公明党の支持を受ける関淳一を支持せず，民主党が擁立した平松邦夫が当選すると，太田はその選挙事務所でともに万歳をし，笑顔で握手して自民党府議団の強い怒りを買った。2007年12月1日，公明党府議団，連合大阪に続いて，自民党府議団も太田を推薦しない方針を固めたことで，太田は12月3日に立候補断念を表明した。自民党本部は民主党との相乗りを模索したが，自民党府議団を中心として橋下徹を擁立し，民主党は熊谷貞俊を擁立した。結果はさきに述べたとおりである（砂原 2013. 232-4）。

　さて，2008年2月8日，就任したばかりの橋下徹大阪府知事は石原慎太郎都知事に挨拶のため都庁を訪問した。橋下が「何から何まですごい人」と持ち上げると，石原は「非常に期待している」とエールを送った[2]。濃紺のスーツに赤紫のネクタイ姿の橋下は，緊張した面持ちで何度も深々と頭を下げた（『毎日新聞』, 2008年2月9日）。

　橋下は選挙期間中から「大阪府は破産会社」であるとして財政改革を叫んでいた。知事に就任した直後には「財政非常事態宣言」を出して財政改革への強い意欲を示していた。2008年6月5日に「財政再建プログラム案」がまとめられ，2008年度で1100億円の歳出削減が決定された。財政改革と並んで橋下が力を入れたのは，教育改革だった。全国学力調査テストの結果を市町村別に公表すると宣言し，市町村間の競争促進を目指して学力の向上を図った。反対する文部科学省や教育委員会を「文科省は馬鹿」，「糞教育委員会」といった過激な行動で非難し，競争を忌避していると教員を非難した。やがて，大阪府議会でWTC（大阪ワールドトレードセンタービルディング）への府庁舎移転に焦点が当たる中で，橋下をめぐる対立構図について大きな変化を現す堺市長選挙が，2009年9月27日，行われた。自民党・民主党・公明党の支持する現職の木原敬介に対して，橋下は竹山修身を支持した。堺市長選挙は，8月31日の衆議院選挙にお

224

ける民主党の大勝の直後に行われたことが重要である。その状況で，橋下は，自民党・民主党・公明党が相乗りで木原を推したことを，馴れ合いであるとして，連日のように，堺市内の街頭演説で批判する。結果は，136,000 票を獲得した竹山に対して，木原は 89,000 票にとどまった（砂原 2013，234-7）。木原は回顧録で橋下を批判した[3]。

2010 年当初から，橋下が後の「大阪都構想」となる大阪府と大阪市の解体・再編についての構想を用意しているという報道がなされていた。2010 年 4 月 1 日，自民党を離れた 14 人の府議を中心として，「大阪維新の会」を立ち上げることが発表された。その後，この時点で，新たな入会者を含め 22 人が合流して，自民党（30），民主・無所属ネット（23），公明党（23），に次ぐ勢力となっていった。橋下の「大阪都構想」において重要な再編の対象とされた大阪市からの参加は当初市議 1 人のみで，府議会と比べた時の温度差が大きかった。この状況を変えたのが，5 月 23 日に行われた大阪市議会福島区の補欠選挙であった。この補選において，大阪維新の会の候補者は，次点の共産党候補者に約 3600 票差をつける 8491 票を獲得し，大勝した。通常の補選と比べると 40％の投票率を記録したことで，選挙民の関心の高まりが注目された（砂原 2013，238-40）。

大阪市議会生野区補選は，2010 年 7 月 11 日，参議院選挙と同日で実施された。この選挙では，大阪維新の会が参院選で自民党候補を支援する代わりに，自民党は生野区の補選に候補者を擁立しなかった。結果として，補選において，大阪維新の会の候補者は，次点である民主党候補者に対してダブルスコアの票を獲得し，その勢いを見せつけることになった。ただし，公明党票に注目したい。補選に候補者を立てていない自民党と公明党が，国政選挙で対立している民主党を支援することは考えにくく，地方選挙では大阪維新の会に投票したと考えられる。大阪維新の会の大量得票は公明党支持者の投票のおかげであったかもしれない（砂原 2013，240-1）。

2011 年 1 月 24 日，大阪維新の会は 4 月の統一地方選挙に向けたマニフェストを発表した。公約の柱となる「大阪都構想」については，大阪府

と大阪・堺の両政令市を解体し，広域自治体の「都」と基礎自治体の「特別区」に再編すると明記している。府議選と両市議選で過半数を得られれば，各議会での議決をもとに，国に法律の制定を求めるとした。このマニフェストに代表される大阪維新の会の主張を選挙民に浸透させるために，2010年8月末から毎週のように「タウンミーティング」を行なっていた。とくに，11月以降は，毎週末に2～3か所で「タウンミーティング」を行なっており，地方選挙としては異例とも言える組織的な動きであった（砂原 2013，243-4）ことが重要である。ここに，大阪維新の会の原点があるように思われる。

　大阪維新の会が「大阪都構想」の賛否を選挙民に迫る戦略を採用し，他の政党が従来通りの議員個人を主体とした戦略を採用したことは，大阪府議選と大阪市議選・堺市議選において異なる効果をもたらしたと考えられる。その背景にあるのはこれらの議会における選挙区割りの問題である。大阪府議会は，定数が109であるのに対して，選挙区の数は62も存在していた。1人区の数は33であり，埼玉県に次いで多い。このような定数配分となるのは，大阪府が大阪市・堺市という2つの政令指定都市を抱えており，政令指定都市では行政区ごとに選挙区が設定されるからである。このため，複数人が選出される選挙区があったとしても，大阪維新の会としては，各選挙区で1人を取れば，最大62人を当選させることが出来る。大阪市議会では，選挙区の定数が相対的に多く，選挙区定数が2から6になっていた。堺市議会では大部分の選挙区が定数8から10になっていた（砂原 2013，245）。

　ここで，2011年4月10日の統一地方選挙における大阪維新の会の行動について触れておきたい。この選挙は最終的には「大阪維新の会か，それ以外か」を選択する選挙となった。大阪府議選における62の選挙区のうち，大阪維新の会は59の選挙区において60人の候補者を擁立した。他方，大阪市議選では，候補者44人のうち33人が当選したが，過半数には至らなかった。堺市議選は，15人の候補者のうち13人を当選させた。た

第6章 「大阪都構想」問題の政治学的考察

だし，大阪維新の会は，堺市全体として約3割の得票を獲得しているが，議席では全体の4分の1にすぎなかった（砂原2013, 246-8）。

2 「大阪ダブル選挙」

2011年4月13日，統一地方選挙が終わった直後，府庁内の記者会見で，橋下は「今度は『大阪秋の陣』でもう1回，民意を問う。大阪ダブル選挙で信を得られれば，市役所に詳細な制度設計を命じることが出来る」と述べた。2012年2月5日まで設定されている知事の任期の途中で辞職して，それに伴う大阪府知事選を2011年12月18日の任期満了によって秋に予定されている大阪市長選と同じ日程で設定しようというわけだった（砂原2013, 251-2）。

統一地方選から「大阪秋の陣」と呼ばれたダブル選挙へと関心が向かう中で，大阪では2つの重要な市長選が行われた。4月24日の吹田市長選挙では，現職の阪口善雄に，大阪維新の会は井上哲也を擁立した。井上は，民主党・社会党の推薦を受けた阪口に対して，約1万票の差を付けて勝利した。8月7日には，守口市長選挙において大阪維新の会が推薦した前市議が，政党推薦はなかったものの民主党・自民党・公明党・共産党・社民党という5党の市議が支援した市の前教育長に，約4千票の差をつけて当選した（砂原2013, 253）。

大阪府知事選は2011年11月10日に告示された。11月13日告示の大阪市長選と併せて，11月27日の投開票日に向けて，「大阪ダブル選挙」が始まった。大阪府知事選には，池田市長からくら替えした倉田薫や大阪府議の松井一郎らが出馬表明し，市長選には現職の平松邦夫と前知事の橋下徹が立候補した。どちらも民主党と自民党が支援する候補と大阪維新の会の候補が争うことになった。ポイントは，民主党・自民党対大阪維新の会の対決であった。今回の「大阪ダブル選挙」は大きく言って3つの争点があった。まず，大都市のリーダーは誰か。橋下と松井が公約に掲げる「大阪都構想」は，政令市を分割して大都市の指揮官を知事1人にする

227

構想であった。他方，平松は倉田との連携を強調していた。第2の争点は，そのリーダーにどこまで権限を与えるのかであった。橋下らが府と市で制定を目指す教育基本条例は教育行政における首長の権限を強化する内容で，賛否両論が渦巻いていた。第3の争点は，橋下の政治手法だった。橋下は府議会と対立すると大阪維新の会を結成した。維新の会は2011年4月の統一地方選挙で府議会の過半数を占め，市議会でも第1党に躍進した。都構想の実現に向けて知事を任期途中で辞任し，大阪ダブル選挙を仕掛けたのも橋下流であった（『日本経済新聞』2011年11月10日。土倉2015b，168-9)。

　橋下徹らは「大阪都構想」を大阪の成長戦略を実現する手段と位置付けていた。生活保護世帯の急増などをみても大阪経済の地盤沈下は深刻であった。しかし，それが自治制度に起因する問題なのか，大阪特有の府庁と市役所の権限争いの影響なのか，あるいは，日本経済全体の構造的問題なのか，はよく考えてみる必要があった。また，教育行政における首長の権限を強化することを提唱する大阪維新の会の教育基本条例案によれば，試験結果を学校別に公表し，低評価の教員を処分の対象にするなど競争・成果主義を強く打ち出す内容について，教育とは何かの考えから慎重に考えてみる必要があった，と言えよう（土倉2015b，169)。

　『朝日新聞』が2011年11月19・20日に実施した市内と府内の選挙民に電話調査したデータに基づく情勢報告によれば，次のようになっていた。投票態度を明らかにした人を分析した結果，大阪市長選挙では，橋下が大阪維新の会支持層をほぼ固め，民主支持層や自民支持層の半数に浸透していた。無党派層の支持も6割と厚かった。20代から60代までの幅広い年齢層でまんべんなく支持を得ていた。投票する際に一番重視することで「政策や公約」を挙げた層での支持が7割もあった。平松は，民主，自民両支持層のそれぞれ5割近くを押えた。自主的に支援する共産党支持層の支持も受け追い上げを図っていた。70歳以上の高齢層の支持が高く，また一番重視する投票基準に「人柄」と答えた人の6割近くが支持してい

第6章　「大阪都構想」問題の政治学的考察

た。大阪府知事選では，大阪維新の会公認の松井が市長候補の橋下と連携
して「大阪都構想」の実現を訴え，大阪維新の会支持層の大半を確保して
いた。そして民主，自民の各支持層の4割近くに食い込んでいた。無党派
層からは4割の支持を得ていた。倉田は民主支持層の5割以上，自民支
持層の6割の支持を獲得していた。無党派層の半数にも浸透していた。
前知事橋下の政治手法については，「評価する」が54％，「評価しない」
が24％だった。『朝日新聞』の記事では，「橋下氏の政治手法をめぐって
は『独裁的だ』といった批判が上がって」いるが，電話調査では『評価す
る』が半数を超えた，となっていた（『朝日新聞』，2011年11月21日。土倉
2015b，171-2）。

　「大阪ダブル選挙」は2011年11月27日に投開票された。確定投票は，
大阪市長選で，橋下；750,813，平松；522,641，大阪府知事選で，松井；
2,006,195，倉田；1,201,034だった。投票率を見ると，市長選；60.92％，
知事選；52.88％だった。「大阪ダブル選挙」への選挙民の関心の高まりを
反映して，市長選への投票率は前回選挙より17.31ポイント上昇した。知
事選は3.93ポイント上昇した（『日本経済新聞』，2011年11月28日）。

　朝日新聞社は11月27日，大阪府内145地点（うち大阪市内60地点）
で投票を終えた有権者を対象に出口調査を実施，7,575人（大阪市内3,120
人）から有効回答を得た。それによると，大阪市長選における各党支持層
の票は，民主支持層；橋下52％，平松48％，自民支持層；橋下61％，平
松39％，公明支持層；橋下37％，平松63％，共産支持層；橋下25％，
平松75％，無党派層；橋下69％，平松31％，となっていた（『朝日新聞』，
2011年11月28日）。ここでは，民主支持層の52％，自民支持層の61％が
橋下に投票したことに注目しなければならない。さらに言えば，これに比
べて公明党支持者の63％は橋下に投票していない。もちろん，共産党支
持層も75％は橋下に投票していないわけであるが，これらの示唆すると
ころは，両党の党支持者層のアイデンティティーの強さであろう。言いか
えれば，自民党にせよ，民主党にせよ，党支持者層と言っても流動的で

229

あり，浮動するものであることを示していると思われる（土倉 2015b，173-4）。いや，流動的でも浮動するものではないかもしれない。つまり，自民党や民主党をもともと支持していて，今後もそうであるが，橋下だけは例外だ，今回は一時的に橋下に投票するという投票行動もあるかもしれない。ポピュリズムをそのように解釈してもよいのではなかろうか。「こんな政治にへきえきした有権者が，良きにつけ悪しきにつけ，信念を掲げ，説得の前面に立つ橋下氏の指導力に賭けてみたいと思うのは，自然なことだったのではないか」と，2011 年 11 月 29 日の『朝日新聞』社説は述べている（土倉 2015b，182）が，「大阪ダブル選挙」における橋下・松井の成功は，そのことをよく物語っている。

　年が明けて，2012 年 2 月 3 日，大阪都構想をめぐり，竹山修身堺市長が，橋下徹大阪市長，松井一郎大阪府知事と会談した。竹山市長は，大阪府市と堺市の具体的な再編策をまとめる協議会の設置条例案について，2月の堺市議会への提出を見送る方針を伝えた。堺市は協議会に参加せず，都構想には加わらない方向となった。協議会は当初，3 府市の長と議員が参加し，都への移行や大阪・堺両市を複数の特別自治区に分割するための具体策をまとめる予定だった。しかし竹山市長は会談で，都構想で政令指定都市の堺市が 2 ～ 3 の特別自治区に分割される点を「分割を求める民意はない」と批判。「指定市として堺を発展させることが市民の大半の願い」と，協議会参加を見送ることを表明した（『朝日新聞』，2012 年 2 月 4 日。土倉 2015b，199-200）。

　ここで，「大阪都構想」とは何か，考えておきたい。「大阪都構想」のそもそもの起点は，大阪・関西経済圏が東京・首都圏経済圏に比べて落ち込んでいることへの危機意識がある。そのなかで，大阪の政令指定都市制度あるいは府市二元並立制（「二元行政」）と，東京都制度あるいは東京都による「司令塔の一元制」の対比に目が向き，大阪・関西経済圏に，大阪市と大阪府という「2 つの司令塔」が存在することが，経済業績を悪くしているという見立てが登場した。そこで，経済成長のための「司令塔の一元

第 6 章 「大阪都構想」問題の政治学的考察

化」(「ONE 大阪」)という,「大阪都構想」のラフなアイデアが出てきた
のである(金井 2011, 119。土倉 2015b, 204-5)。

結局,「大阪都構想」の考えは,市町村合併つまり平成の大合併と同じ
発想のようにもみえる。平成の大合併の本音は,財政が苦しくなった市町
村を,合併という大規模化でコスト削減を図り,一方では,その浮いた財
源で今後の高齢化に対応した将来のための必要な支出や投資を行いやすく
するものであった。しかし,平成の大合併はうまくいかなかった。その理
由は,三位一体改革で,地方交付税という国からの交付金が大幅に減らさ
れ,コスト削減の努力が帳消しにされたこと,知恵を出し独自の政策を展
開して自立的発展を目指そうとしても,依然として国の規制や中央集権的
な統制が多いことである。財政が苦しい自治体が多い大阪の場合,大阪都
になっても同じ結果になるかもしれない(有馬 2011, 128。土倉 2015b, 199-
208)。

「大阪都構想」とならんで,橋下と大阪維新の会が打ち出す政策として
重要な政策は教育改革である。2011 年 8 月末,何の前ぶれもなく,大阪
維新の会によって「職員基本条例案」と「教育基本条例案」という 2 つの
条例案が提出された。地方公務員の人事管理のあり方を事細かに設定する
「職員基本条例案」に対して,「教育基本条例案」は,教育行政への政治関
与や学校運営のルールを定めるものである。その提出のタイミングを考え
るなら,2011 年秋の「大阪ダブル選挙」のアドバルーンとしてそれが打
ち上げられたことは確かである。選挙戦の争点として,公務員・教員およ
び教育委員会批判を打ち出すこと。それによって大阪府民・市民の潜在的
な不満を水路づけ,維新の会への「民意」として結集すること。橋下徹の
真意はそのあたりにあった(志水 2012, 35。土倉 2015b, 208-9)。

教育改革について,さらに付言すれば,その後,「大阪ダブル選挙」で
大阪維新の会が圧勝した。選挙前,条例案に対する「対案」を示せと大阪
維新の会側から言われていた大阪府教育委員会側は,「対案は必要ない」
というスタンスであった。しかし,「大阪ダブル選挙」における大阪維新

231

の会の勝利によって，フェイズが変わった。委員会側は，選択の余地なく「対案」の作成に着手した。できあがった「対案」の重要なポイントは，もともとの条例案を，教育行政の仕組みに関するルールを定める条例（「教育行政基本条例」）と，府立学校の設置・管理・運営に関する条例（「府立学校条例」）の 2 つに分割したことであった。「大阪ダブル選挙」以降，大阪府教育委員会は猛烈な反攻に出た。その結果，2012 年 1 月 30 日に開催された府・市統合本部の会議で，当初案と府教育委員会案との「すりあわせ」がなされた。この会議は 3 時間半にわたった。会議後の記者会見で橋下は「満額回答です」と胸を張ったが，大阪府教育委員会側にとっても一定程度満足のいく「妥協案」が成立した。生野照子大阪府教育委員長は「やっとあそこまで守れた。完璧に守れたのではないけれども，教育が政治に完璧に支配されることからは免れたと思う」と述べた（志水 2012，40-7。土倉 2015b，210-1）。

　橋下人気というものを身近なことから考えてみると，例えば産経新聞の記者は「東京への一極集中が進む中，漠然とした閉塞感が漂う大阪は言うなれば『負け組』。テレビや新聞で伝えられる彼のメッセージ力の強さは，大阪全体の期待の表れなのかもしれない」と解釈しているし，読売新聞の記者も「メディア利用を広言する知事をどう評価すればいいのか。ある者は，新時代のリーダーと呼び，地方の救世主と褒めそやす。また，ある者は，人心を惑わすアジテーターと非難し，強者の論理を振り回す壊し屋となじる。やがて時代の徒花として退場していくのか，新たな政治家像を打ち立てるのか。その答えを現段階で出すのは困難であろう」（産経新聞大阪本社社会部 2009，247。読売新聞大阪本社社会部 2009，347-8。土倉 2015b，218）と苦悩していた。

　ともあれ，21 世紀日本における地方政治において，ポピュリズムの台頭が顕著であることは事実であろう。たしかに，地方政府は首長を住民が直接選ぶ大統領制なので，強いリーダーが現れやすい反面，ポピュリズムが噴出しやすい土壌がある。1990 年代には，国政レベルに先駆けて，地

方政治で優れたリーダーが現れて，地方政府の民主化を進めた。浅野史郎宮城県知事，北川正恭三重県知事，片山善博鳥取県知事，増田寛也岩手県知事，田中康夫長野県知事がその代表例であった。彼らは情報公開を進め，役所仕事の非常識を改め，行政の公正化と効率化を図った。また住民参加の拡大により，地方の政治の風通しをよくした。こうした地方リーダーの改革は国政レベルにも大きな影響を与えた。というのは，彼らの多くは中央省庁のキャリア官僚出身者であったり，国会議員経験者であったりしたからである。彼らは既存の政治や行政を内側から見て，その問題点を熟知していたからこそ，大胆で的確な改革を実現することが出来た。しかし，彼らは長期政権の停滞を嫌って，2，3期で引退した。その後の地方政治はむしろ停滞していると言ってもよいかもしれない。2000年代後半に登場した「改革派」知事として印象的なのは，橋下と東国原英夫前宮崎県知事であるが，東国原について付言すれば，彼は，行政の長としての顔と政治家としての顔の2つを持ったという。彼の知事時代の組織運営スタイルは，2008年2月に登場した知事時代の橋下の対決姿勢と対照的であった。橋下は，知事時代，政策ブレーンを置き，部長を総入れ替えするといった大胆な人事を行うなど，トップダウン型の組織運営だった。東国原はバランスのとれた協調型であった。しかしながら，東国原の2009年6月の衆議院選挙出馬問題は，宮崎のことに一生懸命という知事の姿勢に対する県民の信頼が揺らぐ結果となり，知事への批判が見られるようになった。東国原は知事を2期務めることなく，政治家としては表立った活動をしていないと思われるが，ひとつのポピュリスト知事のパターンを見せてくれたといえよう。ただ，この2人の知事は，10年前の改革派知事と比べて，何ともうさんくさく見えるかもしれない。彼らは既存の政治や行政の世界に対する外部者であることを最大の財産としている。政治家や官僚に対する不満がたまっている時に，既成の政治や行政に染まっていないことが売り物になっている。彼らはメディアを使ってアマチュアの視点から役所の常識を変革することを訴えて支持を獲得した。彼らに共通して

233

いるのは，選ばれたリーダーは自由大胆に行動すればよいということであって，住民の参加や対話はそこでは想定されていないことに注意することが大切である（山口2004，106-8。有馬2009，243-6。土倉2015b，221-3）。

3 ポピュリズムの言説について

ここで，ポピュリズムの言説について整理しておきたい。山口二郎によれば，現在の日本政治を説明する一つのキーワードはポピュリズムであると言う。小泉政権登場以後の日本政治では，ポピュリズムの否定的側面が前面に現れている。第1の特徴は，思考の省略と問題の単純化である。第2の特徴は，善悪二元論による問題の設定と，悪者と目された側を攻撃するという議論の横行である。第3の特徴は，特権の否定や平等を推進するのではなく，むしろ不平等や差別を容認するという方向を持っている（山口2004，159-62。土倉2015b，42-3）。

大嶽秀夫によれば，地方首長選挙において無党派層の支持を得て，地方議員の支援や政党の支持をあえて断って，無所属で立候補し，勝利を収めることが各地で起こってきた。それと並行して，総理大臣もまたこうした国民による直接選挙で選ばれるべきだとの声が高まってきた[4]。憲法改正の要求においても，何らかの形での直接民主主義的要素を取り入れるべきであり，その一つとして首相公選が改正事項の重要な位置を占めるようになった（大嶽2003，76。土倉2015b，44）。

大嶽によれば，1960年代後半から1970年代にかけて，テレビで人気・知名度を高めた「タレント」が選挙に立候補して政治家になる時代が到来した。美濃部都知事の誕生はそのさきがけであり，1968年参議院選挙における青島幸男，横山ノック，石原慎太郎らの当選が国政選挙での本格的始まりである。だが，大嶽によれば，それとは逆方向の現象も近年生まれるようになった。すなわち，政治家がテレビ出演を要請されたり求めたりして，タレントやアイドル並みに人気を博するプロ政治家の「タレント化」，「アイドル化」とも呼ぶべき現象である。大嶽は小泉純一郎や田中真

234

第6章 「大阪都構想」問題の政治学的考察

紀子がその典型であることを強調する。こうした現象は同時に政治家によるテレビの操作につながる。テレビの操作によって新たなポピュリスト指導者が日本政治に登場することになった（大嶽 2003, 134）。大都市圏の選挙 - タレント - ポピュリズム - マスメディアの延長線上に無党派層，政党支持なし層が浮かんで来て，彼らは「ちぐはぐ」な投票行動をするというのがポピュリスト橋下の誕生背景である（土倉 2015b, 48）。

ここで，もう一度，松谷満が2011年の統一地方選挙で台風の目となりつつあったポピュリズムについて述べた言説を再考してみたい。松谷は3つの問題点を述べた。それを整理し，コメントを試みたい。第1に，橋下が，今後，既存政党に完全に背を向けた場合，安定した支持が期待できる既存の保守層，とりわけ地域や組織的なつながりで投票を行ってきた人々がどのような選択をするのか（松谷 2011a, 141。土倉 2015b, 228-9）という問題である。これは「大阪ダブル選挙」でクリアされたという見方は可能かもしれない。しかし，私見では必ずしもそうではない。ダブル選の市長選挙，2012年の衆議院選挙でも大阪維新の会は勝利した。しかし，少しずつ既存の保守層は橋下から離れて行っているのではなかろうか。2015年5月17日の大阪市民住民投票では，自民党大阪府連とその支持層は，橋下大阪維新の会に完全に敵対した。第2に，純化されたポピュリズム運動の持続可能性（松谷 2011a, 141。土倉 2015b, 229）である。大阪府議選挙，府知事選挙，市長選挙では大阪維新の会は予想以上に勝利した。しかし，そうした人々の期待が徐々に幻滅へと変わるのは歴史が示すところであり，たとえば，長野県知事を2期務めた田中康夫は負けるはずのない相手に敗北した。橋下についても，その後の経過は明らかである。むしろ，田中康夫ほどには失速していないかもしれない。とはいえ，橋下自身，橋下ポピュリズムは期待が幻滅に変わったと認めているのではないだろうか？ 田中康夫が後に衆議院選挙に再登場したように，橋下も次の機会を狙っていると言うことが出来るかもしれない。現在の国政政党としての維新の政治行動は，とくに橋下大阪維新の会の分裂行動は，もはや純化され

235

たポピュリズム運動というだけでは説明しきれないものがある。第3に，橋下に共鳴する選挙民は大阪だけにとどまらない場合の問題である。松谷によれば，「新保守系首長の時代」が革新市長の時代と異なるのは，それがそのまま国政にまで波及する可能性が極めて高いという点である。新保守系首長らの近年の積極的な活動をみると，この流れは地方政治だけにとどまるとはとても考えられず，なおかつ「政権交代」への幻滅という促進要因もある（松谷2011a，141。土倉2015b，229）。たしかに，維新の会は国政に進出した。衆議院においてそれなりの存在感を示していることは事実であろう。しかしながら，「政権交代」への幻滅という促進要因が維新の会のエネルギーになっているかと言えば，残念ながらそうではない。促進要因として利しているのは安倍自民党だけだと言えそうである。

　松谷は，2012年，海外も含めたポピュリズム研究を参照したうえで，現代日本のポピュリズムについて次のように定義している[5]。すなわち，「敵対性と自律性を特徴とする政治的リーダー（集団）が，既存の党派を超えた広範な支持を獲得し，それをうけて自律性の維持が可能となり，敵対性および自律性が戦略的に継続されるような政治的相互作用の状況」。そして，こう付言する。第1の要素は敵対性，第2の要素は自律性，第3の要素は広範な支持である（松谷2012，104）。2012年，橋下ポピュリズムが全盛の頃，ポピュリズムに対する支持の共通要因は，「公務員に対する不信感およびリーダーシップの重視」であった。松谷は，それは「平等化」が帰結する「ジェラシーの政治」という議論がその解釈として的確と考えた（松谷2012，110）。平井一臣も同様なことを言っている。すなわち，「改革」派首長は，地域住民にとってもっとも身近な公務員や地方議員を激しく攻撃する。地方公務員や地方議員に支払われている金など無用なもの，われわれの公的な負担はドブに捨てているようなものだという新自由主義的な心性とも共鳴する（平井2011，248）。「リーダーシップ」の重視はファシズムや独裁に一直線につながっているわけではない。選挙民は「頼りがいのある」リーダーたちを尊敬しているというよりも，むしろ，ひそ

第6章 「大阪都構想」問題の政治学的考察

かに軽んじながら利用しようとしているという見方のほうがまだしも妥当なようにみえる（松谷2012, 110）という見解[6]については，橋下のケースを見ても，正しく説得的な見解だと思える。

付言すれば，「反知性主義の際立った特徴はその『狭さ』，その無時間制にある」（内田2015, 60）とする内田樹に同意したい。そのうえで，ポピュリズムの根底に反知性主義が根付いていることを強調したい。古賀光生もポピュリズムは「反知性主義」の傾向を示す，と言う。すなわち，古賀によれば，その背景にはエリートへの根深い不信感がある。例えば，ヨーロッパでは，基本的な人権の擁護について，歴史的な経緯も踏まえた議論の蓄積がさまざまな制度に反映されている。しかし，右翼ポピュリスト政党は，これらを，エリートによる支配の道具，あるいは「人々の意思」の実現を阻害する装置として批判する。右翼ポピュリスト政党が，しばしば，立憲主義的な価値に否定的な姿勢を示すのはこのためである（古賀2015, 142）。思うに，橋下の場合は，このあたりは複雑である。彼の学者，『朝日新聞』，既成特権階級，文化人嫌いは徹底していて，それを隠さない。とはいえ，安倍晋三，石原慎太郎，堺屋太一，上山信一らへの傾倒は尋常ではない。これらの人たちは，エリートではないと言い切ることには無理がある。また彼らは反エリートだとは言えない。

ただ，松谷の現代日本のポピュリズムの定義はあまりにも抽象的であるような気がする。「結果として，大嶽がポピュリストと見なす政治家はつまるところ，特定の政党に偏らない広範な支持を獲得したいわば『人気者』という共通点を持つにすぎなくなってしまっている」（松谷2011b, 189）というのは，そのとおりだと思うが，にもかからず，松谷自身が要約している，大嶽の「現代のポピュリズム」の定義のほうが分かりやすい。ついでに，余談であるが，ポピュリズムにおいて「人気者」は非常に大切な核心的概念である。大嶽は，次のように定義している。「ポピュリズムとは，『普通の人々』と『エリート』，『善玉』と『悪玉』，『味方』と『敵』，の二元論を前提として，リーダーが『普通の人々 ordinary people』

237

の一員であることを強調する（自らを people にアイデンティファイする）
と同時に，『普通の人々』の側に立って彼らをリードし『敵』に向かって
戦いを挑む『ヒーロー』の役割を演じてみせる，『劇場型』政治スタイル
である。それは，社会運動を組織するのでなく，マスメディアを通じて，
上から，政治的支持を調達する政治手法の一つである」（松谷 2011b，185.
大嶽 2003，118-9）。1 つだけ限定を付けておきたい。大嶽の定義では，リー
ダーのポピュリズムになってしまう。サブ・リーダー，フォロワーのポ
ピュリズムも考えられてよいのではなかろうか。リーダーシップの本質を
規定するのは，リーダーと対になるフォロワーの存在である（吉田 2011，
176）。

　そこで，ポピュリズムの定義は十人十色であるとしても，要は現実の事
態をどう説明するかの手掛かりが得られれば，よい訳である。そのような
観点から吉田徹のポピュリズム観を紹介しておきたい。吉田によれば，21
世紀の政治風景はポピュリズムと呼ばれる政治勢力によって埋め尽くされ
ているようにみえる。ヨーロッパでは，ポピュリズム政党が無視し得ない
勢力として政界の一角を占め，アメリカではティーパーティが民主党と共
和党の対立の構図に影響を与え，日本では地方から中央政界へと余波が及
ぼうとしている。これらのポピュリズムは，それぞれ固有の文脈に置かれ
なければならないことは論を俟たないが，現代政治で「ポピュリズム的」
な何かが現在，生起しつつあることは間違いない（吉田 2012c，113）と言
う。

　吉田によれば，アメリカのジャーナリストであるトーマス・フランク
（Frank 2004）は，1990 年代まで左翼文化が支配的だったカンザス州が，
いかにして「草の根保守」の牙城へと変質していったのかをレポートして
いる。カンザス州は労働者勢力が強く，20 世紀初頭には，アメリカでは
例外的に，社会主義政治家を生み出して来た地だったが，2000 年大統領
選挙では，ジョージ・W・ブッシュが 80％を超える得票を集め，キリス
ト教原理主義の中心と化した（吉田 2011，115。Frank 2004，1）。大阪府も

「革新府政」の時代があったことを想起されたい。

　さらに，吉田は，スコッチポル（Skocpol and Williamson 2012）に拠りながら，ティーパーティが，政治の方向感覚の喪失に不安を覚え，自分たちが作り上げてきた豊かさにただ乗りする失業者や移民に敵意を持つ人々に支えられていることを明らかにしたうえで，ティーパーティは決して排外主義的な意識に貫かれているのではなく，むしろ自己の承認を政治に求める運動である（吉田 2012c，116）とする。考えてみれば，大阪維新の会の運動は，ティーパーティに近い，「大阪都」の承認を政治に求めた運動だったのかもしれない。

　アメリカの歴史学者クリストファー・ラッシュは次のように言う。ポピュリズムとコミュニタリアニズムの伝統は区別可能だとはいえ，歴史的に見れば両者はからみあって存在して来た。ポピュリズムの基盤は小規模経営者の擁護というところにあり，彼らは 18 世紀また 19 世紀前半において市民的徳の必要不可欠な土台と広く見なされていた。コミュニタリアニズムは，当初，日常生活にあまりに深く浸透しているために，はっきりと表現することも出来ないような，共通の了解事項，例えば，習慣や慣習や偏見や心の習慣といったものに社会的凝集性の源泉を求める保守的な伝統であった。もし，今日，「ポピュリズム」とか「コミュニティ」といった言葉が政治的言説の中でひときわ異彩を放つとすれば，それは，啓蒙主義のイデオロギーが多種多様な方面から攻撃にさらされて，その魅力の大半を失ってしまったからであろう。普遍的な理性という主張は普遍的な疑念のまなざしで見られている。階級，国籍，宗教，人種といった特殊主義を超えうる価値体系への希望は，もはやさしたる説得力を持たない。啓蒙主義の理性と道徳は次第に権力の覆いと見なされるようになり，世界は理性によって支配されるようになるだろうという展望は，18 世紀以降のどの時代よりもはるかに遠ざかったように思われる。20 世紀を通じて，自由主義は同時に 2 つの方向に引き寄せられて来た。それは市場と国家である。市場が悪い意味での自己普遍化傾向をもっていることはよく知られて

いる。市場は，学校や大学，新聞や雑誌，慈善団体，家族といった，自己と相容れない原理にしたがって作動する諸制度と，容易に共存することがない。市場は遅かれ早かれ，それらを吸収してしまう傾向を持っている。市場の影響範囲を制限しようとして，自由主義者は国家へ関心を向けることになった。だが，結果として，その処方は，往々にして病気そのものよりタチが悪い。非公式の団体の代わりに社会化や統制を目的とする公的なシステムを置くことは，社会的信頼を弱め，自滅の道を歩んで行く。納税者の反乱は，市民としての務めを果たせという訴えにも耳を傾けようとしない私生活主義のイデオロギーが滲みこんだものであるけれども，同時に，それは，税金はたんに官僚制の自己膨張を持続させるだけだという不信から生じてきたものでもある。公的な組織機構が衰弱するにつれて，人々は，自らの直接的な欲求を満たす方法を急場しのぎで考えざるをえなくなるであろう（ラッシュ 1997，114-23。Lasch1995，93-100）。

　普遍的な理性，啓蒙主義の理性，市場と国家，これらへの疑念と信頼の喪失がポピュリズムの土壌となることについては十分によく分かる。ただ，吉田徹によれば，ラッシュは，「プチ・ブルジョワ」の持つ道徳主義や進歩への懐疑こそが，共同体の互尊を醸成する共和主義的空間を作り上げると主張した。「生活世界」と「原風景」を守ろうとするこの姿勢ゆえ，ラッシュの言葉を借りれば「ポピュリズムこそが民主主義の本当の声」なのである，と言う（吉田 2012c，116）。これを都構想問題に応用してみよう。都構想には，経済成長というネオ・リベラリズムがある。と同時に都構想反対勢力の底意にはコミュニタリアニズムが存在する。大阪市民は「生活世界」と「原風景」を守るためにこそ，都構想に反対した。そうすると反対した大阪市民の動静こそがポピュリズムなのだろうか？[7] いや，そうではあるまい。「われわれはどうしたらよいのだ」（土倉 2015b，229）への回答が橋下旋風であったはずである。結局，橋下旋風は失速したのか，変容したのか，それとも，もともとポピュリズムではなかったということになるのだろうか？

第 6 章 「大阪都構想」問題の政治学的考察

　ここでは，補論的に，ポピュリズムと極右の問題をとりあげてみたい。
この 2 つはどのように関係するのだろうか？　樋口直人によれば，イギリ
スの新聞『ガーディアン』は，日本の 2012 年総選挙で，日本維新の会の
躍進について，「極右新党が第 3 勢力となった」と見出しを付けた（*The
Guardian*, 2012 年 12 月 16 日）と言う。そして，何をもって極右というか
は，論者によって見解が異なるとして，オランダの政治学者カス・ミュデ
Cas Mudde の言説を要約しながら，極右のさまざまな定義を整理した。
それによれば，極右の要素とは，ⅰ）ナショナリズム，ⅱ）排外主義，
ⅲ）国家主義（法と秩序，軍国主義），ⅳ）福祉排外主義，ⅴ）伝統的倫
理，ⅵ）修正主義といった要素に分けた。ここから「主流派保守よりナ
ショナリズムと排外主義について極端な主張をする政治勢力」と極右を定
義できる，とする。そして，こうした定義に該当する極右がヨーロッパで
台頭したのは，1980 年以降のことで，それまで「移民」，「外国人」が標
的だったわけではない，とするところが重要である。ファシズムの流れを
くむ勢力に加えて，王党派やキリスト教原理主義などがかつての極右だっ
たが，限られた勢力しか持たなかった。外国人排斥を前面に掲げ，ポピュ
リスト的な政治手法を使う勢力が台頭することで，極右という名称が頻繁
に用いられるようになった（樋口 2015, 113-15）とする考えは正鵠を得てい
ると思われる。

　ヨーロッパのポピュリスト極右政党を研究したミュデによれば，この分
野の研究文献の批判的考察は次のことをわれわれに教えてくれると言う。
すなわち，ポピュリスト極右の好適な土壌は，ポピュリスト極右のイデオ
ロギーの 3 つの核心的な特徴である土着主義 nativism，権威主義，ポピュ
リズムに関連する不安感と憤りの広がったところである。土着主義は，た
いていは，ヨーロッパ統合過程，大量の移民，そして多文化主義の力学に
よって，民族あるいは国家のアイデンティティーが危険にさらされ，脅迫
されている感情のなかに広がって行く。権威主義は，犯罪の多さと伝統的
価値観の揺らぎを心配する人たちを惹きつけるのに対し，ポピュリズム

241

は，政治的代表への不満足と個人主義の増大する効果を憂慮する。もちろん，これらの怖れと不安は，どの時代でも，どの社会でも，ヨーロッパの内外で，見られるところである。しかしながら，いつの時代でも，ある脅威だけが，ある下位集団にのみ存在する。ところが，最近の数十年，ヨーロッパの人たちの大きな集団が，これらの欲求不満と不安の結合を共有するようになった。

　一般に，極右政党の組織的基盤は弱体で，浮動票に頼る傾向が強いわけであるが，極右政党が支持を得る条件はいくつかあるとして，樋口は日本に即して考えてみようと言う。それらを参考にしながら，ここでは日本維新の会に特化して考えてみよう。第1に，既成政党に対する不信感の高まりや，党の分裂などによる不安定性の高まりがあげられる。政党再編成や政治不信により，政党と有権者の結びつきが弱まり，行き場を失った票が生じた時が極右政党にとってのチャンスである。2011年，大阪ダブル選挙で，大阪維新の会が目覚ましい躍進を遂げたのは，その典型的な例であろう。2012年の総選挙で，維新の会が第3党になったのは，民主党政権の混迷により，行き場を失った票を吸収できたからであろう。ただ，2015年5月17日の大阪市民住民投票後の日本維新の会は分裂傾向にある。これは第3極の党になろうとする願望に欠けるというより，体制外政党に徹しきれない弱さが露呈したからだと観測できるのである。

　第2に，極右が得意とする争点が浮上する事態である。オランダのフォルタイン党は，オランダで浮上した移民政策の議論を同党がリードしていたことが躍進の背景にあった。大阪維新の会の場合，明らかに「大阪都構想」であった。とはいえ，「大阪都構想」は極右が得意とする争点であろうか？　明らかに別のネーミングを要する。それはポピュリズムである。したがって，言い換えれば，極右とポピュリズムは似て非なる概念である，ということがここで明確になる。第3に，カリスマ的なリーダーがいる時に，極右政党は大きく躍進する。フランスのFNのルペン，オーストリア自由党のハイダー，オランダ自由党のウィルデルスなど，極端な主張

242

を巧みに訴える才能がある党首の重みは他党にまして大きい。これは，極右がポピュリスト的な政治手法に頼ることと表裏一体の関係にある，と樋口は言う。そして，日本維新の会が 2012 年の総選挙で第 3 党に躍り出たことは橋下のカリスマなくしては考えられないとも，樋口は言う（樋口 2015, 116-7）。さて，ポピュリスト的な政治手法に頼る橋下は，それでは極右なのだろうか？という問題が浮上する。たしかに，橋下は，石原慎太郎，安倍晋三などと連携を図ろうとしていたし，いるが，この 2 人が極右的であることは事実としても，概念的に極右政治家とすることには難がある。ここでも，ポピュリズムと極右とは似て非なる概念である，ということになる。「政治にとって極めて有害な極右という要素を取り除く技術を磨いていく必要があるだろう」（樋口 2015, 121）というのが樋口の結語だが，皮肉にも自民党大阪府連は大阪市民住民投票で「反対」に動いたが，安倍・菅ラインはひそかに橋下を支持していたふしがあるのは，実態としては，ポピュリズムと極右が錯綜していることの現れであるということができる。

　橋下が極右ポピュリストであるにせよ，ないにせよ，このような大阪維新の会に対抗するには，どうすれば良いのか。アルゼンチン出身で，イギリスの政治哲学者エルネスト・ラクラウの語法に倣って言えば，「グローバルな政治効果を可能にしながら，今の社会に存在する文化的社会的多元主義と両立させるには，どのように民主化を捉えればよいのか」と問題を立てると，ラクラウは，陣地戦というグラムシの戦略で考えることが出来ると言う。言い換えれば，極右ポピュリズムはひとつの反システム的イデオロギーであるが，これに対抗して，資本主義を転覆し，自由民主主義を破壊する直接闘争という別の反システム的思考を取らない処方箋しかない（ラクラウ 2002, 387）と言う。大阪維新の会との戦いは基本的にヘゲモニー闘争であることを確認しておきたい。

4 「大阪ダブル選挙」後の大阪維新の会

　ここで，橋下の「言葉」での失敗を取り上げておきたい。地盤や資金力のなさを言葉の力で補って野党第2党の党首になった橋下は「自分ならば誰でも説得できる」との過信はなかったか。発端は旧日本軍の従軍慰安婦について「必要なのは誰だってわかる」という発言である。当時の維新の石原慎太郎共同代表も「軍と売春はつきもの」と呼応した。橋下の言うように他国にも同じような過去があったとしても，それで日本の慰安婦問題が許容されるわけではない。元慰安婦への謝罪と賠償を求める韓国は猛反発した。日韓が相次ぎ政権交代したのにいまだ開けない首脳会談をさらに遠のかせた。東アジアの安定に逆効果でしかない。周辺国以外の目も厳しい。橋下は沖縄の米軍司令官に米兵犯罪を減らす一策として「風俗業の活用」を進言した。米国防総省報道官は米軍が買春を推奨しないのは「言うまでもない」と不快感を示した。人権に敏感な米欧メディアは「有力首相候補が性奴隷が必要と発言」（米 AP 通信）と批判的に報じた[8]（『日本経済新聞』，2013 年 5 月 16 日。土倉 2015b，246-8）。

　「もう一度，原点に立ち返って堺市長選挙をやっていきたい」。2013 年 7 月 30 日夜，橋下徹は大阪の地方議員ら約 100 人を前に，9 月 15 日告示，同 29 日投開票の堺市長選挙に全力を注ぐ考えを強調した。堺市長選挙は「大阪都構想」において重要な選挙であった。日本維新の会は，大阪維新の会副幹事長の西林克敏・堺市議の擁立を決め，現職の竹山修身市長と一騎打ちとなる選挙戦が展開された。

　都構想は二重行政解消を目的とし，大阪府と大阪・堺両市を再編する。両市は特別区に分割され，最終的になくなる。一連の手続きには堺市も参加する必要がある。だが，竹山堺市長は「分権の流れに反する」と反対し，府や大阪市が制度設計を進める「法定協議会」への参加を拒んでいた。これまでの経緯を振り返ると，すでに述べたように，橋下は，当時彼が府知事だった 4 年前（2009 年）に行われた堺市長選で，自民党府議だった松井一郎・維新幹事長と，竹山を支援して勝利した。橋下はこの後，大

阪維新の会を結成した。2011年の統一地方選と大阪府知事・市長の「大
阪ダブル選挙」を勝利することによって，大阪で足場を固め，都構想を進
めてきた。竹山は，当初，「橋下氏と一緒に大きな改革をしていきたい」
と語っていたが，都構想が堺市廃止につながることを受け入れられず，
徐々に橋下と対立していった。都構想反対の立場から立候補を表明し，
「維新を放逐する」と対決姿勢を鮮明にした。自民，民主，共産各党の支
援を受ける方向に向かった。橋下は「竹山氏に完全に裏切られた」と，
2013年8月下旬から街頭演説などで西林克敏をてこ入れする構えを見せ
た。堺市長選に勝利し，都構想を着実に進められるかどうかは，今後の橋
下の国政での影響力に関係する。橋下の率いる維新は昨年の衆院選で野党
第2党に躍進した。だが，2013年5月に旧日本軍慰安婦をめぐる自らの
発言などで逆風を招き，7月の参議院選挙は8議席と苦戦して存在感にか
げりも見られた。衆参両院で与党が過半数を占め，衆院議員の任期満了と
次の参院選は3年後となっている。大阪の維新内では，この間に，維新の
統治機構改革の象徴である都構想が実現すれば，「次期衆院選で再び橋下
待望論が出る」（幹部）との見方も根強かった。野党再編を模索する民主
党の閣僚経験者も「維新は堺で勝てば，地域主権を旗印に（再編に）打っ
て出てくる可能性がある」と注目していた。維新の国会議員団は都構想推
進チームを近く立ち上げて後押しする考えだった。東京都知事出身の石原
慎太郎共同代表は，8月1日，所属議員に対し「日本の行政史の中で非常
に画期的なイベントになる。維新が推進力になって成就しようじゃない
か」と呼びかけた（『朝日デジタル』2013年8月14日版。土倉2015b，245-6）。

　大阪維新の会が掲げる大阪都構想に反対する竹山修身堺市長が，2013
年9月7日，大阪・難波に繰り出して街頭演説会を開いた。大阪府内の堺
市以南の泉州13市町のうち6市町長が応援に駆けつけ，「泉州はひとつ」
と訴えた。演説会は「反都構想」を盛り上げる狙いで開催された。泉州の
ほかにも府内の八尾市と交野市の市長や指定都市市長会の矢田立郎会長
（神戸市長）が参加し，計10人の首長が顔をそろえた。政令指定市の堺市

を廃止して特別区に再編する都構想について，竹山堺市長は「堺市民は一丸となって撥ね返す」と訴えた。泉南市の向井通彦市長も「『泉州はひとつ』の合言葉で竹山さんを応援する」と加勢した（『朝日新聞』2013年9月8日。土倉2015b，250）。

2013年9月29日投開票の堺市長選挙を前にして，日本経済新聞社とテレビ大阪は世論調査を実施した。それによれば，日本維新の会傘下の地域政党「大阪維新の会」が提唱する「大阪都構想」を投票の際に重視する政策として挙げた人が3割を超えていた。都構想への賛否によって，どちらの候補を支持するのか意向が分かれており，投票先の決定に大きく影響していると考えることができる。投票時に重視する政策は何かという設問に対して，「教育・医療・介護」が58％と一番多く，大阪府と大阪市，堺市を統合再編する「大阪都構想」が31％で続き，「産業振興・雇用対策」の29％が上位を占めた。大阪都構想には「賛成」が30％，「反対」が48％だった。支持政党別に大阪都構想への賛否を見ると，日本維新の会の支持層は賛成74％，反対11％であり，自民党支持層では，賛成28％，反対56％，公明党支持層では賛成31％，反対41％，共産党支持層では賛成6％，反対76％だった。注目の支持政党なしの無党派層でも，反対が49％を占め，賛成の21％を大きく上回っていた。大阪都構想に「反対」とした人のうち，堺市を含まない大阪府と大阪市の統合再編には24％が賛成した。他方，統合再編に反対した人は54％で，堺市を除く府市再編にも否定的な声が強かった。竹山市政の実績を「評価する」と答えた人は45％，「評価しない」は32％だった（『日本経済新聞』2013年9月23日。土倉2015b，250-1）。

2013年9月29日に投開票された堺市長選挙を制したのは，「堺はひとつ」と訴えた現職の竹山修身だった。自民，民主，共産，社民の各政党のほか，市民団体の支援を得て，大阪維新の会の新顔を破った。投票率は50.69％で42年ぶりに50％を超えた。開票結果は，竹山修身198,431票，西林克敏140,569票だった（『朝日新聞』2013年9月30日）。大阪維新の会代

246

第6章 「大阪都構想」問題の政治学的考察

表の橋下徹大阪市長は，9月30日，大阪都構想について「進めていきます。住民投票まではいきます」とあらためて意欲を示した。都構想を争点にした堺市長選で維新公認候補が敗れたが，2014年秋に大阪市で住民投票を実施する目標は変えない意向であることを表明した（『朝日新聞』2013年9月30日夕刊）。2013年9月30日の『朝日新聞』出口調査を見ると次のようなことが分かる。調査結果を見ると，都構想に賛成は38％，反対は55％だった。支持政党別の投票先は，維新支持層の92％が西林に投票した一方で，自主投票だった公明党でも支持層の76％が竹山に投票するなど，各党支持層の票は竹山がしっかり固めた。各種選挙で「風に乗った」候補を後押ししてきた無党派層は69％が竹山に投票した。投票者のうち維新支持層の割合は24％。7月の参院選の堺市内の出口調査結果（23％）とほぼ同じで，維新支持層自体はやせ細っているわけではないが，今回，維新は「内輪を固めた」だけになっていた。4年前の堺市長選挙では，当時大阪府知事だった橋下を支持する人が76％，支持しない人が20％で，橋下の人気は絶大だった。橋下支持者の56％の票を集めて現職を破ったのが，橋下の全面支援を受けた竹山だった。今回，橋下の政治手法を評価する人は48％，評価しない人は45％で伯仲。橋下とたもとを分かった竹山は，橋下の政治手法を「評価しない」人の94％の票を集めた。大きな様変わりであると言うことが出来る（『朝日新聞』2013年9月30日。土倉2015b，251-2）。

　ここで，時計の針を巻き戻して，橋下人気の翳りについて振り返ってみたい。2012年11月17日，橋下は，石原慎太郎が率いる太陽の党との合併を記者会見で発表した。その年の末の衆議院選挙に向け，「大人の政治家」へのイメージチェンジをはかった。そして，日本維新の会を立ち上げて1年余，衆議院で53議席，参議院で9議席，大阪府議会では過半数の55議席を大阪維新の会が占めており，大阪市議会でも32議席の第1党となっている。だが，橋下を見る大阪市民の目は変わってきていた。2013年10月24日夜，大阪・ミナミの繁華街の外れにある党本部で，党幹部と

247

広告会社の担当者が集まった会議で，橋下に対する「市民の評価」を分析した内部資料が配られた。2013 年 7 月の参議院選挙で伸び悩み，9 月の堺市長選挙で敗北した維新の現状認識は，市民が「権力への挑戦者（大阪人好み）から，権力者（大阪人嫌い）へ」と橋下が変わってきていると評価しているというものだった。これまで，橋下は権力に対する反発心で突き進み，世論を引き付けて来た。2012 年 4 月，関西電力大飯原発の再稼働に猛反対した時は，電力会社への闘争心をあらわにし，倒閣宣言まで踏み込んだ。2012 年 9 月に日本維新の会を立ち上げた頃は，「2030 年原発ゼロ」と訴えていた。しかし，太陽の党との合併を機に，原発推進派の石原慎太郎に譲歩して「2030 年代ゼロは明白に表記していない」と旗を降ろしてしまった。「自公を過半数割れに追い込む」と臨んだ 2012 年 12 月の衆議院選挙では自民党が圧勝し，参議院選挙でも自民党が一強体制を固めると，橋下は国政と距離を置くようになる。「非常に危険」と反対する特定秘密保護法案でも，日本維新の会の国会議員団が与党との修正協議に合意すると「今さら言っても仕方ない」と投げやりだった。残された道は大阪の改革に立ち戻るしかない。ところが，大阪市を廃止して特別区に再編する大阪都構想について言えば，大阪府民を対象にした朝日新聞と朝日放送の世論調査では，2011 年には 42％だった賛成は，2013 年 11 月には 32％までに下がった（『朝日新聞』2013 年 11 月 27 日。土倉 2015b，255-6）。

　2014 年 1 月 31 日，大阪府と大阪市を廃して「大阪都」とする大阪都構想について審議する法定協議会において，橋下は大阪市を 5 区に分ける区割り案への一本化を求めたが，法定協議会の過半数を占める公明・自民・民主・共産の 4 会派はこの提案に難色を示し，引き続き 4 案の中から議論を進めていくこととした（『産経新聞』2014 年 1 月 31 日）。これに対し，橋下と大阪府知事の松井一郎は，大阪維新の会が目指す 2015 年春の「大阪都」移行のためには残された時間がないことから，案を絞って議論を進めることの是非を市民に問うとして，出直しの大阪市長選挙・大阪府知事選挙に打って出ることを検討した。ただ，同時選挙となると負担が重く勝算

248

第 6 章 「大阪都構想」問題の政治学的考察

も高くないことから，橋下らは大阪市長選一本で勝負をかけることとなった（『産経新聞』2014 年 2 月 1 日）。

　橋下は大阪都構想の議論を進めることの是非を問うため辞職した。2014 年 3 月 23 日，出直し大阪市長選挙が投開票され，橋下は 37 万 7472 票を得て再選を決めた。都構想に反対する主要政党が候補者の擁立を見送り，投票率は過去最低の 23.59％となった。無効票は過去最多の 6 万 7506 票（投票総数の 13・53％）に上り，うち白票が 4 万 5098 票を占めた（『朝日新聞』，2014 年 03 月 27 日）。市長選に出馬したのは，大阪維新の会代表で前職の橋下徹と，いずれも新人の二野宮茂雄，マック赤坂，藤島利久だった。維新以外の主要政党は候補擁立を見送った。4 人の候補者は 14 日間の選挙戦を通じ，大阪府と市を再編統合する「大阪都構想」に対する考え方や，市政改革，防災対策などを訴え，支持を求めた。しかし，明確な対立構図は浮かび上がらず，有権者の関心は高まらないままだった。都構想の設計図作りを進めるとして再選を目指す橋下は 3 月 22 日夜，大阪市中央区難波の百貨店前で最後の街頭演説を行い，「大阪市や大阪府といった枠組みを超えて，新しい大阪を作るのが都構想だ。きちんと都構想の設計図をみてもらって，最後に住民投票で判断してほしい」と呼びかけた。橋下は，千人規模の聴衆に訴える大規模な街頭演説中心だった従来の選挙から戦術を一転させて，今回は街頭で市民と質疑応答する「街頭タウンミーティング」を計 29 回，100 人規模の個人演説会を計 22 回重ねた。支援を受ける企業・団体へのあいさつ回りにも力を入れ，「どぶ板」選挙も展開した。維新陣営幹部は「主要政党が候補を立てない中，地道に都構想のメリットを有権者に知ってもらうことに徹した」と話した。維新の府議，市議らは告示前，橋下が出席しないものも含め，約一千回のミニ集会を開催した。候補を立てなかった自民，民主，公明，共産の 4 党は，公職選挙法の規定により選挙期間中は政党の活動が一部制限されることから，表だった活動はできなかった。今回の選挙戦の争点について，橋下は「大阪都構想の設計図を今夏までに完成させるかどうかだ」と強調した。橋下が出直

249

し市長選に打って出たのは，都構想の制度設計を担う大阪府と大阪市の法定協議会での行き詰まりが原因である。大阪維新の会は府市両議会で過半数を持たないため，橋下は市長選で再選することで局面を打開し，民意をテコに今夏までの設計図完成を目指した，というのが出直し市長選挙の真意であったと言えよう。ただ，市政は都構想以外にも教育，福祉，防災など多様な課題を抱えている。約6億円の費用をかけて市長選が行われたことをどう考えるか。選挙民はそれぞれの一票をどう扱うのか，問題は残ったと言えよう（『日本経済新聞』，2014年3月23日）。

　大阪市選挙管理委員会が公表した確定投票率23.59％は過去最低となった。大阪府知事選とダブル選だった前回の2011年市長選（60.92％）から37.33ポイント低下している。橋下の得票数は前回から半減した。2015年4月には大阪府，大阪市両方の議員選挙がある。今の対立の構図，議会構成が変わらなければ，橋下支持と不支持の双方が「民意」を主張する事態が続くことが予想された。ただ，「大阪維新の会」の言い分として，「目安」とされる，「2005年出直し選挙で再選を果たした関淳一の約27万8千票」を上回った。2007年の市長選挙当選の平松邦夫の得票と比べても多かった。住民に議会リコール（解散請求）を呼びかける場合に必要な署名数約36万人分も超えていた（『日本経済新聞』，2014年3月24日。土倉2015b，272）。したがって，「大阪維新の会」が一定の成果を収めたと言っても一理はあったかもしれない。

　朝日新聞社は，2014年3月23日，出直し大阪市長選挙の投票を終えた選挙民を対象に，市内60地点の投票所で出口調査を行った。「白票で投票した」と答えた人を含め2193人から回答を得た。「白票」と答えた人が「橋下」と答えた人に次いで多く，異例の選挙戦を反映する結果となった。「白票で投票した」人に焦点をあてると，都構想に反対は64％で，賛成19％の約3倍になった。橋下が目標に掲げていた大阪都構想の実現について「来年4月の実現を目指すべきだ」としたのは3％で，「急ぐ必要はない」が92％だった（『朝日新聞』，2014年3月24日）。

250

第6章 「大阪都構想」問題の政治学的考察

　同じ朝日新聞の紙面に，政治学者小林良彰の，この出直し大阪市長選挙
に対するコメントが載っていた。興味深いコメントなので，その一部を紹
介しておきたい。小林によれば，「フランス国民議会選挙では，登録有権
者全体に占める得票数を表す『絶対得票率』が一定の割合以上でなければ
当選できないというハードルを設けている。橋下氏も有権者全体のどれ
くらいに投票してもらったのかを真摯に受け止めるべきだ」（『朝日新聞』，
2014年3月24日）。たしかに，そうである。日本の現状を考えれば，制度
的に困難かもしれないが，ハードル条項は筋が通っている。ただし，今回
の場合，他の地方都市の市長選挙結果など勘案して，確定投票率23.59%
が過去最低であっても，橋下は安堵に近い感を持ったと思われる。

　橋下にとって厳しいのは，大阪市長選挙で満足する民意の後押しが得ら
れなかったことだけではない。2011年の統一地方選挙で大阪維新の会は
大阪府議会の過半数を確保して，橋下が政策を進めるうえで頼りにしてき
たが，維新は2013年末に大阪府議4人を除名した。これで維新は過半数
を割ることとなり，他派からの維新への切り崩しが進むことになった[9]。
2014年3月20日，2015年4月の大阪府議選の選挙区を話し合う府議会特
別委員会で，自民党会派が提案した区割り案が賛成10，反対9の賛成多
数で可決された。自民，公明，民主，共産の4党に加え，除名された4人
で作る無所属の会が賛成に回った（『朝日新聞』，2014年3月24日）。

　ところで，大阪市長選挙で4分の3を超える選挙民が棄権に回ったのは
なぜか。告示後の朝日新聞・朝日放送の共同世論調査では都構想への賛
否は割れたが，出直し選には55%が反対と答え，賛成の27%を大きく上
回った。議会が思うように動かぬからと，話し合いを放棄して「民意」と
りつけに走る橋下の手法が支持されたとは言い難いことも事実である。都
構想の是非を問う住民投票の実現には，市議会に加えて大阪府議会の承認
も必要である。橋下は「住民投票が議会でつぶされたら，統一地方選で過
半数を取れるようにがんばりたい」と述べた（『朝日新聞』，2014年3月24
日。土倉2015b，273-4）。結果は一転して，公明党が住民投票賛成に回り，

251

2015年5月18日，住民投票が実施された。

　第18回統一地方選挙の前半戦が，2015年4月12日，投開票された。大阪市を廃止して特別区に再編する大阪都構想が最大の争点になった大阪府会議員選挙では，都構想を推進する大阪維新の会が目標とする過半数に届かなかった。ただ，私見ではこれが重要だと思われるが，大阪，堺両市議会選挙ともに第1党は確保した。一方，都構想に反対する自民党は大阪府議選で，前回より議席を大きく伸ばした。大阪府議選は今回から定数が109から88に減った。維新は53人の候補を擁立したが，42議席を獲得して第1党は維持した。住民投票と選挙民が重なる大阪市議選（定数86）では，前回の33議席を上回る36議席を獲得した。堺市議会（定数48）では，公認候補14人全員が当選して，両市とも第1党となった（『朝日新聞』，2015年4月13日）。

　もう少し，具体的に掘り下げてみたい。4月12日に投開票された統一地方選挙の前半戦で，橋下徹代表が率いる大阪維新の会は，大阪府議選挙で第1党を守りながらも過半数に届かなかった。「絶対，落としたる」，「絶対，勝たなあかん」。大阪都構想をめぐって維新と激突した自民，公明両党も目標の過半数は得られず，決着はつかなかった。維新にとって，4年前の前回統一選挙で過半数を獲得した大阪府議会は，大阪都構想推進の足場となって来た。今回の選挙戦でも，もっとも力を注いだ「最前線」だった。大阪府議選挙の大阪市住吉区選挙区（定数2）では，大阪維新の会新顔の河崎大樹が初当選を決めた。橋下の高校ラグビー部時代の後輩で，橋下が大阪府知事時代に特別秘書に起用するなど，「右腕中の右腕」と評される。前回統一選で大阪市議に初当選したが，鞍替えした。自民現職で，党府議団幹事長の花谷充愉は，反都構想の論陣を引っ張ってきた中心人物であるが，大阪市都島区選挙区で維新の新顔と一騎打ちとなった。維新は同選挙区を「最重点区」と位置付け，橋下代表は告示後に2回，松井幹事長は4回，応援演説に駆けつけた。昨年（2014年）夏の法定協議会で，維新だけの賛成でいったん都構想案が取りまとめられると，花谷は

第 6 章 「大阪都構想」問題の政治学的考察

維新以外の 8 会派の中心的存在になった。8 会派は，2014 年 9 月，維新の
議長に対し，大阪府議会史上初の議長不信任案を可決させ，10 月には都
構想案をいったん否決した。ところが，2014 年末，公明党が都構想の住
民投票の容認に転じ，戦局は一変した。2015 年 4 月の府議会選挙では，
花谷は，民主党の支持組織・連合大阪中心団体となった政治団体「府民の
ちから 2015」との窓口になり，自民公認の府議・大阪市議会選挙候補者
の計 36 人が推薦を取り付けた。大阪府選挙管理委員会の発表（www.pref.
osaka.lg.jp/senkan/）によれば，2015 年 4 月 12 日の投開票の結果は，花谷
充愉（自民）：20,558 票，魚谷豪太郎（維新）：19,012 票の結果となった。
花谷の苦戦は，いかに大阪維新の会が根強く勢力を保っているかを示して
いる（『朝日新聞』，2015 年 4 月 13 日）。統一選挙の選挙結果を報じた翌日の
『朝日新聞』の見出しの言葉を借りれば，まさに都構想住民投票の「前哨
戦 痛み分け」といったところだろうか。

　この選挙の公明党と民主党の動静も点検しておきたい。公明党は，大阪
府議選に立候補した 15 人全員が当選したが，かつてないほどの苦しい戦
いを強いられた。都構想に対する立ち位置のあいまいさが理解を得られ
ず，逆風を招いた。大阪市議選でも，此花区選挙区で，新顔候補が落選し
た。大阪市選挙管理委員会（www.city.osaka.lg.jp/senkyo）の発表によれば，
2015 年 4 月 12 日に行われた大阪市議会選挙の此花区の選挙結果は，当
選；大内啓二（維新現）：9,795 票，当選；瀬戸一正（共産元）：8,411 票，
落選；大西敏一（公明新）：8,241 票と大接戦だった。選挙戦中盤以降，公
明党の候補者たちは各地で「住民投票に向け，しっかりと戦いを起して行
く」などと都構想批判を展開するようになった。創価学会も「常勝関西」
と呼ばれる関西組織がフル回転した。東京の学会員 3 万人以上が大阪に応
援に入るなど巻き返しを図った。民主党は，大阪維新の会と自民党の対立
に埋没する形で，壊滅的の敗北を喫した。2011 年の統一地方選挙で議席数
を 21 から 10 まで半減させた大阪府会議員選挙では，公認を 9 人に絞り込
んだが，1 議席しか獲得できなかった。大阪市議会選挙では 11 人の公認

253

候補者が全員敗れた。2014 年末の衆議院選挙で，大阪府内 19 選挙区で唯一勝利した辻元清美の地元，高槻市・三島郡選挙区（定数 4）でも，府議選で 2 期目を目指した現職の吉田保蔵が敗れた。大阪府選挙管理委員会の発表（www.pref.osaka.lg.jp/senkan/）によれば，2015 年 4 月 12 日の投開票の結果は，次のようであった。池下卓（維新）：52,245 票（当選），吉田利幸（自民）：26,125 票（当選），林啓二（公明）：22,941 票（当選），宮原威（共産）：21,580 票（当選），吉田保蔵（民主）：16,726 票（落選）。

　高槻市・三島郡選挙区から見る限り，大阪維新の会はこの地域でも断然強く，民主党は共産党に差を付けられて競り負けしているといったところであろうか。大阪市の橋下市長が 2012 年に制定した市職員の政治活動を規制する条例も選挙運動の足かせになった。大阪市議会議員選挙では，民主党は，結党以降初めて，議席がゼロになった。大阪市労働組合連合会の組織候補が 50 年以上議席を守ってきた大阪市東淀川選挙区（定数 6）でも現職が敗れた（『朝日新聞』，2015 年 4 月 13 日）。大阪市選挙管理委員会（www.city.osaka.lg.jp/senkyo）の発表によれば，2015 年 4 月 12 日に行われた大阪市議会選挙における橋下が少年時代を過ごした自分の原点があるという東淀川区の選挙結果は，小笹正博（公明現）：13,400 票（当選），守島正（維新現）：11,112 票（当選），床田正勝（自民現）：11,033 票（当選），岩崎賢太（共産現）：6,983 票（当選），杉山幹人（維新新）：6,770 票（当選），宮脇希（維新新）：5,914 票（当選），長尾秀樹（民主現）：4,631 票（落選）であった。この結果だけを見る限り，大阪維新の会の圧倒的な強さが目を引く。地域差もあろうが，定数 6 の選挙区で，大阪維新の会の 3 番目の候補に敗れるようでは，民主党の選挙力も衰弱したとしか言いようがないような気がする。

　民主党の衰退と大阪維新の会の強さは，2015 年 4 月 12 日，行われた新聞社の出口調査の結果からも確認することが出来る。すなわち，朝日新聞社は，同日，大阪市内の 60 投票所で大阪府・市議選の投票を終えた有権者に出口調査を実施し，2,082 人から回答を得た。出口調査によると，

254

政党支持率は，維新の党が 35%，自民党が 24%，公明党が 12%，共産党
が 10%，民主党が 4%，無党派層は 12% だった。大阪都構想への賛成は
48%，反対は 47% と，拮抗していた。支持政党別に，都構想への賛否を
見ると，維新の党の支持層は賛成が 92%，都構想に反対している自民党
の支持層は反対が 67%，賛成は 28% だった。一定の自民党支持層が都構
想に理解を示していると見られる。都構想に反対しながら住民投票の実施
に協力した公明党の支持層は賛成が 21%，反対は 71% だった。無党派層
は反対が 58%，賛成が 33% だった。住民投票については，「必ず行く」と
答えた人が 79% に上り，できれば「行きたい」が 16%，「行かない」が
3% だった。「必ず行く」と答えた層では，賛成が 51%，反対が 46% だっ
た。橋下の支持率は 53% で，不支持率は 43% だった。橋下を支持する層
では 87% が都構想に賛成して，不支持層では 93% が反対しており，橋下
に対する支持・不支持が都構想の賛否と連動していることは十分に推測で
きることである（『朝日新聞』，2015 年 4 月 13 日）。

5 「大阪都構想」とは何か

　大阪府の財政改革は，橋下が知事になる以前から継続的に取り組まれて
来ていた。1990 年代半ばから数次にわたり財政改革案が策定され，その
下で行政改革が進められて来た。しかし，2008 年に橋下府政が策定した
「『大阪維新』プログラム（案）」は，「収入の範囲内で予算を組むことを徹
底し，すべての事務事業，出資法人，公の施設についてゼロベースでの見
直しを行う」という方針を強力に打ち出すという点で従前のものと異なっ
ていた（森 2012，94-5）。結局，橋下知事時代に行われた大阪府の財政再建
策が，財政収支の改善においては大きく貢献したことは否定できない。し
かし，私学助成をはじめとする急激な財政削減によって社会に少なからぬ
影響を与えたこと，そして，その過程で用いられた政治的手法について批
判が起こったことも間違いない。大阪市長となった橋下は将来の「大阪
都」で改編・新設する「新しい基礎自治単位」を前提に，老人福祉セン

255

ターや屋内プール等の統廃合，大阪フィルハーモニー協会や文楽協会への補助金の削減，大阪市音楽団の廃止などを進めつつある（森 2012, 97）。

橋下知事の成長戦略を示したものとして，「大阪の成長戦略」（2010 年12 月）がある。ここでは「大阪の低迷は，日本の低迷の縮図」とし，それを克服するためには，世界・アジアの中での都市間競争に勝つことが必要であり，大阪が日本の成長を牽引するための条件整備が急務であるとした（森 2012, 98）。

しかしながら，やがて，大阪都構想の欠陥と虚構は明らかなものとなって来る。そのプロセスをたどって行きたい。「大阪都」構想の実体は「大阪市廃止分割」構想である。「大阪都」構想のもつ制度上の問題については，さまざまな方面から包括的な指摘がなされて来たが，議会でのまともな検討はなされて来なかった。大阪府・大阪市特別区設置協議会（法定協議会）において橋下・維新の会は所属メンバーだけで「大阪都」構想の青写真である『特別区設置協定書』をまとめたが，大阪市議会・府議会では当然のごとく否決された。ところが，橋下・維新の会と安倍政権との「改憲取引」は，公明党大阪本部に突然の方向転換を行わせ，「大阪都」構想は息を吹き返した。『特別区設置協定書』は 2015 年 3 月の大阪府議会・市議会の双方で承認され，5 月に大阪市民による住民投票で大阪市の存廃が決せられることになった（森 2015, 111）。

朝日新聞社・朝日放送が 2015 年 2 月に実施した「大阪都構想」に関する大阪市民調査では，「賛成」35％，「反対」44％だった。共同通信社が 3 月に行った調査でも，「賛成」43％，「反対」41％であり，賛成・反対が拮抗している。それぞれの理由で多いのは，「賛成」では「二重行政の解消」，「反対」では「住民サービスが良くならない」である（森 2015, 112）。

「大阪都構想」は，府県なみの権限・財源を持つ大阪市を廃止して，それらを大阪府へと移管する。その中心分野は都市計画に係るものである。この都市計画権限は，同じく広域行政機能として分類されている「成長戦略」にも強く関係している。それは，政府および大阪府市がその目玉とし

ているカジノとの関連である。カジノ誘致という「成長戦略」にとっても，大都市の都市計画権限を大阪府が奪うことは重要な意味を持っている。開発権限の移管問題は，「大阪都」構想の重大な判断基準にほかならない（森 2015，112-3）。

「大阪都」構想では，5つの特別区設置によって，100以上ともいわれる膨大な事業の運営が一部事務組合（大阪特別区事務組合）に委ねられる。これは住民から「遠い自治体」として機能するため，議会でも大きな争点となってきた。大阪特別区事務組合には実に多くの福祉・医療施設などが移管されるが，このような制度設計が社会的弱者の視点に立ったものとは思えない。大阪特別区事務組合の財政規模も巨大である。言い換えれば，特別区が真に手許に残すことのできる財源は，それだけ減額されるわけで，一部事務組合は特別区の財政を圧迫する大きな要因になる（森 2015，116）。

森裕之によれば，2014年5月の地方自治法改正によって，都道府県と政令指定都市の間の「二重行政」を解消するための法整備がなされている。それは大都市を残しながら，両者の調整・協力によって行政の無駄を省く仕組みであり，大都市地域での行政改革の正攻法であると言う。また，同改正では，政令指定都市において徹底した「都市内分権」をはかるための「総合区」および「総合区長」の制度も創設され，大都市で住民自治が発現できる条件が整備された。これらの制度を導入すれば，「大阪都構想」の重大な欠陥を抑えつつ，大阪市の行政改革や住民自治を十分に展開していくことができる（森 2015，117）。先を見越した賢明な見解であると思われる。

さて，ここで政令指定都市の問題を検討しなければならない。戦後日本の政治行政の中で，政令指定都市とは一体どのような存在だったのだろうか。北村亘によれば，端的に言えば，政令指定都市制度は，国家全体の中で大都市の担う役割に沿って設計された統治制度であったとは言いがたい（北村 2013，247）。

257

興味深いことに，道府県も政令指定都市も非効率な二重行政，あるいは責任の不明確さを現行の制度の問題点として指摘する。政令指定都市の提案する処方箋は，特別自治市構想である。その内容は，大都市においては一層制に移行し，当該市域内に関する行政事務で国防，司法，通商政策などの国家が担うべき機能以外のすべてを特別自治市が担うというものである（指定都市市長会『新たな大都市制度の創設に関する指定都市の提案』2011 年 7 月 27 日）（北村 2013，247）。

6　2015 年 5 月 17 日大阪市民住民投票

「大阪都構想」に関する住民投票が，2015 年 5 月 17 日に行われた。橋下が構想を掲げてから 5 年が経過していた。橋下が「負ければ政界引退」として臨んだ戦いで，大阪市民が最終的に選んだのは「大阪市存続」だった。「賛成」694,844 票，「反対」705,585 票。「大阪都構想」案への賛否を問う形で行われた投票結果は，わずか 0.76 ポイント差だった（南 2015，106）。

そもそも，この住民投票までにいくつもの曲折があったが，押さえておかなければならないポイントは，国会で，自民，民主両党などに議員立法で「大都市地域における特別区の設置に関する法律」を作らせ，同法に基づく法定協議会で 2013 年 2 月から 2015 年 1 月にかけて大阪市内を 5 つの特別区に分割する都構想案をまとめてきたことである。府，市両議会は，2014 年 10 月，維新単独でまとめた都構想案を自民，民主，公明，共産各党の反対で否決した。そして，次のポイントは，2014 年 12 月の衆議院選挙をめぐり，公明の候補者がいる選挙区への擁立を見送った維新と，公明の支持母体である創価学会の幹部が，菅義偉官房長官の仲介で，「住民投票実施」について合意したことである。公明党の府議団・市議団は「市民・府民の生活に重大な悪影響が出ることは明白で協定書の中身には断固反対だが，大阪の発展のために都構想議論の収束を図ることを目指し，住民投票で決着付けることを決断した」と理屈付けて，2015 年 3 月の両議

会で都構想案に賛成した。結局，維新単独でまとめた案が蘇り，大阪市民の判断を仰ぐことになった（南 2015，107-8）。

　大阪市民住民投票の運動はどのように展開されたのだろうか？　都構想案に「賛成」か「反対」か，を二者択一で選ぶ今回の住民投票は，候補者を選ぶ一般の選挙と比べて規制が緩いことに注目しなければならない。公職選挙法の一部が準用され，買収や戸別訪問は禁止されたが，「選挙運動」ではなく，「政治活動」にあたるため，自由な議論・活動が保障されているためである。テレビ CM や新聞広告，インターネットの広報活動は制限がなく，チラシやポスターの枚数や種類も自由であった。運動費用も青天井だったという。2013 年 10 月に「都構想推進本部」を立ち上げ，住民投票対策を練ってきた維新は，橋下のタウンミーティングに加え，「変化」を訴えるイメージ戦略を展開した。在阪の民放各局で「CHANGE OSAKA!」のロゴ入り T シャツを着た橋下のスポット CM を連日流し，新聞にもほぼ日替わりのチラシを折り込んだ。広報費だけで約 4 億円かかったといわれる。原資の多くは中央の「維新の党」の政党助成金だった（南 2015，107-8）。

　住民投票に向けた活動で橋下は前線に立った。大阪市が告示前日まで13 日間連続で開いた住民説明会には，計 39 回すべてに出席した。市民からの質問にも自ら答えた。4 月 27 日に告示されると，前半戦は，テレビ番組や新聞のインタビューに集中した。後半戦は，市内各地で，タウンミーティングを開き，パネルを使って説明した。一方，大阪維新の会は，市議たちに「街頭演説 100 回，集会 50 回」というノルマを課し，「日報」の提出を義務づけた。だが，中には「うちの区は賛成が多い」と，高をくくってチラシを配るだけだったり，中身のない活動を報告したりする市議もいた。自らの言葉では説明せず，録音した橋下の声を流しながら車を走らせる議員もいた（『朝日新聞』，2015 年 5 月 18 日）という。

　反対派は，自民，民主，公明，共産の各党に分かれた混成部隊だった。「We Say No!」の共通ロゴは作ったが，東京の党本部からの支援も限ら

れ，例えば，自民党大阪府連は，「B29 と竹槍部隊の戦い」を強いられた。4 月 27 日の告示から 20 日間の運動期間には，東京 23 区から西川太一郎荒川区長や保坂展人世田谷区長らが賛成，反対双方に分かれて参戦した。また，学者なども立ち上がり，全国を巻き込んだ論戦となった（南 2015，108）。例えば，一般社団法人大阪自治体問題研究所は『大阪市解体　それでいいのですか？　—大阪都構想　批判と対案—』という小冊子（大阪自治体問題研究所，2015）を刊行している。また，都市の活性化のための行政の実務と研究，教育に従事してきた藤井聡は，『大阪都構想が日本を破壊する』（藤井，2015）という新書を緊急出版した。[10] 藤井によれば，「知ってほしい七つの真実」として，それらを次のように指摘する。ⅰ）「都構想」は「一度やってみて，ダメなら元に戻す…」は絶望的に難しい。ⅱ）堺市はかつて「都構想」を拒否し，自分たちの「自治」を守った。ⅲ）「都構想」とは，大阪市民が自分たちの「自治」を失うこと。ⅳ）さまざまな行政手続きが「三重化」する。ⅴ）「都構想」の実現で大阪都心のまちづくりが停滞し，大阪全体がダメになる。ⅵ）「都構想」は「大阪」という大切な「日本の宝」の喪失をもたらす。ⅶ）「大阪」の発展に必要なのは「改革」でなく「プロジェクト」である。（藤井 2015，98-170）。以上であるが，いずれも詳しく，丁寧に，慎重に論じられなければならない問題である。

　当初は，報道各社の世論調査で「制度がよくわからない」という意見が多かったが，投票率は大阪市内で過去 50 年に行われた選挙でもっとも高い 66・83％を記録した（南 2015，108）。

　さて，大阪市民住民投票で，維新＝橋下徹は，なぜ敗れたのだろうか？南彰によれば，橋下が敗れた最大の要因は，住民サービスの低下などの不安を払拭しきれなかったことであると言う。維新は当初「デメリットはない」と主張した。府市大都市局がはじき出した「粗い試算」をもとに，17 年間で約 2700 億円の財政効果があることを強調していた。これに対して，反対派は，大阪市内の特別区が使える自主財源が現在の大阪市の 4 分

260

の1になることや，初期費用に約600億円かかることを指摘した。また，「水道料金が上がる」，「市営地下鉄・バスの敬老優待パスがなくなる」，「ゴミ収集が有料化される」などのような具体的に市民が享受している具体的サービスが低下される可能性を訴えた。この論戦の背景には，橋下市長が自治会や業界団体を『敵』と決めつけ，事前に団体向けの説明を行わず，不安や不満が噴出するきっかけを作ってしまった状況がある。例えば，橋下は，反対を決議した市の自治会組織「地域振興会」がかかわるイベントへの補助金削減を示唆し，動きを封じようとしたが，反発を招いていた（南2015，108-9）。

　大阪市が2015年4月14日から26日にかけて合計39回行った住民説明会に参加した住民は延べ3万人以上だったといわれる。週末には中継画面が設置された第2会場まで満員になった。大阪で，2012年，2014年の衆議院選挙をはじめとする他の選挙においても支持低迷に悩む民主党大阪府連関係者が「街頭でのビラの受け取りは2009年の政権交代衆議院選挙並みの反応」と振り返ったという（南2015，108-9）。

　今回の大阪市民住民投票は「地方自治は民主主義の学校」というほどに，よい意味での盛り上がりはあったかもしれない。しかしながら，問題点もあった。南は3点にわたって指摘する。第1に，賛成・反対両派が直接対決する討論会がほとんど行われなかった。第2に，職員の発言が封じられた。第3に，税金を使った広報活動のあり方である。今回の住民投票では，市が全戸配布したカラー刷りの説明パンフレット（約7200万円）が問題になった。橋下は「締切日」の昼前になって，「大阪が抱える問題を根本的に解決し，次世代のために新しい大阪を創り上げる，唯一の切り札であると考えています」などと2頁にわたって提案理由を述べた自らの文書を盛り込んだ内容に差し替えた。議会側が反発し，市が照会した2人の弁護士のうち1人が「『内容はいいものだ』という印象を植え付けようとしていると言われかねない」と指摘したが，そのまま印刷された。市議会が予算承認時に「公平・中立な内容」，「事前に提示し意見を踏まえ修正

する」ことを求める決議を付けたが，結局，市長判断に歯止めをかけることはできなかった（南 2015，109-10）。まことに，ポピュリスト橋下の面目躍如といった感がする。

　橋下は，改憲を視野に維新の党と近い関係を保ちたい官邸をめぐり，自民党大阪府連ともバトルを演じた。菅義偉官房長官は，2015 年 5 月 11 日の記者会見で，自民党大阪府連が都構想に反対する街頭演説会を共産党と行ったことを「個人的にはまったく理解できない」と批判して，維新の党を援護射撃した。橋下は，後日，菅に「お礼の電話をした」と報道陣に明かして，政権との距離の近さをアピールした。一方の府連も，自民党支持層が賛成に流れるのではと焦りを募らした。菅の発言を受け，大阪選出の国会議員は，安倍首相に，直接，都構想に賛意を示さないように釘を刺した（『毎日新聞』，2015 年 5 月 19 日）。

　毎日新聞社は，2015 年 5 月 17 日，大阪都構想の賛否を問う大阪市民住民投票で投票を終えた有権者を対象に出口調査を行い，投票行動を分析した。それによれば，大阪維新の会の橋下は，これまで無党派層から一定の支持を得て来たが，今回は無党派層の支持が伸びず，賛否は半々に分かれた。出口調査では，賛成は 52％，反対は 48％だった。大阪市内 64 か所の投票所で調査し，有権者 2781 人（男性 1390 人，女性 1391 人）から回答を得た。投票者の約 4 分の 1 を占めた期日前投票の出口調査は行っていない。ここは重要なポイントだと思われる。支持政党は，自民 28％，維新 22％，共産 7％，公明 7％，民主 5％，支持政党なし 28％だった。[11] 自民党は支持層を固めきれず，4 割が賛成に流れた。これも注目しておく必要がある。自民党とともに都構想反対を訴えた公明党，民主党，共産党は，賛成を 1 〜 2 割程度に抑えた。維新の会支持者の 97％が賛成した。無党派層は賛成 51％，反対 49％だった。年齢別では，20 〜 50 歳代はいずれも賛成が上回ったが，60 歳代以上では反対が多数を占めた。男女別では，女性は反対（52％）が多く，賛成が 56％を占めた男性とは対照的だった。出口調査は男女ほぼ同数を対象にしたが，実際の投票は女性が男性を約

第6章 「大阪都構想」問題の政治学的考察

10万人上回っており，出口調査と開票結果の食い違いにつながった可能性がある（『毎日新聞』，2015年5月19日）とのコメントは同意できるものがある。付言すれば，開票結果には期日前投票分も含まれているから食い違いにつながった可能性はさらに増えることになる。

2015年5月17日に行われた市民を二分した論議となった大阪都構想の住民投票の開票結果は，地域差が色濃く出たことも注目しなければならない。24の行政区のうち，賛成が上回ったのは11区，反対が上回ったのは13区だった。賛成多数になれば設置された5特別区のうち，区内のすべての行政区で賛成が上回ったのは「北区」だけだった。この「北区」には，従来の都島区，北区，淀川区，東淀川区，福島区が入ることになっていた。この「北区」には，大阪，新大阪，京橋と3つのターミナル駅があり，大阪府市大都市局が「大阪経済の中枢機能を担うビジネス都市」と位置付けていた。中でも繁華街「キタ」を含む北区は，24区で最高の59.03％が賛成票を投じた。一方で，すべての区で，反対が上回ったのが，市西部の「湾岸区」と南部の「南区」の2つだった。

「湾岸区」には，従来の此花区，港区，大正区，西淀川区，住之区の臨海部が入ることになっていた。橋下市長はカジノを含む統合型リゾート誘致などを見据えて，当初の「西区」案から名称を変えた経緯があった。だが，反対派は，南海トラフ巨大地震の津波被害が特別区全域に及ぶ危険性を指摘した。「南区」は，住之江区の一部と，平野区，阿倍野区，住吉区，東住吉区で構成され，「歴史と新しいものが融合した定住魅力のある区」とされていた。住吉大社や「あべのハルカス」があり，人口は政令指定市並みの69万人だが，自主財源が少なく，府と特別区間の「財政調整頼み」が批判を浴びた。「南区」に含まれる平野区は，市内でもっとも人口が多く，この区だけで，反対票が賛成票を1万票余上回った。北部にあいりん地区（釜ヶ崎）と呼ばれる一帯があり，治安が悪いイメージが残る西成区は，繁華街「ミナミ」を抱える中央区や天王寺区などと「中央区」となる案だった。西成区内にある商店街団体の幹部は「名前には歴史があ

263

る。あいりん地区の対策と地名を嫌だから変えるというのは別問題だ」と指摘したという（『朝日新聞』，2015年5月18日）。

　橋下が行った投票結果判明後の「記者会見」も注目する必要がある。橋下は引退を表明した。これについて，映画作家想田和弘は次のように言う。「政界引退は歓迎すべきことです。けれども，『橋下劇場』は終わっていないのではないでしょうか。投票結果を受けた記者会見は橋下氏の真骨頂。論理ではなく，人々の感情を操作することにたけた能力をいかんなく発揮し，『次の出番』につなげました。『間違っていた』，『政治家冥利に尽きる』──。散り際の美学を愛する日本人の琴線に触れたため，『潔い』とか『すがすがしい』などと受け止められました。『大阪都構想が実現しなければ大阪はダメになる』とまで主張していた政治家が，『本当に悔いがない』，『幸せな7年半だった』と笑顔で語り，彼の言葉通りならばダメになってしまうはずの大阪をまったく心配していないように見えるのはどういうことなのでしょう」（『朝日新聞』，2015年5月23日）。まことに，想田の言うように，「引退表明に一喜一憂している場合ではない」のであるが，橋下の引退記者会見は，彼のポピュリズムのリーダーとしては典型的ともいえる光景であったので，想田の談話の紹介を付記した次第である。

むすび：その後の大阪維新の会

　「大阪都構想」の政治過程は永田町の政治力学にも波及する。中野潤のルポルタージュによれば，7年半に及ぶ「橋下劇場」は終焉を迎えた。すなわち，賛成49.62％，反対50.38％について言えば，橋下が政治生命をかけた住民投票は，わずか0・76ポイント差で否決されたが，中野によれば，投票結果を仔細に分析すると，大阪でとくに大きな影響力を持つ創価学会＝公明党の支持者を「反橋下」で結束させてしまったことが最大の敗因として浮かび上がって来ると言う。つまり，マスコミ各社の出口調査で政党支持者別の賛否を集計すると，いずれの調査でも，共産党支持層と並んで公明党支持層で「反対」と答えた比率がもっとも高い。共同通信，毎

第6章 「大阪都構想」問題の政治学的考察

日新聞，産経新聞などが共同で行った調査では，公明支持層の「反対」は
87％で，共産支持層の89％とほぼ並び，突出して高かった。公明党は自
民党や共産党のように反対運動を積極的に行ったわけではない。それにも
かかわらず，反対が57％にとどまった自民支持層とは比較にならないほ
ど反対の比率が高かったのである[12]（中野 2015，155）。

　大阪維新の会と公明党との関係は，この7年，めまぐるしく変化してき
た。2008年1月の大阪府知事選で38歳の橋下が初当選した際，公明党は
推薦した自民党大阪府連に付き合って大阪府本部の「支持」を出して支援
した。その後，公明党は自民党大阪府連と足並みを揃えるように都構想に
批判的にはなったものの，維新は市議会でキャスティングボートを握る公
明党を取り込むため，2012年の総選挙で，橋下自らが公明党大阪府本部
の幹部と会談して，公明党が候補を擁立した大阪・兵庫両県の6選挙区全
てで候補擁立を見送り，公明候補に推薦まで出した。ところが，公明党
は，選挙に勝ち，自民党と共に与党に復帰すると，大阪では都構想に反対
の地元の自民党寄りに明確にスタンスを変え，府と市で設置した大阪都構
想を議論する法定協議会で正式に反対を表明した。都構想は頓挫する寸前
まで追い込まれた。住民投票の実施に公明党が賛成する見返りに，勝てる
可能性のあった関西の6選挙区であえて候補者の擁立を見送ったとの認識
だった橋下らの怒りは凄まじかった。橋下は，2014年2月の党大会の演
説で，2012年総選挙での選挙協力の際の約束を公明党が一方的に破った
として名指しで強烈に批判した。橋下は「公明党の支持基盤の皆さんは宗
教を説いているが，宗教の前に人の道があるんじゃないか」と激しい口調
で創価学会を支持基盤とする公明党を非難した[13]（中野 2015，156）。宗教
と政治の問題で，宗教勢力を基盤とする政党の常として，他の政党との関
係で動かなければならない，一言で言えば，政治の世界のグラマーにした
がって，宗教政党は自らの基盤である宗教組織の理念とは矛盾する行動を
取らなければならないことがある。橋下には，橋下のマキャベリズムがあ
るのだから，むやみに強烈な批判をしないほうが，戦術的には妥当だった

265

と思われるが，そのようなミスをするのが橋下の真骨頂だったのかもしれない。

　橋下と大阪府知事の松井一郎らは，来たる2014年12月の衆議院選挙に，維新の候補者としての出馬準備を進めていた。ところが，橋下は，公示日直前に一転して，公明党が候補者を立てるすべての選挙区で維新候補の擁立を一方的に見送ることを決めた14)。中野潤によれば，水面下で動いたのは，東京の創価学会本部の副会長である佐藤浩だった。佐藤は官房長官の菅義偉との間に太いパイプを持っていた。佐藤は，菅に，佐藤が大阪都構想の住民投票が可能になるように，大阪の創価学会や公明党を説得するかわりに，菅から橋下や松井を説き伏せて，公明党への対立候補の擁立を止めさせてほしいと頼み込んだ。菅はこの依頼を受け入れ，安倍の了解も得たうえで，橋下に連絡した。橋下はすぐに受け入れ，首相官邸がいわば「保証人」になる形で両者の妥協が成立した（中野2015，156-7）。

　公明党大阪本部は，2014年12月28日，総会を開いて，橋下が示す都構想自体には引き続き反対するものの「最終判断は住民に委ねる」として，住民投票の実施には賛成することを決めた。だが，出席した府議や市議からは反対意見が相次ぎ，2時間に及んだ総会は，怒号が飛び交う中で執行部が一方的に押し切るという，この党にとっては極めて異例の事態となった。大阪の公明党は，支持基盤である創価学会の本部と地元組織が，過去例がないほどギクシャクするという異常事態の中で，2015年4月の統一地方選挙を迎えることになった。とりわけ大阪府会議員選挙は，今回から定数が21も削減され，そもそも公明党にとって厳しい戦いが予想されていた。中野によれば，投票日4日前には，統一地方選挙前半戦は選挙がない東京を中心に関東地方の学会員に対し，大阪に入って親戚や知人に公明党候補への投票を呼び掛けるよう指示を出し，約3万人の学会員が大挙して大阪入りした。その一方で，投票日の1週間前，大阪府会議員選挙や大阪市会議員選挙を戦っている公明党の候補者たちの携帯電話に，突然1通のメールが届いた。公明党大阪府本部幹事長で大阪市会議員の小笹

正博からの一斉メールだった。そのメールには，大阪都構想自体には反対
しながら，その住民投票の実施には賛成するという中途半端な対応によっ
て，本来の公明党の支持者票が自民党のみならず，共産党にも逃げてお
り，今後は都構想反対を正面から訴えようという内容が書かれてあった。
中野によれば，結果としてこの方針転換は，橋下嫌いの学会員たちに歓迎
され，現場の運動員らの動きは急速に良くなったという。それでも，公明
党は，すでに述べたように，統一地方選挙前半戦の大阪市議会議員選挙
で，都構想に真っ向から反対した共産党候補に競り負ける形で1議席を落
とした。その此花区選挙区では，定員2を維新，公明，共産の3候補で
争ったが，学会が後で検証すると，候補を立てなかった自民党の支持者の
多くが，自民推薦の公明候補ではなく，共産候補に流れていた[15]。公明
党関係者は「この選挙区は自民党との選挙協力もあって安心していたのだ
が，都構想に当初から強く反対してきた共産党が裏で自民党候補と選挙協
力をしていたことがわかった。われわれが有権者に分かりにくい中途半端
な対応をとったことが敗因だ」と悔やんだ（中野 2015，158-60）。公明党関
係者の話はストーリーとしては興味深いが，私見では出来過ぎの感がす
る。ひとつには，選挙というものは泥仕合であるから，勝つためにはどの
政党に限らず何でもするという要素と，政党や政策よりも候補者個人本位
で投票することもあるからである。

　さて，首相官邸の要請とそれを受けた学会本部の指示を振り切る形で，
統一地方選挙の途中から都構想への反対姿勢を強めたのが，大阪の公明
党・学会であった。それが住民投票の結果を左右した，と中野は言う。お
そらく，中野言説のモチーフはここにあると思われる。ほぼ，肯定するこ
とにやぶさかではないが，私見では，公明党や創価学会におけるリーダー
とフォロワーの政治意識の差というものは考えられないだろうかという留
保がある。統一地方選挙後半戦直後の，2015 年4月27日，大阪市民住民
投票が告示された。5月の大型連休明けになると，学会の地区幹部らが，
支持者を車やマイクロバスで，期日前投票が行われる区役所などに連れて

行く様子が散見された。報道各社の期日前投票の出口調査では，概ね反対が賛成を10%程度上回って，投票日当日よりも反対派がかなり多かった。中野によれば，公明党議員に投票する時以外は選挙に棄権することも少ないと言われる学会員にあえて反対票を投じさせた動機，それが「宗教の前に人の道がある」との1年前の橋下発言だった（中野2015，161）ということになる。美しいとも言える見事な着想であるが，コメントとしては，そうであるかもしれないが，そうでないかもしれない，と言っておきたい。つまり，乱暴に単純化して言えば，橋下は，最後の賭けである住民投票で大健闘したのは事実であるが，それ以前に大勢は決まっていたのではないか？むしろ，橋下維新の会がよく追い上げたと言えよう。惜しくも結果は出なかった。そういう意味では，ポピュリズムの恐ろしさを示した住民投票であったということこそ，重要ではないだろうか。

　2015年5月17日夜，「大阪都構想は反対多数」という住民投票の速報結果がテレビに流れた瞬間，公明党の大阪市会議員は「賛成多数だったら，他の野党から戦犯扱いされていた」とつぶやき，別の公明党市議も「天国と地獄の差があった」と胸をなでおろした（『毎日新聞』，2015年5月20日）。一番ヒヤヒヤしたのは，大阪の公明党だったかもしれない。したがって，中野の言うように「5月の大型連休明けになると，学会の地区幹部らが，支持者を車やマイクロバスで，期日前投票が行われる区役所などに連れて行く様子が散見された」という期日前投票が大きなポイントであったかもしれない。というのは，2015年5月14日までに，有権者約211万人のうち，13%程度に当たる約27万人が期日前投票をしていた（『朝日新聞』，2015年5月16日）からである。異常に多かった期日前投票がこの2015年の大阪市民住民投票の結果を性格付けたと言っても過言ではない。

　さて，話は中央（永田町）の政治が絡んで，橋下政治は新たな展開を始めることになる。維新の党を立ち上げ，中心的存在だった橋下と松井が2015年8月27日，維新の党からの離党を表明した。維新の党は，結党か

第 6 章 「大阪都構想」問題の政治学的考察

ら 1 年弱で，事実上の分裂状態となった。11 月に党代表選挙を控えるが，「野党再編」か「親政権」かの基本路線で，党内は激しく対立することになった。松井の離党の直接のきっかけは，柿沢未途幹事長が，山形市長選挙で民主党などが推す立候補予定者を応援したことであった。「親政権」の松井は柿沢に辞任を求めたが，これを拒否されたため，離党に踏み切った。橋下も，同日，松野頼久維新の党代表に離党のメールを送った。やはり，同日，地域政党大阪維新の会代表の橋下は，記者会見で，2015 年 11 月 22 日の大阪府知事，大阪市長の大阪ダブル選挙に，大阪維新の会から独自候補を擁立すると正式に表明した（『朝日新聞』，2015 年 8 月 2 日）。

　翌日，8 月 28 日の夜，橋下は，大阪維新の会の全体会議で，「大阪維新の会で国政政党をやる。年内にはしっかりとその道筋をつけていきたい」と新党結成の方針を表明した。橋下は 27 日の離党表明の直前，自らのメールで，維新所属の国会議員に，「今，党が割れるようなことはしない」，「維新の党を離れて，大阪，関西の地方政治に集中する」との考えを伝えていた。わずか 1 日で，自ら党を割り，国政に関わる方向に舵を切ったことになる。変化は大阪都構想でも見られる。2015 年 5 月の住民投票直後の記者会見では，「（結果を）重く受け止める。やっぱり間違っていたということになるんでしょうね」と語っていた。だが，離党を表明した 8 月 27 日の会見では，「僕の次のメンバーの維新がやるというならいいじゃないか。維新が都構想を訴えていくのは，十分合理性がある」と軌道修正した（『朝日新聞』，2015 年 8 月 29 日）。

　枚方市長選挙が，2015 年 8 月 31 日，投開票され，大阪維新の会の新顔で前府議の伏見隆が接戦を制して，初当選をした。投票率は 38.7％だった。投票結果は，伏見隆（維新）：55,516 票（当選），竹内脩（無所属現）：52,801 票（落選），難波秀哉（無所属新）：9,517 票（落選），だった。ほんの僅差であるが，現職を破っただけに，橋下には大きな自信になることは間違いない。というのは，2015 年 11 月の大阪府知事，大阪市長選挙の前哨戦と位置付けられるこの選挙戦で，「大阪維新の会」対「非大阪維新の

269

会」の戦いに勝利した意味は大きいからである。すなわち，8月29日，橋下は，この選挙の応援演説で，「都構想をバージョンアップして，もう1回住民投票に挑戦する。これを名目にダブル選挙をやる。（維新候補の）伏見さんが落選したら全部パーになる」と宣言したからである。投票日直前には，橋下の国政政党離党や新党結成宣言などで話題を集め，街頭演説には多くの聴衆が集まった。大阪維新の会大阪府議団代表の青野剛暁（東大阪市選挙区選出）は，「新党結成のニュースも追い風だった。ダブル選挙への大きな自信がついた」と語ったという。3選を目指した竹内は，政党の推薦を受けなかったが，自民党大阪府連会長（大阪15区選出衆議院議員）竹本直一，民主党の元官房長官（比例代表近畿選挙区選出衆議院議員）平野博文，2015年5月の大阪市民住民投票で都構想反対を訴えた竹山修身堺市長らが応援に駆けつけた。共産党も自主支援に回った。だが，自民党の2つの地元支部が，竹内と無所属新人の難波秀哉との間で分裂したこともあり，竹内は落選した（『朝日新聞』，2015年8月31日）。大阪維新の会は，住民投票のリベンジを果たしただけでなく，大阪府内近郊都市における底力を見せつけたと言うことが出来よう。

　2015年9月27日，市長選挙と並んで，投開票された東大阪市会議員選挙（定数38）では，初めて公認候補を擁立した大阪維新の会の8人全員が当選を果たした。不適切な支出が発覚した政務活動費の全廃を公約に掲げたことが，有権者の支持を集めたと見られる。今回から定数4人減となった市議選には，54人が立候補し，現職26人，元議員3人，新人9人が当選した。維新以外の党派別では，自民党6人，民主党1人，公明党10人，共産党6人，諸派1人，無所属6人であった。今後の市議会の勢力配置を見ると，自民党と無所属はさておき，維新の会，公明党，共産党の勢力が強靱なのには注目せざるを得ない。大阪府の近郊都市の選挙社会学は再考されなければならないであろう。もちろん，今回の市会議員選挙は特殊な事情の下に行われたものであった。すなわち，東大阪市議会では，2014年秋以降，政務活動費を事務室の賃料にあてるなどの不適切な

270

支出が相次いで発覚し，市会議員 31 人が約 4860 万円を返還した。トップ当選した大阪維新の会新人の森田典博は「票の半分は，維新への期待。得票を重く受け止め，頑張って行きたい」と述べたという。それにしても，大阪維新の会の進出は目覚ましいものがある。定数 38 の上位当選者 5 名に限り，得票順に，確定得票を示すと，森田典博：大阪維新（新）；7,948票，高橋正子：大阪維新（新）；6,786 票，森脇啓司：大阪維新（新）；5,457 票，木村芳浩：自民（現）；5,329 票，中原健次：大阪維新（新）；5,070 票，となる（『読売新聞』，2015 年 9 月 29 日）。

　2015 年 11 月の大阪府知事選挙に意欲を示していた平松邦夫前大阪市長が，10 月 16 日，立候補の見送りを表明した。自民党の擁立候補の支援に回る。民主，共産両党も，同時に実施される大阪市長選挙と併せて，反「大阪維新の会」の方針を決定した。2015 年 5 月にあった大阪都構想の住民投票で展開された対決の構図が再現されることになった。住民投票では，政党に労働組合なども加わり，反対運動が繰り広げられた。連合大阪などで作る政治団体「府民のちから 2015」はダブル選挙でも，栗原貴子，柳本顕両名を推薦する方針である。ところで，大阪の自民党が目指す反維新包囲網について，10 月 12 日に大阪府連会長に就いた中山泰秀（衆議院議員）は，安倍政権と府連の「一枚岩」を強調した。しかし，住民投票の際には，安倍晋三ら官邸側が都構想を後押しするような発言を続け，大阪維新の会から大阪府連と政権の「ねじれ」を突かれたことがあった。中山は共産党の支援に「こちらから要請はしない」と冷淡で，連立を組む公明党との連携を重視する構えを見せている。私見では，官邸側の底意は「反維新」ではないのだから，大阪市の公明党との連携と，安倍政権と府連の「一枚岩」は矛盾する。大阪の公明党はどう動くのだろうか。というのは，公明党府本部内では，当初は「自主投票」が共通認識だった。公明党が府内の 4 小選挙区に現職の衆議院議員を抱えており，橋下が結成する新党に対抗馬を立てられると厳しい選挙が予想される事情があるからである。しかし，公明党市会議員団が，10 月 9 日に開いた臨時会合のあと，

雰囲気が変わり始めた。市議 19 人ほぼ全員が柳本を応援すべきだと主張した。府本部内には府レベルでの推薦や支持を目指す動きが出ているという。大阪維新の会は，公明党の動きに神経をとがらしている（『朝日新聞』，2015 年 10 月 17 日）。

　その後の情勢の変化であろうか，11 月 22 日投開票の大阪府知事・大阪市長のダブル選挙で，公明党府本部は，いずれも特定の候補者への推薦を見送り，自主投票とする方針を固め，10 月 24 日の幹部会議で決定する見通しだという。公明党内には，大阪維新の会が掲げる「大阪都構想」再挑戦への反発が強く，市議団は，市長選に出馬する自民党市議の柳本の推薦を府本部に要請していた。しかし，橋下大阪維新の会代表は，自公が共闘した場合には，公明党批判を強める構えを見せている。公明党府本部の自主投票の方針には，次期衆議院選挙などへの影響を考慮し，大阪維新の会との正面対決を避ける狙いがあると見られる。公明党大阪市議団は，2015年 5 月の大阪市民住民投票で，「反都構想」で自民党と共闘しており，今回も水面下では柳本を支援する方向であるいうことらしい（『読売新聞』，2015 年 10 月 22 日）。

　大阪維新の会公認市長選挙候補吉村洋文の選挙公約は，「副首都化」，「成長戦略」が続き，「都構想」は 6 番目になっている。「維新には賛成だが都構想には反対」という有権者を意識しているのかもしれない。自民党推薦市長選挙候補柳本顕公約は「まっとうな大阪を取り戻す」として経済政策を第 1 に掲げた。柳本陣営の幹部は「都構想反対で制度論を前面に出すと相手に引っ張られる」ことを警戒する。いずれにせよ，表面的には，都構想問題は後景に退いた感がしないでもない。住民投票からわずか半年で，2015 年 11 月 22 日投開票の府知事・市長の大阪ダブル選挙となる。だが，告示前の争いは，駆け引きばかりが目立つ。「大阪の選択」はどのように展開するのだろうか（『日本経済新聞』，2015 年 10 月 22 日）。

　2015 年 11 月 22 日投開票の府知事・市長の大阪ダブル選挙について，読売新聞社は，10 月 16 ～ 18 日，大阪府内の有権者を対象に世論調査を

第 6 章 「大阪都構想」問題の政治学的考察

実施し，立候補予定者に対する支持動向などを探った。調査は，大阪府を対象に，無作為に作成した番号に電話をかける方法で実施した。有権者在住が判明した 2,578 世帯のうち，1,521 人（大阪市在住は 595 人）から回答を得た。回答率は 59％だった。市長選挙は，大阪維新の会が擁立する前衆議院議員吉村と，無所属で出馬する自民党市会議員柳本が競り合っている。府知事選挙は，大阪維新の会幹事長の現職松井を，無所属で出馬する自民党府会議員の栗原が追う展開となっている。支持政党別では，大阪維新の会支持層のほとんどが吉村，知事選挙で松井と回答した。自民支持層は市長選挙で 5 割が柳本，2 割が吉村と答え，知事選では，松井と栗原がそれぞれ 4 割ずつと拮抗した。民主党や公明党支持層では，市長選挙で柳本，知事選では栗原の支持がもっとも多かった。全体の 4 割を占める無党派層の支持は，市長選挙で柳本と吉村が競り，知事選では松井がやや上回った。ただ，態度を明らかにしなかった無党派層は，市長選挙で 6 割，知事選挙で 5 割近くに上り，多くが投票先を決めていないことがうかがえた（『読売新聞』，2015 年 10 月 19 日）。

　大阪維新の会が再挑戦を公約に掲げる大阪都構想については，「賛成」45％が「反対」35％を上回った。だが，2015 年 5 月の住民投票で，反対が賛成を僅差で上回った大阪市内に限ると，「反対」42％と「賛成」41％がほぼ並んでいる。大阪維新の会が都構想の実現を再び目指すことについては，「理解できる」49％が「理解できない」42％を上回った。ただ，5 月に住民投票が行われた大阪市内では，「理解できる」48％，「理解できない」46％と賛否が拮抗している。いずれにせよ，大阪都構想は大阪府の有権者の政治意識の中で完全に消滅しているとは言えないということが判然とする（『読売新聞』，2015 年 10 月 19 日）。ここで，私見を差し挟めば，大阪市内よりも大阪府内の近郊都市の方に，大阪都構想支持者が多くいるのではないかと推測できるが，これは大事なポイントだと思われる。

　大阪市長の任期満了（12 月 18 日）で，政界引退を表明している大阪維新の会代表の橋下を「支持する」とした人は府内で 53％（不支持は

273

36%），大阪市内で50%（不支持は39%）だった。市内での支持率は，住民投票時の調査（47%）より，微増となっていることも注意したい。引退についての賛否では，「引退すべきでない」51%が，「引退すべきだ」36%を上回った。橋下を批判して来た自民党の支持層でも，引退否定派（45%）が肯定派（42%）をわずかに上回った（『読売新聞』，2015年10月19日）。これについてコメントすれば，自民党支持層の中には，もともと橋下支持と橋下不支持が分かれており，引退否定派がやや多いという結果は当然であると思われる。

　「今，どの政党を支持していますか」の問いには，自民党：21%（20%，大阪市内），民主党：3%（3%，大阪市内），公明党：4%（4%，大阪市内），維新の党：5%（5%，大阪市内），共産党：4%（4%，大阪市内），大阪維新の会：19%（21%，大阪市内），支持政党なし：41%（40%，大阪市内），答えない：3%（2%，大阪市内），という結果が出ている。大阪維新の会は，大阪府内よりも大阪市内のほうが支持率は高いが，維新の党と大阪維新の会が同時に設問されていることも併せて考慮すれば，あまり有意ではないと考えておきたい（『読売新聞』，2015年10月19日）。

　大阪維新の会を母体とした新たな国民政党「おおさか維新の会」の結党大会が10月31日に予定されている。橋下は，市長退任までの間，暫定的に代表に就く見通しである。橋下は，新党への期待感を，2015年11月の府知事，市長の大阪ダブル選挙につなげたい考えだと見られる。「橋下市長が近く設立する新党に期待しますか，期待しませんか」という問いには，「期待する」：47%（45%，大阪市内），「期待しない」：42%（45%，大阪市内），「答えない」：10%（10%，大阪市内），となっている（『読売新聞』，2015年10月19日）。

　以上，「おわりに」としては長すぎる話になった。本稿全体としては，「大阪都構想」を題材として，橋下ポピュリズムの様相をおぼろげながらスケッチして来たつもりである。ただ，ポピュリズムを描く時，リーダーとフォロワーの全容を把握しなければならないことは言うまでもないこと

274

であり，本稿も，橋下個人の動向と，大阪（府）市の選挙民の投票行動には，留意を怠らなかったつもりであるが，サブリーダー（例えば，個々の議員たち），あるいは党組織については考察がほとんど出来なかったのは，残念である。それを補うものにしてはあまりにも小さなエピソードであるが，以下のように，それをもって「おわりに」の結語の一部としたい。

大阪維新の会の松井一郎幹事長（大阪府知事）は，2015年10月18日，政務活動費の不適切な処理をめぐり，ともに堺市議会議員の黒瀬大介に除籍，小林由佳に会員資格停止3か月の処分を行う方針を明らかにした。小林は自身の政策ビラが配られていないのに配付代金などを政務活動費に計上した。黒瀬は，委託業者が配布していないことが判明したとして，2011〜14年度の収支報告書を訂正した。大阪維新の会は代表の橋下が両名から事情を聴取した。橋下によると，小林は，当時秘書だった黒瀬に政策ビラの業務を丸投げした。黒瀬は業者との現金取引を主張したが，資金の流れを証明できなかった（『朝日新聞』，2015年10月19日）。よくあるミクロコスモスな話かもしれない。しかし，大阪維新の会がワンマン政党で，政党組織としてはまだまだ定着していない一面を垣間見させるエピソードだと思われる。

かつて北野和希はこう述べたことがある。「橋下氏の躍進は，有権者の投票による選挙結果なのである。橋下氏の政治観を見ようともせず，表層的な言動や政治行動から批判しているだけでは，橋下氏の真の狙いも，有権者がなぜ支持するのかも，理解できないだろう」（北野2012，217）。そのとおりである。しかし，あえて言わせていただければ，それでは何も言っていないのに等しいのである。つまり，橋下が大量得票した。それはどうしてか？　橋下の言動，政治行動，政治観，あらゆる方面から橋下の真の狙いを探ること，それが政治学的考察だと思われる。本稿もその方向でできるだけそうしてきたつもりである。したがって，「筆者は机上で議論を重ねる研究者ではなく，政治学などで述べられるポピュリズムを論じるつ

もりは毛頭ない。だが，その言葉の裏側には，有権者を，政治家を見抜く能力に欠け，甘言やばらまき政策によって政治行動を決める人々と考えるような，有権者を小ばかにし，自らは『有能者』として『上から目線』で見ているようにしか感じられない」（北野 2012, 217）には同意できないのである。なぜなら，ポピュリズムはやはり論じなければならない。選挙民の行動を馬鹿にしてはいけない。当然である。と同時に選挙民は，ちぐはぐな，感情的な投票行動をとることも過去の経験が教えてきたところである。「有能者として上から目線で見ている」というのも殺し文句ではある。しかし，そう言って問題を片づけることは出来ない。むしろ，「大阪都構想」問題で「有能者として上から目線で見て」いたのは，橋下ではなかったか？　問題を歴史から，心理から，経済から，社会からさまざまな側面を照射しつつ総合的に思考することが政治学的考察である。「有能者として上から目線で見て」いるつもりは毛頭ないだけでなく，そう言われたからと言って引き下がることは出来ないのが，「大阪都構想問題」の政治学的考察であった。

注
1）2007 年 11 月 29 日夜，大阪市西区のイタリア料理店で，堺屋太一の最大の目的は，自民党府議団幹事長の朝倉秀実に橋下徹を引き合わせることだった。この日は元同党府議団幹事長で，府議会議長の岩見星光も同席した。朝倉は大阪市生野区選出で府議四期目，自民党大阪府連の幹部も兼ね，今回の府知事選では大阪の責任者という立場だった。この日，朝倉は気が重かった。堺屋から「会ってもらいたい人がいる」と電話を受け，橋下の名前を聞いた時には，思わず「正気ですか！」と聞き返してしまった。テレビでの軽く，過激な言動を見るにつけ，橋下が知事選の候補者に適任だとは到底思えなかった。会食は時間の無駄とさえ感じていた（読売新聞大阪本社社会部 2009, 20-1）。
2）松谷満は，石原と橋下を日本の代表的なポピュリストだとして，2 人に共通する支持要因は何かと問い，次のように述べる。①政治的価値観として，愛国主義，権威主義，ネオ・リベラリズム。それに加えて排外主義があるが，日本では，その関心は低いとしても，石原・橋下の発言にはその萌芽が見られる。②政治的社会的疎外感。日常生活の不満や社会不

第6章 「大阪都構想」問題の政治学的考察

安が政治を担うエリートたちへの不信を招き，ポピュリストたちはそうした状況の打破が可能なのは自分（たち）しかいない，と訴えるのである。ただし，松谷は以下のように留保する。日本でも，生活や社会の現状に対する不安がポピュリズムに結びつくという指摘はよくなされる，としたうえで，彼によれば，「ただし，こうした不安感とポピュリズムの関連は実証的にはほとんど検討されておらず，実際の影響の有無は定かではない」。③属性的要因。主観的な疎外感だけでなく，属性的地位において不安定な人々がポピュリズムを支持する。しかし，松谷によれば，その特徴はしばしば強調されるほどには明確でなく，価値観や疎外感のほうが説明力では優れている（松谷2011b，191-3）。

3）木原敬介は回顧録で次のように述懐している。「3期目の市長選挙は，堺市民の40年来の悲願である府県なみの権限と財源を有する政令市例都市に移行した堺の出番となり，関西における京・阪・神・堺の時代の始まりでした。国や府県中心の地方行政に幕が下がり，遠くない将来，道州制導入の具体化の検討が進められていました」（木原2010，iii）。「私の基本認識からすれば，橋下知事の語る地方自治・地方分権という言葉は，橋下知事自身が治める「橋下独裁の大阪『都』自治論」であり，橋下知事の下へ国から権力・財源を分捕ってくるにしか過ぎないのではないかと思います。竹山現市長など，その『使い走り』にしか過ぎないのでしょうか」（同，194）。「竹山市長が，最近『堺州』なるものを打ち上げましたが，法制度としても全く根拠がなく，何を目標とし，何を意図しているのか，全くわかりません。…（中略）…地方制度については，理念も信念もない竹山市長は，結局は，橋下知事の『大阪都構想』を支持することとなるでしょう」（同，195）。

4）首相公選については，2002年の佐々木毅の見解が優れている。佐々木によれば，政党政治の閉塞状態が国会議員たち自身によって認識され，首相公選制が希望の灯のように思い描かれていたという事実こそ，小泉政権誕生の背景をなすものであった。その後，首相公選制は一般の世論においてももっともポピュラーなものとなったのである。それを裏側から見た時，全国各地の知事たちが中央の政治家以上に地域を越えた関心を集め，政治のスターになり始めたという現実も無視できないものであった。これは複雑な要素に起因していたが，中央政治の急速な地盤沈下，とくに，経済政策の面でのリーダーシップの提供に失敗したという現実とつながっていた。そして，地方自治の政治の仕組みがむしろベターではないか，首相の選び方よりも首長の選び方のほうが優れているのではないかという判断と結びつく時，知事たちのパフォーマンスへの注目の集まりは，首相公選制への間接的追い風となった（佐々木2002，7-8）。

付言すれば，大阪府知事として，橋下は中央の政治家以上に政治のスターとなって行ったのであった。

5）松谷は，2011年の論文で，「ポピュリズム時代」の時代の到来？として，日本政治におけるポピュリズム現象を次のようにまとめている。「ここ十数年の日本政治はまさに激動のただ中にある。国政では『劇場政治』とも言われた小泉政権が5年続いた後，紆余曲折を経て民主党による政権交代が実現した。地方でも個性的な『無党派』『改革派』市長が次々と登場し注目を集めている。この間の政治変化で注目すべきは，政党が脇に追いやられ，政治家個人が主役の座を占める事態が頻繁に生じていることである。そして，その事態を説明する際によく用いられるのがポピュリズムという概念である」（松谷 2011b，181）。

6）杉田敦はよく本質をついていると思われる。彼によれば，一般に強力なリーダーシップを求める人々が忘れがちなのは，リーダーが強引になりすぎたと判明しても，その時はもう遅いということである。彼らは「頼りがいのある」リーダーたちを，尊敬しているというよりも，むしろ，ひそかに軽んじながら，利用しているように見える。自分たちは良識ある人間なので，差し障りのあるある極論を言ったり，外国人への偏見を公言したりはしたくない。しかし，他方で，そういうことができる存在を確保し，彼らに睨みを利かせたい，ということのようである（杉田 2009，43-44）。その意味では，選挙民は橋下に大阪人の「期待の星」を見たのだと言ってよいかもしれない。「期待の星」は，大阪では少しの「軽さ」が必要なのである。大谷昭宏は杉田言説の大阪版である。彼によれば，「大阪にはまだ大阪らしいインテリというか文化人がちゃんといて，その人たちは，大阪のプライドにかけても，東京にいるようなスカしたヤツを政治に出したくないと思っている」。「橋下は非常に権力志向で，それも屈折している。そして根本のところで世の中は厳しい競争社会でいいと思っている」（大谷 2015，37）。

7）鵜飼健史は次のように述べている。例えば，2011年末に選出された橋下徹大阪市長は，選挙後の記者会見で，一貫して自らへの支持および投票を「民意」として理解している。こうした民意の使用法は，現代ポピュリズムの形式に特有である。仮に橋下が選挙で敗れたとしても，それが民意の表出という説明がなされるのであれば，ポピュリズムから政治の形式が自由になったといえるわけではない。実際，橋下に対抗する陣営も，彼を「独裁」と表現した空虚なシニフィアンによって，多元的な運動や要求を接合するかぎり，ポピュリズムの形式を有していたといえる。ポピュリズムを批判するためには，ポピュリズム的な代表形式の，そしてポピュリストと人民をつなぐ民意の，決定不可能性に目を向けなけれ

第6章 「大阪都構想」問題の政治学的考察

ばならないだろう（鵜飼 2012，102-3）。私見によれば，「決定不可能性」
の意味が判然としないが，2015 年の大阪市民住民投票は，ポピュリスト
橋下市長対市民，あるいは市長を支持する市民対（無名の）ポピュリス
トを支持する市民の決戦であったと言ってよいのではないかと思ってい
る。

8）櫻井よしこによれば，「政界のスターである橋下さんの言葉は注目を浴び
ます。そのご当人が前時代的で女性への侮辱と断じられることが明らか
な発言を米軍の幹部にしてしまった。その結果，欧米諸国の日本への見
方がどれだけ悪くなったか。こういった失言は，橋下さんが政治家とし
ての立場を認識し，しっかりとした国家観を持っていれば避けられたも
のでした」（櫻井 2015，142）。橋下がどう答えるか興味のあるところであ
る。たしかに，橋下は弁護士を経て地方の政治家と言うキャリアを踏ん
で来たから，彼の国家観は，櫻井の要請するような国家観ではないだろ
うと言ってよい。ただ，橋下よりも櫻井の憂国の情が現れたコメントだ
と考えさせられた。

9）大阪府議会で，大阪維新の会が4人の同派の議員を除名したのは次のよ
うな経緯があった。大阪府南部を走る泉北高速鉄道を運営する大阪府都
市開発の株式売却案が，2013 年 12 月 16 日，大阪府議会本会議で否決さ
れた。賛成方針を決めた大阪維新の会の会派から4人が反対した。維新
の会派は4人を除名し，2年半にわたり維持してきた過半数を割ったこと
になった。維新の足場は崩れ，大阪都構想などの政策実現にブレーキが
かかって行くことになることが予想される事態となった。すなわち，大
阪市長と大阪府知事のダブル選挙で圧勝してからこの除名まで2年経過
した。勢いが陰り続ける維新は，府議会過半数という「力の源泉」も失っ
た。造反者を出して結束が崩れたことに対し，維新代表の橋下大阪市長
は記者団に「選挙が近づき，維新から離れるきっかけを探っていただけ
だ」と指摘した。橋下や維新の支持率が低迷する中で，2015 年の統一地
方選挙を迎える議員の維新離れは避けられなかった。ある維新府議はこ
う漏らした。「党運営に対する不満のマグマが溜まっているので，さらに
動きは出てくる」（『朝日新聞』，2015 年 12 月 17 日）。

10）大阪市にある「朝日放送」は，2015 年 10 月 17 日，2つの情報番組でコ
メンテーターを務めてきた藤井聡京都大学教授の出演を，当面見合わせ
ると発表した。藤井には大阪都構想を批判する著書があり，都構想が争
点となる大阪府知事・市長ダブル選挙（11 月 22 日投開票）が迫っている
ことを踏まえ，「藤井氏と話し合って決めた」としている。藤井をめぐっ
ては，都構想を掲げる大阪維新の会が，10 月 16 日，出演は政治的に公平
な放送を求める放送法に反するとして，放送倫理・番組向上機構（BPO）

279

に審議を申し立てた。「朝日放送」は出演見合わせと申し立ては無関係との立場を強調した（『読売新聞』，2015年10月17日）。

11) 本稿ですでに述べたように，朝日新聞社が行った2015年4月12日の大阪府・市議選挙の大阪市内の出口調査によると，政党支持率は，維新の党が35％，自民党が24％，公明党が12％，共産党が10％，民主党が4％，無党派層は12％だった。粗い印象的な比較であるが，維新の党は4月に比べてマイナス13ポイントとなっている。反対に，支持政党なしが16ポイント増となっている。したがって，5月17日の住民投票で，賛成に回ったのは，維新の党支持層に，無党派層と自民党の一部が加勢したと思われる。

12) 2011年11月27日の『大阪ダブル選挙』の出口調査によれば，民主支持層の52％，自民支持層の61％が橋下に投票したことのみならず，公明党支持者の63％は橋下に投票していない。もちろん，共産党支持者も75％は橋下に投票していない。これらの示唆するところは，両党の選挙民は，一貫して，橋下支持には向かっていないことである（土倉2015b，173）。

13) 橋下の相手に対する攻撃は舌鋒鋭いものがある。これに関連して，彼のメディア戦術は独特のものがある。橋下流メディア戦術の真骨頂は，「敵」を設定し，テレビカメラの前で攻撃することである。自ら「対立構造を作らないと，メディアに分かってもらえない」と明かすように，相手を説得するのではなく，激しく戦っている姿をメディアで印象づけ，府民の支持を得ていく。知事就任以来，標的は，労働組合，教育委員会，官僚と目まぐるしく変わったが，その度に「最悪」，「糞」，「馬鹿」などと相手を口汚く罵った（読売新聞大阪本社社会部2009，76-7。松谷2011b，202）。

14) 維新の党の橋下徹共同代表（大阪市長）と松井一郎幹事長（大阪府知事）は，2014年11月23日，衆議院選挙に出馬しない意向を固めた。大阪市内で開いた会合で支援者らに伝えた。同党の国会議員には党勢てこ入れのため，出馬を求める声があったが，2015年4月の統一地方選挙を控えた地方議員が強く反対していた。両人は現職にとどまり，看板政策の大阪都構想の実現を図ることになった。維新は，衆議院選挙で，公明党の前職が出馬する大阪，兵庫の6選挙区で候補者擁立を見送る方針を固めた。橋下は大阪3区，松井は同16区からの出馬を模索していた。2012年の前回の衆議院選挙でも，都構想への協力と引き換えに，大阪では公明党候補のいる小選挙区には候補者を擁立しなかった。大阪府・市両議会では，2014年10月，都構想の設計図にあたる協定書が，公明，自民など野党会派の反対で否決された。

橋下は11月15日の街頭演説で「都構想実現のためには公明党の議席を

奪うしかない。市長と知事も辞めなければいけない」と訴え，衆議院選挙に出馬する構えを見せていた。国政進出に期待していた国会議員団には落胆が広がった。若手議員の一人は，11月23日，不出馬の意向を聞いて「残念だ」と話した。大阪都構想の実現に目途がつかないまま出馬すれば「投げ出し」という批判を浴びる懸念もあった。党幹部によれば，橋下が出ても議席拡大効果は限られていた。次期衆議院選挙へ万全の備えをすれば好いと指摘していた（『日本経済新聞』，2014年11月24日）。私見を挟むとすると，6選挙区で出馬を見送ったのである。党幹部の言う議席拡大効果が限られているというのは論理的ではない。はじめから不戦敗というやり方をどうして選んだのか，あまり合理的でない思考が見え隠れするのである。もっと言えば，公明党 - 首相官邸 - 橋下の間に，水面下の取引があったのである。

15) 共産党票が自民党に流れる例もあった。2015年統一地方選挙後半戦の大阪府吹田市長選挙において見られた例である。この選挙は主として，自民党・公明党推薦の後藤圭二，民主党推薦の阪口善雄，維新推薦の井上哲也で争われたが，新人の後藤が，現職の井上，前職の坂口を破るという快挙を成し遂げたが，共産党はほぼ公然と後藤を支持した。

追記

ここでは，橋下徹はポピュリストであると規定して，どうしてポピュリストなのか，どのようなポピュリストなのか，橋下の言説と思考法を分析しながら考えてみたい。そのためには，「ポピュリズムとは何か」という問題から入って行くことにする。なお，以下の稿の導入部分は，別の拙稿（土倉 2019）と一部重複があることを，あらかじめお断りしておきたい。

ポピュリズムとは何か，政治学者水島治郎はポピュリズムの定義を整理して，2種類の定義があると言う。すなわち，第1の定義は，固定的な支持基盤を超え，幅広く国民に直接訴える政治のスタイルをポピュリズムと捉える考え方である。第2の定義は，「人民」の立場から既成政治やエリートを批判する政治運動をポピュリズムと捉える考え方である。大まかに言えば，第1の定義は，リーダーの政治戦略・政治手法としてのポピュリズムに注目しているのに対し，第2の定義は政治運動としてのポピュリズムに重点を置く。水島は，前者の定義を採る場合，主たる分析対象は，

281

既成の有力政党のリーダーのポピュリスト的政治スタイルであるのに比べ，後者の定義を採る場合，分析対象は主として各国のポピュリスト政党となる（水島 2014a, 128-30；土倉 2019）。

　しかしながら，トランプ大統領とアメリカ国民，ナイジェル・ファラージ Nigel Farage と UKIP，ルペン親・娘と FN を念頭において考えてみると，まず，ポピュリズムにおいては，リーダーと追随者の強い塊が重要なので，第 1 の定義と第 2 の定義は密接に結びついていることから，対比的に分離して考えることは出来ないと思われる。次に，例えば，トランプ大統領の基盤は共和党ではない。アメリカの選挙民である。ルペンと FN の関係は，マリーヌ・ルペンの場合，中小企業の女性社長と言われるように，FN はポピュリスト政党と言われるにしては組織的にはお粗末と言われても仕方ないところがある。したがって，「ポピュリズムは，直接民主主義的な要求を突きつけることで，それまで自明とされてきた代議制民主主義を揺るがせ，その価値を問い直す異端児としての役割を担っている」（水島 2014a, 131）のはそのとおりであるが，口火を切るのはリーダーである。異端児はあくまで運動や政党ではなく，リーダーではないだろうか。次に，「現実にはリーダーが変わっても，ポピュリズム政党のあり方は基本的に継続する」（水島 2014a, 131）点も同意できる。たしかに，ジャン・マリ・ルペンからマリーヌ・ルペンに党首が交替しても，党は「基本的に継続する」。しかしながら，この「基本的」が，考え方によれば，問題である（土倉 2019）。

　すなわち，水島によれば，多様な運動や経路を用いて人々の政治参加を促すラディカル・デモクラシーとポピュリズムは，代議制民主主義の機能不全を批判し，人々の直接的な参加による既存の政治の限界の克服を目指す点で意外な一致を見せるとして，たとえば，フランスの FN を率いるマリーヌ・ルペンは，かつての FN が色濃く持っていた「極右」色の払拭に努め，女性や性的マイノリティの権利を擁護する立場から移民批判を展開している。両者の間の溝は，思いのほか狭まっている（水島 2014a, 138）

第 6 章 「大阪都構想」問題の政治学的考察

となるのだが，そうすると，フランスの FN の場合，父の代では考えられ
ないような変貌を遂げていると考えられる。手短に言えば，「溝が狭まっ
た」のか，「党は継続している」のかの問題である。筆者（土倉）の私見
では，「溝は狭まっていない」し，「党は変貌している」と思うものであ
る。結論を先取りすれば，ポピュリズムはリーダーの存在を抜きにしては
語れないと思っている（土倉 2019）。

　ということで，以下，大阪維新のリーダーであった橋下徹に焦点を当て
る。橋下徹とは何者か？

　橋下はこう述べたことがある。「振り返ってみて，まざまざとわかった
のは，あのときあれほど騒がれたのは，単に“キーワード”に振り回され
てたという空しい事実。メディアや識者や世間による厳しい論評，糾弾
も“キーワード”に踊らされていただけ。いかにいい加減なものであった
かってことだよね」（橋下 2006, 5）。このような認識はいかにも橋下らしい
が，考えてみれば，やがて政界を（一時的に？）引退することを無意識の
うちに予言していたかのように思える。（一時的に？）と記した意味は，
経済学者橘木俊詔の言うように，今後政治家として復帰があるのかどうか
が関心である。本人は「絶対にない」と宣言している。しかし彼は前言を
取り消すことが，現役のときによくあったので，将来はわからない（橘木
2018, 92-3）からである。

　2009 年に刊行された新聞記者たちの手になる『橋下徹研究』（産経新聞
大阪本社社会部 2009）の「はじめに」において，橋下府政誕生から 1 年を
迎えて，産経新聞社会部次長（当時）皆川豪志は次のように述べている。

　「『橋下徹』というコメンテーターが大阪府知事選への立候補を明らかに
したとき，編集局内の空気は妙に冷めていた。テレビで名を売り，テレビ
に育てられ，テレビで政治や社会を語る。そんなテレビの申し子のような
男が大阪を変えるのだという。…（中略）…そして『テレビから出て来た
チャラチャラした男』は本当に知事になり今，大阪を変えつつある」（産
経新聞大阪本社社会部 2009, 8）

283

笛を吹いたのはメディア，踊ったのはポピュリストというのが橋下論の要約ということになるのだろうか？　橋下はこう述べている。「だいたい人気のある人というのは，周りのことを考えていない。マイペースで自分流を貫く人。周りがどう反応するか，周りからどう思われているかなんてほとんど考えずに行動しています」(橋下 2007, 45-6)。私見であるが，橋下は橋下なりに周りの状況をよく見ていたと思われる。したがって踊らされたのはメディアであったという見方も重要である。しかし，やはり，橋下はメディアやツイッターの時代の寵児だったのではないだろうか。

　見方によれば，日本のメディアの総本山ともいうべき『文藝春秋』に，橋下は，最近，「安倍首相への忠言：最大の敵は自分自身の驕り」を寄稿した。安倍晋三が自民党総裁3選を果たした直後に書かれたものである。彼はどういうメッセージを発信しているのか？ポピュリズム論を意識しつつ，この橋下言説を要約してみよう。

　まず，多くの国民は，森友・加計問題についての朝日新聞や毎日新聞などの報道もちゃんと見た上で，次のように考えていた，と橋下は言う。「確かに安倍政権には問題もあるし，熱烈に支持したいわけでもないが，現在の国際状況や経済状況を考えると，リセットするべきではないだろう」。橋下は極めて冷静な判断であり，多くの国民はこんな判断が出来るくらい賢くなったと主張する。そして，「メディアが世論を作る時代」はもう終わった。むしろ，国民は朝日新聞や毎日新聞などが，反権力だけに固執し，「政権を倒すこと」だけが生き甲斐になり，「その次」を真剣に考えていないことも見透かしていると論じる (橋下 2018, 142)。

　したがって，橋下は安倍3選を擁護しているように取れる。ただ，そこに彼の真髄はない。彼は「大阪都構想」で振る舞った自分を自己批判し，返す刀で安倍に「忠言」する。すなわち，「『大阪都構想』がなぜ否決になったかといえば，それは，『提出者の＜橋下徹＞という人間が信用されなかったから』ということに尽きると思います」と言う。そして，ずばり，こう言う。「もし，安倍さんが，『憲法改正案の中身が良ければ大丈夫

第 6 章 「大阪都構想」問題の政治学的考察

だろう』と思っているのならば，僕は経験者として『甘い』と忠告したい
（橋下 2018，245）と締めくくる。

　結局，ポピュリズムの問題と重なると思われるが，政治家が「信用され
る」ということは，その政治家にカリスマ性があるということである。す
なわち，橋下は時代の救世主なのか，異端者なのか，改革者なのか，独裁
者なのか，まだ答えは出ない。だが，ぬぐいがたい閉塞感が漂う中で，多
くの国民が彼のようなタイプのリーダーを求めていることは間違いない
（産経新聞大阪社会部 2012，235）。橋下こそ，日本のポピュリズムの真髄で
はないかと思われるのは以上のような理由である。

　2015 年に刊行された朝日新聞大阪社会部の手になる『ルポ橋下徹』（朝
日新聞大阪社会部，2015）の「あとがき」で，前大阪社会部次長矢部文彦は
こう書いている。「気を抜けば利用されかねない緊張関係の中で，橋下氏
を取りあげる紙面づくりはいつも真剣勝負でした。…（中略）…一方で，
読者の注目を集める発信が出来る紙面づくりは楽しく，政界引退を表明し
た時には『橋下ロス』という言葉も出たほどでした。ところが，その後も
発信は止まりません」（朝日新聞大阪社会部 2015，299）。ポピュリズムとメ
ディアの関係を考えさせられる言葉だと思われる。

　2018 年 11 月 8 日の朝日新聞には「橋下×小沢氏×前原氏＝？」という
小さなベタ記事が載った。11 月 7 日，橋下は，小沢一郎，前原誠司と会
食した。政界の表舞台から遠ざかっている前原が，橋下と小沢の関係をつ
なぐ役割を担ったとみられる（『朝日新聞』，2018 年 11 月 8 日）と同紙は観測
しているが，私見では，橋下の目眩ましの発信だと思っている。ポピュリ
ズムとは派手な目眩ましだと考えるゆえんである。

　一言付言したい。ポピュリズムにはリーダーの占める位置が非常に大き
いということは以上述べたとおりであるが，それでは日本のポピュリズム
には運動が存在しないのかというとそうでもない。アメリカのティーパー
ティ運動のようなものが日本にもあるとしたら，それは「日本会議」であ
ろうか。もっとも，寡聞にして大阪維新の会や橋下と「日本会議」には

285

接点があることは確認できなかった。「日本会議」についてはジャーナリスト青木理の著書（青木 2016）が詳しい。ここでは，その書からアメリカCNN テレビの 2014 年の紹介だけを引用させていただく。

　「安倍政権の下，自国優越主義的なナショナリズムが再燃し，極端な右派が勇気づけられ，リベラルなメディアを攻撃し，ジャーナリストや研究者を脅かし，そして在日コリアンを標的とするヘイトスピーチが起きている」（青木 2016, 13）。ポピュリズムの現れ方は各国，各時代によってさまざまである。デモクラシーにとって重要なのは，それらの発現，攻勢に怯むことなく，一つ一つを解きほぐして対応して行くことではないだろうか。日本のポピュリズムは，日本の政治文化の問題でもあると記して追記の結語としたい。

第 7 章

18 歳選挙権について考える

はじめに

　来年，2016 年夏の参議院選挙から，18，19 歳の若者が新たな有権者として一票を投じることになった。2015 年 6 月 17 日の参議院本会議で，選挙権年齢を現在の「20 歳以上」から「18 歳以上」に引き下げる改正公職選挙法が全会一致で可決，成立した。参政権の拡大は，1945 年に 20 歳以上の男女と決まって以来 70 年ぶりで，民主主義の根幹である重要な原則が変わることになった。改正公職選挙法は，自民，民主，維新，公明，次世代，生活の党と山本太郎となかまたちの与野党 6 党が，2015 年 3 月に共同提出した。法案提出者の一人である船田元・自民党憲法改正推進本部長は「将来の日本を担う若者の意見が反映できる。民主主義の進展に大いに貢献する」と語った。また，公明党の北側一雄副代表は「若者の声を政治に反映できる仕組みを作る」と説明した。2014 年 6 月に国民投票法が改正され，憲法改正の是非を問う国民投票の投票権年齢が 18 歳以上に引き下げられた。その付帯決議で，選挙権年齢の引き下げも，「2 年以内を目途に，法制上の措置」を取ると記された。これを受け，超党派の「選挙権年齢に関するプロジェクトチーム（PT）」が発足，今回の法案提出に至った。共産，社民両党は PT には参加しなかったが，法案には賛成した。菅義偉官房長官は，2015 年 6 月 17 日午前の記者会見で，「民法も含め，（年齢の引き下げについて）さまざまな検討をすることは生じて来るだろう」と述べた。新たに有権者となるのは 18，19 歳の計 240 万人で，全有権者数の約 2% になる。宮城県や新潟県の人口を上回る若者が投票権を得ることになる。衆院選や参院選のほか，地方自治体の首長選挙や議会

287

選，最高裁判所裁判官の国民審査などにも適用される。18，19歳の選挙運動も認められる。買収など連座制の対象となる重大な選挙違反をした場合，原則として成人と同様に刑事裁判の対象となる。1年間の周知期間の後に施行される。来年改選を迎える参院議員の任期は2016年7月25日までである。その時期に行われる参院選から適用される見通しで，高校生を含む投票日に18歳以上になる有権者が投票できる。国立国会図書館の調査では，世界の約190か国・地域のうち，約9割で「18歳以上」の選挙権年齢を採用しており，世界的な潮流となっている。一方，改正法の付則には，民法の成人年齢や，少年法の適用年齢について「検討を加え，必要な法制上の措置を講ずる」と盛り込んでおり[1]，政府・与党は議論を本格化させることになっている（『朝日新聞』2015年6月17日（夕刊），18日）。

　日本の民主主義の質を高めるために，より多くの若者が政治に興味を持ち，主体的に参加する。そのために，政府や政党，自治体，学校などが連携することが必要である。選挙権年齢を18歳以上にする改正公職選挙法が成立した。世界では，18歳以上の選挙権が圧倒的に主流である。[2] 全有権者の2％とはいえ，高校生らが選挙に参加することは，社会に重要な変化を及ぼす可能性がある。ただ，若い有権者を増やすだけで政治が変わるわけではない。さきに行われた統一地方選挙で顕著だった低投票率や，議員のなり手不足といった政治の停滞は，もはや見過ごせないレベルにある。選挙権を拡大しても，投票に行かない有権者を増やすだけに終わっては意味がない（『朝日新聞』2015年6月18日）。以上は，『朝日新聞』社説の一部を引用したものであるが，ここには，「18歳選挙権について考える」という問題のスタートラインが如実に示されていると思われる。

　聖路加国際病院名誉院長の日野原重明は次のように述べた。開会中の国会に，公職選挙法の改正案が提出されている。その中で，選挙権がこれまでの20歳以上から18歳以上に引き下げられようとしている。改正案は6月中に成立するのではないかとも言われ，もし成立すれば，来年夏の参議院選挙から18歳と19歳の若者が投票できるようになる。世界各国の選挙

第 7 章　18 歳選挙権について考える

権年齢を調べてみると，多くの国が 18 歳以上となっている。韓国は 19 歳以上である。日野原は以前から選挙権年齢の引き下げを支持して来た。彼は「選挙権を早くから持てば，社会に積極的にかかわる意識が育まれる」と考えている（日野原 2015）。

　日野原は「私は 18 歳で選挙権を手にする日本の若者全員に一票という権利を行使してほしいのです」と言う。すなわち，ただでさえ，日本は少子高齢化が進み，若い世代の意見が政治に反映されにくくなっている。若者たちは，年配者とも交流し，意見を積極的に発信し，情報を集め，世代を超えて，この社会のあるべき姿のために行動してほしい，と日野原は願う（日野原 2015）。

　日野原は，2014 年に，十代の少年少女に次のようなメッセージを発信していることも言い添えておきたい。すなわち，「わたしは 13 年前になりますが，2000 年の秋に『新老人の会』という団体を作り，75 歳以上の人たちを “新老人—新しい意味でのめざめた老人—” と命名しました。…（中略）…『新老人の会』の発足から 7 年後に，わたしは 10 歳を中心とした小学生に 45 分間の『いのちの授業』を行なって，いのちは何にもまして大切なもの，かけがえのないものであることを話して来ました。わたしが『いのちの授業』を始めたのは，いじめをなくしたいという思いからでしたが，それをずっと考えて行くと，それはいのちを大切にすることにつながって行きます。そして，それはいのちを奪う戦争をしないことに行きつきます。そのためには，日本だけではなく世界中を平和の願いで包んで行かなければなりません。憲法を知ることが，平和運動の輪を広げて行くことになるということを皆さんが知っていただければ幸いです」（日野原 2014，104-5）。私見であるが，日野原においては，18 歳の選挙権—日本国憲法—平和は結びついているものだと思われる。

1　前提

具体的な問題から考えてみたい。2015 年 5 月 17 日，大阪市を廃止し，

5つの特別区に分割する「大阪都構想」は，賛否を問う大阪市民による住民投票で反対多数となり，否決された。この住民投票や過去の選挙の時点で，もし，18〜19歳の若者が投票できていたら，結果はどうなっていただろうか？という問題である。非常に興味深い問いかけであり，十分考察に価すると思われる。

選挙結果は状況的である。したがって，18〜19歳の若者が一致して同様の投票行動をとるわけではないと思われるから，18〜19歳の投票数の量的な問題ではない。ここでは，2015年5月17日の大阪市の住民投票に特化して，問題を具体的に考えてみよう。『大阪都構想』はなぜ実現しなかったのか？　あるいは住民投票でなぜ否決されたのか？それは，18〜19歳の投票行動で逆転されたのであろうか？

『毎日新聞』2015年5月18日の社説によれば，その否決の理由として，次の4点を挙げる。第1に，地方分権を重視し，独自の発想で地域再生を目指すのが「大阪都構想」の原点であったはずである。だが，どんな都市を造るのかという大阪の将来像をめぐる議論は置き去りにされ，自治体の枠組みをめぐる協議が先行した。簡単に言えば，将来の大阪のビジョンが「都構想」にはなかったのである。第2に，再編効果額があいまいだったのも住民の戸惑いを深めた。多額の経費を使い，政令市を解体してまで得られるメリットが市民に理解されたとは言い難かった。効果額，経費，メリットがキーワードである。第3に，住民投票に至る手続きも見過ごせない問題があった。橋下の議会を軽視する態度が，市議会野党との亀裂を深め，「大阪都構想」の制度設計案は，大阪維新の会のみで独善的にまとめられた。第4に，さらに不可解だったのは，制度設計案が府・市議会でいったん否決されながら，公明党の方針転換によって，ほぼ同じ案が承認された問題がある（『毎日新聞』，2015年5月18日）。

感受性の強い若者たちは，おそらく「大阪都構想」にあまり興味を示さなかったのではあるまいか。逆に言えば，「大阪都構想」はあまり若者にアピールしなかったのではないかと推測される。故に，若者は投票箱に向

かわなかったし，向かったとしても「賛成」票は投じなかったのではない
だろうか。

　アメリカのジャーナリストであるイザベル・レイノルズ Isabel
Raynolds は，今回の 18 歳選挙権付与は，日本における選挙結果におい
て，高齢者の意見が優勢な状態が緩和されるかどうかについて，否定的な
見方を示している。その理由として，新たに加わる有権者数が約 240 万人
であり，現在の 1 億 400 万人ほどの有権者に対して微々たる割合である
こと，そして若者の投票率の低さを指摘している。「18 歳選挙権法案が進
められたのは，わずかながらでも与党の獲得票を増やしたいという思惑
があったようである」。「もともとは民主党が年齢を引き下げようとして
いた。若者は民主党の中道左派の政策を支持すると考えられていたから
だ。しかし，実際にはさほどリベラルでもなく，保守派に近いとも見ら
れているようで，今回の動きは自民党主導となっている」と政治学者の
三浦まりも述べたという。その例として，2014 年 12 月の衆議院解散総選
挙と，2015 年 5 月に行われた大阪都構想への住民投票を挙げている。総
務省の発表によれば，衆議院選挙で 60 代の 68％が投票したのに対し，20
代は 33％にとどまった。また，大阪の住民投票では，『朝日新聞』と『テ
レビ朝日』の出口調査によれば，70 代以上を除けば，各世代すべてで賛
成が上回っていたものの，結果は反対が多数となってしまった（Reynolds
2015)[3]。このことからも，高齢者の意見が優勢な状態が緩和されるという
事態は想定しがたいのである。

　次に，選挙権を与えられた（勝ち取っていない）18 〜 19 歳はどういっ
た行動をとるか，考えてみたい。ここでは「与えられた」が問題である。
すなわち，「われわれにも投票権がある！」とデモをして獲得したような
権利ではないのである。出発点は，上から与えられたものだからである。
しかしながら，「投票」という思考が，18 〜 19 歳の若者にじっくりと身
に付き，彼らが選挙のシステムの中に入ってゆくことは，いろいろ危惧す
る問題がないわけではないが，素晴らしいことだと思われる。したがっ

て，これは政治学のイロハであるが，制度というものは，生きた個人が具体的にその精神を理解し，行動しなければ，制度は完成しないと言ってよいのである。民主主義は永久の運動であるというのも，そのような意味である。

　ここで，これまで投票に行かなかった20代以上に影響はあるか，考えてみよう。これはむずかしい問題であるが，短期的にはあまり影響はないと思われる。そこには，20歳代の若者たちの投票率が低いという背景がある。どうして，20歳代の若者たちの投票率が低いのか，最初に考えるべきである。18〜19歳の若者たちに選挙権を与えれば，20歳代の若者たちの投票行動が活性化するという，そんな単純な問題ではない。しかしながら，たとえ，上から18〜19歳の若者たちに選挙権が与えられたにすぎないということであっても，これを契機にして，若者の政治参加ということがひとつの時代のモードになって行くならば，波及効果として，20代以上の若者たちの投票行動が活発化して行く希望はあるのではなかろうか。

　ここでは，1979年の総選挙直後に行った京都市の若者を対象とする調査に基づいた，政治学者三宅一郎の今や古典的な見解を補足しておきたい。三宅は，若者の関心領域の多様化が政治参加行動の低下をもたらしたという観点に立っている。三宅によれば，若者は多くの事柄に関心を抱きうる余裕を持っている。もし彼らの関心が公共領域に集中すれば，壮年の有権者に比べるとその程度が低いとはいえ，相対的に多くのそして多様な政治行動に参加する。もし関心が私的領域に集中すれば，その領域に閉じこもって，ほとんど政治に参加しない。とくに「意思表明行動」のような自発性の必要な行動は彼らの念頭にはないものであろう。しかし，年齢との相関が示すように，20代の10年間に，青年は急速に政治化して行く。「政治的モラトリアムの時期」は，かつては政治的年齢に達すると終わっていた（三宅1990，131-2）。しかし，現在（1970年代）では，20代の半ばまで延長されるようになったのではあるまいかというのが三宅の見解であ

る。三宅は政治的年齢を何歳と考えていたかは，明記されていないようなのでわからないが，おそらく選挙権が得られる20歳を念頭に置いていたと思われる。ただ，「18歳選挙権」という発想はなかったのではなかろうか。したがって，「政治的モラトリアムの時期」をできれば短縮できるように，「18歳選挙権」を活性化させる重要性ということも考えることができるのではあるまいか。

　さて，三宅の言説をさらに紹介したい。三宅によれば，以上述べられたことに対し，政治化の時期のずれよりも，若者の価値観と現代の政治の間のずれに注目すると，より悲観的な仮説になると言う。すなわち，関心の私的領域への集中が，若者の世代に特徴的なタイプであるのは，若者の価値観の実現が困難であるという認識が，若者を私的領域に自閉させるからである。こう仮定すると，現状は加齢によって大きくは変わらない。全有権者の政治参加率は将来にわたって徐々に下がって行くことになろう。しかし，年齢，性別，生活満足度などの関連から見て，この仮説は支持しがたい（三宅1990，132）。ここで，私見を少し補足すれば，政治参加率は低下して来たと考えられる。したがって，「18歳選挙権」が政治参加率の向上に貢献するかどうかは，それだけでは何とも言えないと考えてもよいのではなかろうか。

　『日本経済新聞』は，2016年1月1日の紙面で，「政治新潮流2016」というシリーズもので，第1回に，「18歳選挙権」を取り上げている。自民党牧原秀樹青年局長は，2014年衆議院選挙に埼玉5区から自民党公認で出馬した。民主党の枝野幸男に敗れたが，比例北関東ブロックで復活して，3回目の当選を果たしている。若者に期待する牧原であるが，2014年衆議院選挙でのさいたま市の得票率は，20歳代は36％にとどまり70歳以上は63％という現状がある。他方，2014年12月23日，民主党が東京・渋谷で10歳代向けのイベントで，「年金に頼る高齢者に政治が配慮するのは当然だ。今の若者はあまりお金がなくても結構幸せなのに，なぜ政治に関心を持たせようとするのか」という発言が飛び出した。枝野幸男民主党

幹事長はこう答えた。「年配の方でも自分の年金より孫のことを考えて投票する方は相当いる。年金制度は現役世代のためでもある。世代間対立にしてはいけない」。この記事は「18歳選挙権」といわゆる「シルバー・デモクラシー」[4] の対立構造を浮き出立たせているかもしれない。ここでは同じ紙面に載った政治学者片木淳の「若年層の投票率，社会全体の課題」と題するコメント（談話）を紹介しておきたい。片木は次のように述べる。「少子高齢化と人口減少を踏まえ，若者の政治参加を促すのが選挙権拡大の大きな背景だ。政策の重点が高齢者に偏る『シルバー民主主義』の是正が期待される。ただ，若者の投票率は，これまでも各世代に比べて極めて低く，関心が高まるかどうか楽観できない。学校教育で主権者教育に取り組むのはもちろん，社会全体の課題として政治参加の機運を高め，投票率を底上げする必要がある」（『日本経済新聞』，2016年1月1日）[5]。「関心が高まるかどうか楽観できない」とする片木に同意したい。ただ，それは「投票率を底上げする」ことに収束するものではない。「政治参加の気運」よりももっと大きな，もっと根本的な，「政治文化」の変革が重要だと思われる。

2　若者の政治参加

　日本の若者は政治に関心がない，というのはよく言われることである。しかし，それはあまりにも皮相な見方である。まず，若者は政治に関心がない，という問題から考えてみたい。これは，世界中，どこにでも考えられる，共通の関心が寄せられている問題である。たしかに，若者は純粋である。その純粋さが，妥協の多い，複雑な思考を要する政治から目を背けさせるかもしれない。しかし，若者は多感でもある。「許せない」という感情が政治的な行動に向かわせることも多い。そのようなことを総合して考えると，若者は壮年，老年の人たちより政治に関心がないとは言い切れないのである。早い話が，壮年，老年とは，発現形態が違うだけで，若者は政治に関心を持ち，政治に関わっていると言えるのではなかろうか？

第 7 章　18 歳選挙権について考える

　次に考えてみたいのは，日本の若者だけが，政治に関心がないのだろうか，という問題がある。日本の若者は，世界の他の国の若者が政治に関心を持ち，行動している[6]のに，日本の若者にはそれがない，と言えるのだろうか？手っ取り早い例として考えられるのが，安全保障関連法案に反対する若者たちのグループ「SEALDs（シールズ：Students Emergency Action for Liberal Democracy-s)」である。この団体の呼びかけを見てみると，「SEALDs は，自由で民主的な日本を守るための，学生による緊急アクションです。担い手は 10 代から 20 代前半の若い世代です。私たちは思考し，そして行動します」となっている。彼らの主張にもう少しだけ耳を傾けると，「私たちは，戦後 70 年でつくりあげられてきた，この国の自由と民主主義の伝統を尊重します。そして，その基盤である日本国憲法のもつ価値を守りたいと考えています。この国の平和憲法の理念は，いまだ達成されていない未完のプロジェクトです。現在，危機に瀕している日本国憲法を守るために，私たちは立憲主義・生活保障・安全保障の 3 分野で，明確なビジョンを表明します」(http://www.sealds.com/) となっている。この SEALDs が，現在のところ，安保関連法案反対で，連日のように，新聞紙面等をにぎわしている。『朝日新聞』「天声人語」によれば，「十代の言葉が力強い。『私は声を上げます。だって民主主義は終わっていないから。私は傍観者になりたくない。私たちが主権者だから』。高校生らのグループ『T-ns SOWL』が，2015 年 11 月 8 日，東京の原宿でデモをした。安保関連法に抗議する人々の行動は続く」(『朝日新聞』，2015 年 5 月 18 日)。これらは特殊な例かもしれないが，「日本の若者は政治に関心がない」という説に少しは反論することになるだろう。

　安保関連法案反対と SEALDs について，『朝日新聞』の「論壇時評」の場で，作家の高橋源一郎は次のように言う。1960 年，そして 70 年を中心に，かつて 2 度，「安保」という名のついた大きな社会運動が起こった。その象徴的な場所が国会前だった。それから半世紀ほどの時が過ぎて，やはり「安保」という名がついた法制への反対運動が，同じ場所で起こっ

295

た。過去の2度の反「安保」運動との違いの一つは、徹底した非暴力性だ
ろう。そして、もうひとつは、「ことば」がなにより重視されたことだろ
う。そのことばには、古い政治のことばも、簡単には説明できない、新
しいことばも交じっていたとしても（『朝日新聞』、2015年9月24日）。高橋
はSEALDsとの共著書『民主主義ってなんだ？』でも次のように言う。
「この世に生まれた以上、何か意味あることがしたい。そう思って、たっ
たひとりでも、なにかを始める子たちに送りたいことばがある。上から目
線でいうんじゃない。これはいつもぼくが、自分に向かっていうことば
だ」（高橋/SEALDs 2015, 8）。少し、コメントすれば、非暴力と「ことば」
は同じことではないかということである。60年安保でも、清水幾太郎の
「今こそ国会へ」のような「言葉」があった。そして「言葉」は力になっ
た。あるいは「政治化」したと言ってもよい。作家高橋のメッセージが政
治の力に転化することがあるのか、即断は避けなければならない。とはい
え、政治学者宇野重規は『日本経済新聞』の読書欄「今を読み解く」の中
で『民主主義ってなんだ？』を取り上げ、高く評価する。宇野によれば、
間違いないのは、SEALDsの活動が一朝一夕に生まれたものではないこ
とだ、と言う。すなわち、政治に対する素朴な問題意識を持った若者たち
が、ぶつかりながらも、ユーモアと現代の若者らしいセンスを持って成長
して来た結果が、この組織だという。彼らの言葉には、独特な説得力と魅
力がある。「民主主義が終わっているなら、始めればいい」など、その最
たるものだろう（『日本経済新聞』、2016年1月10日）と宇野は言う。[7]

　『読売新聞』2015年7月21日の社説は、「政治的中立をどう確保するか」
と題して、「主権者教育」の問題をとりあげている。それによれば、自民
党の文部科学部会が、主権者教育に関する提言を安倍首相に提出した。政
治的中立を逸脱した教員に対し、罰則を設ける法改正を行うよう求めてい
る。教育公務員特例法は、公立学校の教員について、国家公務員と同様、
特定の政党や候補者の支援を呼びかける政治活動を制限しているが、罰則
は適用されない。教員が特定のイデオロギーを押しつけるようなことがあ

れば，生徒が政治に関する教養や偏りのない見方を学ぶ上でマイナスになる。教育現場での政治的中立を徹底させようとする，自民党提言の方向性は理解できる，と社説は主張する（『読売新聞』，2015 年 7 月 21 日）。

ただし，現代日本の高校教育は生徒をコドモ扱いして社会から切り離し，結果的に政治や社会に無関心な若者を量産してきた，とする教育学者の広田照幸の談話を紹介しておきたい。広田は，高校生がコドモ化した現状を招いたのは何かと問い，第 1 に，旧文部省が学園紛争の頃に出した 1969 年の通達だと言う。教師が現実の具体的な政治的事象を取り扱うことに関して，「慎重に」とクギを刺した。高校生らの学校外での政治的活動も「教育上望ましくない」として政治から遠ざけたことになった。[8] 第 2 に，学校や親が生徒に「受験勉強に打ち込め。他のことは考えるな」と言い続けていたということがあった。社会の現実に目を向けることを「余計なこと」とみなす風潮が大人の側にあったと言えよう。若者の政治離れ，無関心は大人が作り出したのだと，広田は言う（『朝日新聞』，2015 年 6 月 16 日）。

そこで，政治への関心はどういったところで生まれるのか，考えてみたい。関心という言葉はよくないかもしれない。例えば，フランス料理に関心がある，というのと，政治に関心があるというのとはわけが違う。政治は人間の実存に切り離せない不可欠なものである。すなわち，生存していること，生き続けようとすれば，そこに政治があるということができる。問題はそれをどのように意識するかである。政治への不信感が高まる今こそ，政治をどうとらえ，いかにそれとかかわるかが問われていると思われる。例えば，決定，代表，討議，権力，自由，社会，限界，距離という言葉でイメージしてみよう（杉田 2013）。すなわち，決定：決めることが重要なのか，代表：なぜ，何のためにあるのか，討議：政治に正しさはあるか，権力：どこからやってくるのか，自由：権力をなくせばいいのか，社会：国家でも市場でもないのか，限界：政治が全面化してもよいのか，距離：政治にどう向き合うのか，というふうに考えてゆくのである。それら

297

は，政治という営みの困難と可能性とを根本から考えていくことを要求している。われわれは，常識的な見方を知らず知らずのうちにしているが，もう一度，根本から，あるいは初歩から考えてみよう。それが，政治への向き合い方への反省となる。そのような思考の積み重ねが，政治への関心が生まれる動機となると思われる。

　ただし，政治への関心はどういったところで生まれるのか，について反対に考えてみて，政治はなぜ嫌われるのか，という方向から考えてみることも大切である。すなわち，人は，政治から逃走したがるのである。政治に関心を持たない方向に行きたいと思ってしまうのである。先進デモクラシー各国で観察されるようになった投票率の低下や政治家への不信感の高まり，これはどう考えたらよいのだろうか。それはなぜ生じているのだろうか。イギリスの政治学者コリン・ヘイの著書（ヘイ 2012）は，「サプライ・サイド（政治家側）」に着目し，政治家や政党の行動が構造的に制約されるようになってきた現状を多くのファクトを用いて論証している。新自由主義による政治への攻撃や，「グローバル化」を理由に進められた国内政治の縮小傾向，こうした動向を理論的に支えた社会科学における合理的選択論の隆盛なども批判的に検証されている。その上で，「政治」の概念を捉えなおすことが，政治の持つ可能性を開くことができると説いている。手短に言えば，政治への関心が生まれないような社会になっていることが，残念ながら政治が嫌われている理由なのである。

　ここで，コリン・ヘイの言い分をもう少し聞いておきたい。ヘイは言う。「政治を擁護しようとするのは，今となっては学者しかいなくなってしまったという了解がある。それはなぜか—おそらく，私たち政治学者は政治と政治的なもの，それと政治家の行動を区別して考えようとしてきたからである。私たちは政治という理想と政治の必要性を擁護しているのであって，それを提供する政治家を弁護しているわけではない。しかし，そのことは，果たして擁護できないものを擁護しているということを意味しているのだろうか。そうではない。むしろ，政治的なものを公的に擁護す

第 7 章　18 歳選挙権について考える

ること，それも政治を政治家の言動と切り離して考えることが，今ほど求められている時はない」（ヘイ 2012, vi）。

　さて，政治とは選挙だけではない。そこで，選挙以外の政治への参加方法にはどのようなものがあるか，考えてみよう。もちろん，選挙で投票するという行動は，政治参加の形態としては，民主主義国においてはもっとも一般的なかたちであり，代議制民主主義においては，有権者が自分たちの代表を選ぶ手続きであることは確認しておかなければならない。それ以外にも政治参加にはいろいろなかたちがある。例えば，選挙応援をしたり，選挙資金の寄付をしたり，政治家に直訴したりというような選挙や政治家に関わるタイプの政治活動への参加がまず考えられるが，それ以外にも多数考えられる。すなわち，デモに参加したり，住民運動に参加したり，地域社会づくりのための市民活動にボランティアとして参加する形などが考えられる（田中愛治 2003, 443）。

　重複するかもしれないが，コリン・ヘイ（ヘイ 2012）によりながら，政治参加は一般的に 4 つのタイプに分類が出来るという吉田徹の言説を紹介しよう。すなわち，ひとつは，選挙に代表される公式的な領域で，政党の掲げる争点について投票する政治参加。次に，それまで公式的な領域で争点化されて来なかった課題を政治化するため，例えばキャンペーンやロビイングなどを通じた政治参加。さらには，公式的な政治で取り上げられる争点について，意識的な無視や非参加を決め込むような政治参加のあり方もある。最後には，非公式的で私的領域における政治参加がある。代表例としては不買運動や倫理的な消費活動などがあげられる（吉田 2015a, 81-2）。

　本来，本人である有権者が代理人である政党や政治家を選ぶのが選挙である。ということは，選挙に参加するのではないかたちで政治参加を行う有権者は，本人 - 代理人関係からはみ出すことになる。例えば，住民運動に参加することや，自分の住む地域社会のためにボランティア活動をすること，自分の市町村の政策を変更させるために住民投票を呼びかけるこ

299

と，署名を集めることなどは，どれをとっても選挙以外の政治参加である。これらは，内的有効性感覚の強い有権者が，本人として見た場合に，代理人のエージェンシー・スラック agency slack が大きく，代理人である政治家の業績が信頼に足るものではないので，自らが政治活動をしようと決めたと解釈できる（田中愛治 2003, 458）。

　それでは，若者の政治参加を促すために，周りの大人たちにできることはあるか[9]，について考えてみたい。これは簡単なようでむずかしい問題である。政治とは感情であるという見方がある。これはこれで大事な観点であるが，政治参加については，政治とは文化であるという考え方を提起しておきたい。すなわち，具体的に言えば，政治家は信頼されていない。そのような環境の中で選挙に行って投票しろ，というのは酷な話である。したがって，政治家に代わって自分が政治行動をするという発想になるのが当然である。結局，政治不信の文化の中で人はどう行動するのかという問題になってくる。そうすると，周りの大人たちが若者の政治参加を促すやり方については，自ら回答が出てくるのではないだろうか。結論として，政治が人間存在にとって大切なことであるという文化を形成することである。これはとても迂遠な方法であることは間違いない。

　ここで，日本人の行動様式の一つの特徴として，問題解決のために人々と協力して対処することに消極的であり，正当な理由があっても争うことを嫌って「和」を大切にするという「非結社性・反闘争性」にあると指摘されてきた（京極 1968, 67）点につき，『現代日本人の意識構造』（NHK 放送文化研究所 2015）によりながら，主として「政治」の面において考えてみたい。1968 年の指摘であるから，いささか古典的であるとしても，政治学者故京極純一は，日本の中間層の政治的行動様式は，今日の日本における政治的行動様式の基本型の一つであるとする。この政治的行動様式の内容はいかなるものであろうか。支配被支配関係が同族団に擬制されるということについて，政治的行動様式には，次の 3 点として現れてくる。その 1 つは，「結社」を合目的的に作り，自律的に維持して行くことが，積

300

極的な評価を受けず，正統ではないとして忌避されることである。この点は英米のミドル・クラスと著しい対照をなしている。例えば，「日常の社会生活において，困難，不正，簡単な必要事に直面すると，イギリス人は，満足のゆく解決を得るために，自ずと何々協会を作る」といわれているように，英米では結社を作り，運営するという行動様式が正統なものであり，その行動様式の中心的な担い手はミドル・クラスである。この非結社性の次に，政策内容に対する情緒的な客観性のない接近の態度がある。政治事件に対しても，即物的客観的な分析よりも雰囲気的反応の方が先に立つことになる。この雰囲気性の次に，いかに停滞していても秩序と安定を，という「和」を大切にする反闘争性がある（京極 1968, 67-9）。

　以上の日本人の政治的行動様式の基本型の一つを概念として，『現代日本人の意識構造』は，身の回りに問題が発生した時，解決のために積極的に活動しようとするのか，それとも他人に依頼して解決をはかろうとしたり，事態を静観したりするのかをとらえるため，「職場」，「地域」，「政治」の３つの場を設定し，用意した選択肢の中から一つを選んでもらうという方法を取った。ここでは，「政治」のところだけ紹介することにする。

　一般国民の政治活動のあり方として一番望ましいもの

1. 選挙を通じてすぐれた政治家を選び，自分たちの代表として活躍してもらう《静観》

2. 問題が起きたときは，支持する政治家に働きかけて，自分たちの意見を政治に反映させる《依頼》

3. ふだんから，支持する政党や団体をもりたてて活動を続け，自分たちの意向の実現をはかる《活動》（荒牧 2015, 93-5）

『現代日本人の意識構造』は，1973 年から５年毎に，2013 年まで同一の選択肢を用意して，選択肢の中から１つを選んでもらっているようにしている。これらの調査から言えることは，まず，長期的には，《活動》が

減り，《依頼》が増えている点である。すなわち，《活動》は，1973 年：
17％から，2013 年：12％へ減少している。次に，《静観》は，40 年間に，
やや減少しているが，全体として 60％を絶えず越え，多数を占めている
ことは問題である。すなわち，1973 年：63％，2013 年：60％である。長
期的には，自ら行動するという積極的な人が減り，他人に依頼して問題の
解決をはかるという人や，しばらく事態を見守るという消極的な人が増え
ている。「日本人の意識調査」で見る限り，1970 年代後半から 80 年代前
半までは，オイルショックの影響も大きいと考えられる。1973 年調査の
直後に，第 1 次オイルショックが起こり，人々の意識に保守化の傾向が見
られるようになった。それも「生活保守主義」といわれ，日本経済が大き
な不況に見舞われて，生活が脅かされたことで，生活の向上や変革より
も，今の生活水準を維持することを優先するようになったのである。労働
者の意識も変わり，労働組合への加入率や労働争議は，1970 年代半ばか
ら消滅している（荒牧 2015, 95-8）。私見では，たしかに，現在の一党独裁
的な自民党の制覇は，ロングスパンから観察すると，「生活保守主義」の
底流に支えられているのかもしれない。結論を急げば，「18 歳の選挙権」
くらいでは，日本人の政治行動は変わりにくいと言えるのではなかろう
か。政治学者井田正道も，2003 年に，次のように指摘していた。すなわ
ち，投票者全体に占める 18 ～ 19 歳の年齢層の比率は 2.92％を下回ること
が確実であり，さらに 2％をも切る可能性もある。この比率からすると，
18 ～ 19 歳の層の選挙結果に対するインパクトは，若干の大激戦区で当落
の帰趨を決する可能性は存在するものの，選挙結果の大勢，全体としての
政党の議席勢力図に及ぼす影響はほとんどないと見てよかろう。したがっ
て，18 歳選挙権の実現が少子高齢化社会の歪みを是正する効果は微小で
あると言わざるをえない。しかし，裏返して言えば，仮に 18 歳から 19 歳
の層が，政治的判断力のないままに，無責任な投票やイメージに左右され
た投票を行ったとしても，全体に及ぼす悪影響もまた微小であるというこ
とになる（井田 2003, 152）。

第 7 章　18 歳選挙権について考える

　ここでは，「18 歳の選挙権」を前向きに，「若者の政治離れ」を打開する好機会と考える 2 人の有識者の談話を紹介しよう。模擬選挙推進ネットワーク事務局長の林大介は次のように言う。「若者の政治離れを嘆く声をよく聞くが，生の政治や選挙から遠ざけてきた大人にこそ責任がある。若者の政治への関心を高め，よき国民，賢い主権者になってもらうには，教育の積み重ねが重要だ。学校任せにせず，国も地域も家庭も積極的に政治教育に参加してほしい」(『毎日新聞』，2015 年 6 月 18 日)。私見では，この「政治教育」が重要なのであるが，安易ではない。「政治的社会化」について基本的に考えて行くことが肝要なことになって来る。政治学者田中愛治も前向きな見解を談話で表明している。すなわち，「日本では，若年層と比べて高齢者の方が，投票率が高い傾向が顕著だ。政治の意思決定に高齢者の意向が強く反映され，今後の日本を支える若い世代の意見が相対的にあまり反映されない傾向にある。選挙権年齢の『18 歳以上』への引き下げは，投票の裾野が若い世代に広がる点で前向きに捉えたい。ただ，それが即座に投票率上昇につながるとは思えない。アメリカでは，1970 年代に，『21 歳以上』から『18 歳以上』に選挙権年齢を引き下げたが，その後，投票率は下がった。新たに選挙権を得る 18，19 歳は，自らの生活に政治がどう影響しているかの実感が薄く，他の年齢層と比べ投票率は低いと予想される。有権者が増えても，投票者が増えなければ，投票率は下がる」。「政党や国会議員は，従来，業界団体など，確実に自分たちの票になるところに目を向けがちだった。集会への出席や支援企業回りなど，『組織固め』と呼ばれる選挙手法だ。『就職前の若い人は，投票に行くかどうか分からないから，あてにならない』という意識が見え隠れする」。「短絡的に『票になる』と考えるのではなく，まず，『関心を持ってもらい，政治に若者を引き込む』ことが大事だ。政治の決定が，彼らの生活と密接に関係があると分かってもらえれば，投票に足が向く。選挙に目を向かせるのは，政党の責任でもある。若い政党職員や国会議員が先頭に立ち，日本のあるべき姿を語れば若者はついてくる」(『毎日新聞』，2015 年 6 月 18 日)。

私見によれば，卓見だと思う。しかしながら，あえて言わせてもらえば，先頭に立つ若い政党職員や国会議員が，現在の日本には存在しないのである。さらに言えば，仮に，「われこそは先頭に立つ」という政党人や政治活動家がいたとしても，例外は別として，全体的には，若者がついて来ないのである。そこまで日本政治の病根は深いと考える。

結局は「政治」の認識だと考えたい。京極純一によれば，「政治的人間」は政治をする人のことをいう。この場合，政治は，普通，天下国家の政治，俗にいう大政治である。中央でいえば，総理大臣，大臣，国会議員，彼らが政治をする人である。次に，各省で，次官，局長，新聞にインタビュー記事が出る高級官僚，彼らも政治をする人，政治的人間である。府県では，県知事，県議会議員，市長，市議会議員，彼らも専門の政治家，職業的に政治をする人である。「素人に政治のことなど分かるものか，お前ら黙って引っ込んどれ」と言って政治をする人が大政治の政治家，天下国家の政治家である。しかしながら，ヒラの日本人は政治的な人間ではないかというと，われわれヒラの日本人も，もちろん，政治的人間である，と京極は断言する。ここが眼目である。京極の持論であるが，われわれは，日常生活の中で，かなりの時間，政治を実行して生きている。人と付き合う，人を使う，人に使われる，これは人間関係の運用であって，つまり政治である。われわれはそういう人間関係なしには生きて行けない。勤労者なら，勤め先の人付き合いがあり，組合の人間関係もある。自営業なら，同業者の世界があり，全国的な業界もある。町内会もあり，商店街の付き合いもある。勤めていなくて，自分で商売していない婦人であっても，PTAがあり，婦人会もあり，同好会やサークルもある。家庭では毎日毎日の買い物がある。家庭の中で，夫は妻と，妻は夫と，親は子と，子は親と付き合う，人付き合いがある。人付き合いがあるところ，政治があるから，すべての人間は，その人なりに政治的人間だ，と京極は考える。そして，ヒラの政治的人間の実行している政治がいわゆる小政治だと言う。どうして大政治と小政治かというと，と京極は以下のように説明す

る。すなわち，現代日本の政治は，投票の政治，選挙の政治である。われ
われヒラの有権者は投票する時，投票する相手の人，候補者の信者として
票を入れることがある。票を入れたら補助金をもらえるということで，取
引として票を入れることもある。しかし，そのほかに，われわれヒラの国
民，小政治の政治家が，大政治の政治家を評定して票を入れることもあ
る。小政治の政治的人間，われわれヒラの国民が，大政治の政治家を何故
評定できるかというと，ヒラの国民として，われわれが政治の実技を毎日
実行しているからである。勤め先で政治の実技をすることもあるし，家庭
で政治の実技をすることもある。と同時に，その実技を評定する練習もし
ていることにもなる。すなわち，あれは人付き合いが下手だとか，あいつ
はなかなかうまいとか，あいつはなかなか政治力があるとか，政治的に立
ち回りすぎるとか，そういう評価の練習をしているわけである。われわれ
ヒラの国民もまた政治の実技を練習し，実技の評定を練習しているからこ
そ，大政治の政治家，天下国家の政治家に対しても，政治の実技の上手，
下手について評定を加えることが出来るのである。この土台があるからこ
そ，議会政治という政治の仕組みが国民の参加によって動くわけである
（京極 1986，24）。この京極言説は，実に，大政治と小政治の連関を巧みに
説明したものであり，そのとおりだと思われるが，しかし，例えば，投票
率の低下をどう考えるか，という問題を挿入した場合，現在では，大政治
と小政治の乖離化現象の進行が見られるのではないか，と問うこともでき
ると思われる。また，この乖離化現象に関連するが，ヒラの国民が「ああ
いう政治家はほんとに困ったものだ」（京極 1986，4）と評価する時に，そ
の判断基準は，それぞれの経験に基づくものとしても，ヒラの国民がイ
メージする政治家はマスメディアの情報（操作）の影響を受けているので
はないか[10] という問題も残ると思われる。

　と同時に，2015 年は，日本においても「街頭の民主主義」が熱心に語
られるようになった年であったことも記憶されてよいと思われる。吉田徹
によれば，2015 年は戦後 70 年の節目として以上に，戦後日本の政治文化

が変容を被った年として歴史に刻まれることだろうと言う。「平和安全法制関連法（安保関連法）」に対する，文字通りマッシブ massiv な抗議運動とデモは，日本でも「街頭の民主主義」が完全に定着したことを印象づけた。現実に持った影響力の測定は脇に置くとしても，政治参加のあり方をめぐる認識は，2015年の前と後で大きく異ならざるをえない。もっとも，2015年に花開いた「街頭の民主主義」は，それまでに見られたいくつかのシークエンスの延長線上にあることもたしかである。政権への抗議活動は，原発再稼働に反対する2012年の「金曜官邸前デモ」が記憶に新しいが，その2年前には都内で数千人を集めた「尖閣諸島抗議デモ」が注目を浴びていた。また，その間には「在特会」[11]やその他「行動する保守」の諸団体による街頭での活動やこれを批判する「カウンター」も，当たり前の風景となっていた（吉田2015d, 14）。民主主義とは何かと問うて，それを「ポリアーキー」とする有名な定式化を行ったのは，アメリカの政治学者ロバート・ダールである。彼は，融通無碍に使われる「デモクラシー」という言葉を操作可能なものとするため，これを「公的異議申し立て」と「選挙に参加し公職につく権利」の2つの次元が高度に両立する「ポリアーキー」と定義した（ダール，2014）。すなわち，民主主義を名乗るのであれば，政治に参加する権利だけでなく，これに反対する自由も保障されていなければならない。この両輪が等しく回らない限り，民主主義は機能しないからである。民主主義をこのように考える時，選挙で投票することだけが政治参加の方法ではないことは明白である。もし選挙権だけが保障されるのであれば，権威主義体制やファシズム体制との差異化は図れなくなってしまう（吉田2015d, 18）からである。

3　投票率の低下について

　投票率が低いことを有権者のせいにしてはならない。かといって投票率は高ければいいというものでもない。この問題について考えてみたい。個々の有権者は投票するか，棄権するかを，どのように決めているのだろ

第 7 章　18 歳選挙権について考える

うか。投票コストという概念から接近してみることにする。選挙での投票コストには，投票に行くためにかかる金銭的なコストや物理的なコストがある。これらのコストは投票率を下げることが予想される。実際，政治学者の田中善一郎は，投票日の各地の天候を調べ，雨が降っていた選挙区ほど投票率が低い傾向があるという相関関係を発見した（田中善一郎，1980）。もし，投票を優先すれば，自分のやりたいことの機会を奪われることになるので，「機会費用」と呼ばれている。この「機会費用」を軽減するような制度的な改善策によって投票率が上がることも考えられる。1988 年の参院選から，投票時間を 2 時間延長して，午後 8 時まで投票所を開けておくように改正された。さらに，不在者投票の条件，受付時間も改善された（田中愛治 2003，445-8）。これに関連して，明るい選挙推進協会が，2011 年 11 月の統一地方選挙後の 2012 年 1 月に行った調査では，「候補者の人物や政見がよくわからないために，誰に投票したらよいか決めるのに困る」という有権者は 50.1％に上っている。多くの人が，地方選については，候補者の人物や政見についての情報が足りないと感じている（吉田 2015b，46）。制度的な改善点として，選挙管理委員会は，候補者の人物や政見がよく分かるように，広報活動を充実すべきだと思われる。

　さきに述べた「代理人のエージェンシー・スラック」の問題も投票率にとって重要な要因になる。高度情報化社会になって，国民の教育程度がますます高くなり，かつマスメディアが高度に発達すると，本人である有権者の多くは，代理人である政治家や政党の行動を詳しく知るようになり，それまでの期待が裏切られることを知り，すなわちエージェンシー・スラックの大きさに気づき，外的有効性感覚の低下を招く可能性が出て来る。日本やアメリカでの政治不信の増加や無党派層の増加も，このようなエージェンシー・スラックの増大の結果と見ることが出来る。このように考えると，本来の民主主義理論においては，国民の教育程度の向上が投票率の上昇に結びつくと考えられていたことが裏切られて，日本やアメリカのような大学進学率が非常に高い国で，投票率が極めて低い理由が見えて

307

来るのである（田中愛治2003, 451）。したがって，「民主主義が健全かどうかは，投票率だけでは計れない。考えた結果，棄権するということもある」という問題も，その文脈で考えることが可能であるだろう。すなわち，投票率の低下は，政治的無関心層の増大を必ずしも意味するわけではなく，むしろ反対に，政治について，知識も意見も持つ「批判的市民 critical citizens」の増大の表れでもある（野田2015, 98）。

　しかしながら，投票率の低下は今や先進諸国共通の問題である。日本を例にとるならば，衆議院選挙の投票率は，1990年選挙の73.31％を最後に，70％台を記録できなくなり，2014年選挙では，52.66％と落ち込んでいる。参議院選挙でも同様で，10年ごとの平均で優に60％を超えていたのが，1992年選挙では50.72％とそれまでの最低記録を大きく塗り替え，さらに次の1995年選挙では5割すら割り込む44.52％と落ち込んだ。前回2013年選挙も戦後3番目に低い52.61％で終わっている。欧米でも同様であり，1990年代以降，非常に多くの国で，戦後最低記録が塗り替えられたり，それに近い数字が繰り返し記録されたりするようになっている。デモクラシーが「人民の自己統治」であり，人民にとって選挙への参加は，そのための重要な手段であることからすれば，ますます多くの有権者が投票機会を放棄しているというこの事態が，「デモクラシーの空洞化」の兆候として懸念されるのも当然のことである（野田2015, 97-8）。

　ここで，政治学者野田昌吾は，ドイツのベルテルス財団が，2013年に，実施した，ドイツの有権者の投票参加に関する調査研究報告を紹介する。調査にあたって念頭に置かれたのは，「批判的市民」というテーゼである。ドイツでも，1971年に，91.1％というピークに達したあと，投票率は低下し始め，1980年には，80％を切り，2009年には，70.8％にまで落ち込んでいる。この低下に関しては，1970年代以降の「新しい社会運動」や新しい政治文化の台頭，低成長への移行に伴う政治的悲観主義の増大の印象などもあって，市民の政治に対する失望や怒りがその原因であるという指摘がドイツではよくなされて来た。棄権は政治的抗議の意思や政治に

第 7 章　18 歳選挙権について考える

対する失望の表明なのだと説明されて来た。だが，ベルテルス財団の調査
を共同で実施したアレンスバッハ世論調査研究所のドイツの政治学者ノ
エレ・ノイマン Noelle Neumann は「棄権者＝抗議者」という見方は「神
話」に過ぎないと断言した。すなわち，実際の棄権者の多くは，政治に関
心のある「怒れる市民」などではなく，むしろ社会的最下層出身の若者な
ど，政治に無関心な「非政治的人間」であるとした。アレンスバッハ世論
調査研究所の過去の調査データからの結論は，ドイツにおける投票率の低
下は社会階層の別なく均一に生じているものではない点を確認するもので
あった。『分裂した民主主義』と題される報告書は，ドイツにおける投票
率の低下は，少なくとも 1990 年代末以降については，「批判的市民」の増
加からは説明することはできず，それは専ら所得が少なく，教育程度が低
い人たちが，投票にますます行かなくなっているものであると結論付けて
いる。ドイツの社会は，一方の豊かで教育もあり，投票に参加する市民
と，他方の貧しく教育程度も低く，投票には参加しない市民からなる「二
つの市民」に分裂しつつある。ドイツのデモクラシーは「分裂したデモク
ラシー」になりつつあるというのである（野田 2015, 101-3）。

　もうひとつの報告書『危険な状態にある選挙』が示す分析結果は，野田
によれば，そこに暮らす住民の生活状況が「困難」であればあるほど，投
票率は低くなるという事実である。この事実は，有権者の社会構造に照ら
して，ドイツの選挙結果が代表制を欠いていることをあらためてはっきり
と示すものであった。それでは，投票率が低い地域とは具体的にどのよ
うな地域であろうか。まず，第 1 に，投票率がもっとも低い地域はもっ
とも高い地域と比べ，「不安定諸ミリュー」に属する人が約 10 倍（67％
と 7％）多い。ここで言う「ミリュー」とは，諸個人をその人が置かれて
いる社会状況とその人の思考態度から分類・把握しようとする概念で，職
業や収入，学歴など客観的な社会生活条件に基づいた階級や階層などの概
念だけでは社会や政治の動態を分析するうえで必ずしも十分ではなかった
という理由からとくにドイツにおいて発展を見たものである。第 2 に，投

309

票率がもっとも低い地域における失業率は，もっとも高い地域のおよそ5倍ある（14.7％と 3.0％）。失業率と投票率の低さとは非常に強い相関関係が存在している。この相関は，基本的に，東西の別なく確認でき，また自治体規模とも関係がない。第3に，教育水準に関しては，投票率のもっとも低い地域は，もっとも高い地域の3倍以上も学校卒業資格を一切持たない人がおり（15.2％），大学入学資格保持者の割合もその半分以下である（18.2％）。教育水準と投票率とは，正の相関関係が認められる。第4に，人々の経済力に着目すると，世帯あたりの年間平均購買力では，投票率のもっとも低い地域の 35,000 ユーロに対し，もっとも高い地域のそれは，52,000 ユーロと約 1.5 倍の格差がある。このようにして，この報告書の結論として，野田が次のような言葉を引用しているところは，とくに印象に残る。「ドイツは，もうかなり以前から，社会の上位3分の2の人々による，社会的に分裂したデモクラシーとなっている。このデモクラシーは，社会の上層，および中間層に属するミリューのための，排他的な行事のようなものになっており，社会的に不安定なミリューの人々は，明らかに過小代表されたままになっている。この理由から，本研究は，2013 年連邦議会選挙を社会的に危険な状態にある選挙であると呼ぶ」（野田 2015, 105-9）。以上のように，人々はなぜ投票に行かないか，考えてみると，非常に大きな構造的問題に直面することになる。選挙とは何か，政府あるいは政党の選挙民に対する応答責任はどう果たされるのか，投票率の問題から始まって，代議制民主主義の根本問題にまで達するのである。

4 政治的社会化と政治参加

18 歳選挙権は，政治的社会化と政治参加の問題である。政治学者河田潤一によれば，子供は政治について言葉から認識して行く。すなわち，人は生まれながらにして何らかの集団に同一化する。集団に沈潜した直観的知識を身体化させ，人は他者あるいは他集団のメンバーと対話的な接触を持つことになる。そうした過程を経て，直接的知識をコントロールして，

第 7 章　18 歳選挙権について考える

「現実」を解釈する能力を身に付け，第 1 次言語としての意味を，他者と相互に理解し合い，言語の間接的機能を高め，言語について考える機能も習得する。その際，政治の言葉は「社会的現実」として構成されるがゆえに，「政治」領域の理解や判断には，政治的な直接的経験を必ずしも必要とするものではない。直接的経験ではなく，主観の関与によって，「政治」が立ち現れるとすれば，言葉や用語の単なる辞書的定義よりも，いろいろな言葉が，相互規制し合いつつ組織化する言語間の有意な関係を作り出す「言葉の世界」が重要となる（河田 2015，83）。

　人は，他者やメディアが社会的に構成する「現実」と，そこにコミットしたり，望んだ言語圏の言語活動を介したりして，「価値の権威的配分」という「政治」領域を認識し出す。そういった意味で，「政治」の観念，思考を立ち上げる「政治の言葉」は，人を政治社会へ参入／離脱させる様式の表象となる。こうして，社会のあらたな成員は，家族や学校やメディア等を通じて，その社会に分布している政治指向，政治行動様式を発展的に学習・獲得して政治的自我を段階的に形成して行く（河田 2015，83）。

　フランスは，アメリカのような 2 大政党制ではないが，「右翼」と「左翼」からなる政治陣営が強固な政治・社会的な対立軸として存在する。この分断線は世代を超えて継続しており，2000 年代の調査を見ても，フランス人の実に 41％が親と同じ政治陣営（親が右翼なら右翼，左翼なら，左翼）に属しており，いずれの陣営も好まないとする無党派を加えると，その割合は，65％にまで上昇する。つまり，フランス人の 3 分の 2 が，結果として，親と同じ政治的価値を有しているということになる。興味深いのは，子供の政治的態度を決める場合，大きな役割を果たすのは父親ではなく，母親であるという指摘がなされている。これは，父親のほうが，政治に対する意識は高く，知識は多いものの，母親のほうが子供との親密的かつ日常的な関係を持つゆえ，よりパーソナルな関係を築き上げていることの表れだとされている（吉田 2014，97-8）。

　子供は，政治的に社会化されることを通じて，自らが属する社会に適合

的な，政治的思考，価値観，行動様式，すなわち政治文化を獲得するようになる。子供は，自らの遺伝形質，パーソナリティをベースに，自分たちを取り巻く環境と相互作用を繰り返しながら，一定の政治的作法を身に付けて行く。こうした政治的意味を色濃く有する価値，規範，象徴などの獲得過程を政治的社会化と呼ぶ。「政治的社会化」という用語が広く知られる契機となったのはアメリカの社会心理学者ハーバート・ハイマンHerbert Hyman の研究（Hyman 1959）だった。彼は，1920 年から 50 年代にかけてアメリカで発展してきた投票行動や政治態度研究，あるいは政治的イデオロギーや党派心研究のなかで，とくに幼少青年期に関連したデータを，個人の政治的発達という視点から整理し，その後の研究枠組みを提示した。ハイマンの研究に続いてアメリカの政治学者フレッド・グリーンスタイン Fred Greenstein のニューヘイブン市研究（Greenstein 1965）も著名である（河田 2015，83-5）。

アメリカにおける政治的社会化のこれまでの研究成果の教えるところでは，子供は，かなり早い段階で，自らが所属する政治的共同体に対して，肯定的な愛着心を示し始め，また，アメリカ初代大統領ワシントンや具体的な大統領像を通じて，「政治の世界」を認識し出し，少し遅れて大統領制を認識したり，議会や投票といった政治制度・手続きを理解したりし出す。また，10 代前半頃ともなると，かなり多くの子供が政党に心理的な一体感を持ち始めるということがわかってきている。党派心の形成に家族の影響が大きいことは，ほぼどこの国にも共通しているとハイマンは述べている（Hyman 1959）。また，子供は，両親の会話を聞くともなく耳にしたり，広い意味での政治的権威や特定の党派に対する親の態度を感じとったり，それとなく聞かされたりするものである（河田 2015，85-6。Greenstein 1965）。

学校は，「児童期と成人期の連結手」として，家族によって規定された子供の社会化を補充したり，矯正したりする体系的・組織的な社会化媒体である。アメリカでは，建国当初から，超越的宗教を「市民宗教」[12]で埋

め合わす必要が大きかった分だけ，学校は市民宗教を培養する公民教育の制度として明確に位置付けられて来た。メディアが果たす影響も大きい。河田は，アメリカのコミュニケーション学者スティーブン・H・チャフィ Steven H Chaffee らのパネル調査（1968年）を紹介しながら，次のようなメディア効果を確認している。ⅰ）メディアは子供の重要な情報源である。ⅱ）メディアの影響力は年齢や社会経済的地位によって異なる。ⅲ）メディアは政治的な物の考え方にもかなりの影響を及ぼす。ⅳ）子供は親のメディア規範を採用せず，政治的情報源として親が新聞を重視するのに対して，子供はテレビを重視する（河田 2015, 86）。何分古い調査である。私見では，日本では，現在，親も政治的情報源としてテレビを重視していると思われるが，アメリカはどうなっているのだろうか。

　子供は，半ば非選択に，家族を通して，一定の社会的関係へと社会化される。したがって，階級意識，人種偏見，民族蔑視，権威主義的態度などは，その多くが家族を通して獲得される。社会的クリーヴィッジによって分裂した社会は，社会階級を含めて，民族性，地域性，宗教性によって個人を切断・統合する政治的下位文化という視点を政治的社会化研究に提供する。こうした社会では，個人は，同一クリーヴィッジに包含される諸レベルの社会集団（家族などの第1次集団，学校，教会，結社などの第2次集団，間接的集団統制システムとしての環境）に取り込まれる傾向が強い。ヨーロッパ諸国はアメリカに比較して，下位文化の再生産メカニズム，ヘゲモニー文化への対抗や反抗だけでなく，家族・学校と政党，教会，青年組織との構造的な関連などが問われることが多い。[13] 結局，政治的社会化は，それぞれの国の政治文化に規定される。アメリカでは，高い社会的流動性の中で個人を政治の世界に心理的につなげる機能を政党帰属意識が果たす。イギリスでは，居住地，地域に歴史的に堆積した下位文化に埋め込まれている家族が政党の政治的前提を子供に伝達する。フランスでは，共和主義対教権主義によって軸化された左翼対右翼の政治家系に子供が分化して行く。オランダやベルギーでは，柱状化社会[14] が政党のク

リーヴィッジを築き，それぞれの政党への支持を子供の心に積み上げて行く。問われるべきは，子供時代に獲得された政治的態度の変化と持続の問題である。重要なのは，青年期，とくに青年後期であるのかもしれない（河田 2015，86-91）。

　子供時代に獲得された政治的態度の変化と持続が，「18歳選挙権」とどのように関係するのか，興味は尽きない。言えることは，子供時代に獲得された政治的態度は底流のようなものかもしれないが，残存するであろう。問題はそれが青年後期にどのように変容して行くかである。「18歳選挙権」はその際の一つの契機になるかもしれない。それは個人の成長過程とも関係するかもしれないが，大きく言えば，環境，すなわち，日本の政治文化の問題であろう。

　そこで，ここでもう一度，人は政治にどうかかかわって行くか，すなわち政治参加の問題を政治的社会化の問題に続けて考えてみたい。

　政治参加の研究に多大な貢献をしたアメリカの政治学者シドニー・ヴァーバ Sidney Verba らは，政治参加を「政府の構成員の選定ないし彼らの行為に影響を及ぼすべく，多かれ少なかれ直接的に意図された，一般市民の合法的な諸活動」と定義している（河田 2015，136。ヴァーバ，S. ほか 1981，56）。河田も言うように「合法的な諸活動」は少し問題である。昨今の安保法案は違憲であるという憲法学者がいたように，安保法案反対デモは違法であると政府が断定することがあるかもしれない。合法か，違法かは解釈によっては微妙な問題が生じる。河田によれば，合法／違法は今問わないとして，政治参加は，政府構成員の選択や彼らへの影響力行使に責任をもって関わる自発的な行為であり，単なる上からの動員とは異なる。こうした参加行為を通して市民は，「公共財や価値の配分に関する自己の選好を伝達し，政府の行動を市民の選好が矛盾をきたさないように圧力をかけ，政府の決定をコントロール」するのである（河田 2015，136。蒲島 1988）。政治学者蒲島郁夫によれば，アメリカの政治学者サミュエル・ハンチントン Samuel Huntington とジョアン・ネルソン Joan Nelson は

第7章　18歳選挙権について考える

政治参加をより厳密に以下のように定義した。ⅰ）政治参加は，実際の活動であって，政治的知識，政治的関心，政治的有力感などの心理的傾向は含まない。これらの政治心理的指向は，政治参加と密接に関連はしているものの，まったく同じではない。ⅱ）政治参加とは一般市民の政治活動であり，官僚や政治家やロビイストが職業として行う諸活動は含まれない。ⅲ）政府に影響を及ぼすべく意図された活動に限られ，儀式的な政治参加や，活動の対象が政府ではない，例えば，民間労働者の賃上げ要求のためのストライキなどの諸活動は政治参加の中には含まれない。ⅳ）政府の意思決定に影響を与えようとする行動であれば，その活動が実際に効果を及ぼしたかどうかに関係なく，政治参加の範疇に含まれる。ⅴ）自分自身の意思で行動する自主参加だけでなく，他者によって動員された動員参加も政治参加の中に含まれる。動員参加を政治参加の中に含めることについては議論の余地があるが，動員参加と自主参加の実証的な区別が難しいこと，すべての政治システムにおいて動員と自主参加の両方が存在していること，動員参加も自主参加も政府の意思決定に何らかの影響を与えていることなどから，ハンチントンとネルソンは，動員参加も参加の範疇に含めるべきだと主張している（蒲島 1988, 3-4。Huntington & Nelson 1976）。私見では，動員参加も政治参加の中に含めるべきだと思う。同じように，労働運動や社会運動も「政治化」することが往々にしてあるので，当初から，政治参加ではないとするのは適当でないような気がする。

　最後に，政治参加は，民主主義ではとくに，市民による選好伝達の手段として主要な政治的行為となっている。参加を通して，市民は，政治リーダーに，要求，問題，選好を伝え，かつリーダーがこれに応答するように圧力を加えるのである。ところで，政治リーダーが，国民の選好を認知するにしても，活動家の見解から読み取るのと，例えば，国民全体の世論調査を行い，その結果から読み取るのでは，違ったものになる。また，彼らの認知は，どの活動モードに敏感であるかによっても左右される（ヴァーバ，S. ほか 1981, 314-5）。まことに，「18歳選挙権」をはじめとする若者の

315

政治参加は，日本において，日本の政治文化に深く関わっている問題であると言えよう。

　さらに，政府と市民の関係に向けた蒲島の次のような見解は，今日の日本における政治光景の中で，大切な意味を持っていると思われる。蒲島によれば，政府のコントロールのほかに，政治参加は市民教育の場としても重要である。市民は政治参加を通して，よりよい民主的市民に成長すると言われている。市民は政治参加を通して，自己の政治的役割を学び，政治に関心を持ち，政治に対する信頼感を高め，自分が社会の一員であること，正しい政治的役割を果たしているのだという満足感を覚えるようになる。さらに，市民は政治参加を通して，政治システムへの帰属を高め，政治的決定が民主的に行われた場合，例えそれが自分の選好と異なっていても，それを受け入れようとする寛容の精神を身につける。いわば，政治参加の過程で，市民は他人の立場に大きな配慮を払う思慮深い市民に育って行くのである。政府が政治参加を通して伝達される市民の選好に順応的に反応する時，また，市民が参加を通して国家と一体感を持った時，政治システムは安定する。逆に，拒否的に反応したり，市民が政府に著しい不信感を持つようになったりすると，政府と市民の間には緊張が高まって来る。政府の統治能力が低ければ低いほど，政治参加によって伝達される市民の選好に，政府が適切に応答できないので，政治参加を強権的に抑えようとする。物理的な強制力が十分高ければ，一定期間，国民の要求を抑えることは可能である。しかし，ある一定限度を越えると，ちょうど堤防が決壊するように，政治参加は一挙に噴出し，政府と市民の緊張関係はいっそう高じてくる（蒲島 1988, 5）。ただし，現代日本の政治状況は，政府と市民の緊張関係は高まっているようでもあるが，それほどでもないかのごとく，政府の専横がかなり許容されているように観察される。「18 歳選挙権」が政府の主導で行われていることは，その象徴的な現れである。

　日本経済新聞政治部次長佐藤賢はコラム「風見鶏」で次のように述べた。すなわち，2015 年 8 月 30 日，国会周辺の安保法反対のデモに，主催

者発表で12万人が集まった。印象に残ったのは若者より中高年の姿が目
立ったことだった。安保法を成立させた院内（国会内）と，反対論が根強
い院外（国会外）のズレ。選挙で代表を国会に送ることで，民意を国政に
反映させる議会制民主主義はこのズレが生まれる。ズレが大きいほど不信
が広がる（『日本経済新聞』，2015年10月11日）。私見を率直に述べれば，「定
見を持たず，周囲の状況を眺めて都合の好い側にばかりつく」という意味
で風見鶏的な観測だと思われる。すなわち，「印象に残ったのは若者より
中高年の姿が目立った」ということを言いたいのではないかと思わせなが
ら，「ズレが大きいほど不信が広がる」と言っているのは，国会内と国会
外のズレのことだと結論をそこに持って行っているからである。

5　政治不信とカウンター・デモクラシー

　フランスの政治学者パスカル・ペリノーによれば，この20年間来，フ
ランス国民は，他の先進諸国の国民に比べて，彼らの同国人，公権力，市
場を信用していないという世論調査の結果が出ている，と言う。フランス
の経済学者がとくに指摘することだが，この不信は，公民精神の欠如を
伴って，経済と福祉国家の機能というもっとも基本的な領域において，顕
著に大きくなっているという。長期的な期間における社会的な態度の変容
の研究は，公民精神 civisme と相互の信頼 confiance mutuelle が，第2次
世界大戦後以降，ゆっくりと悪化していることを示している。すなわち，
フランスは経済費用と社会費用の増大という悪循環に陥っている。ただ，
信頼と公民精神の欠損は，経済学者たちの見解によれば，1950年代初頭
から今日までの経済費用と社会的態度の間の関係を比較することによっ
て，意味深く，またいつも，人々の雇用と収入の欠如に帰されてしまう。
しかし，不信 defiance は経済費用だけの問題ではない。不信は，フラン
ス人が国民としてともに幸福に生きようとする能力を，容赦なく消滅させ
つつある（Perrineau 2011c, 47）。

　この政治不信について，ペリノーは次のように述べたことがある。政

治空間は，政治に対する不信感が上昇してゆくばかりとなっている。そこで，クリーヴィッジは，「統治の文化 culture de gouvernement」に従おうとする政党と，「反システムの文化」を発展させ，政治の拒絶を一般化し普及させる運動を政治的突破口にしようとする政党の間に起こる (Perrineau 2014, 107)。

　「政治」は，数十年来，公共の福祉，審議，責任，よりよい社会に結びついた積極的なさまざまな含意をもった言葉であったが，今日では，多数の人たちにとって，無力，虚言，腐敗，心配を想起させる言葉となって来ている。一人の英国人の政治学者が「政治はなぜ嫌われるのか？」という問題に答えて，刺激的な一冊の書 (Hay 2007, ヘイ 2012) を著した。フランスは少しずつ本当の「政治不信の社会」になって来ている。「政治」の凋落にはさまざまな要因がある。市民をそれまで属していた集団から切り離す個人主義の力の上昇；ますます批判的で，消費者的で，臆面もない市民の増大；諸個人の孤立と政治的社会的参加からの撤退を意味する諸個人の「ソーシャル・キャピタル」の侵食…等々である。アメリカのドイツ出身の経済学者アルバート・ハーシュマン Albert Hirschman の範疇 (Hirschman 1970, ハーシュマン 2005) で考えれば，政治と制度の低落に直面して，市民はしばしばシステムからの全面的な退出という抗議の戦略を採用する。このインサイダー（「統治の文化」）とアウトサイダー（「反システムの文化」）のクリーヴィッジは，多数の民主主義国家で決定的になっている。フランスでは，FN が反政治感情を所有していると自認している (Perrineau 2014, 159-61)。

　FN は民主主義の機能不全をむさぼることによって成長して来た。フランスの歴史政治学者ピエール・ロザンヴァロンの言うように，「ポピュリズムとは，不手際な純粋政治 politique pure de l'impolitique，完成した反政治，絶対的な敵対政治である」(Rosanvallon 2006)。したがって，FN がその体現者であるポピュリズムの政治は，民主主義の理念と手続きを邪な反転に近づけている真の病理なのである (Perrineau 2014, 169-70)。

318

第7章　18歳選挙権について考える

　ロザンヴァロンによれば，民主主義の理念は比類のない君臨をなしてい
る。しかし，民主的であることを要求される制度の方は，いろんなところ
で激しい批判を浴びている。このパラドックスの中に現代の大きな政治的
問題がある。実際，政治指導者と制度への市民の信頼の低下は，政治学者
たちが，この20年間以上にわたって，熱心に追求している問題である。
国内あるいは比較政治の研究は，これについて明快な病状説明を行おうと
している（Rosanvallon 2006, 9；do.2008, 1）。

　ロザンヴァロンによれば，現実の民主主義démocraties réellesの歴史
は緊張と抗争を含むものであった。だからこそ，民主的代議制統治の理論
が選挙のメカニズムを通して繋ごうとしたのは，正統性と信頼であったこ
とはあきらかである。正統性とは司法的な属性である。それは投票の純
粋で議論の余地ない産物である。信頼はもう少し複雑である。それは，
アメリカの経済学者ケネス・アロー（Arrow 1974）のよく知られた定義の
言葉を借りれば，ある種の「目に見えない制度invisible institution」であ
る[15]。その機能は3つある。第1に，それは正統性の拡大の役割を果た
す。すなわち，単なる正統性の手続き的なものに加えて，道徳的な面（広
い意味での誠実）と実質的な面（共通善への関心）である。次に，信頼は
時間的な役割も果たす。すなわち正統性の拡大は未来にまで続くのであ
る。最後に，信頼は制度における倹約家である。それは証明や証拠のため
のさまざまな手続きを必要としない（Rosanvallon 2006, 11-2；do.2008, 3-4）。

　ロザンヴァロンは言う。もし，われわれが民主主義という経験の多様性
を理解しようとすれば，われわれはこの現象の2つの側面を考えなければ
ならない。すなわち，代表選出制度の機能と逆機能が一方にあり，政治不
信の組織が他方にある。現在に至るまで，歴史学者と政治学者は前者の側
面に主たる関心を持って来た。ロザンヴァロン自身も，この分野で，シチ
ズンシップ，代議制，主権の制度の問題を一連の著作を刊行してきた。[16]
しかし，今や後者の局面が研究されるべきである，と彼は言う。たしか
に，民主主義への不信については，公権力の拡大に対する抵抗の歴史，そ

319

してそのような抵抗が引き起こす反動の問題，あるいは，市民の民主主義への不信と政治システムへの拒絶をめぐる社会学といったようなさまざまな研究がなされて来た。これらに関する行動の独特なかたちと対応は注意深く検討されなければならない。だが，これらの研究は，まだ，より一般的な構造枠組みに結びついていないし，自由で公正な世界に向けての闘争という文脈で，これらの現実を展望しようとする広大で漠然とした試みからは遠いということになる。したがって，ロザンヴァロンは，対照的に，不信という多面的な兆候を包括的な構造枠組みで捉えようとする。すなわち，政治不信の現状を体系的，整合的な方法でその特性を説明しようとする。要するに，政治不信の兆候を政治システムの成分であると理解するのである。ロザンヴァロンは，政治不信を，民主主義がいかに機能するかを理解し，民主主義の歴史と理論の理解を広げるための基盤として利用しようと考えている (Rosanvallon 2006, 12-3；do.2008, 5-6)。

　そこで，ロザンヴァロンは政治不信に焦点をあてながらカウンター・デモクラシーに戦略を定める。すなわち，彼によれば，カウンター・デモクラシーは本来的な政治形式として，理解され，分析されるべきである。民主主義における政治不信のインパクトは，信頼が崩壊している現代社会において，とりわけ重要である。自然科学的，経済的，社会的要因において，不信社会の到来が顕現している。自然科学的には，ドイツの社会学者ウルリヒ・ベック Ulrich Beck が彼の著書『危険社会』(ベック 1998。Beck 1992) でこの側面から明らかにした。ベックは大異変と不確実性の今の時代では，工業とテクノロジーは，進歩よりも危険を伴って組織されているという。マクロ経済学のマネージメントに対する信頼も衰退している。さらに，社会に対する不信も付け加えなければならない。アメリカの政治哲学者マイケル・ウォルツァー Michael Walzer の言葉を借りれば，今日の「離反の社会 société éloignement」において，社会的信頼を確立するための物質的基盤はぼろぼろに崩れている (Rosanvallon 2006, 16-8；do.2008, 8-10)。[17]

第7章　18歳選挙権について考える

　ここで，「見張りの権力 pouvoirs de surveillance」について検討した
い。最初に来るのは投票権，すなわち市民が彼らの指導者を選ぶ権利であ
る。これは民主主義の原則のもっとも直接的な表現である。しかし，投票
権は周期的なものであり，しかも選出された政権に正統性を与えたとして
も，政権はたえず永久的な支配を続けようとする。人々は，すぐに，投票
者への約束を守らせるには，投票による制裁では不十分であることに気付
く。したがって，民主主義は常に「反権力 contre –pouvoir」を追求する
ことによって，民主主義を訂正したり安定させたりしながら，活性化して
行くのである（Rosanvallon 2006, 19；do.2008, 12-3）。

　「見張りの権力」の基本的な様式はいくつかの特色を持っている。ま
ず，それらは永久的である（他方，選挙は散発的である）。次に，それら
は組織のみならず，個人によっても行使される。第3に，それらは政府の
行動に影響力を与える社会の権力を増大させて行く。これらの理由によっ
て「見張りの権力」は栄えて行くのである。制裁と防止の社会権力は増
大している。そして，これがロザンヴァロンの言うカウンター・デモク
ラシーに構造化される政治不信の基本的な形を構成している（Rosanvallon
2006, 18-20；do.2008, 13-4）。

　民衆の権力とは一つの拒否権力である。民主的な政府は委任とか正統
化の手続きだけで決められるものではない。民主的な政府の構造は，相
違する社会集団や経済的社会的勢力から噴出するいろんなタイプの拒否
の永久の相克によって，基本的に決められて行く（Rosanvallon 2006, 22；
do.2008, 15-6）。

　カウンター・デモクラシーのもう一つの形態が，民衆による裁判の到来
である。政治の裁判化はこの顕著な現れである。このようにして，市民
は，投票箱から得られる失望よりも何らかの司法的プロセスから得られる
ものに希望を持っている。裁判化は，市民の要求に対して政府の対応が
低下していることが背景になっていることに違いない（Rosanvallon 2006,
22 -3；do.2008, 16）。[18]

321

結局，ロザンヴァロンは何を言おうとしているのか，ほんの些細な紹介しか出来なかったが，それなりに要約してみたい。彼によれば，民主主義現象の二側面を注視する。すなわち，代議制民主主義の表の機能と，代議制民主主義の形骸化に起因する政治不信に由来する裏の機能がある。ロザンヴァロンは後者をカウンター・デモクラシーという名で呼ぶ。カウンター・デモクラシーの3点にわたってその達成しようとするものを考察する。ひとつは「見張る権力」，次に「拒否の権力」，最後に「裁判の権力」である。それぞれ示唆に富む問題である。カウンター・デモクラシーはこれからの政治学の大事なテーマになって行くことであろう。[19]

むすび

　政治学者の森脇俊雅は，かつて次のように述べた。「2007年に国民投票法が制定され，18歳投票制の導入が提起された。…（中略）…18歳投票制が盛り上がらず，大きな課題とならないのは，なによりも当事者である若者たちが消極的だからである。[20]…（中略）…背景には，日本では高校や中学校での政治教育が軽視され，政治に関する意見を述べたり，教養を深めたりする機会の乏しいことが指摘される。…（中略）…若者たちの政治への関心を高め[21]，自覚を促すためにも18歳投票制を推進すべきと考える」（森脇 2014，42）。

　森脇の言うように，高校や中学校での政治教育が軽視されていることは，単なる教育だけの問題であることを超えて，日本の政治文化の質の問題になっていると思われる。18歳選挙権問題を契機として，日本の政治文化が，政治の貴重さということに対して認識を深めてゆくことを願って，結論としたい。

注

1）読売新聞社は，民法で20歳と定められている成人年齢の引き下げについて，郵送方式の全国世論調査を実施した。成人年齢を18歳に引き下げることには，「反対」が53％で，「賛成」の46％をやや上回った。反対する

第7章　18歳選挙権について考える

理由（複数回答）は，「18歳に引き下げても，大人としての自覚を持つと思えないから」の62％がトップで，「経済的に自立していない人が多いから」56％，「精神的に未熟だから」43％などの順だった。「反対」は20歳代で66％，30歳代で59％，40歳代でも57％となっていた。少年法の適用年齢を18歳未満に引き下げることには，「賛成」が88％と，「反対」の11％を大きく上回った。また，現在，20歳から認められている飲酒や喫煙など6項目のうち，18歳から認めてもよいと思うものをいくつでも選んでもらうと，「飲酒」は23％，「喫煙」は17％にとどまった。その他は，「親の同意がない結婚」28％，「裁判員への就任」16％，「親の同意がない契約」13％，「競馬，競輪などの公営ギャンブル」10％で，「どれも認めるべきでない」が47％に上った。調査は2015年8月下旬から9月上旬に実施し，対象者3000人から1991人の回答を得た（『読売新聞』，2015年10月3日）。

2）1970年前後に欧米諸国が選挙権年齢を18歳に引き下げた。また，日本でも，少年法に関して，法務大臣が，法制審議会に対して，18歳以上20歳未満の者を「青年」として18歳未満の少年とも20歳以上の成人とも異なる取り扱いをすること等の法改正の是非を諮問した。これを受けて，秋田大助自治大臣は閣議において「少年法の年齢引き下げと関連して，公職選挙法の投票年齢を引き下げる問題が論議を呼ぶと予想されるので，今後，関係省庁でも真剣に検討してもらいたい」と発言し，閣議も了承したことが，『読売新聞』1970年6月19日夕刊にも報道されている。これを機に，選挙権年齢を引き下げるべきではないかという議論が国会において盛んになった。その際，大きな論点となったのが，憲法第15条第3項が「公務員の選挙については，成年者による普通選挙を保障する」と規定していることについて，選挙権年齢と民法上の成年年齢が一致しなければならないか否かという点であった。学説上は，憲法上の「成年」と民法上の「成年」は，一致しなければならないものではないとされ，普通選挙の趣旨からは，憲法上の「成年」を民法上の「成年」より引き上げることは違憲であっても，引き下げることは立法政策上可能であるとされた。結局，選挙権年齢は，民法その他法体系全般との関係を十分考慮しなければならない点や，世論調査の結果においても，世論の動向は，必ずしも選挙権年齢引き下げを積極的に肯定しているとは見られない点などから，福田一自治大臣は慎重な姿勢を示し，法案の提出や，選挙制度審議会への諮問には至らなかった。1990年代後半になって，選挙権年齢引き下げの議論が再び活発化してきたが，これは，少子高齢化社会への対応，若者の政治教育，および世界的な潮流への同調などを目的としたものと言われている。国政選挙において，選挙権年齢の18歳

323

への引き下げを公約・マニフェストに掲げる政党も多かったし，また，「Rights」など選挙権年齢引き下げを求める団体も存在していたが，結局，今日に至るまで実現しなかった（佐藤ほか 2008, 5-6）。

3）2015 年 3 月 23 日投開票の出直し大阪市長選挙を前に，朝日新聞社と朝日放送が，3 月 15，16 両日に実施した市内の有権者に対する電話による世論調査で，比較的若い年代ほど，選挙への関心が低くなる傾向がうかがわれた。すなわち，出直し大阪市長選挙に「大いに関心がある」と答えた人は，2011 年の前回市長選挙の 57％から，今回は 15％と大幅に下がった。年代別では，50 歳代以上で，「大いに関心があると答えた人は 2 割前後だったが，それより若い年代では，1 割前後だった。都構想の賛否は賛成 32％，反対 38％と割れた。年代別では，賛成が上回ったのは 30 歳代だけだった（『朝日新聞』，2014 年 3 月 18 日）。

4）「シルバー・デモクラシー」については，池上彰が「池上彰の大岡山通信：若者たちへ（73）」で興味深い指摘をしている。すなわち，「県の将来を考えればサッカー場をつくるべきだが，次の選挙を考えればゲートボール場をつくらざるをえない」。ある県知事がこう発言したことがあるという。これがシルバー・デモクラシーの典型だと池上は言う（『日本経済新聞』，2016 年 1 月 11 日）。私見では，シルバー・デモクラシーの分かり易い説明だと思うが，シルバー・デモクラシーの理解にせよ，批判にせよ，もっと本質的に深く問題を掘り下げる必要があると思われる。

5）行政学者の片木淳は 2013 年の段階ですでに「18 歳選挙権」について次のような期待を寄せていた。片木によれば，誰でもホームページなどを利用して選挙運動ができるようになり，政治への関心が高まる。とくに，フェイスブック，ツィッターといったソーシャル・メディアに親しんでいる若者の投票率の向上が期待される。少子高齢化で重い負担を背負うことになる若者たちが今後，ネット上で自らの意見を積極的に表明していけば，日本の政治の抜本的な改革につながる。ネット選挙の解禁を機に，選挙を所管する総務省や全国の選挙管理委員会は，若者をターゲットとした政治的テーマをタブー視しない選挙の啓発，いわゆる「主権者（有権者）教育」に積極的に取り組むべきだ（『日本経済新聞』，2013 年 4 月 24 日，http://www.nikkei.com）。

6）2016 年新春の日本の新聞各紙は，「18 歳選挙権」実施の年に因んでか，18 歳と選挙のキャンペーンを展開しているのが目につく。ここでは，その中から，フランスのパリ郊外（バンリュー）に住む 18 歳の移民の例を紹介したい。セーヌサンドニ県ノワジールグランのサラ・バリットは，2015 年 11 月 13 日，フランスのパリ市街と郊外のサンドニ地区の商業施設において，IS の戦闘員と見られる複数のジハーディストのグループに

第 7 章　18 歳選挙権について考える

よる銃撃および爆発が同時多発的に発生し，死者 130 名，負傷者 300 名
以上を生んだテロで，3 年前の苦い思い出がよみがえった。アルジェリア
からの移民で，スカーフで髪を覆う熱心なイスラム教徒の母と電車でパ
リに向かう途中，見知らぬ男性に「ここはお前たちの居場所じゃない。
国に帰れ」とののしられた。都心に繰り出す浮かれた気持ちが一瞬で凍
り，恐怖と怒りに変わった。「パリでテロが起きた時，とても悲しかっ
た。そして自分たちがテロリスト呼ばわりされるのではという恐怖が襲っ
てきた」。バンリューの若者を代弁し，その声を発信するブログメディ
ア『ボンディ・ブログ』もテロの直後，「私たちは二重に怖れる」という
表題を掲げた。若者がテロと排外主義の双方の脅威にさらされていると
いう告発だった。「フランスが白人の国で，バンリューの若者が悪人だと
思い込んでいる人たちの偏見を改めたい」。バリットは 2 年前にフランス
国籍を取得した。6 月の大学資格試験で好成績をあげ，ジャーナリズムを
専攻したいという。2015 年 10 月，18 歳になって一番嬉しかったのは選
挙権を得たことだ。一票を投じ，移民排斥を訴える極右政党が政権に就
くのを阻止したいという。自分のような移民家庭で育った若者を排除す
る力に抗い，自分たちの「居場所」を守ろうとしている（『朝日新聞』，
2016 年 1 月 09 日，http://news.asahi.com）。

7）宇野は「18 歳選挙権」について次のように述べている。投票を通じた政
治参加に関し，若者の意識に大きな変化が生じているとの観察は，まだ
見られない。おそらく安倍政権下で行われる 2016 年の参議院選に向け，
各政党がどう新しい有権者にアピールしていくかと同時に，若者の側か
らいかなるイニシアティブが生じて来るか。18 歳選挙権で「静かな革命」
が本当に起きているのか見定めるため，そしてそれが安倍政権の将来に
どんな影響を与えるかを結論づけるためには，いましばらく時間が必要
であろう（宇野 2015, 83）。

8）2016 年夏の参議院選挙から選挙権年齢が「18 歳以上」に引き下げられる
ことを受け，文部科学省は，2015 年 10 月 5 日，高校生の政治活動への参
加を認める新たな通知案を明らかにした。学校外でのデモや集会への参
加を条件付きで初めて認める。通知の見直しは 46 年ぶりである。新通知
案は，学校外の政治活動について，「生徒が判断して行うもの」として原
則として容認した。ただし，学校が，生徒自身や他の生徒の学業に支障
が出るなどと判断した場合，禁止を含めた指導対象となるとした。違法
行為や暴力的な活動につながる恐れが強いと判断した場合も，制限や禁
止の必要があるとしている。校内での政治活動は，これまでと同様，部
活動や生徒会活動の時も含めてすべて禁止する。放課後や休日も，学校
施設の使用は，制限または禁止とする。教員に対しては，授業で，具体

的な政治的事象について，議論を促す一方で，中立的な立場で指導する
ように求めている。高校生の政治活動については，文部省（当時）が，
1969年に，「国家・社会は未成年者が政治的活動を行わないよう要請して
いる」などと通知した。学校外でも「望ましくない」として来た。安保
闘争や大学紛争が高校にまで広がり，一部で，授業妨害や学校封鎖が起
きたことが背景にあった。しかし，学校の教員らが，そもそも通知の存
在を知らず，安全保障関連法の反対デモに高校生が参加するなど，「実態
に合わなくなっていた」（文部科学省担当者）。文部科学省は関係団体や
有識者の意見を検討したうえで，各都道府県教育委員会などに新たな通
知を出す方針であるという（『日本経済新聞』，2015年10月6日）。

9）政治解説者の篠原文也は「『18歳選挙権』を主権者教育の契機に」と提唱
する。すなわち，「公共」の精神をいかに育てるかが主権者教育の眼目で
あり，それを推進する条件はこれ以上ないほど整っている，と言う。篠
原によれば，主権者教育，とりわけ選挙教育を，日本に定着させるため
には，2つのコラボレーションが不可欠である。まず，第1に，「学校・
地域・家庭のコラボ」である。学校が重要な役割を果たすことは言うま
でもない。主権者教育は，近未来の有権者である小中学生段階から流れ
を作り，「18歳」につなげてこそ，主権者教育は意味を持つ。次に，地域
であるが，現在，「明るい選挙推進協会（明推協）」などが活発に選挙啓
発ポスターなどを作ったりしているが，地域の中で，子供たちに，選挙
の重要性や，主権者意識を持つことの大切さを訴えて行くべきである。
最後に，家庭であるが，親が子供を連れて，立候補者の街頭演説を聴き
に行ったり，投票所に連れて行ったりすることも大切である。新聞やテ
レビなどの選挙報道を食卓で話題にすることも必要であろう。高校生や
大学生になってから，「さあ主権者教育だ」といっても遅い。学校と家庭
と地域の三位一体でコラボしながら，小・中・高と主権者教育を継続し
て行く流れを作って行かねばならない。第2に，選ぶ側と選ばれる側の
コラボレーションである。篠原は各政党に「子ども向けの政策集（子ど
もマニフェスト）」を作成するように主張してきたと言う。現在では，自
民，公明，民主の主要3党の間に「子どもマニフェスト」が定着して来
た。2015年4月の統一地方選挙では，各種選挙のほとんどで軒並み投票
率が過半数を低下した。若者の政治，選挙への関心が低い中，18歳に選
挙権を引き下げれば，さらに投票率が下がる要因にもなりかねない。さ
らに，この地方選挙で顕著だったのは，無投票当選が非常に多かったこ
とがある。道府県議員選挙では21.9％が無投票当選である。政治家や候補
者のなり手がいないという，深刻な問題も浮き彫りにした。現在の有権
者である大人が「観客民主主義」に陥らず，選挙や政治，社会に対する

326

第 7 章　18 歳選挙権について考える

関わり方の見本を子供たちに示して行く必要がある（篠原 2015，70-5）。

10) 作家の羽田圭介は，2015 年，80 代の祖父を介護しながら暮らす 28 歳の男を主人公にした『スクラップ・アンド・ビルド』で芥川賞を受賞した。この小説の主人公は，すべての選挙に真面目に行き，国民年金の保険料も払っていたが，老人に有利な社会保障システムに怒って，保険料の支払いを止めてしまう筋書きであるが，羽田は次のように述べる。「今，僕の還暦を過ぎた両親が 90 代の母方の祖母を介護している。老々介護に近いその姿を見ていると，利害の対立する世代や相手とかかわりあわないで，つまり身体性を介さないまま，強気の意見を言う風潮がはびこっていることに疑問を感じている」と。さて，羽田は 18 歳選挙権について次のように発言している。「選挙権が拡大されて必要なのは，ジャーナリズムが，政治家に対する監視の目を強めること。政治を勉強する余裕がない若い世代は，本当に実行されるか分からないマニフェストを選挙の直前に見て，投票するしかないのが実際だろう。政治家は本当のことを言っているのか。政治の裏側で国民の意思に反したことが進められていないか。権力や世間の批判を恐れない報道がなされないと，若い世代は政治に失望してしまう」（『読売新聞』，2016 年 1 月 13 日）。私見によれば，現代日本の今ほどジャーナリズムの立ち位置が問題になっていることはないと思われる。その意味で，「権力や世間の批判を恐れない報道がなされないと，若い世代は政治に失望してしまう」という発言は貴重である。

11) 在特会とは，朝鮮人が，通名使用や生活保護受給などの特権を得ており，その背景には「日本＝悪」とみなす自虐史観がある，と主張する市民団体のことである。2006 年末に結成され，2009 年ごろから街頭での行動を活発化させた。京都の朝鮮学校の授業を妨害した事件などで逮捕者を出している。会員数は公称約 1 万 4 千人（『朝日新聞』，2013 年 8 月 10 日。https://kotobank.jp/word/）

12) アメリカでは，建国当時に，各宗派がほぼ互角の勢力を有していたので，政府はこの状態を尊重し，「政教分離」を憲法に規定した。フランス革命後の教会と国家の対立的分離とは違った「友愛的分離」の下に，「宗教の精神」と「自由の精神」の結合が公的生活を非宗教化し，「宗教の平穏な支配」をもたらした。特定の宗派を超えた国民統合を果たす宗教的政治的文化をアメリカの宗教社会学者ロバート・ベラー Robert Bellah は「市民宗教」と名付けた（河田 2015，87．ベラー 1983）。ベラーによれば，今日でも，宗教共同体が，その複雑な多様性にもかかわらず，アメリカ社会の主要な道徳的源泉として踏みとどまっている。もう一つの大きな遺産は，共和制的伝統の中に根ざしている。アメリカ国民の間には，活発な政治的自発性というものが依然として顕著に見られる（ベラー

327

1983, 8)。

13) イギリスの総合制学校型の公立学校には，多くの労働者階級の子供が通う。彼らは親の階級を脱出するために業績主義に挑んだ。しかし，ミドル・クラス的標準の学校文化に適合出来ず，管理や権威の支配に「落ちこぼれ」として，自らの労働者階級文化を対抗させる子供たちも多かった。イギリスの文化社会学者ポール・ウィリス Paul Willis は，そうした抵抗文化を明らかにすると同時に，それが既存の階級的不平等の再生産につながるメカニズムを活写した（河田 2015, 87. ウィリス 1985）。ウィリスは次のように言う。労働者階級の反抗的な若者たちに対する学校教育本来の取り組みについては，どのようなことが言えるだろうか。生徒の反抗は，個々の教員の授業スタイルや教科内容に対してというよりは，むしろ学校というもののたたずまいや教育関係の枠組みに対してむけられている。真の論点は，学校教育という場で生起する階級対立にあり，労働力の再生産過程にあり，総じて文化と社会の再生産過程にあるはずである。ひるがえって，生徒の側について言えば，労働者階級の子供たちが自己表現の能力を高め，シンボル操作のしっかりした技量を身に付けることがなければ，およそ労働階級の成長もあり得ない（ウィリス 1985, 438-9）。

14) 19 世紀末から 1960 年代に至るオランダでは，カトリックとプロテスタントの両宗派勢力が，政党から労働組合，新聞，放送局，学校に至るまで系列組織化を進めた。この宗派別の独自の社会集団は，それぞれ柱状に並列していることから「柱 zuil」と呼ばれ，信徒は日常生活のほとんどをこの「柱」の中で送ることが出来たといわれている。この「柱」が併存し，鋭いクリーヴィッジが社会の内部に走っているかに見えるオランダで，どうして民主主義の維持が可能なのか。この問題意識から「多極共存民主主義」論を生み出したのが，オランダ生まれのアメリカの政治学者アレンド・レイプハルト Arend Lijphart である。レイプハルトによれば，オランダの「柱」に属する人々は各々の独自の世界観を有し，「柱」相互に鋭い緊張と対立が走っているため，内戦の一歩手前の状況にあった。しかし，オランダには，自らの属する「柱」の利害を越え，民主主義の維持のために，相互の妥協と合意によって，政治を進めて行くエリートが存在し，彼らが大連合政権や争点の非政治化といった手法を多用することで，高度の政治的安定が支えられて来た，とする（水島 2001, 16-7）。

15) 「見えない制度」についてケネス・J・アローは次のように言っている。アローによれば，政府や企業以外にも，数多くのさまざまの組織がある。しかし，それらのすべては，政党，革命運動，大学，教会などその如何

第 7 章　18 歳選挙権について考える

を問わず，集団的行動を必要とし，および非市場的方法による資源配分を必要とするという共通の特徴を持っている。そのうえ，さらにもう一組の制度がある。それらは目に見えない制度であって，実は，倫理や道徳の原則である。倫理や道徳をとらえる一つの見方は，これらの原則は意識的であるにせよ，あるいは多くの場合には無意識的であるにせよ，相互の利益をもたらすような協定であるという考え方である。互いに他人を信頼するという協定は，買えるものではない。のみならず，一緒に働きましょうという契約にサインしたとしても，相互信頼を常に非常に簡単に達成できるわけではない。社会はその進化の過程において，他人へ一定の配慮を払うことに関する暗黙の協定を発展させて来た。そのような協定は，社会の存続にとって不可欠であり，少なくとも，その働きの効率性に大いに貢献する（アロー 1999，21-2．Arrow1974，26）。

16）著者自ら 3 部作と呼ぶこれらの著書は，『市民の聖別式』（Rosanvallon 1992），『見つからない人民』（do. 1998a），『未完成の民主主義』（do. 2000）である。

17）「普通選挙の共和国が意味することは何よりも分断のない社会を追求することである」（Rosanvallon 1994）。

18）マスメディアの対応も重要である。ロザンヴァロンによれば，メディアは民衆と権力の間に立って，証人となったり，代理人になったりする。また，メディアは腐敗の暴露者であり，退廃者を仲介し，可能性の指示者でもある（Rosanvallon 1998b）。

19）『朝日新聞』はかなりの紙面を割いてロザンヴァロンの談話を掲載している。ここでは，その一部を紹介しておきたい。ロザンヴァロンは次のように発言している。「人々は，政治の世界が社会をちゃんと代表していない，社会からの言葉に耳を傾けていない，と感じています。自分たちの言葉を届けるには投票以外の方法も必要だと意識しています」。「カウンター・デモクラシーは政府を牽制したり監視したり批判したりといった機能を担います。たとえば，政策への抗議のデモだとか，権力を批判し監視する NGO などもそれにあたります」。「選挙での投票は，期待通りに行動してくれそうな人への『信頼』を表明すること。カウンター・デモクラシーは『不信』感を通して，制度に一種の試験をすること。民主主義は二本の足で立つ。一つは『信頼』，もう一つは『不信』。前者を代表制が，後者をカウンター・デモクラシーが引き受けるのです」（『朝日新聞』，2015 年 4 月 1 日）。

20）ここでは，世代間格差から問題を提起する高橋亮平の見解を紹介しておきたい。高橋によれば，今の日本でもっとも不況のあおりを受けて苦しんでいるのは，若者世代である，と言う。世代間格差は「将来」の問題

329

であると同時に，「今そこにある危機」でもある。その危機が脇に置かれてしまうのは，今の日本がいわゆる「シルバー・デモクラシー（高齢者民主主義）」に支配されているからである，と言う。そこで，高橋はシルバー・デモクラシーの現状を次のように把握する。すなわち，2007年の参議院議員選挙の際には，0〜30歳代の人口は，全体の44.9％を占めているにもかかわらず，総投票者数に占める割合は，わずか23.5％であった。一方，60歳以上の高齢者の人口割合は28.1％であるのに対して，投票者数の割合は40.4％にも上る。20歳未満の国民に投票権がないとはいえ，若者の発言力は極端に小さいといえる。国会議員にもシルバー・デモクラシーの構造が現れている。0〜30歳代の国会議員は8.8％，60歳以上の高齢者の国会議員は41.0％を占めていた。以上，有権者のレベルでも，国会議員のレベルでも高齢者が「数」の面で強い政治力を持っている。そして，日本を脅かすシルバー・デモクラシーはこれからが本番である。推計によると，投票者数に占める20〜30歳代の若者の割合は，2020年に18.1％，2030年に16.7％，2040年に15.3％，2050年には14.0％まで低下する。一方，60歳以上の高齢者の投票者数割合は，2020年に46.7％，2030年に49.2％，2040年に54.6％，2050年には56.6％である。今から30年後には，有権者の過半数を60歳以上が占めることになる。したがって，シルバー・デモクラシーから来る世代間格差を解消して行くためには，「ユース・デモクラシー（若者民主主義）」の構築が不可欠である。ユース・デモクラシーを構築するために，まずは全体を包括する「若者参画基本法」の制定を，高橋は，2010年に，提唱した。高橋によれば，若者参画基本法の柱となるのは次の4つである。ⅰ）選挙によって若者の声を政策決定に反映する仕組みの構築，ⅱ）政治に若者の声を反映するため政界に世代代表を送る仕組みづくり，ⅲ）若者世代が政治に直接参画する仕組みの実現，ⅳ）政治教育の充実，である。選挙権年齢を引き下げるだけで，ユース・デモクラシーの実現が近づくかといえば，そんなことはない。今の日本が，シルバー・デモクラシーに支配されている背景には，若者自身の責任もある，と高橋は言う。若者世代は，有権者数が少ないだけでなく，「投票率」も低い。これが高まらない限り，せっかく選挙権年齢が引き下げられても，若者と高齢者の投票数の差は縮まらない（高橋亮平 2010，124-42）。以上で高橋見解の紹介は切り上げるが，私見では，単刀直入に言えば，若者は損ばかりしているわけではない。シルバー・デモクラシーが守勢に回っている面もある半面，ユース・デモクラシーが攻勢に出ていないのは，シルバー・デモクラシーが強固だからというわけではない。ユース・デモクラシーが劣勢に見えるのは，成員の数だけの問題ではないだけでなく，主体性の問題でもな

330

第 7 章　18 歳選挙権について考える

いように思える。結局は，それは制度の問題だけではなく，全体として
の，政治・社会・文化の問題であると考えたい。

21）例えば，政治学者品田裕は，「投票に不安を持つ若者への対策は？」と聞
かれて，「『ボートマッチ』という有権者や政党との考え方の一致度を測
定するインターネットサービスがあります。現在，欧州諸国の多くで導
入され，活用され，日本にも似たサービスがあります」と答えている（品
田 2015，18）。「日本版ボートマッチ」（http://votematch.jp/）を始めと
して各新聞社の「ボートマッチ」があるが，ここでは，若者の選挙行動
という観点から「学生団体 ivote 関西」に注目したい。この団体の問題意
識は，「未来はみんなで創る。若者だって未来を創る担い手です」という
メッセージを届けるため，「学生団体 ivote」は原田謙介によって東京に
創設されたが，それから 7 年目の 2014 年 4 月，さらなる活動をめざして
関西に設立されたところにある。原田謙介（29 歳）の発言が『読売新聞』
に掲載されている。それによれば，原田は，「YouthCreate」代表として，
若年層の政治参加拡大に取り組む。文部科学省などが 2015 年 9 月，高校
生向けに作った主権者教育副教材の作成に協力した，となっている。原
田は次のように発信している。「世界に例のない少子高齢化社会を迎え，
若者世代の負担は確実に増して行く。次世代を担う若年層には，社会の
一員として力を発揮してもらうことが不可欠だ。社会のことをきちんと
考える人を育てる。18 歳選挙権をそのきっかけとしたい」。「安全保障法
制などをきっかけに，民主主義のあり方も議論されるようになった。若
者には多数決だけが民主主義ではないことを知ってもらいたい」（『読売
新聞』，2016 年 1 月 13 日）。

331

補論

書評：水島治郎著
『反転する福祉国家：オランダモデル
の光と影』（岩波書店，2012年）

はじめに

本書は，現代の福祉国家が抱える包摂と排除の構造に焦点をあて，国際的な注目を浴びる雇用・福祉改革が進展するオランダ政治を見事に解明した，わが国の現代オランダ政治史の研究水準を一挙に引き上げた，もっとも優れた本格的な研究書である。

本書の言わんとするところは何か。本書は，オランダ現代政治を題材としながら，先進的な福祉国家において進行する「包摂と排除」のロジックを分析することで，現代福祉国家の抱えるアポリアの解明を試みたということが出来る。

著者は，「国際的な注目を浴びる雇用・福祉改革が進展するオランダにおいて，この移民排除の動きが驚くほどドラスティックに，また急速に進行しているのはなぜか」(vii頁)，という問題を立てる。

1980年代初頭の賃金抑制・労働時間短縮のパッケージ・ディールを柱とする「ワセナール協定」を初めとする，近年オランダで進められている雇用・福祉改革は，国際的にも注目を集める先駆的なものを含んでいる。これを「包摂」とする。しかし，近年のオランダでは，新右翼政党の台頭を契機としつつ，「福祉に依存している」とされる移民・難民に対する批判が高まり，移民の排除が急速に進んでいる。これが「排除」である。

本書は，この「包摂」と「排除」に通底するロジックとして「参加」の論理を指摘し，現代福祉国家における「参加型社会」への転換が，一方では女性・高齢者などの就労促進を通じて「包摂」を促しつつ，他方では，

333

「参加の可能性の薄い」移民・外国人への「排除」を招いていることを分析している。

　「参加型社会」への転換の背景にあるのは，サービス化・情報化が進んだ脱工業社会の到来，「ポスト近代社会」の出現だった。「ポスト近代社会」においては，とくに言語を通じたコミュニケーション能力の有無が個々人の社会的価値に容赦なく連動していく。言語・文化を共有しない移民に対しては，多くの場合，排除を生み出すことになったと言えるのである。

　本書の構成は次のようになっている。

はじめに

第1章　光と影の舞台─オランダ型福祉国家の形成と中間団体

第2章　オランダモデルの光─新たな雇用・福祉国家モデルの生成

第3章　オランダモデルの影─「不寛容なリベラル」というパラドクス

第4章　光と影の交差─反転する福祉国家

あとがき

参考文献

　以下において，著者の主張することを，本書にそって概略的に辿ってみよう。

1　本書の概要

はじめに（省略）

第1章　光と影の舞台─オランダ型福祉国家の形成と中間団体

　著者は，第1節において，現代政治の歴史的文脈を提示する。まず，「身軽な国家」オランダの成立について述べ，次に，19世紀後半を「自由主義と宗派勢力の対抗」，20世紀を「柱」社会と中道キリスト教民主主義

補論　書評:水島治郎著『反転する福祉国家:オランダモデルの光と影』(岩波書店,2012年)

の優位の世紀であると要約する (2-10頁)。

　著者は，第2節において，オランダにおける「保守主義福祉国家」の成立を解明する (11-24頁)。

　著者は，第3節において，中間団体政治の形成と展開と排除について述べる。そして，「ヨーロッパ統合の進展，グローバル化のもとで，従来の(中間団体政治の—引用者補記)制度では政策に必要な「機動性」が欠けているとして，オランダ特有のコーポラティズム的政策決定システムが批判にさらされた」(30頁)とする。

　したがって，「オランダの政策決定過程に深く包摂されてきた中間団体の役割は，一九九〇年代に「粘着的国家」や「閉じられた円環」批判の高まりを受けて，大きな変容を蒙る結果となった。(中略)従来のような関係団体とのコンセンサスを重視する政策決定方式では迅速な対応が困難であるとして，中間団体の介入を排除するさまざまな改革が進められたのである」(36頁)。

第2章　オランダモデルの光—新たな雇用・福祉国家モデルの生成

　著者は，第1節において，大陸型福祉国家の隘路について述べる。「オランダをはじめとする所得保障を重視する保守主義型・大陸型福祉国家は，経済成長と雇用の拡大が続き，福祉給付対象者の限定されていた一九七〇年代までは「持続可能」であったものの，石油危機後の景気後退期に入り，産業構造が再編のときを迎えると，重大な困難に直面する」(43頁)。

　著者は，第2節において，福祉国家改革の開始について述べている。

　「一九九〇年代以降，オランダで進展した雇用・福祉をめぐる諸改革は，給付重視で家族主義的だったかつての大陸型福祉国家の形を大きく変貌させた」(67頁)。

　著者は第3節において，パートタイム社会オランダを問題にする。「転機となったのは，やはり一九八二年のワセナール協定だった」(77頁)。

335

「オランダにおけるパートタイム労働者の保護は，他のヨーロッパ諸国と較べてもきわだっている」（81頁）。

第4節において，著者はポスト近代社会の到来とオランダモデルについて述べる。「大陸ヨーロッパ諸国の持つ一種の「保守性」が，現在の改革の背景にあることは否定できない。その意味では，保守主義の色を引きずった「ポスト保守主義型福祉国家」が出現しつつある，といえるかもしれない」（90頁）と著者は結論づける。

著者は，この章の結論的な部分で，次のように主張する。すなわち，「オランダにおける福祉・雇用改革は，高齢者や女性，福祉給付受給者をはじめとする多様な人々に就労を促し，労働市場へと包摂しようとする試みであるばかりか，生産性を向上させ，特に先端的な産業部門を担う創造的人材をひきつけ，国際競争に打ち勝とうとする役割をも担うことで，脱工業社会における競争戦略として，積極的に位置づけられている」（96頁）。

第3章　オランダモデルの影—「不寛容なリベラル」というパラドクス

2002年以降に生じた政治的展開は，内外に大きな驚きを呼び起こした。すなわち，第1節で詳細に論じられる移民問題とフォルタインという問題である。2002年2月，「コラムニストのピム・フォルタイン（Pim Fortuyn—引用者補記）が新党フォルタイン党（中略）を立ち上げると，オランダで「タブー」とされてきた移民問題を正面から取り上げたこの党は，またたくまに党勢を拡大する」（100-1頁）。

著者は，フォルタインについて，「鋭い政治的感覚を持ち，既成のオランダ政治への一般大衆の不満を政治的にまとめあげることに成功した，オランダでもまれにみる政治的企業家といえるだろう」（111-2頁）と評価する。

政権戦略について言えば，「フォルタインは，既成政党に対する徹底的な批判者として振舞いつつも，同時に政治的に完全に孤立することは巧妙に回避し，選挙戦の最中にも連合形成のための布石を打っていた。（中略）

補論　書評：水島治郎著『反転する福祉国家：オランダモデルの光と影』（岩波書店，2012 年）

「私は首相になる」と公言していた彼は，その野望を実現するためには他党との連合が必要となることを熟知していた」（120 頁）。

　第 2 節で，著者は「「すみよいオランダ」がオランダ政治に登場した二〇〇一年半ばから，フォルタイン党が総選挙で躍進した二〇〇二年五月に至る激動の一年」（121 頁）を叙述している。「結党間もないフォルタイン党の試金石となったのが，二〇〇二年三月六日のロッテルダム市議選だった。（中略）「すみよいロッテルダム」は事前予測をさらに上回る三四・七％という驚異的な得票率で地滑り的な勝利を収め，総議席四五議席中一七議席を獲得した」（133 頁）。

　「総選挙まであと一〇日足らずに迫った（2002 年―引用者補記）五月六日，フォルタイン党の獲得予想議席は実に三八議席に達した。キリスト教民主アピールとの連立さえ実現すれば，フォルタインが首相となることさえ夢物語とはいえなくなっていた。」ところが，「五月六日夕刻，ヒルフェルスム（中略）でラジオ番組の出演を終えたばかりのフォルタインは至近距離から銃撃され，まもなく死亡した」（139 頁）。

　2002 年 5 月 15 日の総選挙の結果は，「フォルタイン党の得票率は一七％に達し，一挙に二六議席を獲得した」。「最大野党だったキリスト教民主アピールも前回の二九議席を四三議席に大きく増加させて第 1 党」となった（140 頁）。

　フォルタイン党自体のその後の凋落の帰趨は別として，「フォルタインというポピュリストの躍進と死，新党フォルタイン党の政権参加というこの間の政治的激動が，オランダの政治社会全般に与えた影響は大きい」（143-4 頁）。

　第 3 節で，著者はペーター・バルケネンデ Peter Balkenende 政権と政策転換の問題について論じている。

　「二〇〇三年一月に行われた総選挙では，（中略）フォルタイン党は議席・得票率をともに三分の一程度に減らす大敗北を喫した。（中略）他方，キリスト教民主アピール，自由民主人民党の両党は，（中略）二党で

337

過半数を握るまでには至らなかった。また労働党の復調は顕著であり，四二議席を獲得し，キリスト教民主アピールに迫る勢いをみせた。選挙後の連立交渉は，（中略）最終的にキリスト教民主アピール，自由民主人民党に民主 66（六議席）を加えた三党による第二次バルケネンデ政権が成立した」(145-6 頁)。

　総じて，「バルケネンデ政権下の移民政策においては，一九九〇年代までのオランダの政策を特色づけてきた「多文化主義」と決別し，「市民化」という名の統合政策によって，オランダ社会・オランダ文化への統合を強調する姿勢が明確である」(152 頁)。「2002 年以後のオランダでは，確かにエリート・カルテルを脱し，一般大衆に開かれた民主的統治に向かう傾向が見られるものの，他方では，フォルタイン批判は封印され，「価値規範」の名のもとに移民の排除が進み，市民管理が浸透するなど，新たな「不寛容」が生じつつある，との印象もぬぐえない」(160 頁)，と著者は第 3 節をまとめる。

　著者は第 4 節でファン・ゴッホ殺害事件，すなわち，テオ・ファン・ゴッホとヒルシ・アリについて論じている。

　著者は第 5 節でヘルト・ウィルデルス Geert Wilders 自由党の躍進の問題について論じている。「二〇〇六年選挙から現在に至るまで，オランダ政治はまさにウィルデルスを軸として動いてきたといっても過言ではない」(170 頁)。

　「ウィルデルスが強烈な存在感をアピールしたのが，EU 憲法条約をめぐる国民投票である。二〇〇五年六月，各国で批准に付されていたヨーロッパ憲法条約が，オランダの国民投票によって大差で否決」された。「政府やすべての主要政党が批准賛成のキャンペーンを張ったにもかかわらず，大差の否決を防ぐことができなかった」。「批准反対の論陣を張ってメディアの注目の的となったウィルデルスは，「国民の意思」を代弁するシンボル的存在となった」(175 頁)。

　「ウィルデルスは，下院選挙に向けて二〇〇六年二月，自由党を設立し

補論　書評：水島治郎著『反転する福祉国家：オランダモデルの光と影』(岩波書店, 2012 年)

た。自由党は，オランダ憲法第一条の差別禁止条項を廃止し，代わりに「ユダヤ‐キリスト教的・人文主義的伝統」をオランダの「支配的文化」として第一条で位置づけることを掲げ，他の主要政党とは明らかに異質の主張を展開した」(179 頁)。

第 4 章　光と影の交差―反転する福祉国家

　著者は，第 1 節において，福祉国家改革と移民について，「福祉国家と「移民政治」の関係は，政治の争点が前者から後者に移行しているという単純なものではない。むしろ「移民政治」の顕在化の背景には，実は福祉国家の再編をめぐる問題―とりわけ，福祉国家の構成メンバーの要件であるシティズンシップの再定義―が深く関連しているように思われる。近年の福祉国家の再編成のあり方自体が，移民をめぐる新たな言説空間を創出し，「移民政治」を政治の表舞台に押し上げたといえるのではないか」(190 頁) と述べる。

　著者は，第 2 節で，脱工業社会における言語・文化とシティズンシップを問題にする。すなわち，「「人がモノを生産する」時代から，「人と人がコミュニケーションをとりながら，モノならざるモノ」を生産する時代に移行しつつある「ポスト近代社会」は，諸個人に「言語によるコミュニケーション」を通じて社会に「参加」すること，そして「人と人との関係性」を通じて新たな価値を生み出す「能力」，すなわち「ポスト近代型能力」を要求する社会でもある」(206 頁)。

　「その意味で女性・高齢者と移民は，あたかも写真のネガとポジのように，産業構造の転換にともなって「包摂される存在」と「排除される存在」という位置を「反転」させてきたともいえるだろう」(212 頁) と著者は締めくくる。

あとがき（省略）

以上が本書の概要である。

2 評価と残された問題についてなど若干のコメント

損保ジャパン記念財団賞審査委員長白澤政和は，本書が 2014 年度「損保ジャパン記念財団賞」受賞の対象になったことにつき，「審査講評」において，次のような《審査経過》を述べた。すなわち，『反転する福祉国家—オランダモデルの光と影』については，オランダの福祉国家に関する研究であるが，比較研究の枠組みを前提として，オランダの福祉国家に関する歴史展開を行い，その先進性を分析するとともに，移民労働者問題をめぐる政治過程の激動を織り込んだ「光と影」に関する極めて興味深い論述がされていると審査委員会で非常に高く評価された（白澤 2014, 4）と言う。白澤は《選考理由》として次のように指摘した。「本書は，オランダ独自の福祉国家の理念と実態を基に，『ポスト近代社会』の社会構造の変化を分析した著書である」（白澤 2014, 5）。研究の枠組みとして，「光と影」「包摂と排除」という二項対立のキーワードを用いて，一見すれば対極に見える現象を理解する一つの視点を提供していることが評価できる点である。オランダモデルはよく知られているが，この背後で，移民難民層の排除が進められている実態を，大陸型福祉国家の現在の姿としてわかりやすく書いた点も評価できる（白澤 2014, 5）としている。

権丈英子は，『季刊家計経済研究』の「書評」で『反転する福祉国家—オランダモデルの光と影』を次のように評価する。すなわち，「パートタイム社会オランダ」は，日本人がイメージするような不安定な働き方が蔓延する社会というよりも，ワーク・ライフ・バランスがとりやすく，労働市場への参加が進んだ「参加型社会」となっている。オランダにおけるそうした働き方の変化やその政治的な背景を知ることは，参考になると思われる，と評価する。権丈によれば，欧州における新右翼ポピュリズムの台頭はタイムリーなテーマである。ただ，著者（水島）が，最近のオランダにおける移民政策の展開を「排除」と要約し，女性・高齢者が「排除され

補論　書評：水島治郎著『反転する福祉国家：オランダモデルの光と影』（岩波書店，2012 年）

る存在」から「包摂される存在」になり，逆に，移民が「包摂される存在」から「排除される存在」となったと捉えていることについては，評者（権丈）には，いくぶん疑問が残ったとする。そして，反移民を掲げるウィルデルスの自由党は，2012 年 9 月に行われた下院選挙では議席を大きく減らし，結果的に，中道右派の自由民主人民党と中道左派の労働党による連立政権が成立した，と付言する（権丈 2013，85）。

　大森正博は，『海外社会保障研究』の書評において，次のように評価する。すなわち，『反転する福祉国家—オランダモデルの光と影』は，著者（水島）の専門とするオランダの政治を中心にして，オランダの福祉国家の変容をテーマにしながら，今日のオランダ社会の有り様について，バランスよく紹介している点で優れており，オランダという国を理解する上で大変有益である。また，著者が本書で主たるテーマとして取り上げた福祉国家における「包摂」と「排除」の問題は，オランダのみの問題ではなく，日本を含めた多くの国々の直面する問題であるといえよう。その意味で，本書は，今日の福祉国家が抱える普遍的問題を，オランダの事例を取り上げながら考えることのできる良書ともいえる（大森 2013，81）。

　中沢孝夫は『エコノミスト』において，次のような『反転する福祉国家—オランダモデルの光と影』の書評をした。すなわち，本書によれば，オランダで進んだのは多様な働き方の制度づくりであると同時に，移民・外国人の排斥であった。かつて積極的に移民・難民を引き受け，包摂してきたオランダは，その国の文化に同化せず，働きもせず，生活保護など福祉によって生きる他国から来た人々へ，市民としての義務と責任を求め始めた。それは自由を乱用する「イスラムへの嫌悪」と重なっている（中沢 2012）。

　中村達也は，『毎日新聞』「書評欄」において，『反転する福祉国家—オランダモデルの光と影』について次のように述べた。すなわち，1982 年，石油危機後の経済停滞と深刻な失業に対処するために，政労使 3 者による，「ワセナール合意」という，いわば痛み分けの合意が形成された。中

341

村は，この「ワセナール合意」を軸に進められた数々の政策のうち，2つを紹介している。ひとつが1996年の「労働時間差別禁止法」であり，もうひとつが2000年の「労働時間調整法」である。それに続けて次のように言う。オランダは，先進諸国の中では1人あたり労働時間がもっとも短い国であるが，それでいて，生産性は高い。例えば，国民1人あたりのGDPも，就業者1人あたりのGDPも，就業者1時間あたりのGDPも，日本を上回っているだけでなく，先進諸国の中でも最上位クラスに位置している。まさにオランダモデルの「光」を象徴するものと言えよう。しかし，労働をめぐる様々な改革によって，女性を含む多くのメンバーを「包摂」してきたその一方で，実は「排除」されてしまった人たちがいる。移民・難民である。ヨーロッパの中でも，移民・難民に対して最もリベラルで寛容であったオランダが，最も厳しい移民・難民政策へと反転したのである。著者（水島）は，それを現代の経済構造，脱工業社会の経済が要請する労働力の質・能力のあり方と関連づけて説明する。とすれば，それは「オランダモデル」の影というよりは，むしろ「脱工業社会」の影というべきかもしれない（中村 2012）。

宮本太郎は次のように述べる。すなわち，本書の核心はこの先にあるとして，社会的な包摂を掲げ就労を促す社会保障改革は，他方において，知識・技能やコミュニケーション能力において就労にハンディを伴う移民を厳しい立場に追い込み，排除を進めた。移民排除の中心となった勢力として本書が注目するのは，フォルタイン党や自由党など，強烈な個性を持ったリーダーに率いられ，ポピュリズム的手法を駆使する新興政党である。彼らは主要政党の談合政治を批判し，タブー視されていた移民批判に踏み込んで政治のキャスティングボートを握っていく（宮本 2012）。

以上が本書に与えられた評価である。

最後に，すでに紹介した本書の概要，本書に与えられたいくつかの評価を振り返りながら，残された問題などについて若干のコメントを述べてみたい。

補論　書評:水島治郎著『反転する福祉国家:オランダモデルの光と影』(岩波書店, 2012 年)

　まず，本書の基本概念である「包摂」と「排除」についてであるが，こ
れを野田昌吾の言説を起点にして考えてみたい。野田によれば，1992 年，
EU 委員会は『連帯の欧州を目指して─社会的排除に対する闘いを強め，
統合を促す─』という文書を発表した。この政策文書は，貧困問題を EU
加盟国の重要な政策課題として取り上げたのみならず，この問題を「社会
的排除」というより広い文脈で捉え直し，従来型の現金給付中心の「貧困
対策」から，教育や職業訓練，あるいは雇用拡大などを通じた「社会的包
摂」を目的とする政策への転換を唱えるものであった (野田 2010, 1-2)。
1995 年のフランス大統領選挙を前にして，RPR のジャック・シラクは
フィリップ・セガン Philippe Séguin の助力によって，失業と社会的に排
除された者をなくする戦いを優先する新しい「共和協約」の必要性を訴
えるキャンペーンを行った (土倉 2000, 103) が，「社会的排除に対する闘
い」は当時のモードであったことが理解できる。ただ，「共和協約」の言
う「社会的排除」は明らかに移民・難民を排除するという意味ではなかっ
た。シンプルに「貧困対策」，格差是正，社会的弱者救済だったと思われ
る。

　ポスト工業経済への移行と労働市場の変容について言えば，脱工業化に
よって雇用の総量そのものが大きく減少するわけではない。エスピン - ア
ンデルセンが指摘するように，サービス経済化によって生み出される雇用
の総量は，かつての脱農業化 (工業化) 過程と比べてもまったく遜色がな
い。問題は雇用の量それ自体ではなく，雇用の質，雇用の安定や賃金の高
さが問題なのである。過去 20 年にわたる工業部門での就業の衰退が，一
世代前の脱農業経済を想起させる規模であるのに対して，サービス部門の
成長は工業部門の就業拡大がかつて見せた以上の急成長を遂げた。では，
なぜ，われわれはとりわけ深刻な雇用問題に直面しているのか。答えは，
サービス部門の成長そのものにではなく，それを可能にした状況の組み合
わせにある (野田 2010, 5. エスピン - アンデルセン 2000, 50-2)。野田によれ
ば，諸個人に多様な生き方を可能とするライフチャンスを保証とするとと

もに，そうしたライフチャンスを享有する諸個人の間に，自由な選択を基礎とした新しい社会関係を構築することが中心的な課題となっている。こうした課題は，「社会への参加」を中心に捉えて生活保障のあり方を考え直そうとする「包摂」と「排除」という概念の中心問題とまさに重なる問題にほかならず，また同時に，それは，政治学の古典的テーマである「統合」と「抵抗」という問題を今日の文脈の中で新たに問い直すことでもある（野田 2010，11-2）。

　まさにそのとおりであるが，「統合」と「抵抗」が相反する概念であるように，「包摂」と「排除」も，概念的には，表裏一体ではなくて，相反する概念である。

　これを水島の本書に関連させて言えば，「包摂」と「排除」と「参加」をロジックで繋いでいるところは，抽象的にはわかるが，実態としてそのように捉えすぎてよいのだろうか？という懸念がある。つまり，評者（土倉）も，著者が，最近のオランダにおける移民政策の展開を「排除」と要約し，女性・高齢者が「排除される存在」から「包摂される存在」になり，逆に，移民が「包摂される存在」から「排除される存在」となったと捉えていることについては「評者にはいくぶん疑問が残った」とする権丈の書評に同意するものがある。

　次に，オランダにおけるポピュリズムの問題を考えてみたい。著者は，ポピュリストであるフォルタインについて，「鋭い政治的感覚を持ち，既成のオランダ政治への一般大衆の不満を政治的にまとめあげることに成功した，オランダでもまれにみる政治的企業家といえるだろう」（212頁），と評価している。フォルタインが暗殺された後に登場したもう一人のポピュリストがウィルデルスである。著者は，次のように言う。「ウィルデルスはなぜイスラムを徹底的に批判するのか。二〇〇五年に出版した『自由への選択』において彼は，イスラムを「民主主義と相容れない」ものと規定し，紙幅を割いてイスラムをめぐる「問題点」を説明したうえで，物議をかもす政策を打ち出している」（172頁）。

344

補論　書評：水島治郎著『反転する福祉国家：オランダモデルの光と影』（岩波書店，2012 年）

　オランダのポピュリズムは独特な性格がある。著者はこれについて詳細に興味深く論じている。それについて，以下，少しだけ論評したいのであるが，その前に，野田昌吾の「ポピュリズムへの視角」を紹介しておきたい。野田によれば，今日の右翼ポピュリズム政党は，自由民主主義体制それ自体に敵対的なネオ・ファシズム政党や右翼過激主義とは区別される必要がある。また，ヨーロッパの右翼ポピュリズム政党は反 EU 的主張を掲げているが，ヨーロッパ統合を全面的に拒否するというよりも，その方法やテンポに批判の矛先を向けており，この点でもハードなヨーロッパ懐疑主義の姿勢を示す右翼過激主義などとは一線を画している（野田 2013，16）。この視角はオランダのポピュリズムを論じる時に重要であるかもしれない。ただし，評者はやや見解を異にしている。フランスの FN であるが，FN の始動期には体制外政党であったし，現在もその痕跡は消えてはいない。また，FN のヨーロッパ懐疑主義は本格的であり，極右の反 EU 政党と言ってもおかしくはない。もう少し，野田の言説を引用する。野田はオランダの例にも言及している。

　野田によれば，政治的価値の点でいっても，デモクラシー敵対的とは必ずしもいえないポピュリズム勢力の台頭がみられる。例えば，オランダのフォルタインやウィルデルスといった指導者が，かつての「国民」や「人民」といったシンボルを前面には出さず，市民に向けて，「自由」と「不自由」の二項対立図式を設定し，前者の擁護を訴えている。反移民の主張も，「開かれた社会」という自由主義的な価値に敵対的なムスリムなどの移民から「自由な社会」を擁護するという理屈によって正当化される。このように「自由」の擁護を前面に押し出すポピュリズムは，従来型の右翼ポピュリズム政党とはまったく異なる新しさを持っているが，この新たな「自由主義的」ポピュリズムは社会の中核をなすリベラルな中間層に地歩を築くことを狙ったものに他ならない（野田 2013，16）。評者が考えるポピュリストとしてのフォルタインやウィルデルスのイメージは，「すみよいオランダ執行部は多数決でフォルタインを筆頭候補者から降ろすことを

決定した」であり，「イスラムを徹底的に批判し，物議をかもす政策を打ち出」すウィルデルスなのである。このようなパフォーマンスは，「この新たな『自由主義的ポピュリズム』は社会の中核をなすリベラルな中道層に地歩を築くことを狙った」パフォーマンスとは思えないのである。

　したがって，野田によれば，「デモクラシーとポピュリズムとの関係をそう過度にネガティブに捉える必要はない」。「ポピュリズムはデモクラシーの子供であることには違いないにしても，それは親に似ない子，いわゆる『デモクラシーの鬼子』でしかないというべきである」（野田 2013, 18）と論理はつながるのだが，必ずしも同意できない。野田の言わんとするところはわかる。水島の本書の対象で言えば，「フォルタインなきフォルタイン化」は「紫連合」の「落とし子」である。「鬼子」であると言っても良い。しかし，例えば，ヨーロッパ懐疑主義のことを考えてみると，これは EU の「鬼子」ではない。「懐疑主義」は，ヨーロッパ共同体が成立しようとする時点から存在したのである。ポピュリズムはデモクラシーの「子」なのだろうか？私見では，ポピュリズムは，デモクラシーとは原初から異質の側面があったのではなかろうか。

　評者としては，ポピュリズム政党は，今や「民主的諸制度に対する，重大な脅威として立ち現れている」（Mouffe 2005, 50. 水島 2014a, 126）という立場をとりたい。それは，もちろん，ポピュリズム政党の隆盛は「政治の終り」の結果（Mouffe 2005, 51）であることを否定するものではない。「新しい政治」とは何か？それが問われねばならないと思うものである。同じような文脈で，杉田敦もポピュリズムを，「多数派にとって不都合な問題をすべて外部に原因があるとすることで，真の問題解決を避ける政治」（杉田 2013, 98. 水島 2014a, 126）と述べているが，多くの国では，既成政党から連立相手として拒否されて来た。したがって，杉田の言うように，われわれ自身がどういう政治を望むのか，どういう権力のあり方を望むのかを，われわれの問題として考えようとはせずに，自分たち以外の誰かが悪い，それを除去しさえすれば問題は解決されるという意見に，人は

補論　書評:水島治郎著『反転する福祉国家:オランダモデルの光と影』(岩波書店, 2012 年)

傾きがちである。問題をわれわれの内部に見出すのは不愉快だからである。われわれ以外の「誰か」のせいにできれば，多数派にとっては，気持ちの上では「最大多数の最大幸福」になるかもしれない。しかし，それでは本当の問題は解決されないで，状況は悪化する一方である (杉田 2013, 99-100)。ポピュリズムは民主主義にとって大きな試練であると思われる。

　ここで，具体的な事例をあげて考えてみたい。イスラムのヘッドスカーフをめぐる論争は，フランスではいわゆる「ヴェール事件」が発生した 1989 年にまで遡るが，こうした論争はもはやフランス一国に限らない。実際のところ，今日の西欧においてヘッドスカーフ論争を経験していない国は皆無である。フランスでは，これといって害のないバンダナが，いまや 20 年にわたって論争の原因となり，ついには公立学校における「これ見よがしの」宗教的シンボルを禁じる 2004 年の法律へと結実することになった。イギリスは長い間，宗教的な服装をめぐるヨーロッパ大陸の論争とは無縁の国だと考えられてきたものの，近年ではジルバブやニカブといった過激な衣類が，イギリス多文化主義の限界を問い直すに至っている。オランダはヨーロッパのなかで，多文化主義とはもっとも厳格に距離を置いている国であるが，そのオランダでも 2006 年に，公共の場において顔を覆うヴェールの着用を全面禁止する法律が提案され，ことによるとヨーロッパ中で最も厳格な反ヴェール法が制定されかねない勢いを示している。リベラルな国家および社会の中心となる前提—国家の中立，個人の自立，男女の平等—が近年問い直されている以上，それに対する反応も，当然ながら似たようなものになってくる。すなわち，フランス人やドイツ人やイギリス人やオランダ人といった『われわれ』とは，まずもって『リベラル』であり，女性の平等や個人の自律を尊ぶ存在である。そして今日，イスラムのヘッドスカーフはリベラルな自己規定への代表的な挑戦となっており，したがってそれを公的領域から追い出して消し去るべきだという要求が出て来ても不思議ではない。いまやリベラリズムは，かつてのレイシズムやナショナリズムを通じて行われていた類の「排除」の役割を

347

担うわけである（ヨプケ2015, 3-5）。アメリカの社会学者クリスチアン・ヨプケ Christian Joppke はその背景を別のところで説明している。すなわち，オランダは統合の「道具」としての帰化から「終着点」としての帰化へ，あるいは，移民の「権利」から政治的共同体によって与えられる「特権」へという考え方の転換が，ヨーロッパ諸国のなかで最も極端な国であった。しかしながら，オランダでもドイツと同様に反リベラルな巻き返しの力学を観察することが可能である。オランダは，その民族的少数者への進歩的な政策を補完するために，1984年12月の国籍法で移民二世に対してオランダ国籍を導入し，さらに「オランダ語の並程度の知識」というほとんど誰も落ちないような控えめな条件を別として，移民一世を対象とする帰化手続きからあらゆる困難な統合条件を取り去った。しかしながら1990年代後半に，移民統合に対する多文化主義的な取り組みは頑強な「市民統合」政策に取って代わった。「統合」という用語に注意されたい。この転換はオランダ政治における後のポピュリスト的混乱に先立つ変化なのだが，その影響を国籍法も受けずにはいられなかった。その結果が，2000年12月に可決し，2003年4月に施行された新国籍法である。可決したのは，第2次紫連合政権であり，施行されたのは第1次バルケネンデ政権である。同法では，移民2世の国籍選択権は形式的にはそのまま残されたものの，その権利は「公共秩序への脅威」にあたらない限りで認められるという拡大解釈可能な但し書きがついたことにより，通常の帰化に類似するものとなった。もっとも重要なのは，この国籍法が義務的な「市民統合」の論理を取り入れたことである。5時間にわたる厳格な帰化試験には，既存の市民統合テストに近い水準で申請者のオランダ語の会話，読解，筆記の各能力を4時間かけて査定するテストが含まれる。決定的なのは，21世紀初頭から強力な右派ポピュリズムの影響下にあるオランダ政府は，テスト内容の公開を拒否しており，また準備に用いる冊子や資料を何ら提供していないことである。この新しい政策が実施された後に，帰化申請数が，2003年の37,000件から2004年の19,300件へと急速に減少し

補論　書評：水島治郎著『反転する福祉国家：オランダモデルの光と影』(岩波書店, 2012 年)

たのも不思議ではない。また，それでも意を決して 2003 年に帰化申請を
した人の 50 ％が，その厳格な帰化試験に受からなかった。これが「優勝
者への賞与」というオランダ国籍の論理である。つまり，ほとんどの人
はそれを手に入れることができないのである (ヨプケ 2013, 80-1)。まこと
に，バルケネンデ政権下で「鉄のリタ」と称されたリタ・フエルドンク
Rita Verdonk 外国人問題・統合担当大臣が考えたように，「オランダ社会
に自ら進んで参加し，貢献しうる意欲と能力を持った移民のみがメンバー
として認められるならば，実際にこの条件を満たしうる者がどれだけいる
かは疑問であろう」(199 頁)。ヨプケの言わんとすることを要約してみる
と，リベラリズムは「排除」の役割を担うようになって来ている。そのこ
とが，移民統合に対する多文化主義的な取り組みから頑強な「市民統合」
政策に取って代わって来ている。どうして取って代わったのか，これこそ
がポピュリズム化である。リベラリズムがポピュリズムに汚染され，排除
の役割を担うようになって来たからである。

　第 2 に，多文化主義と福祉国家について考えてみたい。多文化主義政策
と福祉国家の関係の研究においてはオランダのケースを抜きしては語れな
い。この国は，長年の間，移民から生じる文化相違の問題の丁寧な成功的
な制度化の輝かしい例でありながら，充実した福祉国家でもあるという評
価を得ていた。したがって，多文化主義政策と福祉国家は矛盾するという
考えからすれば，オランダは例外となるところであった (Entzinger 2006,
177)。しかしながら，水島が著書が明らかにしたように，福祉国家は
「反転」したのである。オランダの社会学者ハン・アンツィンガー Han
Entzinger は，オランダの事例において，福祉国家の再編と多文化主義政
策の衰退との間には，因果関係がないにもかかわらず，驚くほどの一致が
あることを示した。彼は，まず，ヨーロッパでは典型的に移民少数者が福
祉システムの中で過剰な割合を占めているという証拠を提示した。21 世
紀の初頭では，非西洋出自の移民が疾病手当関連の請求する割合は，オラ
ンダ人のそれより 24 ％も高かった。オランダ人口の 10 ％を構成するにと

どまる非西洋出自の人々は，生活保護の受給資格が認められる者の40％を占めていた。さらに詳しく見て行くと，1983年から2003年にかけて，少数者との関連が深い制度への公的支出が，他の計画への支出に比べて大きく削減されていることがわかる。しかし，これは給付が実質的に削減された帰結というよりも，1990年代にオランダの社会政策の焦点だった福祉から労働へという方針転換が首尾よく進んだ帰結であった。オランダでは，福祉からワークフェアにうまく移行した結果として，「労働市場から大きく離れた」人々しか社会給付を受給する資格を得られなくなった。その資格を持つ人々は過度に移民に偏っており，そのほとんどは低熟練移民ないし労働市場の競争で脆弱な移民であった。こうして，社会保障システムの最重要部分のいくつかにおける移民の取り分は，その改革が成功した帰結として増加してきた。今までのところ，事実としても，政策を導く規範としても，多様性が福祉国家に損害を与えて来たとする根拠はほとんどない（ヨプケ 2013, 111-3）。

　フランスの歴史家ピエール・ロザンヴァロンによれば，福祉国家は「無知のヴェール」のもとで機能していた。生存に影響を与えうるさまざまな社会のリスクの前では，個人は平等であるということを，福祉国家の依拠していた保険の原理は前提にしていたのである。このように社会的なもののもつ不透明性が，公平感覚の暗黙の条件となっていた。社会のすべての成員は，国民を比較的同質のリスク集合としてみなす限りにおいて，互いに連帯していると考えることが出来たのである。こうしたことは今日，事実ではなくなっている（ロザンヴァロン 2006, 51. Rosanvallon 2000, 29）。ロザンヴァロンによれば，古典的な福祉国家は「保険社会」という観念に基づいていた。すなわち，リスクが共有され，「無知のヴェール」によって誰が最終的に社会給付を利用するのかが覆い隠されるような社会である。本質的には，共有リスクと不透明性を背景とした自己利益が，福祉国家を持続させる連帯を生み出していたのである。今日の問題は，この2つの状況がともにもはや存在しないことにある。第1に，リスクは共有されず階

補論　書評:水島治郎著『反転する福祉国家:オランダモデルの光と影』(岩波書店,2012 年)

層化しており,排除は特定の集団に関係している。第 2 に,「無知のヴェール」は取り外され,もはや不透明性はあてはまらない。知識がリスクを個人化し,予測可能にしたからである (ヨプケ 2013, 113)。

　第 3 に,テロリズムとイスラムの問題について考えてみたい。高橋進によれば,移民が増大し,労働の場だけでなく生活の場,街や通り,文化・宗教の場で,「異質な人や,もの」にその国の人々が遭遇し,さらに失業の増大や福祉負担など仕事や社会での競合や利害対立が起こり,治安が脅かされるようになると,紛争が発生する。そして,これを利用する政治勢力や社会集団が現れる。イギリスのブラッドフォード Bradford における移民への暴力事件,ドイツ統一後から続くトルコ人・アジア人への暴力・襲撃事件,各国でのイスラム系移民への差別や攻撃,2005 年秋・フランス都市郊外地区でのマグレブ系移民二世の暴動,フランス・イタリアでのロマへの襲撃事件など,迫害と差別は枚挙にいとまがない。他方で,2001年 9・11 テロ,2004 年 3 月マドリード・テロ,2005 年 7 月ロンドン・テロ,2004 年 11 月ファン・ゴッホ暗殺事件などムスリムやその二世がイスラム原理主義に影響されて,テロに関与したことは,ヨーロッパの市民にイスラム嫌悪と恐怖心を浸透させ,その社会統合問題をクローズアップした (高橋進 2010, 45)。2015 年 1 月 7 日に起きたパリでのテロ,『シャルリ・エブド』襲撃事件もこの文脈で捉えることが出来る。

　ここで,「ソーシャル・パフォーマンス」についてさらに考えてみたい。テオ・ファン・ゴッホ Theo Van Goph を殺害したモハメド・ブエリは,アメリカの社会学者ロン・エイルマン Ron Eyerman によれば,殺害が「人通りの多い街路が舞台として選ばれたこと,(中略)宗教儀式を髣髴とさせるナイフの使用,詩的な表現を多用した遺書など,彼は絶大な演出効果をもくろみ,ことに及んだというのである。「彼は自分がしていること,そして彼の行動がひきおこすであろう解釈を知っていた」」(168-9頁. Eyerman 2008, 13-4)。モハメド・ブエリの裁判はすぐに行われ,多数の傍聴者に開放された。裁判はテレビで報道され,連日この事件のことが

351

マスメディアにとりあげられた。このようにして，少なくとも表面的には，普通の日常生活に復帰した。しかしながら，一般論としての移民の受け入れ問題，とくにムスリムの問題についての論議は熱をおびて継続されていった。そして広い意味での不快感はオランダのみならず，ヨーロッパ全体に広がった。社会秩序は修理され，日常に戻った。しかしこの事件が場所を変えていつまで，どんな形で残って行くのかは未解決の問題なのである（Eyerman 2008, 15-6）。私見では，モハメド・ブエリはポピュリズムの跳梁に道を開いたと言えるのではないか。もっと言えば，テロリズムとは，もともとそのようなものではないかと思う。

　第4に，オランダにおける政党と選挙民の問題について再考してみたい。それは「大陸諸国は概して政党と組織社会が密接に結びつき，労組やその他の利益団体が政党に対して強い影響力を及ぼしてきた」（69頁）に関わる問題である。これは福祉国家オランダの政治社会構造の問題につながる。すなわち，「オランダにおける福祉・雇用改革は，高齢者や女性，福祉給付受給者をはじめとする多様な人々に就労を促し，労働市場へと包摂しようとする試みであるばかりか，生産性を向上させ，とくに先端的な産業部門を担う創造的人材をひきつけ，国際競争に打ち勝とうとする役割をも担うことで，脱工業社会における競争戦略として，積極的に位置づけられている」（96頁）ことと，政党と選挙民はどのように関わり合うのか，という問題である。具体的なデータを十分精査していないので何とも言えないが，紫連合の成功と崩壊は，オランダ選挙政治史の重要な転換点だと思われる。

むすび

　「反転する福祉国家」は言い得て妙な素晴らしいタイトルである。と同時に考えさせられる標題でもあった。というのは，著者は「反転した」とは言っていないと思われるからである。評者はそのように理解している。そこで「福祉国家オランダ」はどうなるのか？という問題を立ててみる。

補論　書評：水島治郎著『反転する福祉国家：オランダモデルの光と影』（岩波書店，2012年）

しかしながら，評者は福祉国家論に疎く，どうしても選挙政治学的発想にとらわれてしまう。何が言いたいかというと，何ともバランスの崩れた書評になってしまったということである。ありていに言えば，評者が最近気になっている「ポピュリズム」の問題に引きつけて，本書を紹介，批評してしまったようだということである。簡単に言えば，できの悪い書評になってしまった。著者に心からお詫びしたいと思っている。

　さて，「むすび」というより，「むすびにかえて」のつもりであるが，評者は著者が本書の「あとがき」の中で述べていることについてコメントしておきたい。「"KY"を再生産するミクロな集団においても，移民や少数派の排除に動いている国民国家やEUなどマクロな集団においても，（中略）その「自らを問い直す」地道な作業が求められているという点においては，本質的に変わらないのではないか」（218頁）と著者は「あとがき」で書いている。私見では「ポスト近代社会」の問題もこの点に関わる。すなわち「言語を通じたコミュニケーション能力の有無が，個々人の社会的価値に容赦なく連動していく」（216頁）ことを著者は問題にしている。ところで，ここからが著者と評者の分れ目になるかもしれないと思うのだが，現代の時代の子，ポピュリストは決して寡黙ではない。表現過剰，演出能力絶大なのである。いわば，彼らはコミュニケーション能力を武器としているのではないかと思っている。したがって，国民国家やEUなどが「自らを問い直す」ことはもちろん大事であり，今後とも厳しく批判を重ねなければならないことは必定であるが，「自らを問い直す」ことをあまりしない，ポピュリスト的国家の指導者，ポピュリズム政党，ポピュリスト的指導者はどうなるのかと考えているところである。

追記

　以下の記述は，他の場所に公表した拙稿の一部（土倉2018b，24-6）と重複するが，参考のために，追記として述べさせていただくことにする。

　さて，政治学者宮本太郎は，『福祉国家という戦略—スウェーデンモデ

ルの政治経済学』（宮本 1999）において，スウェーデンにおける福祉国家
建設が，社会民主主義勢力による政治的な「戦略」の帰結として進展した
ことを論じているが，オランダにおいては，キリスト教民主主義勢力によ
る福祉国家という対抗戦略が作動したといえようか，と政治学者水島治郎
は述べる（水島 2015, 72）。

　水島によれば，オランダについてみれば，19 世紀後半から 20 世紀初頭
にかけて成立した初期の社会立法を進めたのは自由主義系の政党であった
が，1918 年以降は一貫して宗派政党（後のキリスト教民主主義政党）が
政権の中核を占めた結果，とくに 20 世紀半ば以降急速に進んだ福祉制度
の推進者は，主としてキリスト教民主主義政党であった（水島 2015, 72）。

　エスピン・アンデルセンによれば，ヨーロッパの多くの国では，ドイツ
帝国の社会保険改革が，模倣政策のモデルとなっていた。こういった保守
的遺産の多くが，今日の福祉国家制度に引き継がれて来た。他の多くの国
では，福祉国家は社会民主主義者や左派自由主義者によって建設された
が，戦後大陸ヨーロッパにおける福祉国家の確立は，右派連合もしくは中
道右派連合，とりわけキリスト教民主党によってリードされて来た。フラ
ンスやスペインのように，たとえ，キリスト教民主党が弱い国であって
も，カトリックの社会的教義が，やはり社会政策に影響を及ぼしているの
である（エスピン・アンデルセン 2003, 107）。

　ドイツやオランダ，ベルギーをはじめとする大陸ヨーロッパの諸国で
は，キリスト教民主主義政党の優位を背景に，家族単位で分権的な制度設
計，非営利団体の役割の重視といった独自の特徴を持つ「大陸型福祉国
家」が形成されて来た。しかし，現在では，産業構造の再編，家族形態の
変化といった経済社会の変容の中で，積極的な雇用政策を欠く大陸型福祉
国家は，労働力のセクター間移動がうまく進まないまま，福祉給付に依存
する非就労者が増加する事態に直面し，抜本的な改革を必要としている
（水島 2002, 117）。

　グローバル化や少子高齢化に対応する改革の遅れがしばしば指摘される

354

補論　書評：水島治郎著『反転する福祉国家：オランダモデルの光と影』（岩波書店，2012 年）

福祉国家の保守主義レジーム（大陸型福祉国家）諸国のなかにあって，オランダは 1980 年以降いちはやく改革に着手し，政労使 3 者の協調を軸としつつ，「オランダモデル」として知られる福祉・雇用改革を成し遂げてきたといわれている（水島 2015，71）。

　グローバル化と脱工業化の波による衝撃を最も深刻に受けたとされる保守主義レジームは，改革の先陣を切ったオランダにおいて，政治的基盤であったキリスト教民主主義政党の退潮と併せ，その姿を根本的に変えようとしている（水島 2015，78）。

　そこで，1980 年代前半に成立したのが「ワセナール合意 Akkoord van Wassenaar」である。1982 年に政労使 3 者による危機克服のための合意がなされ，労働時間短縮と賃金抑制パッケージにより，いわゆる「ワークシェアリング」が始まる。その結果，まず，積極的労働市場政策への転換が進められた。合言葉は「給与所得よりも就労を」で，ワンストップサービスの設立による福祉と雇用の接続がなされた。また，これまで労働市場の外部にいた女性や高齢者に対してもワンストップサービスを通じて職業紹介や職業訓練を積極的に提供することで，大幅な就労率の上昇をサポートした（水島 2014b，32）。

　オランダモデルに学ぶとすれば，ワーク・ライフ・バランス政策が積極的に推進されて来たことも見逃せない，と水島は言う。水島によれば，ワーク・ライフ・バランスには，2 つの種類がある。1 つめは，デイサイクル型ワーク・ライフ・バランスで，1 日単位で仕事と生活が出来るということである。2 つめは，ライフサイクル型ワーク・ライフ・バランスで，例えば，出産や育児，留学などがあった時，就労と両立できるか，職場に復帰できるか，職場を離れている間にきちんと保証があるかどうかということである（水島 2014b，32）。

　水島によれば，「自分の時間は自分のもの」，各個人の「時間主権」を後押しし，「健康で豊かな生活のための時間」を保障するための政策こそが，ワーク・ライフ・バランスの実現に必要であり，またそれが，より多

くの人が参加する，活力ある労働社会をもたらすことにも貢献するといえるだろう（水島 2011, 202）。思うに，福祉国家は「活力ある労働社会」であってこそ，十全に発展して行くのではないだろうか。

あとがき

　本書の基礎となった各章の論文の初出を以下のように明らかにしておきたい。言うまでもなく，本書に収録するにあたって，いくらかの加筆，削除，訂正がなされている。とくに，第3章と補論においては，かなりの部分の削除と，埋め合わせの加筆を少しおこなった。

第1章　「社会党の政権奪還―2012年フランス大統領選挙・総選挙の考察―」

（『関西大学 法学論集』第63巻第3号）（2013年9月），613-55頁。

第2章　「2014年フランス統一地方選挙とEU議会選挙におけるFNの躍進」

（『関西大学 法学論集』第64巻第5号）（2015年1月），1331-68頁。

第3章　「パスカル・ペリノーのFN（国民戦線）論」（『関西大学法学論集』第65巻第3号）（2015年9月），683-727頁。

第4章　「福祉国家とポピュリズム：フランスからの視角」

（『関西大学法学論集』第67巻第1号）（2017年5月），1-44頁。

第5章　「Brexitについて考える」（『関西大学 法学論集』第66巻第5・6号）（2017年3月），1569-612頁。

第6章　「『大阪都構想』問題の政治学的考察」（『関西大学 法学論集』第65巻第4号）（2015年11月），1079-137頁。

第7章 「18歳選挙権について考える」,(『関西大学 法学論集』第65巻第5号)(2016年1月), 1453-96頁。

補論 「書評 水島治郎著『反転する福祉国家：オランダモデルの光と影』(岩波書店，2012年)」(『関西大学 法学論集』第65巻第2号)(2015年7月) 635-64頁。

　以上であるが，ここで，第3章，第4章，第5章，第6章，補論，においては，章末に「追記」として加筆された部分があることをお断りする。なお，構成や初出に直接関係するとは言えないことかもしれないが，FNの呼称について，お断りしておきたい。FNは，2018年6月，党名を「国民連合 Rassemblement National = RN」に改めた。しかし，本書の論述は，ほとんど，党名変更以前のFNを分析対象としているので，本書では，FNと呼ぶことで一貫することにした。

　本書には，人名索引，事項索引と，参考文献を，巻末に収めることにした。ただ，小さなことかもしれないが，人名，事項索引において，あまりにも一般的と思われ，使用頻度の高いものについては割愛されていることもお断りしておきたい。

　本書に収録されている論文は，第1章を除いてすべて，著者が2014年3月に関西大学を退職後，書かれたものである。これらの論文については，多くの方々のご指導，ご示唆，ご支援によることは言うまでもない。お世話になった方々すべてのお名前を挙げることはできないが，以下の研究プロジェクトの研究代表者である水島治郎教授のお名前だけは，感謝を込めて記させていただきたい。該当する研究プロジェクトは次の2つである。私はこれらの研究プロジェクトに「研究協力者」として，光栄にも参加させていただいている。

1. 科学研究費助成事業　基盤研究（B）「ヨーロッパ保守政治の構造変

容：保守主義・キリスト教民主主義・新右翼」（研究期間　平成25年度～
平成28年度）。

2.　科学研究費助成事業　基盤研究B（一般）「グローバル・ポピュリズム
の比較政治分析：ヨーロッパ・アメリカ・日本」（研究期間　平成29年度
～平成32年度）。

　　上記の研究会は本当に充実していて，裨益するところ大であった。心か
らの謝意をここに記させていただきたい。

　　本書が論文から本へと発展してゆくにあたっては，編集業務，印刷業務
をお引き受けいただいた関西大学出版部と，協和印刷株式会社の行き届い
た適切なご指導，ご鞭撻，ご遂行がなければ，刊行はありえなかったであ
ろう。記して感謝を捧げたい。出版課では，宮下澄人氏にとくにお世話に
なった。心からお礼申し上げたい。宮下氏は，学術情報事務局次長という
兼職もこなされながら，冷徹で誠意ある編集者として，著者の稚拙な原稿
を分析し批評してくださった。私はそれに従って修正を重ねた結果がこの
書であることを付言させていただきたい。

　　さて，ここからかなり私事にわたる話になることをお許しいただきた
い。最近，小堀鷗一郎『死を生きた人びと：訪問診療医と355人の患者』
（みすず書房，2018年）を読んでいる。その中からいくつかを引用する。

　　「私は65歳の定年まで，基本的には外科医として，大学病院・国立医療
機関に40年間勤務した」（2頁）。

　　「外科医としてすごした40年間を一言で表現するならば，「救命・治
療・延命」の日々であった」（3頁）。

　　「私は，在宅医療を開始してから13年が経過した現時点で，355名の
方々の臨終に関わった」（15頁）。

　　「まもなくわが国の国民の3分の1は65歳以上の高齢者が占めるように
なり，そのうち4分の1から5分の1に介護が必要になる（20頁）。

この書を読みながら，著者にとっては兄のような存在の，外科の開業医である従兄のことを思い浮かべた。彼は10年ほど前だったと思うが，「最近は介護保険調書ばかり書かされる毎日である。こんなことのために医者になったのではなかったはずなのだが…」と述懐したことがある。医療の世界も時代とともに変わっていっているのであろうか。

　その従兄と著者は境遇がよく似ている。すなわち，戦前，われわれは満州で生まれ，終戦となり引揚者として帰国したのだが，ふたりとも小学校入学以前に父親の病死に遭った。著者は小学生から高校生時代にかけて，ひとりで母子家庭の従兄宅に度々宿泊した。大変お世話になったことを懐かしく感謝している。一番思い出深い情景は，彼と私が，クリスチャンであった叔母の朝食前の祈祷に唱和したことであった。著者は，現在，無宗教の俗人にすぎないが，最近「祈り」についてよく考えるようになった。

　従兄とは，岡山県笠岡市で今も現役として開業医を続けておられる鈴木紘一氏である。彼とご家族のご健勝を祈って，この拙い書をお贈りすることにする。

2019年1月25日

関西大学図書館にて

土倉　莞爾

参考文献

青木　理（2016），『日本会議の正体』，平凡社。

朝日新聞大阪社会部（2015），『ルポ　橋下徹』，朝日新聞出版。

荒牧　央（2015），「政治」，NHK 放送文化研究所（編），『現代日本人の意識構造』，NHK 出版，79-108 頁。

有馬晋作（2009），『東国原知事は宮崎をどう変えたか　—マニフェスト型行政の挑戦—』，ミネルヴァ書房。

——（2011），『劇場型首長の戦略と功罪：地方分権時代に問われる議会』，ミネルヴァ書房。

池本大輔（2016a），「『ブレアの後継者』から『サッチャーの息子』へ　—キャメロン政権　2010 年～　—」，梅川正美・阪野智一・力久昌幸編著『イギリス現代政治史』，ミネルヴァ書房，239-67 頁。

——（2016b），「露呈した英国政治の機能不全」，『外交』Vol.38 Jul.，72-7 頁。

井田正道（2003），「18 歳選挙権に関する考察」，『政經論叢』71 巻 5-6 号，141-65 頁。

市野川容孝（2012），「ポピュリズム」，大澤真幸ほか編『現代社会学事典』，弘文堂，1183-4 頁。

伊東光晴（2017），「問題は英国ではなく EU だ：大衆は政治に変化を求めている」，『世界』1 月号，132-49 頁。

今井貴子（2016a），「イギリス保守の変容　—『当然の与党』の隘路」，水島治郎編『保守の比較政治学：欧州・日本の保守政党とポピュリズム』，岩波書店，163-93 頁。

——（2016b），「分断された社会は乗り越えられるのか：EU 離脱後のイギリス」，『世界』9 月号，156-63 頁。

鵜飼健史（2012），「ポピュリズムの輪郭を考える　—人民・代表・ポピュリスト—」，『法学志林』第 110 巻第 2 号，83-107 頁。

内田　樹編（2015），『日本の反知性主義』，晶文社。

宇野重規（2015），「安倍首相の意向？ 18 歳投票権は政治を変えるきっかけになるのか」，『Journalism』10 月号，76-83 頁。

梅津　實（2016），「キャメロンと EU レファレンダム」，『阪南論集　社会科学編』第 51 巻第 3 号，45-59 頁。

遠藤　乾（編）（2008a），『ヨーロッパ統合史』，名古屋大学出版会。

——（2008b），『原典ヨーロッパ統合史：史料と解説』，名古屋大学出版会。

遠藤　乾（2013），『統合の終焉：EU の実像と論理』，岩波書店。

——（2016），『欧州複合危機　—苦悶する EU，揺れる世界』，中公新書。

——・水島治郎（2017），対談「大衆のマグマは，日本にも溜まっている：欧

州を覆う暗雲の行方は？」, 『中央公論』5月号, 92-101頁。

大阪自治体問題研究所編 (2015), 『大阪市解体 それでいいのですか？ —大阪都構想 批判と対案—』, 自治体研究社。

大嶽秀夫 (2003), 『日本型ポピュリズム —政治への期待と幻滅』, 中公新書。

大谷昭宏 (2015), 「寂しき『かまってちゃん』」, 『新潮45』5月号, 35-7頁。

大森正博 (2013), 「水島治郎著『反転する福祉国家 —オランダモデルの光と影』(岩波書店, 2012年)」, 『海外社会保障研究』No.183, 81-4頁

押村 高 (2012), 「シラクからサルコジへ —フランス保守はなぜ強かったのか—」, 同・小久保康之編著『EU・西欧』, ミネルヴァ書房, 155-74頁。

金井利之 (2011), 「『大阪都構想』とは何なのか：『府市合わせ首長選挙』の背景と本質」, 『世界』12月号, 114-22頁。

蒲島郁夫 (1988), 『政治参加』, 東京大学出版会。

川嶋周一 (2013), 「サルコジ政権の歴史的定位の把握にむけて」, 『日仏政治研究』第7号, 15-22頁。

河田潤一 (2015), 『政治学基本講義』, 法律文化社。

北野和希 (2012), 「橋下維新, 躍進の理由」, 『世界』2月号, 210-7頁。

北村 亘 (2013), 『政令指定都市』, 中公新書。

北山俊哉 (2011), 『福祉国家の制度発展と地方政府：国民健康保険の政治学』, 有斐閣。

木畑洋一 (2014), 「"Brixit"への道？ —21世紀初頭のイギリスとEU」, 『成城法学』83号, 139-59頁。

木原敬介 (2010), 『我, 知事に敗れたり：二〇〇九年九月堺市長選』, 論創社。

京極純一 (1968), 『政治意識の分析』, 東京大学出版会。

——— (1986), 『日本人と政治』, 東京大学出版会。

国末憲人 (2013), 「フランス大統領選挙の検証とフランス政治の行方」, 『日仏政治研究』第7号, 1-14頁。

——— (2014), 『巨大「実験国家」EUは生き残れるのか？：縮みゆく国々が仕掛ける制度イノベーション』, 草思社。

——— (2016), 『ポピュリズム化する世界』, プレジデント社。

——— (2017), 『ポピュリズムと欧州動乱：フランスはEU崩壊の引き金を引くのか』, 講談社＋α新書。

国廣敏文 (2017), 「フランスのポピュリズム —統合と排除の狭間で」, 中谷義和ほか編『ポピュリズムのグローバル化を問う：揺らぐ民主主義のゆくえ』, 法律文化社, 81-101頁。

権丈英子 (2013), 「書評 水島治郎著『反転する福祉国家 —オランダモデルの光と影』」, 『季刊家計経済研究』No.97, 84-5頁。

古賀光生 (2008), 「『カリスマ』の誕生 —現代西欧の極右政党における指導者

権力の拡大過程」,『日本比較政治学会年報』第 10 号。

――(2009),「脱クライエンテリズム期における選挙市場の比較分析 ―西欧極右政党の動員戦略を通じて」,『年報政治学』2009-Ⅱ, 246-68 頁。

――(2013),「戦略, 組織, 動員 (1) ―右翼ポピュリスト政党の政策転換と党組織」,『国家学会雑誌』第 126 巻第 5・6 号, 371-437 頁。

――(2014),「新自由主義から福祉排外主義へ ―西欧の右翼ポピュリスト政党における政策転換―」,『選挙研究』30 巻 1 号, 153-158 頁。

――(2015),「欧州における右翼ポピュリスト政党の台頭」, 山崎望編『奇妙なナショナリズムの時代：排外主義に抗して』, 岩波書店, 139-64 頁。

――(2016),「西欧保守における政権枠組の変容」, 水島編, 前掲書, 3-24 頁。

小舘尚文 (2018),「イギリス ―二大政党制に包含されるポピュリズム？」, 谷口将紀 水島治郎 編著『ポピュリズムの本質：「政治的疎外」を克服できるか』, 中央公論新社, 35-54 頁。

児玉昌己 (2015),『欧州統合の政治史：EU 誕生の成功と苦悩』, 芦書房。

――(2016),「英国の EU 離脱の衝撃」,『海外事情』9 月号, 106-19 頁。

阪野智一 (2016),「EU 国民投票の分析 ―政党内・政党間政治とイギリス社会の分断―」,『国際文化学研究』第 47 号, 31-78 頁。

――(2018),「ブレグジッドとイギリス政治」, 佐々木毅編著『民主政とポピュリズム：ヨーロッパ・アメリカ・日本の比較政治学』, 筑摩書房, 48-73 頁。

櫻井よしこ (2015),「致命的に国家観がなかった」,『文藝春秋』7 月号, 141-3 頁。

佐々木 毅 (2002),「首相公選制と現代日本の政治」, 大石眞ほか編著『首相公選を考える：その可能性と問題点』, 中公新書, 3-25 頁。

佐藤 令ほか (2008),『主要国の各種法定年齢：選挙権年齢・成人年齢引下げの経緯を中心に』, 国立国会図書館調査及び立法考査局。

産経新聞大阪本社社会部取材班 (編著) (2009),『橋下徹研究』, 日本工業新聞社。

産経新聞大阪本社社会部 (2012),『橋下語録』, 日本工業新聞社。

品田 裕 (2015),「選挙権の 20 歳から 18 歳への引き下げでどう変わる？」,『風』(神戸大学広報誌) Vol.05 (7 月), 18 頁。

篠原文也 (2015),「『18 歳選挙権』を主権者教育の契機に」,『潮』7 月号, 70-5 頁。

志水宏吉 (2012),『検証 大阪の教育改革：いま, 何が起こっているのか』, 岩波ブックレット。

白澤政和 (2014),「審査講評」,『第 15 回 (平成 25 年度) 損保ジャパン記念財団賞贈呈式』, 公益法人損保ジャパン記念財団, 4-6 頁。

庄司克宏（2016），『欧州の危機：Brexit ショック』，東洋経済新報社。

杉田　敦（2009），『政治への想像力』，岩波書店。

―― （2013），『政治的思考』，岩波新書。

砂原庸介（2012），『大阪―大都市は国家を超えるか』，中公新書。

―― （2013），「『大阪維新の会』による対立軸の設定 ―大阪府知事選，大阪市長選，大阪府議選，大阪市議選―」，白鳥浩編著『統一地方選挙の政治学：2011 年東日本大震災と地域政党の挑戦』，ミネルヴァ書房，230-61 頁。

鈴木　直（2016），「ヨーロッパを引き裂く四つのベクトル：英国 EU 離脱を読み解く」，『世界』9 月号，164-76 頁。

高橋源一郎／SEALDs（2015），『民主主義ってなんだ？』，河出書房新社。

高橋　進（2010），「包摂と排除の国際比較 ―外国人労働者，移民，ムスリム問題」，高橋進編著『包摂と排除の比較政治学』，ミネルヴァ書房，44-72 頁。

高橋亮平（2010），「ユース・デモクラシーの構築」，城繁幸ほか，『世代間格差ってなんだ：若者はなぜ損をするのか？』，PHP 新書，121-76 頁。

橘木俊詔（2018），『ポピュリズムと経済：グローバリズム，格差，民主主義をめぐる世界的問題』，ナカニシヤ出版。

田中愛治（2003），「選挙と政治参加」，久米郁男ほか編，『政治学』，有斐閣，461-82 頁。

田中善一郎（2005），『日本の総選挙 1946-2003』，東京大学出版会。

田中拓道（2006a），『貧困と共和国：社会的連帯の誕生』，人文書院。

―― （2006b），「社会契約の再構成 ―社会的排除とフランス福祉国家の再編」，『社会政策学会誌』16 号，77-90 頁。

―― （2008），「労働の再定義 ―現代フランス福祉国家論における国家・市場・社会」，『年報政治学』（Ⅰ），11-36 頁。

田中俊郎（2016），「EU 統合と現代イギリス」，小久保康之編『EU 統合を読む：現代ヨーロッパを理解するための基礎』，春風社，239-61 頁。

谷川　稔（2015），『十字架と三色旗：近代フランスにおける政教分離』，岩波現代文庫。

土倉莞爾（2000），『現代フランス選挙政治』，ナカニシヤ出版。

―― （2011），『拒絶の投票 ―21 世紀フランス選挙政治の光景―』，関西大学出版部。

―― （2013），「社会党の政権奪還 ―2012 年フランス大統領選挙・総選挙の考察―」，『関西大学法学論集』第 63 巻第 3 号，1-43 頁。

―― （2015a），「2014 年フランス統一地方選挙と EU 議会選挙における FN の躍進」，『関西大学法学論集』第 64 巻第 5 号，1-36 頁。

―― （2015b），『現代日本の政治思考的考察』，関西大学出版部。

―― (2015c)，「書評：水島治郎『反転する福祉国家：オランダモデルの光と影』（岩波書店，2012 年）」，『関西大学法学論集』第 65 巻第 2 号，303-32 頁。

―― (2015d)，「パスカル・ペリノーの FN（国民戦線）論」，『関西大学法学論集』第 65 巻第 3 号，1-45 頁。

―― (2016)，「変貌するフランス『国民戦線』（FN）」，水島編，前掲書，111-33 頁。

―― (2018a)，「不信の時代のデモクラシー：ピエール・ロザンヴァロンによせて」，『関西大学法学論集』第 68 巻第 1 号，1-60 頁。

―― (2018b)，「福祉国家とデモクラシー」，『関西大学法学論集』第 68 巻第 4 号，1-40 頁。

―― (2019)，「エマニュエル・マクロン大統領の到来」，『関西大学法学論集』第 68 巻第 6 号（近刊）。

中沢孝夫 (2012)，「Book Review 水島治郎著『反転する福祉国家 ―オランダモデルの光と影』」，『エコノミスト』8 月 28 日号。

中野 潤 (2015)，「創価学会の『反乱』で維新カードを失った安倍政権」，『世界』8 月号，155-66 頁。

中村達也 (2012)，「水島治郎著『反転する福祉国家 ―オランダモデルの光と影』」，『毎日新聞』，9 月 9 日号。

中山洋平 (2016)，「福祉国家と西ヨーロッパ政党制の『凍結』―急進右翼政党は固定化されるのか？」，水島編，前掲書，25-56 頁。

野田昌吾 (2010)，「包摂と排除の比較政治学 ―問題の所在」，高橋進編著，前掲書，1-14 頁。

―― (2013)，「デモクラシーの現在とポピュリズム」，高橋進・石田徹編『ポピュリズム時代のデモクラシー：ヨーロッパからの考察』，法律文化社，3-24 頁。

―― (2015)，「誰が投票に行かないか ―選挙から見た自由民主主義の現在―」，『立命館大学政策科学』22 巻 3 号，95-114 頁。

橋下 徹 (2006)，『まっとう勝負！』，小学館。

―― (2007)，『どうして君は友だちがいないのか』，河出書房新社。

―― (2018)，「安倍首相への忠言：最大の敵は自分自身の驕り」，『文藝春秋』11 月号，136-45 頁。

畑山敏夫 (2007)，『現代フランスの新しい右翼：ルペンの見果てぬ夢』，法律文化社。

―― (2008)，「2007 年大統領選挙とフランスの新しい右翼 ―ルペンの敗北をめぐって」，『佐賀大学経済論集』第 41 巻第 2 号，61-96 頁。

―― (2013a)，「2012 年大統領選挙・国民議会選挙とマリーヌの FN」，『日仏

政治研究』第 7 号，41-51 頁。

── (2013b)，「マリーヌ・ルペンと新しい国民戦線 ―『右翼ポピュリズム』とフランスのデモクラシー」，高橋進・石田徹編『ポピュリズム時代のデモクラシー』，法律文化社，95-115 頁。

── (2015a)，「逆風のなかの欧州統合 ―国民戦線の EU 批判とフランス政治の「主権主義化」―」，『立命館大学　政策科学』第 22 巻 3 号，115-29 頁。

── (2015b)，「欧州統合の行き詰まりとフランスの『欧州懐疑主義』―国民国家と主権をめぐる攻防」，2015 年度比較政治学会（於上智大学），1-35 頁。

── (2016)「フランスの『欧州懐疑主義』と『再国民化』―『国家主権』をめぐる攻防」，高橋進・石田徹編，『『再国民化』に揺らぐヨーロッパ：新たなナショナリズムの隆盛と移民排斥のゆくえ』，法律文化社，145-65 頁。

樋口直人 (2015)，「日本政治の中の極右」，『世界』3 月号，113-21 頁。

日野原重明 (2015)，「『18 歳から選挙権』を考える」（上）・（下），『朝日新聞』，6 月 6 日，13 日。

── (2014)，『十代のきみたちへ ―ぜひ読んでほしい憲法の本』，冨山房。

平井一臣 (2011)，「劇場化し暴走する地方政治：阿久根から大阪へ」，『世界』11 月号，245-53 頁。

藤井　聡 (2015)，『大阪都構想が日本を破壊する』，文春新書。

古田雅雄 (2015)，「S・ロッカンの比較マクロ政治の研究 ―交差文化，交差社会，交差国家の理論への貢献について―」，『奈良法学会雑誌』第 27 巻，1-107 頁。

細谷雄一 (2014)，「キャメロン政権とヨーロッパ統合 ―イギリスは EU から離脱するのか―」，『法学研究』87 巻 6 号，138-55 頁。

松谷　満 (2011a)，「ポピュリズムの台頭とその源泉」，『世界』4 月号，133-41 頁。

── (2011b)，「ポピュリズム ―石原・橋下知事を支持する人々の特徴とは何か」，田辺俊介編著，『外国人へのまなざしと政治意識：社会調査で読み解く日本のナショナリズム』，勁草書房，181-203 頁。

── (2012)，「誰が橋下を支持しているのか」，『世界』年 7 月号，103-12 頁。

水島治郎 (2001)，『戦後オランダの政治構造 ―ネオ・コーポラティズムと所得政策』，東京大学出版会。

── (2002)，「大陸型福祉国家 ―オランダにおける福祉国家の発展と変容―」，宮本太郎編著『福祉国家再編の政治』，ミネルヴァ書房，117-148 頁。

── (2011)，「ワーク・ライフ・バランス―「健康で豊かな生活のための時間」を目指して」，齋藤純一（ほか編），『社会保障と福祉国家のゆくえ』，ナカニシヤ出版，183-205 頁。

―― (2012), 『反転する福祉国家：オランダモデルの光と影』, 岩波書店。

―― (2014a), 「ポピュリズムとデモクラシー」, 『千葉大学法学論集』第29巻第1・2号, 125-47頁。

―― (2014b) 「労働・福祉・移民をめぐる再編」, 『生活経済政策』6月 (209) 号, 30-5頁。

―― (2015), 「ポスト保守主義レジーム・オランダの可能性」, 新川敏光編, 前掲書, 71-82頁。

―― (2016a), 「『自由』をめぐる闘争 ――オランダにおける保守政治とポピュリズム」, ――編, 前掲書, 135-59頁。

―― (2016b), 『ポピュリズムとは何か：民主主義の敵か, 改革の希望か』, 中公新書。

―― (2016c), 「あとがき」, 同, 273-7頁。

―― (2017), 「『ひとり政党』のひとり舞台はならず：2017年 オランダ総選挙とポピュリズム政党」, 『世界』5月号, 203-14頁。

―― (2019), 『反転する福祉国家：オランダモデルの光と影』, 岩波現代文庫。

南 彰 (2015), 「『都構想』に翻弄された五年間と今後の課題」, 『世界』7月号, 106-11頁。

三宅一郎 (1990), 『政治参加と投票行動：大都市住民の政治生活』, ミネルヴァ書房。

宮島 喬 (2016), 『現代ヨーロッパと移民問題の原点：1970, 80年代, 開かれたシティズンシップの生成と試練』, 明石書店。

―― (2017), 「『移民問題』と『イスラーム問題』の構築とポピュリズム政治」, 『日仏政治研究』第11号, 1-12頁。

宮本太郎 (1999), 『福祉国家という戦略：スウェーデン・モデルの政治経済学』, 法律文化社。

―― (2012), 「『反転する福祉国家』水島治郎著」, 『千葉日報』, 9月4日号。

村上信一郎 (2013), 「イタリア総選挙の勝者, 5つ星運動」, 『世界』5月号, 240-50頁。

森 裕之 (2012), 「維新の会は大阪をどう改造しているか」, 『世界』7月号, 94-103頁。

―― (2015), 「大阪都構想の欠陥と虚構」, 『世界』5月号, 111-7頁。

森 政稔 (2017), 「ポピュリズムの政治思想的文脈」, 『現代思想』, 45巻1号, 176-82頁。

森脇俊雅 (2014), 「日本の選挙制度について」, 『法と政治』, 65巻1号, 14-49頁。

力久昌幸 (2016), 「EU国民投票と英国情勢の展望」, 『海外事情』12月号, 2-20頁。

山口二郎（2004），『戦後政治の崩壊：デモクラシーはどこにゆくのか』，岩波新書。

—— (2010)，『ポピュリズムへの反撃 —現代民主主義復活の条件』，角川書店。

吉田　徹（2008），「2007年大統領選挙 —社会党の敗北とロワイヤルの勝利？」，『日仏政治研究』第3号，3-15頁。

—— (2011)，『ポピュリズムを考える：民主主義への再入門』，NHK出版。

—— (2012a)，「フランス社会党の事例 —『民主化』によるリーダーシップ」，2012年度日本政治学会研究大会（分科会C3）「候補者指名の政治学」報告論文，1-18頁。

—— (2012b)，「2012年フランス大統領選挙を振り返る —『否定形の政治』の行方」，『生活経済政策』8月号，29-34頁。

—— (2012c)，「いかに共同性を創造するか：新たな政治倫理の生成過程としてのポピュリズム」，『世界』7月号，113-21頁。

—— (2013)，「フランスFN（国民戦線）のトランスフォーメーション：2012年大統領選挙を中心に」，2013年度日本選挙学会研究大会（分科会B）「ヨーロッパ極右の戦略的変容」報告論文，1-20頁。

—— (2014)，『感情の政治学』，講談社。

—— (2015a)，「＜始まりの政治＞」，『世界』2月号，76-82頁。

—— (2015b)，「地方自らが政策を立案する時代」，『潮』5月号，42-7頁。

—— (2015c)，「若者の政治参加」，『デジタル版イミダス2015』，集英社。

—— (2015d)，「『戦後』に対する危機意識を機に日本でも活発化する街頭の民主主義」，『Journalism』12月号，14-21頁。

読売新聞大阪本社社会部（2009），『徹底検証「橋下主義」—自治体革命への道』，梧桐書院。

—— (2012)，『橋下劇場』，中央公論新社。

山本　圭（2012），「ポピュリズムの民主主義的効用 —ラディカル・デモクラシー論の知見から」，日本政治学会編『現代日本の団体政治』（年報政治学2012-Ⅱ），木鐸社，267-87頁。

若松邦弘（2013），「自由主義右派の政党組織化 —連合王国独立党（UKIP）の展開と政党政治上の意味—」，『国際関係論論叢』第2巻第2号，49-92頁。

—— (2015)，「支持の地域的拡大と多様化 —地方議会における連合王国独立党（UKIP）の伸長—」，『国際関係論論叢』第4巻第2号，31-60頁。

—— (2016)，「イギリス —政策の脱政治化と政治問題化のなかのEU域内市民」，岡部みどり編『人の国際移動とEU』，法律文化社，2016年，79-90頁。

渡邊啓貴（2006），「欧州憲法条約の批准を否決したフランスの国民投票 —マーストリヒト条約批准のための国民投票との比較考察—」，『日本EU学会年

報』第 26 号，130-57 頁。

――（2014），「右傾化が進む欧州議会：EU 統合に影響を及ぼすか」，『エコノ
　　ミスト』7 月 1 日号，74-6 頁。

アラルト，エリック（土倉莞爾・古田雅雄訳）（1990），「スティン・ロッカン
　　のヨーロッパ概念地図に関する考察」，『関西大学法学論集』第 40 巻第 2
　　号，156-74 頁。

アロー，ケネス・J.（村上泰亮訳）（1999），『組織の限界』，岩波書店。

ヴァーバ，S. ほか（三宅一郎ほか訳）（1981），『政治参加と平等：比較政治
　　学的分析』，東京大学出版会。

ウィリス，ポール（熊沢誠・山田潤訳）（1985），『ハマータウンの野郎ども』，
　　ちくま学芸文庫。

エスピン・アンデルセン，イエスタ（渡辺雅男・景子訳）（2000），『ポスト工
　　業経済の社会的基礎：市場・福祉国家・家族の政治経済学』，桜井書店。

――（窪誠訳）（2003），「労働なき福祉国家 ―大陸ヨーロッパ社会政策におけ
　　る労働削減政策と家族主義の袋小路」，――編（埋橋孝文監訳）『転換期
　　の福祉国家：グローバル経済下の適応戦略』，早稲田大学出版部，107-40
　　頁。

オリヴァー，クレイグ（江口泰子訳）（2017），『ブレグジット秘録：英国が
　　EU 離脱という「悪魔」を解き放つまで』，光文社。

カッセン，ベルナール（坪井善明訳）（2016），「ヨーロッパにおける英国の遺
　　産」，『世界』10 月号，272-6 頁。

ギデンズ，アンソニー（佐和隆光訳）（1999），『第三の道：効率と公正の新た
　　な同盟』，日本経済新聞社。

――（脇阪紀行訳）（2015），『揺れる大欧州：未来への変革の時』，岩波書店。

シュトレーク，ヴォルフガング（鈴木直訳）（2016），『時間かせぎの資本主
　　義：いつまで危機を先送りできるか』，みすず書房。

シュナペール，ドミニク（富沢克・長谷川一年訳）（2012），『市民権とは何
　　か』，風行社。

――（中嶋洋平訳）（2015），『市民の共同体：国民という近代的概念につい
　　て』，法政大学出版局。

スティグリッツ，ジョセフ・E.（峯村利哉訳）（2016），『ユーロから始まる
　　世界経済の大崩壊：格差と混乱を生み出す通貨システムの破綻とその衝
　　撃』，徳間書店。

セルジャン，ジャン＝クロード（仙石愛子訳）（2013），「反 EU の虚勢を張る
　　キャメロン首相」，『ル・モンド・ディプロマティーク日本語・電子版』5
　　月号，1-7 頁。http://www.diplo.jp/articles13/1305cameron.html

369

ダール，ロバート・A.（高畠通敏・前田脩訳）（2014），『ポリアーキー』，岩波文庫。

デュルケーム，エミール（田原音和訳）（1971），『社会分業論』，青木書店。

トドロフ，ツヴェタン（大谷尚文訳）（2016），『民主主義の内なる敵』，みすず書房。

バウマン，ジグムント（澤田眞治・中井愛子訳）（2010），『グローバリゼーション：人間への影響』，法政大学出版局。

ハーシュマン，アルバート（2005）（矢野修一訳），『離脱・発言・忠誠：企業・組織・国家における衰退への反応』，ミネルヴァ書房。

ハーバーマス，ユルゲン（三島憲一訳）（2016），「デモクラシーか資本主義か？」，『世界』9月号，176-91頁。

ハンチントン，サミュエル（鈴木主税訳）（1998），『文明の衝突』，集英社。

ピアソン，ポール（粕谷祐子監訳）（2010），『ポリティクス・イン・タイム：歴史・制度・社会分析』，勁草書房。

フィンケルクロート，アラン（西谷修訳）（1988），『思考の敗北あるいは文化のパラドクス』，河出書房新社。

ブートル，ロジャー（町田敦夫訳）（2015），『欧州解体：ドイツ一極支配の恐怖』，東洋経済新報社。

ヘイ，コリン（吉田徹訳）（2012），『政治はなぜ嫌われるのか：民主主義の取り戻し方』，岩波書店。

ベック，ウルリヒ（東廉・伊藤美登里訳）（1998），『危険社会：新しい近代への道』，法政大学出版局。

ベラー，ロバート・N.（松本滋・中川徹子訳）（1983），『破られた契約：アメリカ宗教思想の伝統と試練』，未来社。

ペリノー，パスカル（中山洋平訳）（1999），「新たな選挙力学の研究 ―国民戦線（FN），1984-98年」，『国家学会雑誌』第112巻第7・8号，730-54頁。

――（土倉莞爾・大久保朝憲訳）（2006），「ヨーロッパにおける極右とポピュリズム」，『ノモス』（関西大学法学研究所）No.17，9-17頁。

ポリアコフ，レオン（菅野賢治・合田正人監訳）（2007），『反ユダヤ主義の歴史』第Ⅴ巻，筑摩書房。

マゾワー，マーク（依田卓巳訳）（2015），『国際協調の先駆者たち：理想と現実の200年』，NTT出版。

ミュシャ，トマス（2011），「アメリカ人『資本主義はもうたくさん』」，『ニューズウィーク日本版』4月8日号。http://www.newsweekjapan.jp/stories/us/2011/04/post-2045.php

ミュデ，カス，クリストバル・ロビラ・カルトワッセル（永井大輔・高山裕二訳）（2018），『ポピュリズム：デモクラシーの友と敵』，白水社。

参考文献

ミュラー，ヤン・ヴェルナー（板橋拓己訳）（2017），『ポピュリズムとは何か』，岩波書店。

メーア・ペーター（土倉莞爾・古田雅雄訳）（1996），「選挙変化の神話と伝統的諸政党の存続 ―1992 年スティン・ロッカン記念講演―」，『関西大学法学論集』第 46 巻第 2 号，227-48 頁。

ラクラウ，エルネスト（竹村和子・村山敏勝訳）（2002），「普遍性の構築」，ジュディス・バトラー，――，スラヴォイ・ジジェク（竹村和子・村山敏勝訳）『偶発性・ヘゲモニー・普遍性：新しい対抗政治への対話』，青土社，371-403 頁。

ラッシュ，クリストファー（森下伸也訳）（1997），『エリートの反逆：現代民主主義の病い』，新曜社。

ルケンヌ，クリスチアン（中村雅治訳）（2012），『EU 拡大とフランス政治』，芦書房。

レモン，ルネ（田中正人・塚本俊之訳）（1995），『フランス政治の変容』，ユニテ。

ロザンヴァロン，ピエール（北垣徹訳）（2006），『連帯の新たなる哲学：福祉国家再考』，勁草書房。

――（嶋崎正樹訳）（2017），『カウンター・デモクラシー：不信の時代の政治』，岩波書店。

ロドリック，ダニ（柴山桂太・大川良文訳）（2014），『グローバリゼーション・パラドクス：世界経済の未来を決める三つの道』，白水社。

ヨプケ・クリスチャン（遠藤乾ほか訳）（2013），『軽いシティズンシップ：市民，外国人，リベラリズムのゆくえ』，岩波書店。

――（伊藤豊・長谷川一年・竹島博之訳）（2015），『ヴェール論争：リベラリズムの試練』，法政大学出版局。

Adorno, T.W. et al. (1950), The Authoritarian Personality, New York, Wiley.

Arrow, Kenneth J. Arrow (1974), The Limits of Organization, New York, Norton.

Bauman, Zygmunt (1998), Globalization : The Human Consequences, Cambridge, UK, Polity Press.

Beck, Ulrich (translated by Mark Ritter) (1992), Risk Society : Towards a New Modernity, London, Sage.

Betz, Hans-Georg (1994), Radical Right-Wing Populism in Western Europe, Basingstoke, Macmillan.

―― (2004), Traduit de l'anglais par Geneviève Brzustowski, préface de Pascal Perrineau, La droite populiste en Europe : extrême et démocrate

?, Paris, Autrement.

Bootle, Roger (2016), The trouble with Europe : why the EU isn't working, what could take its place, how the referendum could change Europe, 3rd ed., London, Nicholas Brealey.

Bornschier, Simon (2010), Cleavage Politics and the Populist Right : The New Cultural Conflict in Western Europe, Philadelphia, Temple University Press.

Bussi, Michel, Jérôme Fourquet et Céline Colange (2012), "Analyse et compréhension du vote lors des élections presidétielles de 2012 : L'apport de la géographie électorale,"Revue française de science politique, Vol.62, No.5-6, pp.941-963.

Cole, Alistair (2013), "Politics as Normal? The 2012 French Presidential Election,"Parliamentary Affairs, 66 (1), pp.17-32.

Converse, Philip (1966), "The Concept of a Normal Vote,"in Angus Campbell, Philip Converse, Warren E. Miller and Donald E. Stokes, Elections and the Political Order, New York, J. Wiley, pp.9-39.

Crépon, Sylvain (2012), Enquête au coeur du nouveau Front national, Paris, Nouveau Monde.

de Chantal, François Vergniolle (2001), "Primaires,"dans sous la direction de Pascal Perrineau et Dominique Reynié, Dictionnaire du vote, Paris, Presses universitaires de France, pp.752-3.

Dolez, Bernard et Annie Laurent (2007), "Une Primaire à la française : La désignation de Ségolène Royal par le parti socialiste,"Revue française de science politique, vol.57, no3-4, pp.133-61.

Entzinger, Han (2006), "The parallel decline of multiculturalism and the welfare state in the Netherlands", in edited by Keith Banting and Will Kymlicka, Multiculturalism and the Welfare State : Recognition and Redistribution in Contemporary Democracies, Oxford, Oxford University Press, pp.177-201.

Esping-Andersen, Gøsta (1985), Politics Against Markets : The Social Democratic Road to Power, Princeton, Princeton University Press.

Eyerman, Ron (2008), The Assassination of Theo Van Gogh : From Social Drama to Cultural Trauma, Durham, N.C., Duke University Press.

Finkielkraut, Alain (1987), La défaite de la pensée : essai, Paris, Gallimard.

—— (2013), L'identité malheureuse, Paris, Stock.

Ford Robert and Matthew Goodwin (2014), Revolt on the Right : explaining : support for the radical right in Britain, Abingdon, Routledge.

参考文献

Fourquet, Jérôme (2008), "L' érosion électorale du lupénisme", in, Pascal Perrineau (dir.), Le Vote de rupture. Les élections présidentielle et législatives d'avril-juin 2007, Paris, Presses de Sciences Po, pp. 213-34.

Fukuyama, Francis (1992), The End of History and the Last Man, New York, : Free Press.

Frank, Thomas (2004), What's the matter with Kansas? : How Conservatives won the Heart of America, New York, Henry Holt.

Geddes, Andrew (2013), Britain and the European Union, Basingstoke, Palgrave Macmillan.

George, Stephen (1994), An awkward partner : Britain in the European Community, 2nd ed., Oxford : Oxford University Press.

Greenstein, Fred (1965), Children and politics, New Haven, Yale Univ. Press.

Grunberg, Gérard (1995), " La candidature Jospin ou la construction d'un nouveau leadership ", dans Pascal Perrineau et Colette Ysmal (dir.), Le vote de crise : L' élection presidentielle de 1995, Paris, Presses de Sciences   Po, pp.60-80.

Guilluy, Christophe (2010), Fractures françaises, Paris, F. Bourin.

Hay, Colin (2007), Why We Hate Politics, Cambridge, Polity.

Hirschman, Albert O. (1970), Exit, Voice, and Loyality, : Responses to Decline in Firms, Organizations, and States, Cambridge, Mass., Harvard University Press.

Hoffmann, Stanley (1966), "Obstinate or Obsolate ? The Fate of the Nation State and the Case of Western Europe", Daedalus, 95, pp.862-915.

Hollande, François (2012), Changer de destin, Paris, Robert Laffont.

Huntington, Samuel (1989), "No Exit. The Errors of Endism", The National Interest, 17 (Fall), pp.3-11.

—— (1996), The Clash of Civilizations and the Remaking of World Order, New York, Simon & Schuster.

—— & Joan M. Nelson (1976), No Easy Choice : Political Participation in Developing Countries, Cambridge, Harvard University Press.

Hyman, Herbert H. (1959), Political socialization : A Study in the Sychology of Political Behavior, New York, Free Press.

Ignazi, Piero (2012), "Le Front national et les autres : Influence et évolutions", in Pascal Delwit (ed.), Le Front national. Mutations de l'extrême droite française, Bruxelles, Editions de l'Université Libre de Bruxelles, pp.37-55.

Ionescu, Ghiţa and Ernest Gellner (ed.) (1969), Populism : Its Meanings and National Characteristics, London, Weidenfeld & Nicolson.

Ivaldi, Gilles (2012), "Front national : une élection présidentielle de reconquete," Revue Politique et Parlementaire, no.1063/1064, pp.101-18.

Jaffré, Jérôme (1986), "Front national", dans sous la direction de Elisabeth Dupoirier et Gérard Grunberg, Mars 1986 : la drôle de défaite de la gauche, Paris, Presses universitaires de France, pp.211-29.

―― (2013a), "La victoire étroite de François Hollande,"dans Pascal Perrineau (dir.), Le vote normal : Les élections presidétielles et législatives d'avril – juin 2012, Paris, Presses de Sciences Po, pp.133-60.

―― (2013b), "Le resserrement du second tour ou les deux Référendums du 6 mai 2012," dans Pascal Perrineau (dir.), La décision électorale en 2012, Paris, A. Colin, pp.209-26.

Kaltwasser, Cristóbal Rovira et al. (2017), "Populism : An Overview of the Concept and the State of the Art", ed by ―― et al., The Oxford Handbook of Populism, Oxford : Oxford University Press, pp.1-24.

Kitschelt, Herbert (1995), The Radical Right in Western Europe : A Comparative Analysis, Ann Arbor, University of Michigan.

Kriesi, Hanspeter [et al.] (2008), "Globalization and its impact on national spaces of competition", in Id. Ed., West European politics in the age of globalization, Cambridge, Cambridge University Press.

―― (2013), Democracy in the Age of Globalization and Mediatization, Basingstoke, Palgrave Macmillan.

Kuhn, Raymond and Rainbow Murray (2013), "France's LeftTurn : Mapping the 2012 Elections," Parliamentary Affairs, 66 (1), pp.1-16.

Labouret, Simon (2012), "La defaite annoncée de Nicolas Sarkozy : que rest-t-il de la reputure de 2007 ?", Revue Politique et Parlementaire, no.1063/1064, pp.85-100.

Lasch, Christopher (1995), The Revolt of the Elites : And the Betrayal of Democracy, New York, W.W. Norton.

Lavau, Georges (1981), A quoi sert le Parti Communiste Français?, Paris, Fayard.

Le Gall (2012), "Présidentielle 2012 : une victoire politique de François Hollande a contre-courant idéologique ?", Revue Politique et Parlementaire, no.1063/1064, pp.18-43.

Lequesne, Christian (2008), La France dans la nouvelle Europe : Assumer le changement d'échelle, Paris, Presses de la Fondation nationale des sciences politiques.

Lindberg, Leon N.and Stuart A. Scheingold (1970), Europe's Would-be Polity :

参考文献

Patterns of Change in the European Community, Englewood Cliffs, N.J., Prentice-Hall.

Manin, Bernard (1995), Principes du gouvernement représentatif, Paris, Calmann-Lévy.

Mayer, Nonna (2013), "From Jean-Marie to Marine Le Pen: Electoral Change on the Far Right," Parliamentary Affairs, 66 (1), pp.160-78.

Mouffe, Cantal (2005), "The'End of Politics' and the Challenge of Right –wing Populism", in edited by Francisco Panizza, Populism and the Mirror of Democracy, London, Verso, pp.50-71.

Mudde, Cas (1999), "The Single-Issue Party Thesis:Extreme Right Parties and the Immigration Issue", West European Politics, Vol.22, No.3, pp.182-97.

—— (2007), Populist Radical Right Parties in Europe, Cambridge, Cambridge University Press.

Murray, Rainbow (2013), "Towards Parity Democracy? Gender in the 2012 French Legislative Elections", Parliamentary Affairs, 66 (1), pp. 197-212.

Muxel, Anne (2013a), "La Participation électoral : Une bonne mobilisation presidétielle, un décrochage aux législatives," dans Pascal Perrineau (dir.), op. cit., Paris, Presses de Sciences Po, pp.93-110.

—— (2013b), "Les processus de participation électorale : les voies diverses de la mobilisation," dans Pascal Perrineau (dir.), A. Colin, op. cit., pp.71-90.

—— (2013c), "La mobilisation électorale en 2012," Revue française de science politique, vol.63, no.2, pp.207-24.

Pierson, Paul (2004), Politics In Time: History, Institutions, and Social Analysis, Princeton, N.J., Princeton University Press.

Perrineau, Pascal (1985), "Le Front National : un électorat autoritaire", Revue politique et parlementaire, juillet-aout, pp.24-31.

—— (1986), "Glissements progressifs de l'idéologie ", dans sous la direction de Elisabeth Dupoirier et Gérard Grunberg, op.cit., pp.33-49.

—— (1987), "Introduction", dans sous la direction de Pascal Perrineau, Régions : Le baptême des urnes, Paris, Pedone, pp.11-26.

—— (1989), "Les étapes d'une implantation électorale (1972-1988)", dans sous la direction de Nonna Mayer et —— , Le Front national à découvert, Paris, Presses de la Fondation nationale des sciences politiques, pp.37-62.

—— (1993), "Le Front national", dans sous la direction de Michel Winock, Histoire de l'extrême droite en France, Paris, Seuil, pp.243-98.

—— (1995), "La dynamique vote Le Pen : le poids du gaucho-lepénisme,"dans

375

sous la direction de do et Colette Ysmal, Le vote de crise : l'élection
présidentielle de 1995, Paris, Dép. d'études politiques du Figaro : Presses
de la Fondation nationale des sciences politiques, pp.243-61.

—— (1997), Le symptôme Le Pen. Radiographie des électeurs du Front
national, Paris, Fayard.

—— (2000), "The Conditions for the Re-emergence of an Extreme Right
Wing in France : the National Front, 1984-98", edited and translated
by Edward J. Arnold, The development of the radical right in France :
from Boulanger to Le Pen, Basingstoke, Macmillan, pp.253-70.

—— (dir.) (2008), Le vote de rupture : les élections présidentielle et
législatives d'avril-juin 2007, Paris, Presses de Sciences Po.

—— (2000), "The Conditions for the Re-emergence of an Extreme Right
Wing in France: The National Front, 1984-98", edited and translated by
Edward J. Arnold, The Development of the Radical Right in France :
from Boulanger to Le Pen, Basingstoke, Macmillan, pp.253-70.

—— (2003), "La surprise lepéniste et sa suite législative", dans sous la
direction de —— et Colette Ysmal, Le vote de tous les refus. Les
élections présidentielle et législatives de 2002, Paris, Presses de Sciences
Po, pp.199-222.

—— (2005a), "La valise hésitation entre vote européen et vote national",
dans Pascal Perrineau (dir.), Le vote européen 2004-2005, op.cit., p.11-6.

—— (2005b), "Le Référendum français du 29 mai 2005 : L'irrésistible
nationalisation d'un vote européen", Pascal Perrineau (dir.), ibid., p.229-44.

—— (2005c), "Les interprétations de la montée de l'euroscepticisme aux
élections européenes de 2004", Kansai University Review of Law and
Politics, No.26, p.29-35.

—— (2005d), L'extrême droite et les populismes en Europe", ibid., p.37-44.

—— (2011a), "Voter pour une nouvelle extrême droite ? ", sous la direction
de do et Luc Rouban, La solitude de l'isoloir : les vrais enjeux de 2012,
Paris, Autrement, pp.25-38.

—— (2011b), "How Le Pen's Electorate Lost Faith in Him," in edited by
Bruno Cautrès and Anne Muxel, The new voter in Western Europe :
France and beyond, New York, Palgrave Macmillan, pp.171-88.

—— (2011c), "Defiance Politique?", in présénté par Olivier Duhamel et
Edouard Lecerf, L'état de l'opinion, Paris, Seuil, pp.47-60.

—— (2011d), "Le pessimisme français : nature et racines ", Le Débat, No. 166,
pp.76-90.

参考文献

―― (2012), Le Choix de Marianne, Paris, Fayard.

―― (2013a), "Introduction," dans sous la direction do, op.cit., Presses de Sciences Po, pp.15-21.

―― (2013b), "Introduction,"dans sous la direction do, A. Colin, op. cit., pp.11-7.

―― (2013c), "L'electorat de Marine Le Pen,"dans sous la direction do, Presses de Sciences Po, pp.227-47.

―― (2014), La France au Front: Essai sur l'avenir du Front national, Paris, Fayard.

―― (2017a), "Présidentielle : Marine Le Pen bien installée en pole position", LE FIGARO, mercredi 8 mars 2017, p17.

―― (2017b), "Marine Le Pen au premier tour : La puissance d'une dynamique, l'echec d'une ambition", ―― (dir.), Le vote disruptif : les élections présidentielle et législatives de 2017, Paris, Sciences Po, les presses, pp.251-268.

―― et Luc Rouban (2011), "Conclusion," sous la direction de do, op.cit., pp.171-5.

Rémond, René (1989), "Préface à la première édition", dans sous la direction de Nonna Mayer et Pascal Perrineau, op.cit., pp. 11-4.

Reynolds, Isabel (2015), "Japan Lowers Voting Age to 18 Amid 'Silver' Surge at the Polls ", Bloomberg Business, June 17.
http://www.bloomberg.com/news/articles/2015-06-17/japan-lowers-voting-age-to-18-amid-silver-surge-at-the-polls

Rosanvallon, Pierre (1992), Le Sacre du citoyen : Histoire du suffrage universel en France, Paris, Gallimard.

―― (1994), "The republic of universal suffrage", in edited by Biancamaria Fontana, The invention of the modern republic, Cambridge, Cambridge University Press, pp.192-205.

―― (1998a), Le peuple introuvable : Histoire de la représentation démocratique en France, Paris, Gallimard.

―― (1998b), "Les utopies régressives de la démocratie", in DanielCohen et al., France : Les révolutions invisibles, Paris, Calmann-Lévy.

―― (2000) (translated by Barbara Harshav), The New Social Question : Rethinking the Welfare State, Princeton, N.J, Princeton University Press.

―― (2006), La Contre-Démocratie : la politique à l'âge de la défiance, Paris, Seuil.

―― (translated by Arthur Goldhammer) (2008), Counter-democracy : politics

377

in an age of distrust, Cambridge, UK, Cambridge University Press.

—— et Patrick Viveret (1977), Pour une nouvelle culture politique, Paris, Éditions du Seuil.

Schnapper, Dominique (1994), La communauté des citoyens : sur l'idée moderne de nation, Paris, Gallimard.

Siegfried, André (1913), Tableau politique de la France de l'ouest sous la Troisième République, Armand Colin.

Skocpol, Theda and Vanessa Williamson (2012), The Tea Party and the Remaking of Republican Conservatism, Oxford, Oxford University Press.

Stiglitz, Joseph E. (2016), The Euro : And its Threat to the Future of Europe, London, Allen Lane.

Taggart, Paul (2000), Populism, Buckingham, Open University Press.

Taguieff, Pierre-André (2002), L'illusion populiste : de l'archaïque au médiatique, Paris, Berg International.

Touraine, Alain (1995), Le Grand Refus : Réflexions sur la grève de décembre, Paris, Fayard.

Winock, Michel (1993), "Conclusion", dans sous la direction de —— , op.cit., pp.299-302.

人名索引

ア　行

青木理　286

青島幸男　234

青野剛暁　270

秋田大助　323

朝倉秀実　276

浅野史郎　233

安倍晋三　236, 237, 243, 262, 266,
271, 284, 296, 325

生野照子　232

池上彰　324

池下卓　254

池本大輔　189

石原慎太郎　224, 234, 237, 243-245,
247, 248, 276

井田正道　302

伊東光晴　174, 213

井上哲也　227, 281

今井貴子　188, 214, 215

岩崎賢太　254

岩見星光　276

上山信一　237

魚谷豪太郎　253

鵜飼健史　278

内田樹　237

宇野重規　296, 325

枝野幸男　293

遠藤乾　176, 180, 186, 199, 209, 210,
217

大内啓二　253

太田房江　223

大嶽秀夫　234, 238

大谷昭宏　278

大西敏一　253

大森正博　341

小笹正博　254, 266

小沢一郎　285

アイフィンガー（Sylvester
Eijffinger）　138

アチソン（Dean Acheson）　175

アトリー（Clement Attlee）　178

アラルト（Erik Allart）　162

アリ（Hirsi Ali）　338

アリオ（Louis Aliot）　45

アロー（Kenneth Arrow）　319

アンツィンガー（Han Entzinger）
349

アンデルセン（Esping Andersen）
136, 343, 354

イオネスク（Ionescu Ghiţa）　42

イダルゴ（Anne Hidalgo）　47, 78

ヴァーバ（Sidney Verba）　314

ヴァルス（Manuel Valls）　23

ヴィノック（Michel Winock）　87

ウィリス（Paul Willis）　328

ウイルソン（Harold Wilson）　178,
179, 215

ウィルデルス（Geert Wilders）　52,
137, 138, 166, 242, 338, 341, 344,
345, 346

ウォルツァー（Michael Walzer）
320

ウルフ（Martin Wolf）　212

379

エイルマン（Ron Eyerman） 351
エロー（Jean-Marc Ayrault） 22,
　38, 78
オズボーン（George Osborne）
　215
オブリ（Martine Aubry） 10, 12,
　22, 43
オランド（François Hollande） 3,
　4, 9, 12, 13, 16, 18-20, 22-24, 26,
　27, 29, 30, 34, 37-41, 43, 45-47, 50,
　53-55, 57, 73, 76, 78, 121, 132, 163,
　195
オリヴァー（Craig Oliver） 219,
　220
オリヴィエ（Philippe Olivier） 112

カ　行

柿沢未途　269
片木淳　294, 324
片山善博　233
蒲島郁夫　314, 316
河田潤一　310, 313, 314
北垣徹　151, 170
北川正恭　233
北側一雄　287
北野和希　275
木原敬介　224, 225, 277
木村芳浩　271
京極純一　300, 304, 305
国末憲人　17, 24, 77, 164, 168, 177
熊谷貞俊　223, 224
倉田薫　227-229
栗原貴子　271, 273
黒瀬大介　275

小泉純一郎　234, 277, 278
古賀光生　42, 127, 143, 166, 237
小舘尚文　218
児玉昌己　185, 186
後藤圭二　281
小林由佳　275
小林良彰　251
カーティス（John Curtice） 192,
　216
キッチェルト（Herbert Kitschelt）
　92, 128
ギデンズ（Anthony Giddens） 169,
　174
キャメロン（David Cameron）
　168, 174, 182-188, 196, 200, 204,
　215, 216, 218, 219
ギュ（Christophe Guilluy） 33
キルロイ＝シルク（Robert Kilroy-
　Silk） 192
グッドウィン（Matthew Goodwin）
　196
クリージ（Hanspeter Kriesi） 100,
　133
グリッロ（Beppe Grillo） 40
グリュンベール（Gérard Grunberg）
　9
クリントン（Bill Clinton） 201
クレッグ（Nick Clegg） 168, 184
ゲアン（Claude Guéant） 26
ゲーテ（Johann Wolfgang von
　Goethe） 123
ゲッデス（Andrew Geddes） 214
ゲノレ（Thomas Guénolé） 168
ゲルナー（Ernest Gellner） 42

人名索引

ゴーシェ（Marcel Gauchet） 95

コービン（Jeremy Corbyn） 189,
212, 214

コール（Alistair Cole） 2, 37, 39

ゴールドスミス（James Goldsmith）
181, 192

ゴッホ（Theo Van Goph） 338,
351

コペ（Jean-François Copé） 23, 49

ゴルニッシュ（Bruno Gollnisch）
64, 77

コンバース（Philip Converse） 21

　　　　サ　行

堺屋太一　237, 276

阪口善雄　227, 281

阪野智一　189, 218, 219

櫻井よしこ　279

佐々木毅　277

佐藤賢　316

佐藤浩　266

篠原文也　326

柴山桂太　207, 208

清水幾太郎　296

庄司克宏　211

白澤政和　340

菅義偉　243, 258, 262, 266, 287

杉田敦　278, 346

杉山幹人　254

菅野幹雄　158

鈴木直　204-207

砂原庸介　222, 223

関淳一　222, 224, 250

瀬戸一正　253

想田和弘　264

サッチャー（Margaret Thatcher）
179, 180, 182, 190, 215

サルコジ（Nicolas Sarkozy） 1, 6,
11, 12, 14, 16-20, 23, 26-31, 34, 36,
38-41, 43, 56, 63, 65-67, 71, 74, 76,
97, 103, 112, 121, 132, 195

サンダース（Bernie Sanders） 201

シーグフリード（André Siegfried）
88

シールズ（James Shields） 54

シェインゴールド（Stuart
Scheingold） 107, 108

ジスカール・デスタン（Valéry René
Marie Giscard d'Estaing） 15,
16, 40, 103, 105, 115

ジャフレ（Jérôme Jaffré） 10, 19,
38, 39, 84

ジャンヌ・ダルク（Jeanne d'Arc）
58

シュヴェヌマン（Jean-Pierre
Chevenement） 168

シュトラウス（David Friedrich
Strauss） 123

シュトレーク（Wolfgang Streeck）
204-207

シュナペール（Dominique
Schnapper） 118, 119, 122, 123

シュミット（Helle Thorning-
Schmidt） 185

シュレーダー（Gerhard Schröder）
159, 169, 201

ジョージ（Stephen George） 179

ジョスパン（Lionel Jospin） 5, 8,

381

9, 22, 23, 31, 62, 78, 80, 87, 93, 124, 164

ジョリ（Eva Joly）　12, 14, 15

ジョレス（Jean Jaurès）　97

シラク（Jacques René Chirac）　8, 31, 62, 63, 86, 97, 112, 163, 343

スコッチポル（Theda Skocpol）　239

スティグリッツ（Joseph Stiglitz）　200, 201, 203

ジャン・ピエール・スティルボア（Jean-Pierre Stirbois）　59

マリー・フランス・スティルボア（Marie-France Stirbois）　59

ストロスカーン（Dominique Strauss-Kahn）　3, 18, 19

スミス（Iain Duncan Smith）　182, 215

セガン（Philippe Séguin）　343

タ　行

高橋源一郎　295

高橋進　351

高橋正子　271

竹内脩　269

竹本直一　270

竹山修身　224, 225, 230, 244-247, 270, 277

橘木俊詔　283

田中愛治　303

田中拓道　170

田中善一郎　307

田中俊郎　178

田中真紀子　234

田中康夫　233, 235

辻元清美　254

床田正勝　254

ダール（Robert A. Dahl）　306

タギエフ（Pierre-André Taguieff）　37, 42, 79

チャーチル（Winston Churchill）　175

チャフィ（Steven H Chaffee）　313

デービス（David Davis）　212

デュヴェルジェ（Maulice Duverger）　7

デュフロ（Cécile Duflot）　22

デュポンエニャン（Nicolas Dupont-Aignan）　163

デュルケーム（Émile Durkheim）　156, 170

トゥスク（Donald Franciszek Tusk）　81

トービラ（Christiane Taubira）　22

ド・ゴール（Charles André Joseph Pierre-Marie de Gaulle）　7, 14, 58, 113, 115, 121, 178, 185

トランプ（Donald John Trump）　125, 137, 201, 282

トルーマン（Harry S. Truman）　175

トレーズ（Maurice Thorez）　120

トレーヌ（Alain Touraine）　110

ドロール（Jacques Delors）　96, 106, 180, 209

ナ　行

長尾秀樹　254

人名索引

中沢孝夫　341
中野潤　264, 266-268
中原健次　271
中村達也　341
中山泰秀　271
中山洋平　87, 128, 132, 137, 142,
　153
難波秀哉　269, 270
西川太一郎　260
西林克敏　244-246
二野宮茂雄　249
野田昌吾　117, 308-310, 343, 345,
　346
ナットル（Paul Nuttall）　213
ネルソン（Joan Nelson）　314, 315
ノイマン（Noelle Neumann）　309

ハ　行

橋下徹　221-225, 227-231, 233, 235-
　237, 240, 243-245, 247, 249, 251,
　252, 254, 255, 258, 260-262, 264-
　266, 268, 269, 273-278, 280, 281,
　283, 285, 290
羽田圭介　327
畑山敏夫　25, 36, 39, 65, 77, 101
花谷充愉　252, 253
林啓二　254
林大介　303
東国原英夫　222, 233
樋口直人　241-243
日野原重明　288
平井一臣　236
平野博文　270
平松邦夫　223, 224, 227-229, 250,

271
広田照幸　297
福田一　323
藤井聡　260, 279
藤島利久　249
伏見隆　269, 270
船田元　287
古田雅雄　162
保坂展人　260
ハーシュマン（Albert Hirschman）
　318
ハイエク（Friedrich Hayek）　207
ハイダー（Jörg Haider）　242
ハイマン（Herbert Hyman）　312
バイル（François Bayrou）　6, 14-
　17, 19, 26, 39, 67, 74, 75, 82
バウマン（Zygmunt Bauman）　99
ハモンド（Philip Hammond）　211
バラデュール（Édouard Balladur）
　8
バルケネンデ（Peter Balkenende）
　337, 338, 348, 349
バルス（Manuel Valls）　45, 46, 48,
　72, 78
パロディ（Jean-Luc Parodi）　7, 85
ハワード（Michael Howard）　182
ハンチントン（Samuel Huntington）
　117, 118, 122, 314, 315
ピアソン（Paul Pierson）　161
ビュシ（Michel Bussi）　27
ファラージ（Nigel Paul Farage）
　81, 191, 220, 282
フィヨン（François Fillon）　23,
　124

383

フィリポ（Florian Philippot） 126, 167

フィンケルクロート（Alain Finkielkraut） 120, 123

ブートル（Roger Bootle） 188, 216

フエルドンク（Rita Verdonk） 349

フォード（Robert Ford） 194, 196

フォルタイン（Pim Fortuyn） 135, 336-338, 344-346

フクヤマ（Francis Fukuyama） 116-118

ブザンスノ（Olivier Besancenot） 15

ブッシュ（George Bush） 238

ブュッフェ（Marie-George Buffet） 27

ブラウン（Gordon Brown） 181, 182, 184, 215

フランク（Thomas Frank） 238

ブリオワ（Steeve Briois） 45

ブルランジュ（Jean-Louis Bourlanges） 105

ブレア（Tony Blair） 159, 169, 181, 182, 201, 215

ブレヒトケン（Magnus Brechtken） 169

ブロッハー（Christoph Blocher） 160

ヘイ（Colin Hay） 298, 299

ヘイグ（William Hague） 182

ベーレ（Jean-Michel Baylet） 11

ベック（Ulrich Beck） 320

ベッツ（Hans-Georg Betz） 90

ベラー（Robert Bellah） 327

ペリノー（Pascal Perrineau） 1, 6, 20, 30, 31, 33-35, 38, 39, 57, 58, 70, 79, 80, 83-86, 88-90, 92-95, 98, 104, 107, 110, 112, 113, 116, 118, 119, 123, 124, 161, 162, 317

ベルナール（Claire Bernard） 23

ボーンシアー（Simon Bornschier） 157

ポパー（Karl Popper） 102

ホフマン（Stanley Hoffmann） 107, 108

ポリアコフ（Léon Poliakov） 115

ボルロー（Jean-Louis Borloo） 34, 81

マ　行

前原誠司　285

牧原秀樹　293

増田寛也　233

松井一郎　227, 229, 230, 244, 248, 252, 266, 268, 269, 273, 275, 280

マック赤坂　249

松谷満　235, 236, 276, 277

松野頼久　269

三浦まり　291

水島治郎　127, 135, 137, 139, 145, 146, 160, 197, 199, 217, 281

皆川豪志　283

美濃部亮吉　234

三宅一郎　292

宮島喬　144, 146, 147

宮原威　254

宮本太郎　342, 353

宮脇希　254

村上信一郎　40
森政稔　161
守島正　254
森田典博　271
森裕之　257
森脇啓司　271
森脇俊雅　322
マイエル（Nonna Mayer）　37, 50, 51
マクミラン（Harold Macmillan）　178
マクロン（Emmanuel Macron）　124, 125, 144, 158, 159, 163, 165
マゾワー（Mark Mazower）　217
マナン（Bernard Manin）　9
ミッテラン（François Mitterrand）　1, 4, 8, 15, 33, 59, 84, 90, 154
ミュクセル（Anne Muxel）　12
ミュデ（Cas Mudde）　42, 141, 142, 145, 241
メア（Peter Mair）　129, 130, 131
メイ（Theresa May）　211, 212, 218-220
メージャー（John Major）　179, 182
メグレ（Bruno Mégret）　60, 61, 80, 94, 112, 143, 144
メランション（Jean-Luc Mélenchon）　1, 7, 14, 15, 26, 27, 73, 76, 165
メルケル（Angela Merkel）　28, 29
モスコビッシ（Pierre Moscovici）　23
モムゼン（Theodor Ernst Mommsen）　123

モラノ（Nadine Morano）　24
モリゼ（Nathalie Kosciusko-Morizet）　26
モントブール（Arnaud Montebourg）　10, 11

ヤ　行

やしきたかじん　222
矢田立郎　245
柳本顕　271-273
矢部文彦　285
山口二郎　234
山本太郎　287
横山ノック　222, 234
吉田徹　36, 37, 41, 143, 238, 305
吉田保蔵　254
吉田利幸　254
吉村洋文　272, 273
ユンケル（Jean-Claude Juncker）　71, 80, 81, 185
ヨプケ（Christian Joppke）　348

ラ　行

ラクラウ（Ernesto Laclau）　243
ラッシュ（Christopher Lasch）　239
ラボー（Georges Lavau）　34
ラング（Jack Lang）　26
ランスロ（Alain Lancelot）　85
リプセット（Seymour Lipset）　129, 130, 161, 162
リンドベルグ（Leon Lindberg）　107, 108
ルガル（Gérard Le Gall）　4

385

ルガルド（Jean-Christophe Lagarde）
　82
ルケンヌ（Christion Lequesne）
　104, 106
ルッテ（Mark Rutte）　138, 139,
　161
ルナン（Ernest Renan）　123
ルフェーブル（Frédéric Lefebvre）
　26
ジャニー・ルペン（Jany Le Pen）
　111
ジャン・マリ・ルペン（Jean-Marie
　Le Pen）　17, 27, 31-33, 41, 58,
　59, 63, 65, 70, 79, 85, 93, 96, 97,
　111, 123, 124, 140, 143, 144, 154,
　163, 167, 282
マリーヌ・ルペン（Marine Le Pen）
　1, 6, 14, 15, 17, 19, 24, 26, 27, 30-
　37, 39-41, 43, 45, 46, 50, 51, 53-57,
　64, 66-69, 73-76, 97, 99-101, 103,
　104, 106, 110, 111, 120, 123-125,
　138-142, 144, 154, 159, 161, 163,
　164, 166-169, 195, 242, 282

マリオン・マーシャル・ルペン（Marion
　Maréchal-Le Pen）　167, 168
レイノルズ（Isabel Raynolds）　291
レニエ（Dominique Reynié）　164
レモン（René Rémond）　86, 148,
　169
ロカール（Michel Rocard）　169,
　170, 185
ロザンヴァロン（Pierre Rosanvallon）
　148, 150-155, 169, 318, 321, 322,
　329, 350
ロッカン（Stein Rokkan）　129,
　130, 161, 162
ロドリック（Dani Rodrik）　176,
　207, 208, 214
ロワイヤル（Marie Ségolène Royal）
　6, 9, 13, 26, 27, 43, 47, 97
ロンパイ（Herman Van Rompuy）
　200

ワ　行

若松邦弘　192-194, 196, 198
渡邊啓貴　11, 52

事項索引

ア　行

赤いベルト　90
アレンスバッハ世論調査研究所
　309
安保闘争　326
イスラム　115, 122, 135-137, 145,
　341, 346, 347, 351

イスラム化　42
イスラム主義　125
5つ星運動　40, 78
移民　78, 79, 101, 113, 125, 128, 135,
　136, 139-142, 146-148, 157, 166,
　167, 174, 188, 196, 202, 211, 241,
　333, 336, 339-342, 348, 349, 353
ヴィシー体制　89

386

事項索引

ウェストミンスター・モデル　218
栄光の 30 年　152, 170
エヴィアン協定　58
大阪ダブル選挙　227-232, 235, 242,
　245, 269, 272, 274, 280

カ　行

カウンター・デモクラシー　320,
　321, 329
革新府政　239
家族　354
家族主義　335
機能的統合論　108
教育改革　224, 231
キリスト教原理主義　241
キリスト教民主主義　81, 128, 129,
　140, 334, 354, 355
クリーヴィッジ　2, 6, 7, 95, 97, 98,
　110, 111, 129, 131, 145, 157, 161,
　162, 177, 188, 198, 313, 318
グローバル化　41, 99-101, 103, 117,
　119, 120, 133, 148, 151, 153, 176,
　186, 187, 207-210, 214, 298, 335,
　354, 355
郡議会選挙　80
啓蒙主義　239, 240
権威主義的パーソナリティ　113
県議会選挙　57, 59, 61, 84
元老院選挙　71, 72
コアビタシオン　8, 19, 21, 23, 61,
　95
5 月革命　89
コーポラティズム　335
国民投票党　181

コミュニタリアニズム　239, 240
護民官　125
護民官機能　35

サ　行

財政　224
堺市長選挙　224, 244, 246
左翼ルペン主義　32, 33, 67, 76, 195
シアンスポ（Sciences Po）　50, 66
シェンゲン協定　181
市町村議会選挙　56, 57, 72, 98
市民宗教　313
市民の共同体　118, 119
社会主義　42
社会民主主義　140, 186, 187, 209,
　354
シャルリ・エブド　77, 78
『シャルリ・エブド』襲撃事件　351
自由主義　240, 334, 345, 354
シューマン・プラン　178
自由民主主義　168
主権者教育　296, 326
主権主義　101
首相公選制　277
少子高齢化　354
シルバー・デモクラシー　294, 324
新自由主義　217, 236
吹田市長選挙　227
生活保護世帯　228
政権交代　236
政治参加　310, 314-316
政治的社会化　310, 312-314
政治的大拒否　110
政治文化　294, 305, 314, 316, 322

387

政令指定都市　226, 230, 257
選挙のアコーデオン　98
ソーシャル・キャピタル　318

タ　行

代議制民主主義　310
タウンミーティング　226, 249, 259
多文化主義　92, 141, 241, 338, 347-
　349
地域圏議会選挙　57, 60, 63, 65, 80,
　85, 86, 88, 124
地域圏選挙　98
地方自治　277
地方分権　277, 290
柱状化社会　313
直接民主主義　128, 282
ティーパーティ　238, 239
統一地方選挙　252, 253, 266, 267,
　280
閉ざされた社会　91, 93, 95, 102

ナ　行

ナショナル・ポピュリズム　57
難民　108, 136, 202
2極化　102
2極のカドリーユ　7, 8
ニューレイバー　159, 169, 202
ネオ・リベラリズム　240, 276
ノーマルな投票　20, 21

ハ　行

排外主義　161, 276
排除　170, 171, 333, 334, 339-344,
　347, 349, 351, 353

パリテ（parité）　21-23
反知性主義　237
反ユダヤ主義　36, 128, 140
東大阪市会議員選挙　270
枚方市長選挙　269
開かれた社会　93, 102
ブーランジェ運動　91
フォルタイン党　135, 137, 242, 342
福祉国家排外主義　93, 153
福祉排外主義　127, 128, 133, 135,
　136, 140-142, 146, 148, 150-152,
　156, 166, 241
複占　55
不幸なアイデンティティー　120
プジャード運動　86, 91
プライマリ　3, 8-13, 64, 164, 165
部落差別問題　222
ブレトンウッズ体制　207
分権主義　205
閉鎖のナショナリズム　95
平成の大合併　231
ヘゲモニー　313
ヘゲモニー闘争　243
ベルリンの壁　116, 117
包摂　333, 335, 336, 339-344
保守主義　355
ポリアーキー　306

マ　行

マーストリヒト条約　86, 93-96,
　106-109, 153, 154, 158, 169, 179,
　180, 199
緑の党　1, 22, 71, 98, 109, 145, 187
民主主義の赤字　111, 202, 218

民主党　141

ムスリム　92, 345, 351

紫連合　346, 348, 352

紫連合政権　135

目に見えない制度　319

モーラス主義　88

守口市長選挙　227

森友・加計問題　284

ヤ　行

ヨーロッパ懐疑主義　111, 180, 197-199, 219, 345, 346

ヨーロッパ懐疑派　173, 192, 215

ヨーロッパ懐疑論　109

ヨーロッパ社会・進歩同盟　52

ヨーロッパ人民民主党　51

ヨーロッパ統一議定書　107

ラ　行

ライシテ（laïcité）　36, 42

リーマン・ショック　1

リスボン条約　215

リベラリズム　349

リベラル　159

連帯　149-151, 153-155, 169, 170, 187, 343, 350

ワ　行

ワセナール協定　333, 335

ワセナール合意　341, 355

欧　文

AfD（ドイツのための選択肢）　52, 139

BNP（ブリテン民族党）　197

CEVIPOF（フランス政治学院政治研究センター）　34, 83

CGT（労働総同盟）　35

CPNT（狩猟，釣り，自然，伝統派）　6, 68, 98

ECR（ヨーロッパ保守改革グループ）　183

ECSC（ヨーロッパ石炭鉄鋼共同体）　178

EC議会選挙　84, 147

EEA（ヨーロッパ経済領域）　160

EÉLV（ヨーロッパ・エコロジー・緑の党）　22, 71, 72

EFTA（ヨーロッパ自由貿易連合）　178

EMU（経済通貨同盟）　179

ENA（フランス国立行政学院）　20

EPP（ヨーロッパ人民党）　183, 185

ERM（為替相場メカニズム）　179, 216

EU委員会　52, 71

EU議会　212

EU議会選挙　46, 50-52, 56, 57, 61-63, 78, 98, 190-196, 217

EU憲法条約　20, 62, 65, 80, 94, 96, 105, 109, 111, 182, 186, 187, 200, 338

EU首脳会議　51, 187, 188, 212

EU離脱　125, 137, 144, 149, 181, 184, 186, 188, 194, 195, 199-201, 203, 205, 207, 209, 210, 212, 215, 218-220

FPÖ（オーストリア自由党）　32

FTA（自由貿易協定）　213

LCR（革命的共産主義同盟）　14

MNR（共和国運動）　31, 60, 61, 65,
　　80, 94

MoDem（民主運動）　4, 34, 82

ONE大阪　231

PRG（左翼急進党）　22

PVV（自由党）　52, 137, 138, 140,
　　166, 338, 339, 341, 342

SEALDs（シールズ）　295, 296

SMIC（全産業共通スライド制最低賃
　　金）　92

SNP（スコットランド民族党）　187,
　　219

SVPA（スイス国民党）　160

UDI（独立民主連盟）　34, 81

UKIP（英国独立党）　40, 81, 168,
　　187, 189-199, 213, 214, 217, 219,
　　220, 282

VVD（自由民主人民党）　138-140

WTC（大阪ワールドトレードセンター
　　ビルディング）　224

WTO（世界貿易機関）　213

【著者紹介】

土 倉 莞 爾 （とくら・かんじ）

1943 年　満州国（現中国東北部）に生まれる
1966 年　神戸大学法学部卒業
1971 年　神戸大学大学院法学研究科博士課程単位取得退学
1970 年　関西大学法学部助手
1983 年　関西大学法学部教授
2011 年　関西大学特別契約教授
2014 年　関西大学退職
現　在　関西大学名誉教授
著訳書　『フランス急進社会党研究序説』（関西大学出版部, 1999 年）,『現代フランス選挙政治』（ナカニシヤ出版, 2000 年）,『拒絶の投票：21 世紀フランス選挙政治の光景』（関西大学出版部, 2011 年）,『キリスト教民主主義と西ヨーロッパ政治』［共編著］（木鐸社, 2008 年）,『現代政治の理論と動向』［共著］（晃洋書房, 2016 年）, 水島治郎編『保守の比較政治学』［共著］（岩波書店, 2016 年）, トニー・ジャット『知識人の責任』［共訳］（晃洋書房, 2009 年）, サイモン・サーファティ『不可欠な米欧協調』［共訳］（ナカニシヤ出版, 2009 年）, アンソニー・セルドン編『ブレアのイギリス：1997–2007』［共監訳］（関西大学出版部, 2012 年）ほか。

ポピュリズムの現代
─比較政治学的考察─

2019 年 3 月 31 日　発行

著　者　　土 倉 莞 爾

発行所　　関 西 大 学 出 版 部
　　　　　〒564-8680 大阪府吹田市山手町 3-3-35
　　　　　電話 06-6368-1121　FAX 06-6389-5162

印刷所　　協 和 印 刷 株 式 会 社
　　　　　〒615-0052 京都市右京区西院清水町 13

ⓒ 2019　Kanji TOKURA

Printed in Japan

ISBN 978-4-87354-695-7　C3031

乱丁・落丁はお取替えいたします

JCOPY ＜出版者著作権管理機構 委託出版物＞
本書（誌）の無断複製は著作権法上での例外を除き禁じられています。複製される場合は、そのつど事前に、出版者著作権管理機構（電話 03-5244-5088, FAX 03-5244-5089, e-mail: info@jcopy.or.jp）の許諾を得てください。